"十一五"国家重点图书出版规划项目
教育部人文社会科学重点研究基地重大项目

黄河文明的历史变迁
丛书主编／李玉洁

黄河流域的青铜文明

李玉洁／主　编
郑贞富　李玲玲　郭　霞／副主编

科学出版社
北京

图书在版编目(CIP)数据

黄河流域的青铜文明/李玉洁主编. —北京：科学出版社，2010
(黄河文明的历史变迁/李玉洁主编)
ISBN 978-7-03-023893-1

Ⅰ.黄… Ⅱ.李… Ⅲ.黄河流域－青铜时代文明－研究 Ⅳ.K871.34
中国版本图书馆 CIP 数据核字（2009）第 002613 号

丛书策划：胡升华 侯俊琳
责任编辑：宋 旭 陈 超 李俊峰 / 责任校对：张 琪
责任印制：徐晓晨 / 封面设计：张 放 无极书装

科学出版社 出版
北京东黄城根北街 16 号
邮政编码：100717
http://www.sciencep.com

北京凌奇印刷有限责任公司 印刷
科学出版社发行 各地新华书店经销

*

2010 年 3 月第 一 版 开本：B5 (720×1000)
2020 年 9 月第三次印刷 印张：18
字数：323 000
定价：98.00 元
（如有印装质量问题，我社负责调换）

"黄河文明的历史变迁丛书"编委会

学术顾问	李学勤　朱绍侯　姚瀛艇　郝本性
	晁福林　王　巍
主　　任	李小建　苗长虹
副 主 任	覃成林　高有鹏　牛建强　刘东勋
主　　编	李玉洁
编　　委	苗书梅　程遂营　王蕴智　张新斌
	郑慧生　涂白奎　袁俊杰　薛瑞泽
	陈朝云　孔　学　郑贞富　陈彩琴
	石　涛　周保平　毛阳光　马玉臣
	李海龙　王德安　吴爱琴　宋军令
	杜　鹃　郭　霞　李玲玲　李婉婷
	史志龙　杨　玄　崔增磊　何　新
	吕西红

总　序　一

　　坐落于黄河之滨的古都开封的河南大学,是闻名遐迩的百年名校。教育部近年在河南大学设立了人文社会科学重点研究基地——黄河文明与可持续发展研究中心,中心人才济济,覆盖了众多相关学科,已经取得了令人瞩目的良好成绩。该中心李玉洁教授组织编写的"黄河文明的历史变迁丛书",即将在科学出版社出版,不难预料其将在学术界产生显著的影响。

　　黄河文明是辉煌绵远的中华文明的核心组成部分。对黄河文明的考察研究,当然对阐述中华文明的优秀传统有着重大的意义。大家知道,以分区域的方法来探讨我国的历史和文明,是改革开放以来学术界突出的发展趋势之一。回顾这些年历史学研究的明显变化,是强调"多元一体"的观点,揭示中国自古是多民族、多地区的国家,灿烂的中华文明乃多民族、多地区的人民共同缔造。同时,考古学研究也反复证明中华文明是多源、多线的,构成了文化区系的理论。这样就开拓了学者的视野,推动了学科的进步,特别是对中原以外地区的研究,形成了前所未有的繁荣局面。

　　然而,提倡加强中原以外地区历史文明的研究,绝不应走向另一个极端,即抹杀中原地区在文明史上的重要性。黄河文明的历史意义是不可忽略的。回忆十几年前,我和浙江的徐吉军先生曾与多位学者专家合作,出版了一部《长江文化史》,幸而得到了大家的欢迎。随后我们考虑到中原地区的重要,又安排编写了《黄河文化史》。在后面这部书的序言里,我专门说到,中华文明固然是多源头、多区域的,但也必须承认,在不同时期,不同地区会起特殊的历史作用。具体地讲,在文明发展的若干关键时段,特定的地区会成为中心或者枢纽。例如,中华文明奠基的夏、商、周三代,以及以后的许多王朝的中心都在黄河中下游地区。对于这样的时期,将黄河文明置于特别重要的地位,确实是应该的。何况在三代以后,这一地区的影响仍然持续,需要探索的问题依旧很多。

　　关于黄河文明,我认为应该考虑这样三个问题:

　　第一,黄河文明在中国历史上占有怎样的地位?

第二，黄河文明为什么能够在历史上占有这样的地位？

第三，占有历史上特殊地位的黄河文明有哪些特点？

正因为黄河文明在文明发展史上有其独特的作用，教育部才在河南大学专设这方面的研究中心，并且由李玉洁教授主编完成这套"黄河文明的历史变迁丛书"。这套丛书共分九个子课题进行研究，从若干角度研讨了黄河文明的特点及形成这些特点的因素，从各个方面阐释黄河文明的历史地位和重要性。大家都知道"八方风雨会中州"这句话，中原地区之所以在历史上有特殊的重要性，关键的原因正在于其地理位置在当时的"天下"中央，居八方辐辏之地，在经济和文化的交流上占了优势。这套丛书主要从三个方面进行研究：

（1）丛书首先对黄河流域文明的要素：金属、文字、城邑以及凌驾于社会之上的公共权力的形成进行研究。

《黄河流域的青铜文明》一书，对中国古代青铜器的出现、铸造工艺、繁荣与影响进行研究，并把眼光集中于夏商周时期，那时青铜器的演变序列业已大体清楚，该书对有关的青铜文明问题作了深入的论述。

作为文明最重要标志的文字，《殷商甲骨文研究》就中国现已发现的最早的文字载体——甲骨文作了全面的论述，其中不乏新见解。

《黄河流域史前聚落与城址研究》对黄河上、中、下游的聚落与城址进行探讨，研究了聚落与城址形成的地理地貌和发展轨迹。

《中国古史传说的英雄时代》论述古史传说的神话性质及某些传说中的历史真实，把历史传说与考古材料相结合，对黄河流域古史传说中的英雄时代及其凌驾于社会之上的公共权力的形成进行系统的论述和研究，有诸多新意。

（2）丛书还对黄河文明的特质进行研究，即探讨黄河文明与其他地区文化的差异之处。历史上的中国，经济以农业为基本，文化以儒学为主流，而黄河文明即与二者有密切关联。

《黄河流域的农耕文明》对黄河流域农耕文明的起源、发展进行研讨，并且对黄河流域出现的农书、农神、农商思想与古代社会的关系进行研究，重点阐述植根于农业经济的黄河文化的特色。

儒学在中国长期的封建社会中是主导的思想理论。《儒学与中国政治》一书，论述儒学的起源、发展，研究了儒学与中国政治的密切关系。

（3）秦汉以后，黄河文化不断地吸收各地区的文化，得到了飞跃的发展。丛书在对黄河流域的文明起源问题探讨之后，对黄河流域的历史变迁进行研究。

《秦汉魏晋南北朝黄河文化与草原文化的交融》研究了秦汉魏晋南北朝时期黄河文化与胡文化的交流与融合。

《唐宋时期黄河流域的外来文明》研究了唐宋时期黄河文化与外来文明的融合。

《黄河文化与西风东渐》研究了明清时期黄河文化对西方文化进行全方位的吸收过程,黄河文化被注入了新的活力。

丛书对黄河文化与国内外文化的融合问题进行研究。这些书虽非出自一人之手,却将有关问题比较系统地串联起来,勾勒出相当明晰的轮廓,其中不乏新鲜的观点和见解。

读了这几本书,自能对黄河文明的历史地位获得进一步的认识。由这样的视角去观察黄河文明与文化,前人还很少做过。

黄河文明是非常博大的研究领域,"黄河文明的历史变迁丛书"已经开了一个好头,丛书都很值得一读。希望继续编写下去,我们且拭目以待。

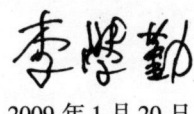

2009 年 1 月 20 日

总 序 二

黄河文明的历史地位

关于文明的起源，学术界曾出现了"满天星斗"说、"文明多元"论等，这些都是非常正确的。我们国家地域辽阔，中华文明是各地区、各民族的人民经过几千年辛勤的劳动共同创造的。然而根据学术界所认可的文明起源的要素和标准来看，华夏文明最早是在黄河流域出现、形成的。在文明形成的初期，黄河中下游地区处于"天下之中"的地位，这也是不可否认的事实。

国内外许多学者都提出了关于文明起源的见解。英国剑桥大学的考古人类学教授丹尼尔在《最初的文明：关于文明起源的考古学研究》中提出，文明的产生有三项要素：文字、城市、复杂的礼仪中心。日本学者贝冢茂树在1977年出版的《中国古代史学的发展》一书补记中提出，青铜器、文字、宫殿基址是文明产生的三要素。中国考古学家夏鼐先生在《中国文明的起源》一书中提出，青铜器、文字、城堡是文明产生的三个标志和要素，并且得到了学术界大多数学者的认可。

恩格斯在1884年出版的《家庭、私有制和国家的起源》一书中提出，文明和国家的形成主要有两项要素：①凌驾于社会之上的公共权力的建立；②按地区划分它的国民。恩格斯说"文明时代的基础是一个阶级对另一个阶级的剥削"①，他用阶级斗争的学说去解释文明的产生。这些理论奠定了马克思主义关于文明起源的政治学的理论基础，是判定文明产生的标准。

一、华夏文明最早在黄河流域形成

黄河是大自然献给中华民族的厚礼，是我们伟大民族的母亲河。黄河发

---

① 马克思，恩格斯.1972.马克思恩格斯选集（四）.北京：人民出版社.167，166，173

源于巴颜喀拉山脉北麓，从青海高原奔腾而下，流经五千多公里，在黄河的中下游地区形成宽广美丽而富饶的冲积大平原，为黄河文明的诞生提供了优越的地理环境。

黄河中下游地区四季分明，是最适合古人类生存和生活的地区。大约一万七千多年以前，黄河流域就有人类生存了。华夏民族的祖先在这里勇敢顽强地劳动和开拓，创造了辉煌的文明和文化。传说中的"三皇五帝"、夏商周三代及我国历史上的诸多王朝皆建都在黄河流域。是时，这里是人文荟萃之地，号称"天下之中"，又称为"中原"、"中州"，乃至我们伟大的祖国被称为"中国"也与此有关。黄河是中华民族的摇篮。

文明的要素——金属、文字和城堡，最早在黄河流域出现和形成。黄河中下游地区形成了我国最早的文明的中心。

仰韶文化时期，黄河流域就出现了青铜器物。仰韶文化姜寨遗址出土有铜片，还发现有黄铜管，其时代约在公元前4700年左右。

铜器，在黄河流域龙山文化的遗址中多有发现，如郑州牛寨遗址发现了熔铜炉壁附有铅锡青铜块[1]，淮阳平粮台三期H15发现了铜渣[2]，登封王城岗四期H617内出土青铜器残片[3]，临汝煤山遗址出土铜坩埚、熔铜炉残壁及铜液痕迹[4]，鹿邑栾台遗址二期早期发现青铜器等。[5] 这些资料表明当时黄河中游青铜器冶炼和使用比较普遍，已经进入早期铜器时代。在黄河中游的龙山文化遗址中已出现了国家和文明的重要标志。山西临汾陶寺墓葬中发现了一只铜铃（或铜铎），虽出自晚期墓葬，但这是一件工艺复杂的复范型大型铜器，表明在此之前，青铜冶炼铸造技术应该已经有一个很长的过程了。陶寺遗址大型墓中出土了特磬，并且有5座大墓中出土了用鳄鱼皮蒙面的鼍鼓，鼓身为挖空树干，通高1米许，上下口径43～57厘米，外表彩绘花纹。这种乐器首先发现在黄河流域龙山时代的文化中，可能最初为陶唐氏所发明。

目前，新石器时代考古所发现的青铜器只在黄河流域出现，其他地区或者只有很少的几个铜片，或者只是在淤泥中出现的一点铜锈痕迹，而且仅是一处孤证，或者根本没有出现过与青铜器有关的器具和器物。黄河流域以外地区的青铜文明远远落后于中原地区。

---

[1] 王震中. 1998. 中国文明起源的比较研究. 西安：陕西人民出版社
[2] 河南省文物研究所，周口地区文化局文物科. 1983. 河南淮阳平粮台龙山文化城址试掘简报. 文物，(3)：36
[3] 安金槐. 1983. 登封王城岗遗址的发掘. 文物，(3)：3
[4] 1982. 河南临汝煤山发掘报告. 考古学报，(4)：446～453
[5] 河南省文物研究所. 1994. 河南考古四十年. 郑州：河南人民出版社

关于文字的起源应追溯到新石器时代器物上的刻画符号。河南舞阳的贾湖遗址出土的龟甲和石柄上就已经出现刻画符号。龟甲上刻有"⌒"、"日"、"八"、"屮"、"𠄌"、"○"、"ж"、"仁"、"彐"、"十"等。①

1963 年出版的《西安半坡》中公布了半坡遗址出土的大批陶器上有刻画符号。有的符号较简单,有的稍复杂。在仰韶文化类型遗址的陶器中多有这种符号,目前在渭水流域的西安、临潼、郃阳、铜川、宝鸡和甘肃秦安都有发现。②

大汶口文化类型的莒县陵阳河遗址出土的大口尊上发现了陶尊文字 17 个。其时代在公元前 4000 年左右。有关资料介绍:"自 60 年代以来,陵阳河发现刻文陶尊均出于河滩一组墓地(富有者墓地),共 10 件。采品 6 件,完整器 5 件。刻文分别为'☉'、'𧰼'、'𠂆'、'𡗑'、'⊏|'、'𠂋'、'𧰼'。另一件为 1979 年发掘采集的陶尊残片,刻文为'𧰼'……M25 的一件刻文为'𡴂'。陵阳河发现的陶尊刻文,共计 12 个个体。如将刻文归类统计,得图像一,图像文字凡七。"③ 我国许多学者,如唐兰先生、王树明先生等对这些文字均有考释,认为这是现行文字的远祖,陵阳河的陶尊文字与殷墟甲骨文字有渊源关系。

与原始文字有渊源关系的远古符号也在黄河流域大量出现,河南舞阳的贾湖,山东大汶口,陕西西安、临潼、郃阳、铜川、宝鸡和甘肃秦安等遗址出土的大批陶器上的刻画符号,与中国古文字具有一脉相承的渊源关系。殷商时期,大批的甲骨文在殷墟(今河南安阳市)出土,在世界古文字研究方面具有重要的意义。

黄河流域在仰韶文化晚期已发现古城堡。郑州西山古城址是仰韶文化的遗存,距今 5300~4800 年。④ 黄河中游龙山文化时期的城堡更为普遍,如河南淮阳平粮台古城址、登封王城岗古城址、郾城郝家台、安阳后岗、淅川下寺等。

河南淮阳平粮台城址距今 4500 年左右。城址呈正方形,长宽均为 185 米,城周长 740 米,建筑面积约 5 万平方米。城墙采用小版筑堆筑法营造,可见圆形夯窝。城有南北两城门。南门有用土坯垒砌的两个门卫房,中间是

---

① 王蕴智. 2003. 远古符号综类摹萃. 中原文物,(6):11
② 李学勤. 1997. 走出疑古时代. 沈阳:辽宁大学出版社
③ 王树明. 1986. 山东省史前文化论文集·谈陵阳河与大朱村出土的陶尊文字. 济南:齐鲁书社. 249
④ 河南省文物研究所. 1994. 河南考古四十年. 郑州:河南人民出版社

路土，路土下有铺设好的排水管道，城内有建筑在夯土台上的用土坯垒砌的排房。高台上的第 4 号房基的房址，东西残宽 15 米多，南北进深 5.7 米，室内北边有一宽约 0.92 米的走廊，南边再用隔墙分为四间。可以推测，在夯土高台上居住的人绝非一般平民。①

登封王城岗古城址位于河南省登封市告成镇西部，距今约 4400 年，这是两个并列的古城。大城的复原面积约 34.8 万平方米，是迄今为止在河南发现的规模最大的龙山文化晚期城址。② 王城岗古城址的城内有殉人、殉兽的奠基坑 13 个。这些奠基坑多者用 7 具人骨奠基，少者 1 具，共有 28 具人骨架。王城岗龙山文化三期发现一薄胎磨光的平底杯，杯的底外部有烧前刻画的一个文字，形似"共"字。王城岗龙山文化四期，发现一青铜容器的残片，编号为 WT196H617：14，残宽 6.5 厘米，残高 5.7 厘米，厚 0.2 厘米，很像铜鬶的腹与袋状足的部分残片。经北京科技大学冶金室检验是锡铜青铜铸件。③

安阳后岗遗址发现一段宽 2～4 米，长 70 余米的龙山文化时期的城墙。该遗址约 5 万平方米。遗址分布着直径约 3～5 米的圆形白灰面房基和木板地面房基，这些房基的下面有用小孩作牺牲的奠基，埋 1 个幼童的 8 座，埋 2 个幼童的 4 座，埋 3 个幼童的 2 座，埋 4 个幼童的 1 座，仅在发掘的 600 平方米内，埋幼童 26 个。这个遗址的年代在公元前 2700 年～前 2200 年。河南辉县孟庄龙山文化古城址，面积约 16 万平方米，有护城河等，具有军事性质。

黄河下游龙山文化类型的遗址亦发现许多古城址。山东章丘龙山镇的城子崖城址，总面积 17.55 万平方米。1984 年在寿光县边线王村发现一古城址。城址分大小两处，小城在大城之内，居中偏南。大城面积约 5.7 万平方米，四边城墙之中部各有一门道，门宽约 10 米。城内面积 1 万平方米左右。大城址距今 3800 年左右，小城距今 3900 年左右。④ 1991 年邹平丁公村发现一古城址，面积 11 万平方米。城址年代在距今约 4600～4000 年。⑤ 另外淄博的田旺村亦发现一个面积 20 余万平方米的龙山文化古城址。⑥

---

① 河南省文物研究所，周口地区文化局文物科.1983. 河南淮阳平粮台龙山文化城址试掘简报. 文物，(3)：37
② 北京大学考古文博学院，河南文物研究所.2006. 河南登封王城岗遗址 2002、2004 年发掘简报. 考古，(9)：4
③ 河南文物研究所，中国历史博物馆考古部.1992. 登封王城岗与阳城. 北京：文物出版社.38
④ 杜在忠.1988-7-15. 边线王龙山文化城堡的发现及其意义. 中国文物报
⑤ 邹平.1992-1-12. 丁公村发现龙山文化城址. 中国文物报
⑥ 齐天.1992-3-18. 田旺龙山文化城址面世. 大众日报

从以上黄河流域发现的龙山文化时期的古城址来看，城址中或有城门和门卫房，或有护城河，是具有军事性质的城堡。城内（如平粮台城址中）高台上的高大建筑物表明城内居民存在阶级和阶层的差别。登封王城岗城址和安阳后岗城址中用幼童作奠基的殉人，表明激烈的社会冲突已经形成，高居于平民之上的公共权力已经形成。龙山文化时期长江流域的古城堡虽然显示了贫富分化的现象，但远不如黄河流域表现得那样尖锐和激烈，似乎还处在军事民主制时期。① 在黄河流域，早期国家已经形成了。

二、黄河流域出现的凌驾于社会之上的公共权力

黄河流域是最适合人类生存的地方，自古以来就流传着许多鸿蒙初辟时期的神话，如盘古、女娲等都是神话中的开天辟地或抟土造人的英雄。这些神话传说表现出华夏民族对世界的最初认识和美好的想象。远古时期，黄河流域活跃着许多部族，并各有自己的领袖。这些部族领袖往往被神化成半人半神的英雄。我国古代史籍中有许多关于远古时代英雄的传说，其中有三皇时期的传说，如燧人氏、伏羲氏、神农氏、葛天氏、柏皇氏等；还有五帝时期的传说，如黄帝、炎帝、太皞、少皞、蚩尤、颛顼、帝喾、帝尧、帝舜等。他们皆是黄河流域的部族领袖。这些传说构成中华民族形成发展的完整序列，记载了中华民族光辉的成长历程。

五帝时期，在黄河流域已经出现了早期国家的雏形。这些部族首领皆拥有号令征伐、收取贡赋、征发劳役的权力，而且这个时期，地域关系已经形成，有了非常明确的政治选举制度。这些部族首领已经拥有了马克思主义理论所认为的凌驾于社会之上的公共权力。这些现象说明黄河流域的部族自五帝时期就具备了早期国家的特征。

1. 号令征伐的权力

号令征伐是公共权力形成的典型表现形式。《史记·五帝本纪》云："轩辕之时，神农氏世衰。……于是轩辕乃习用干戈，以征不享，诸侯咸来宾从。""天下有不顺者，黄帝从而征之，平者去之，披山通道，未尝宁居。"这里很明显，黄帝轩辕氏对不顺从者，"征之"、"去之"，使"诸侯咸来宾从"。号令征伐，使诸侯"宾从"，就是一种凌驾于社会之上的公共权力。正因为拥有这种公共权力，黄帝才能与炎帝战于阪泉之野，与蚩尤战于涿鹿之野，最后消灭了敌对势力，使自己的权力得以巩固。

黄帝与炎帝、黄帝与蚩尤、颛顼氏与少皞氏都曾有过激烈的部落冲突。

---

① 张绪球.1994.屈家岭文化古城的发现和初步研究.考古，(7)：634

帝尧时期，曾进行过征伐三苗的战争。《国语·楚语下》曰："其后三苗复九黎之德，尧复育重、黎之后，不忘旧者，使复典之。"韦昭注："其后，高辛氏之季年。三苗，九黎之后。高辛氏衰，三苗为乱，行其凶德，如九黎之为也。尧兴而诛之。"

《史记·五帝本纪》记载，帝尧时期，天降大雨，黄河泛滥。尧于是召四岳（四个部族酋长）商议治水事宜。四岳推荐鲧，但鲧治水九年而无功。《史记·夏本纪》记载："舜登用，摄行天子之政，巡狩。行视鲧之治水无状，乃殛鲧于羽山以死。天下皆以舜之诛为是。于是舜举鲧子禹，而使续鲧之业。"舜可以殛鲧以死，并有权令鲧的儿子禹接替治水。舜还任用"八元"、"八恺"，"使主后土，以揆百事……乃流四凶族，迁于四裔"①。《尚书·虞书·舜典》云：帝舜"流共工于幽州，放驩兜于崇山，窜三苗于三危"。舜作为一个部族领袖可以流放或杀掉一个下级部族的首领，表明公共权力的形成。黄帝、颛顼、高辛、尧、舜等皆有号令征伐的权力。依靠这种权力，他们才能在战争中打败敌方，从而攫取更高的权力。

2. 收取贡赋

《史记·夏本纪》记载："自虞、夏时，贡赋备矣。"又云："众土交正，致慎财赋，咸则三壤成赋。"由此可知，虞舜时期已经开始向百姓征收贡赋，并有了完备的贡赋制度。收取贡赋是公共权力形成的典型特征。黄帝、颛顼、高辛、尧、舜已经具有国君（或国王）的权力了。

3. 征发劳役

《史记·五帝本纪》记载，帝舜杀了鲧之后，又任用鲧的儿子禹治水。大禹治水时，"唯禹之功为大，披九山，通九泽，决九河，定九州，各以其职来贡，不失厥宜"。尧、舜、鲧、禹等人的治水，当然需要征发很多人去服劳役。征发劳役亦是公共权力形成的特征。

4. 地域关系的形成

黄帝时期，曾东征西伐，打败了炎帝、蚩尤，颛顼氏与太皞氏、少皞氏等都发生过激烈的战争和冲突。被打败的部族则皆迁徙他处，其部族支裔四散，迁至偏远地区。如少皞氏在失败之后，其主要力量迁徙汾水流域，仍有一部分还在东夷地区，那些留下的居民则只能服从于胜利者的管辖。毫无疑问，黄帝、颛顼、尧、舜时期，其国民已按地区划分。地域关系已经形成。《史记·五帝本纪》载：黄帝"置左右大监，监于万国"。这里所说的"万国"，当是黄帝治下的各个地区的小邦国。

---

① 司马迁.1982.史记·五帝本纪.北京：中华书局

5. 禅让制度与世袭制度

尧、舜、禹等部族领袖在权力的承继方面实行禅让制度，部族首领是通过禅让选举而产生的。《论语·尧曰》载，尧曰："咨！尔舜，天之历数在尔躬，允执其中，四海困穷，天禄永终。"舜在传位给禹的时候也说了同样的话。《论语·颜渊》云："舜有天下，选于众，举皋陶。""汤有天下，选于众，举伊尹。"《尚书·尧典序》曰："昔在帝尧，聪明文思，光宅天下，将逊于位，让于虞舜，作尧典。"但是禅让制度曾遭到战国学者的质疑，不相信古代实行过禅让制度。《孟子·万章》记载，"万章曰：'尧以天下为舜，有诸？'孟子曰：'否，天子不能以天下与人。'"《韩非子·说疑》云："舜逼尧，禹逼舜，汤放桀，武王伐纣，此四王者，人臣弑其君者也。"

我们且不说尧舜禹时期的帝位是"让"，还是"逼"，但五帝之前，包括五帝时期的部族首领肯定曾经实行过禅让制度，这是不容置疑的。尧舜禹时期的禅让现象是中国远古时代禅让制度的继承和继续。禅让制度确实是中国早期国家的一个重要特征。夏代开始了传子制的世袭制度，很多人认为传子制才是国家形成的标志，并在此基础上认为夏代才形成了国家。

如果说传子制是国家形成的特征标志，那么希腊的国家首脑从来就没有传子制，其首席执政官和其他执政官皆是由选举而产生的。而谁又能说古代希腊不是国家呢?！

马克思主义的国家学说认为，国家产生的标志是凌驾于社会之上的公共权力的建立和地域关系的出现。传子制不是国家产生的标志。

我国古史传说中的黄帝、太皞、少皞、颛顼、帝喾、尧、舜等，具有号令征伐、收取贡赋、征发劳役等凌驾于社会之上的权力。他们拥有的辖地上，不仅有本部族成员，而且已经按地区划分其国民。他们是活动在黄河流域的国家领袖，即国王。是时，黄河流域最早出现了青铜文化、文字，较早出现了城堡。古史传说中，华夏民族的领袖也多活动在黄河流域，华夏文明最早在黄河流域形成。

三、黄河文明的特质

黄河文明的主要特征之一就是农耕文明。黄河文明是以农业为经济基础而发展起来的。"农业是整个古代世界的决定性的生产部门。"① 研究黄河流域农耕文明的形成及特征，对深入了解文明进程、文化兴衰以及这个文明体系中人民的精神世界都有重要的意义。

---

① 马克思，恩格斯.1972.马克思恩格斯选集.北京：人民出版社.145

黄河流域的青铜文明

黄河流域发现了大量的古文化遗址，如磁山、裴李岗文化、仰韶文化、大汶口文化、龙山文化、马家窑文化、齐家文化等。农业是这些远古文化的主要内涵。自新石器时期开始，华夏民族已经成为农业定居的民族。黄河流域是世界上最早也是最重要的农业发源地之一。

在长期艰苦的劳动中，黄河流域的人民发明了农业，在野草中培育了五谷等各类农作物；发明了农业生产工具，并使之不断地改进，将其从木、石质改进为金属工具；创造了历法，制定了二十四节气，认识了天象与农业的关系；发明了丝绸，中国是世界闻名的丝绸之国；华夏民族有自己的农神崇拜。在黄河流域这块热土上，华夏民族辛勤勇敢地劳动，用他们的智慧和汗水，建造了自己的家园。

由于凌驾于社会之上的公共权力的出现和形成，封建国家制定了各种农业政策和赋税制度。黄河流域产生的农业思想，特别是中国封建王朝推行重农抑商的政策和思想，对中国古代社会有重要的影响。商业被限制，客观上也束缚了农业的发展。重农抑商的政策和思想，其目的在于巩固加强其专制统治，实际上则阻碍了中国社会的发展和进步，是中国封建社会长期停滞不前的重要原因之一。

儒学是中国文化的主流，也是黄河文明的重要特质。儒学是封建专制国家赖以统治的理论基础，与中国政治有着非常密切的关系。

儒家学说的核心是礼和仁的思想。儒家所说的礼，是一种标志尊卑贵贱等级的制度。《礼记·坊记》曰："子云，夫礼者，所以章疑别微，以为民坊者也。故贵贱有等，衣服有别，朝廷有位，则民有所让。子云，天无二日，土无二王，家无二主，尊无二上，示民有君臣之别也。"

所谓仁，就是以仁德之心对待人民。儒家主张仁政，反对苛政。儒家学说要求帝王和国家的大小官员勤政爱民、奉公守法，要求人们严格约束自己的行为，做人做事要有廉耻之心，维护做官的清德，不欺暗室，有强烈的忧患意识，认为这样的人才能治理好国家。儒学从政治上讲，确实是为帝王统治服务的学说。然而，儒学能够在中国延续两千余年而不衰，除了封建帝王的推崇和提倡之外，能够被广大群众所接受也是重要的原因。

儒家提倡的道德观，如忠、孝、仁、义、廉、耻、宽、恕等，是我国人民两千年来恪守的道德伦理基础。儒学的伦理道德、重义轻利、敬老爱幼、乐于进取、强烈的忧患意识和参与意识，铸就了中华民族的共同心态和理想人格，也激励着中国的志士仁人去建功立业、英勇奋斗，使中华民族具有强大的凝聚力。

儒家学说提倡的"礼"保证了封建国家的等级制，维护了皇帝和各级贵族的利益；而"仁"又能使平民百姓们认可接受。这样封建国家的秩序就得以稳定。儒家学说是适用于中国封建社会的政治学说，对中国封建社会的政治发展起着积极的作用。

四、黄河文明的历史变迁

夏、商、周三代之后，早期国家逐渐成熟，进入了发展时期。春秋战国以后，中国的专制制度逐渐形成，随着秦汉王朝的统一，黄河文明进入了大发展时期。

秦汉魏晋南北朝是黄河文化发展的重要时期，也是黄河文化与胡文化交流、融合的重要时期。本课题通过秦汉魏晋南北朝时期不同时段少数民族与黄河流域的社会交往，论述了秦汉时期少数民族文化与黄河文化的融合过程。张骞通西域之后，一条以洛阳、长安为起点，直达安息、大秦的交通线形成，这就是历史上有名的丝绸之路。西域的葡萄、西瓜、乐器、胡马，传入黄河流域；黄河流域的铁器、丝绸、医药、造纸、印刷术、农业技术传入西域，大大丰富了黄河文化和世界文化的宝库。根据《汉书·西域传》的记载，新疆地区的罽宾国"地平温和；有目宿、杂草；奇木：檀、槐、梓、竹、漆；种五谷、蒲陶诸果；粪治园田，地下湿，生稻；冬食生菜。其民巧，雕文刻镂，治宫室，织罽，刺文绣，好治食。有金、银、铜、锡，以为器。市列以金银为钱，文为骑马，幕为人面。出封牛、水牛、象、大狗、沐猴、孔爵、珠玑、珊瑚、虎魄、璧、流离"。大秦国即罗马古国。《后汉书·大秦传》记载，大秦国物产丰富，"多金银奇宝：夜光璧、明月珠、骇鸡犀、珊瑚、琥珀、琉璃、琅玕、九色玉石、朱丹、青碧。刺金缕绣织成金缕罽、杂色绶，作黄金涂、火浣布。又有水羊毳、野蚕茧所作细布。合诸香煎其汁，谓之苏合。以金银为钱：银钱十，当金钱一；与安息、天竺交市，海中获利十倍。其人质直，市无二价。谷食常贱，国用富饶"。黄河流域的许多地方开始响起了来自草原地区的"胡声"。

魏晋时期，特别是十六国时期，匈奴、鲜卑、羯、氐、羌等少数民族进入黄河流域，使黄河文化在这一特殊形式下复苏，对黄河文化的繁荣有重要的影响；而到北朝时期，鲜卑族入主黄河流域，给黄河文化注入了新鲜的血液。少数民族地区的所谓"胡桌"、"胡椅"、"胡床"、"胡服"，传入黄河流域，大大丰富了黄河流域人民的生活。这些最终揭示出黄河文化是在这一特殊历史时期融合少数民族文化而形成的多层次文明。

唐宋时代是黄河文化发展和成熟的重要时期。是时，突厥、铁勒等游牧民族、朝鲜半岛移民、西域以及西亚、中亚胡人等外来移民相继进入黄河流

域。外来文明在黄河文化的演进历程中非常重要。唐宋时期，黄河文化与外来文明有强烈的互动作用，不仅使黄河流域出现了多种宗教信仰，如景教、摩尼教、祆教、犹太教传入中国，佛教也出现了不同的宗派，如唯识宗、密宗等，更重要的是黄河流域的科学技术得到进一步的发展，如天文学、医学、药物、植物、动物、香料、玻璃器、玛瑙、玉器、纺织品、货币、音乐、舞蹈、雕塑、绘画、建筑艺术等外来文明促进了黄河流域社会生活诸方面的发展，同时对黄河流域的饮食、服饰、体育、社会风俗、农业生产、交通运输、城市繁荣、经济作物的种植等都产生巨大的影响。唐宋时期黄河流域的政治、经济、文化与外来文明的交流往来，对黄河流域社会文化的发展产生了极大的影响。

明清时期，西方传教士在黄河流域的宗教和科学传播活动，为古老的黄河文化注入了西方近代科学文化的内容。明清时期，西方的宗教、天文学、数学、地理学、机械学、建筑学、物理学、医学、文学艺术、矿业技术、邮电、铁路交通、军事科学、教育思想、教育体制、社会风尚、近代农业科技等相继传入中国，美洲的农作物，如番薯、玉米、烟草等在黄河流域迅速传播、种植和推广，大大丰富了黄河流域农作物的种类，改变了黄河流域人民的饮食结构。更重要的是西方的民主思想也传入中国。鸦片战争之后，黄河文化开始了对西方文化的全方位吸收与融合，创建了新式学校、新式军队，产生和发展了一些近代工商业。新式的交通、通信工具等有了初步的发展，西方政治文化也得到一定程度的传播和实践，西式社会风尚开始在黄河流域出现并流行。

如今，古老的黄河文明与黄河文化在自身的基础上，通过对外来文明的合理吸收，不断地发展和变化，发生了强烈的历史变迁，出现了近代化的特质和内涵，黄河文化正在走向全面繁荣和昌盛。

李玉洁

2009 年 10 月 26 日

目　录

总序一　(李学勤) /i
总序二　黄河文明的历史地位 (李玉洁) /v
绪论 /1
　　一、黄河流域青铜文明的产生和发展　/1
　　二、黄河流域青铜文明的鼎盛与辉煌　/2
　　三、黄河流域青铜文明礼制的形成　/3
　　四、黄河流域青铜文明的衰颓　/4

第一章　黄河流域青铜文明的产生 /6
第一节　黄河流域青铜文明的产生 /7
　　一、黄河流域青铜文明产生的背景　/7
　　二、黄河流域青铜文明的产生　/8
第二节　黄河流域发现的早期黄铜和青铜器物 /10
　　一、仰韶文化遗址出现的早期铜器　/10
　　二、黄河中游龙山文化时期出现的早期铜器　/12
　　三、黄河下游龙山文化时期出现的早期铜器　/15
　　四、黄河上游齐家文化时期出现的早期铜器　/16
　　五、黄河流域早期铜器的特征及发展阶段　/19
第三节　夏代黄河流域青铜文明的发展 /21
　　一、二里头文化遗址出土的青铜器　/22
　　二、岳石文化遗址出土的青铜器　/29

第二章　商代黄河流域青铜文明的繁荣 /33
第一节　商代前期的青铜文明 /34
　　一、郑州二里岗发现的青铜器　/36
　　二、郑州二里岗以外黄河流域发现的商代前期青铜器　/38
　　三、商代前期青铜器的组合特点　/42

第二节　商代后期的青铜文明　/44
　　一、殷墟发现的青铜工具　/46
　　二、殷墟发现的青铜兵器　/49
　　三、殷墟发现的青铜礼器　/50
　　四、殷墟发现的青铜乐器　/58
第三节　商王朝臣属方国的青铜文明　/61
　　一、商王朝的臣属方国及其青铜文明　/61
　　二、黄河流域商代后期臣属方国的青铜文明　/63
第四节　商代青铜文明对长江流域青铜文明的影响　/71
　　一、商代青铜文明对湖北黄陂盘龙城青铜器的影响　/72
　　二、商代青铜文明对湖南宁乡青铜器的影响　/75
　　三、商代青铜文明对江西新干大洋洲青铜器的影响　/78
　　四、商代青铜文明对四川广汉三星堆青铜器的影响　/83

第三章　黄河流域青铜器的铸造工艺　/88

第一节　商代青铜器的铸造器具　/88
　　一、商代熔铜炉的构造　/89
　　二、商代铸造青铜器的范、模、芯等器具　/91
第二节　商代青铜器的铸造方法　/95
　　一、商代青铜器的浑铸法　/96
　　二、商代青铜器的分铸法　/97
　　三、失蜡法的起源和应用　/99
　　四、青铜铸件的焊接工艺　/102
第三节　青铜器的合金成分　/103
　　一、青铜合金的种类　/103
　　二、各类青铜器的合金配比　/104
第四节　青铜器的装饰工艺　/107
　　一、青铜器镶嵌绿松石的工艺　/107
　　二、青铜器的错金银工艺　/109
　　三、青铜器的鎏金工艺　/110
　　四、青铜器的髹漆工艺　/112

第四章　西周时期黄河流域青铜文明的发展　/114

第一节　西周青铜器的分类　/119
　　一、西周青铜器的分类与用途　/119
　　二、西周青铜器的纹饰特征　/127

第二节　西周青铜器的断代　/131
　　一、西周早期（武、成、康、昭）青铜器的特点　/132
　　二、西周中期（穆、恭、懿、孝、夷）青铜器的特点　/134
　　三、西周晚期（厉、宣、幽）青铜器的特点　/136
第三节　西周王朝诸侯国的青铜文明　/138
　　一、西周晋国的青铜文明　/138
　　二、西周卫国的青铜文明　/144
　　三、西周燕国的青铜文明　/148
　　四、西周应国的青铜文明　/152

第五章　春秋战国时期黄河流域的青铜文明　/158
第一节　春秋战国时期周王室的青铜文明　/158
　　一、春秋战国时期周王室的青铜文明及分期　/158
　　二、周王室青铜礼器的纹饰、铭文及器形演变　/161
　　三、周王室出土的青铜乐器、兵器、杂器　/163
第二节　春秋战国卫国的青铜文明　/165
　　一、浚县辛村墓地出土的卫国青铜器　/166
　　二、辉县琉璃阁发现的卫国墓葬　/168
　　三、辉县琉璃阁地区出土的卫国青铜器　/169
第三节　春秋郑国的青铜文明　/171
　　一、春秋郑国青铜器出土情况及研究成果　/172
　　二、郑国青铜礼器的组合、纹饰及器形演变情况　/173
　　三、郑国的青铜乐器　/177
第四节　春秋虢国的青铜文明　/178
　　一、虢国墓地青铜器的出土概况　/178
　　二、虢国墓地出土的青铜礼器　/179
　　三、虢国墓地出土的其他青铜器　/183
第五节　春秋宋国的青铜文明　/185
第六节　春秋战国鲁国的青铜文明　/188
　　一、传世和出土的鲁国青铜器　/189
　　二、鲁国青铜器的特点　/190
第七节　春秋战国齐国的青铜文明　/193
　　一、传世和出土的齐国青铜器　/194
　　二、齐国的青铜礼器　/195
　　三、齐国的兵器、乐器和量器　/198

　　四、齐国青铜器的铭文 /200
　第八节　春秋战国秦国的青铜文明 /201
　　一、春秋秦国青铜器概况 /201
　　二、春秋秦国青铜礼器的器形特征 /203
　　三、战国时期秦国的青铜器 /205
　　四、战国时期秦国青铜器形制的演变 /206
　第九节　春秋战国时期晋国的青铜文明 /208
　　一、晋国青铜器的出土及考古发掘 /208
　　二、晋国出土的青铜礼器及其形制演变 /210
　　三、晋国出土的其他青铜器 /213
　　四、晋国青铜器的纹饰 /214
　第十节　魏国的青铜文明 /214
　　一、魏国出土的青铜器 /215
　　二、魏国青铜礼器的器形演变及组合形式 /217
　第十一节　中山国的青铜文明 /221
　　一、中山王陵的发掘 /221
　　二、中山国青铜礼器的特点 /222
　　三、中山国民族特点的青铜器及其纹饰 /224

第六章　春秋战国时期的货币与兵器 /227
　第一节　春秋战国时期的货币文化 /227
　　一、东周王畿的货币系统 /228
　　二、春秋战国时期三晋的货币系统 /229
　　三、春秋战国时期燕齐的货币系统 /231
　　四、春秋战国时期楚国的货币系统 /232
　　五、春秋战国时期秦国的货币系统 /233
　第二节　春秋战国时期的青铜兵器 /234
　　一、中国铜兵器的发展 /234
　　二、春秋战国时期青铜兵器的形制特点 /237
　　三、春秋战国时期边远地区少数民族的青铜兵器文化 /239

第七章　青铜礼乐器组合及其思想意识 /242
　第一节　青铜礼器的组合形式及思想意识 /242
　　一、商文化类型的礼器组合形式 /243
　　二、周文化类型的礼器组合制度 /245
　　三、古代礼器组合制度形成的原因探析 /247

第二节　青铜编钟组合的礼制研究　/251
　　一、编钟的出现与形成　/251
　　二、文献记载中编钟的等级规格和编钟编制　/253
　　三、考古发掘所见到的编钟的等级规格与编制　/254
　　四、考古出土的编钟规格与文献不相符合原因探析　/260

后记　/264

绪　　论

青铜器被认为是文明起源的最重要的物质文化标志之一。中外人类学家和考古学家，如中国夏鼐、英国丹尼尔、日本贝冢茂树等认为，城市、金属、文字三项是文明起源的标志和要素。这些观点得到大多数学者的认同。黄河流域则是中国最早出现青铜器的地区。

黄河流域的青铜文明可以分为三个时期。新石器时期至夏代是黄河流域青铜文明产生和形成的时期。商、周、春秋至战国前期，是黄河流域的青铜文明达到鼎盛和辉煌的时期。战国后期，由于铁器的推广和普及，又由于各个诸侯国之间激烈的兼并战争，耗费了大量的人力和物力，青铜器价格的昂贵等，黄河流域的青铜文明出现衰颓，青铜器时代为日益繁荣的铁器时代所代替。

黄河流域是中华民族的摇篮，是我国最早出现青铜器的地区。华夏文明最早在这里形成，青铜文明的研究是黄河文明研究的重要内容。

一、黄河流域青铜文明的产生和发展

仰韶文化时期黄河流域就出现了青铜器物。在仰韶文化姜寨遗址中出土了铜片、黄铜管，其年代在公元前4700年左右。仰韶文化中、晚期，已经出现了金属、具有原始文字性质的刻画符号、城堡，并有了较为复杂的祭祀遗迹。仰韶文化孕育了中国早期文明。

铜器在龙山文化时期的遗址中多有发现，郑州牛寨、淮阳平粮台、登封王城岗、临汝煤山、鹿邑栾台等遗址中发现有熔铜炉残壁、铜坩埚、铜渣等。这些资料表明龙山文化时期黄河中游青铜器的冶炼和使用已经比较普遍，这个时期已经进入早期铜器时代。

与此同时，黄河流域的古城堡普遍出现，如山东章丘龙山镇的城子崖、寿县边线王、河南郾城郝家台、淮阳平粮台、登封王城岗等。具有原始文字性质的远古符号也在黄河流域大量出现，河南舞阳的贾湖、山东大汶口、陕西西安、临潼、郃阳、铜川、宝鸡和甘肃秦安等出土的大批陶器上的刻画符

黄河流域的青铜文明

号，与中国古文字是一脉相承的。黄河文明肇始了华夏文明的产生。

夏王朝时期，黄河流域的青铜文明得到了迅速发展。如河南偃师二里头、河南登封王城岗、洛阳东干沟、驻马店杨庄、密县新砦、山西夏县东下冯等遗址都发现了大量的青铜器。青铜器数量和种类明显增多，其中有容器：爵、斝、鼎、盉；兵器：戈、镞、戚、钺；工具：锛、凿、刀、锥、鱼钩、削、钻、纺轮、锯；乐器：铃；装饰品：镶嵌绿松石的铜牌饰等不同种类。夏代冶铸技术有了极大的提高，青铜文明的核心区在黄河流域中游。其他地区尚未出现青铜器，或者其青铜文明远远落后于中原地区。

二、黄河流域青铜文明的鼎盛与辉煌

殷商、西周、春秋至战国前期，黄河流域青铜文明达到鼎盛与辉煌。

殷商青铜铸造业生产规模之大、冶炼技术之高已达到当时世界一流的水平。商代出土的大量青铜器物，用青铜制造的各种生产工具、兵器和礼器，坚硬耐用，器形美观。青铜器物大小不同，样式各异，造型美观而厚重，纹饰瑰丽而庄严。器物上饰有饕餮纹、夔纹、蝉纹、云雷纹等。有些器物的造型完全仿照动物的形态，生动而逼真。

商代已经掌握了青铜的性能和特点，不同用途的器物各有不同的合金比例。殷墟出土的司母戊大方鼎，其合金比例为：铜占 84.77%，锡占 11.64%，铅占 2.79%，是比较科学的，基本符合《考工记》所说的"六分其金（铜）而锡居一，谓之钟鼎之齐（剂）"的记载。司母戊大方鼎是我国迄今为止发现的最大的青铜器，重 875 公斤，通高 133 厘米、长 110 厘米、宽 79 厘米。这只大方鼎不仅器形雄伟，而且外表美观，是当时世界上青铜文明发展到高峰的典型代表。

西周时期青铜铸造业在商代青铜生产基础上又进一步发展。西周王畿地区发掘出许多铜器窖藏，出土了大量的青铜器，种类繁多，精致瑰丽，式样新颖，精美庄重，其器形设计、花纹装饰、铭文书体、铸造工艺，都表现出鲜明的地域特点和时代风格，代表着西周时期青铜文明的最高工艺和水平。

春秋以后，青铜冶炼业进一步发展。黄河流域分布着许多诸侯国，频繁的战争和交流使他们所使用的青铜器有日趋融合的特点。但由于诸侯国所在的地域不同，所处的政治地位和经济地位又有很大的差别，因此它们所创造的青铜文明也有不同的内涵，表现出浓郁的地域文化的特征。

河南省三门峡市上村岭发掘的虢国墓地，出土了大量的青铜器。其中包括象征贵族身份等级的列鼎。中原地区出土的郑国青铜器，特别是青铜乐器也表现出独到的特色。郑韩故城东城发掘到的 11 座乐器坑，出土编钟 206

件。这些编钟的出土，为春秋时代的"郑卫之音"的研究提供了可靠的依据，也为我国古代音乐史研究提供了珍贵的实物资料。

山西的天马—曲村的晋国墓地、河南辉县琉璃阁卫国墓地、辉县固围村魏国墓地、汲县山彪镇魏国墓地、河北省平山县中山王墓地等都发现了大量精美的青铜器，表现出春秋至战国前期，黄河流域青铜文明的辉煌与灿烂。

殷商、西周、春秋至战国前期是我国青铜文明的鼎盛时期。黄河流域的青铜文明像鲜艳夺目的奇葩，放射着绚丽的光彩。

三、黄河流域青铜文明礼制的形成

殷、周、春秋及战国前期，是我国青铜文明的鼎盛时期，黄河流域出土的青铜礼器和乐器代表着青铜文明的顶峰，充分地表现出我国古代青铜文明的辉煌。从我国古代文献的记载和近年来的考古发现来看，青铜礼器、乐器均有一定的组合形式，而且这种组合形式表现出中华民族古代的思想意识。

1. 黄河流域青铜礼器礼制的形成

黄河流域古代的礼器礼制所表现出来的组合形式分为殷、周两大文化系统。这两大文化系统在春秋时期相互融合，表现出中华民族的阴阳五行思想意识。

先秦时期，我国的东部、南部地区（东夷、南淮夷、南方楚国），以及西部的秦国受殷商文化的影响，与殷商的文化系统相同。商朝后期，殷人逐渐形成了自己的礼器使用形式。殷商文化系统的礼器组合形式是鼎、簋、豆、笾等的组合，皆呈偶数形式。

殷人为什么崇尚偶数并喜爱使用偶数组合的礼器呢？这也是近年国内学术界很感兴趣的问题。笔者认为主要有以下原因：①殷商时期，人们虽然有晴、雨、阴天的概念，但还不具有阴阳五行学说所理解附会的内容。②殷人虽然亦以男性为尊，但对女性的尊重也是殷商社会的特征。《史记·梁孝王世家》云："殷道亲亲，周道尊尊。"《礼记·表记》又云："母亲而不尊，父尊而不亲。""亲亲"表示殷代对母系的尊重，表现了殷人尊重女性、崇尚对称美和两极平衡的意识。

先秦时期，周王朝及其所属诸侯国表现出来的文化特色属于周文化系统。周人崇尚奇数，故周文化系统的礼器组合形式是：鼎，俎按奇数组合，即一、三、五、七、九的等差形式递增（或递减）。奇数组合可以在突出一个"居中"、"中央"、"太极"的地位之后，然后再形成对称形式，表现了周天子至高地位的形成。簋、籩、豆、铏、壶是按二、四、六、八的等差形

式递增（或递减）。

周人以奇数为阳，象征天、君、父、男；以偶数为阴，象征地、臣、母、女。《礼记·郊特牲》云："鼎、俎奇而笾、豆偶，阴阳之义也。"孔颖达疏曰："鼎、俎奇者，以其盛牲体，牲体即动物。动物属阳，故其数奇。笾、豆偶者，其实兼有植物，植物为阴，故其数偶。故云阴阳之义。"《郊特牲》又云："阴阳和而万物得。"时人认为，只有阴阳相和谐，万物才能滋生繁荣。周文化系统的礼器组合形式，反映出周人的等级意识及阴阳五行的思想。

2. 黄河流域青铜乐器的礼制及组合形式

春秋时期，铜乐器的礼制制度也形成了。天子、诸侯、卿大夫、士等贵族的各个基层所用之乐，悬挂的方式及所用的编钟、编磬的数目也是不同的，有一定的规格和等级。《周礼·春官·小胥》记载："正乐县之位，王宫县，诸侯轩县，卿大夫判县，士特县。"

但各地考古出土的编钟等级规格与规制，与《周礼·春官·小胥》记载的规格是不完全符合的，而且编钟编列的数目也与《周礼·春官·小胥》所记载的"凡县钟磬，半为堵，全为肆"的情况有所不同。

从近年出土的编钟规制来看，根本未见编钟的"宫县"形式，而且每组编钟的组合多为8件以上，甚至出现了每组编钟组合为9件、10件、11件、12件的组合。

这种情况出现的原因是：随着时代的发展，音乐是不断进步的。中国古代的编钟是奏乐的，婉转动听的音调是需要更多更复杂的音符才能奏出，因此我国古代的编钟组合出现了一个从少到多、从简单到复杂的过程，而且出现了许多半音的音阶，而编钟组合的编列也变得复杂。编钟编列越多，那么奏出的声音就越婉转悠扬。因此，音级密集，旋律性强的乐曲，是编钟编列从少到多发展的最重要的原因。

另外，《周礼》所记载的编钟的"宫县"形式，只是一种理想化的模式编钟的规格。因此各地考古出土的编钟等级规格与规制情况，与《周礼·春官·小胥》的记载不完全符合。

四、黄河流域青铜文明的衰颓

战国以后，青铜文明处于衰颓的状态。首先，铁器的出现和使用大大遏制了青铜文明的发展。铁矿资源相对铜矿资源更加丰富，炼铁的熔点虽然较高，但是冶炼方法十分简单。另外，铁器坚硬、韧性高、锋利，远胜过青铜器。铁器质地坚硬、矿藏分布广泛、较易提取、成本低廉、价格便宜，使铁器得以迅速推广和普及。青铜的昂贵，资源的短缺使得军事武器及各个生产领域的青铜工具几乎全部为铁器所代替，铁器广泛地进入人类社会生活的各个领域。这就造成了青铜文明的衰落。

战国以后的青铜乐器也呈现出衰落之势。战国以后，木、石乐器开始兴起。木、石乐器的材料简便，制作容易，而且音质更好，也可以说是物美价廉，更受到人们的青睐。如信阳长台关楚墓出现了许多木、石乐器就是例证。

战国以后，青铜器在很多时候成为象征性的明器。但各个诸侯国之间激烈的兼并战争使诸侯国陷入深渊，危如累卵。而青铜器的铸造，需要大批的人力、物力，且青铜器价格昂贵，当时的各个诸侯国难于支撑。因此战国前期，青铜礼器虽然还鼎盛一时，但其已经到了鼎盛之末期。黄河流域的青铜文明出现衰颓。

我国的青铜文明肇始于黄河流域青铜文明的产生，殷商、西周、春秋至战国前期达到鼎盛，并出现了反映我国古代等级意识和阴阳五行思想的青铜礼器和礼制，战国后期青铜文明呈现出衰颓状态，一个更为繁荣的铁器时代到来了。

第一章
黄河流域青铜文明的产生

　　从世界范围看，铜是人类历史上最早用来制作工具和器具的金属，因为自然界存在天然铜矿即纯铜，也叫红铜。纯铜色泽明亮，颜色艳丽，具有非常显著的外部特征，极易引起人们注意；而且纯铜质地柔软，有很好的延展性，耐磨耐用，易于锻打成型，因此天然铜很早就被人们认识并利用。随着生产技术的发展，早期人类在熟识了红铜可锤打延伸等物理性能后，又渐渐认识到它的可熔、可铸性，并逐渐能够辨认铜矿石，用木炭作燃料，从铜矿石中冶炼纯铜。于是，纯铜便开始被人们广泛地用于铸造简单的小生产工具和装饰品。在熔铸铜矿时，早期人类又发现了因矿物成分的不同而产生的不同化学变化，于是对铜的冶铸和使用便发展到了有意识控制合金元素比例，铸造不同性能铜合金的高级阶段，开始有意识地把纯铜与适量的锡、铅、锌等融合在一起，铸造青铜、黄铜等质地更坚硬、适于铸造各种器物的铜合金。纯铜熔点高，铜液流动性差，不易铸造容器；青铜是纯铜加锡、铅制成，比纯铜熔点低、硬度高。纯铜中加入不同量的锡、铅，铜合金的物理性能就会有所变化。提高青铜中含锡量，能够相应提高合金的硬度和强度；但含锡量超过一定的界限，就会使青铜合金变得非常脆弱，易于断折。在青铜合金中加入少量的铅，可调节金属的铸造和加工性能，但铅含量过高，也会降低合金的硬度和强度。这样通过调整锡、铅的含量，便可铸造各类硬度、韧度的青铜器物。人类能够成功冶炼青铜后，青铜就成为先秦时期制造器物的主要原料，可以说人类学会冶炼青铜是科技革命史上一个意义深远的成就[1]。

　　在我国，铜的使用最早出现在黄河流域。黄河流域优越的自然环境、丰富的矿产资源、相对发达的社会生产力和高度发展的制陶工艺为早期青铜文明的起源提供了重要的自然前提、社会需求和技术条件。因此，早在距今7000~5000年的仰韶文化时期，黄河流域的古代先民就已发明了冶铜术，出

---

[1] 陈振中. 1992. 青铜生产工具与中国奴隶制社会经济. 北京：中国社会科学出版社. 2

现了铜制品，而且铜制品成分复杂，不仅有纯铜，还有含锡、铅、锌、砷等其他金属元素的铜合金。如仰韶文化的早期遗址西安半坡遗址和临潼姜寨遗址都曾发现含有铜和锌等成分的黄铜片；时代较晚的马家窑文化遗址、龙山文化遗址、齐家文化遗址等，又有多处发现红铜、黄铜、青铜的简单制品和一些熔铜遗物；到夏代二里头文化时期，黄河流域已经出现较多的青铜容器，率先进入了青铜文明时代。

第一节　黄河流域青铜文明的产生

一、黄河流域青铜文明产生的背景

黄河流域土地肥沃、气候适宜、矿产丰富，是适合人类聚居的理想地区。有利的地域条件促成了黄河流域相对发达的人类早期文明，并使其成为我国青铜文明的发源地。

首先黄河流域优越的自然环境为青铜文明的起源和发展提供了重要的自然前提。

黄河流域优越的自然环境为农业的发生提供了得天独厚的条件，是原始农业最早诞生地之一[①]。疏松宜耕而富含肥力的黄土，不但有利于农业的起源，而且有利于黄河流域地区形成比较先进的耕作制度和方法，成为孕育早期文明的根基。黄河中下游地区处在温暖半湿润气候区，在原始农业起源和初步发展时期，气候温暖，降水量多，温暖湿润的气候环境，尤其是充沛的供水，为农业生产发展提供了优越的气候条件。另外，黄河流域丰富的动植物资源，为人们进行采集栽培和定向驯化饲养提供了对象和条件。因此，黄河中下游地区的早期人类遗迹比长江流域、华南及东北等地区都多并且集中，也说明这一地区是更适合人类居住、生存和生活的地方，是人类最早的活动聚集地之一。得益于优越的自然环境和地域条件，黄河流域的社会文明相对于周边地区更发达，社会生产力也相应比周边地区更先进。

其次，黄河流域相对先进的社会生产力加速了前两次社会大分工的形成，为青铜文明的起源提供了必要的社会需求基础。

新石器时代晚期，黄河流域优越的自然环境促进了农业的大发展，使农业经济在人们的社会生活中占据了重要地位，引起第一次社会大分工，即农业和畜牧业的分离，进一步促进了生产的发展和剩余产品的增多。进而很快

---

① 王星光. 2004. 生态环境变迁与夏代的兴起探索. 北京：科学出版社. 65~68

黄河流域的青铜文明

出现第二次大分工,即农业和手工业的分离。由于原始社会末期生产力的提高,人们对生产工具的锋锐与坚硬提出更高要求,这便是原始社会末期出现金属工具和小件装饰品的重要原因之一,也为青铜冶铸业的发展提供了重要的社会需求,使其同制陶、玉石、纺织业一样,成为重要的独立手工业部门,人类社会向青铜文明迈进的步伐加大了[①]。

最后,丰富的矿产资源,为黄河流域早期人类认识和利用铜提供了有利条件,黄河流域的人们对金属铜的认识和利用比周边地区更早。这种对金属的认识和利用,也进一步加快了黄河流域地区社会生产力的发展。另外,黄河流域先进的手工业制造技术如制陶技术、打磨技术等都为青铜文明的产生提供了重要的技术条件。

黄河流域的陶器制造工艺在原始社会末期就已达到了很高水平,为青铜冶炼提供了必要的技术条件和重要的物质基础。原始社会晚期,人们为了制作石制农具、工具和武器,在开采和选择石料的劳动过程中,逐渐发现和认识了含有铜质的石头和自然铜,或铜锡混合的矿石。当时,烧制陶器的温度一般在 950~1050℃,而铜的熔点在 1080℃,两者的温度已经相当接近,因此,这为冶炼铜矿石提供了重要的燃烧条件。并且,当时人们能制作多种工具、武器与生活用具,在造型设计、装饰花纹、烧成温度的掌握等方面,成熟的技术条件又为铜器的制作奠定了坚实的技术基础。

黄河流域优越的自然条件和丰富的矿产资源使其成为人类早期聚集地之一,并且使该地区的社会生产力发展水平相对较高。社会生产力的迅速发展导致两次社会大分工的出现,为青铜冶铸业的发展提供了必要的社会需求。黄河流域丰富的矿产资源及发达的生产技术又为人们认识、利用及铸造金属提供了物质条件和技术基础。这几个条件环环相扣,最终促成了早期青铜文明在黄河流域的起源和发展。

二、黄河流域青铜文明的产生

从我国目前早期铜器的出土情况来看,青铜器集中发现于黄河流域。时代最早的是黄河流域中游的仰韶文化遗址(距今 7000~5000 年),如西安半坡和临潼姜寨遗址,都曾出土过黄铜片和黄铜管。

龙山文化时期(距今 5000~3800 年),黄河流域因其得天独厚的历史自然条件,社会生产力得到了迅速发展,代表先进生产力和生产工具的铜质器物也在日常生活中加大了自己的分量。黄河流域中游的龙山文化遗址,如山

---

① 杜廼松. 1995. 中国青铜器发展史. 北京:紫禁城出版社. 2

西襄汾陶寺龙山文化遗址、河南临汝煤山遗址二期灰坑、河南登封王城岗四期灰坑、河南淮阳平粮台遗址、河南郑州牛砦遗址等，都发现有铜质器物、炼铜渣或与冶铜有关的生产工具和遗迹，合金成分主要有青铜和红铜[1]，陶寺遗址还发现了一件含砷的齿轮形铜器[2]。

龙山文化时期，黄河下游的山东地区也有不少早期铜器出土。如山东胶县三里河龙山文化遗址、山东牟平照格庄龙山文化晚期遗址、长岛县北长山岛店子遗址、日照尧王城龙山文化遗址、诸城呈子遗址、栖霞杨家圈遗址、临沂大范庄遗址等都发现了早期铜器的遗迹，合金成分有黄铜、青铜等。

从目前各地发现的早期铜器来看，黄河上游地区齐家文化遗址（距今4200～3800年）[3] 出土的数量和种类最多。齐家文化的年代晚于甘青地区的马家窑文化[4]，约与河南龙山文化和山东龙山文化相当，但其下限要晚些，约和二里头文化一、二期相当，处于铜石并用时代末向青铜时代过渡的时期。齐家文化诸多遗址中出土的早期铜器中红铜和青铜都有，主要是装饰品和小件工具。出土早期铜器的齐家文化遗址主要有：青海贵南县尕马台遗址、甘肃武威皇娘娘台遗址、甘肃永靖大何庄遗址、甘肃永靖秦魏家遗址、甘肃广河齐家坪遗址等。

我国早期铜制品集中分布于黄河流域上游的甘青地区和黄河中、下游的河南、河北、山西、山东等地，主要是小型生产工具和装饰品，制作非常简单，多采用冷锻法和石范铸造，处于青铜文明的萌芽期，并未进入到真正的青铜时代。此时各地出土的青铜器物都非常零散、简单、不成体系和组合，在当时的社会生活中并不占主导地位。龙山文化晚期才刚刚揭开黄河流域青铜文明的帷幕[5]。

到夏代二里头文化（距今3800～3500年）时期，黄河流域发现的青铜器种类和数量大大增加，早期青铜文明在黄河流域正式形成。河南偃师二里头文化遗址和山西夏县东下冯二里头文化遗址中，发现有青铜礼器爵、斝、盉、鼎等，还有兵器镞、戈、戚，乐器铃及镶嵌绿松石兽面纹的铜牌饰，而

---

[1] 杜廼松. 2003. 论中国早期铜器中的若干问题. 见：杜廼松. 吉金文字与青铜文明论集. 北京：紫禁城出版社. 124
[2] 梁星彭. 2002. 襄汾陶寺新石器时代遗址. 见：中国考古学年鉴（2002）. 北京：文物出版社. 138；国家文物局. 2002. 山西襄汾陶寺文化城址. 见：2001年中国重要考古发现. 北京：文物出版社. 27
[3] 安志敏. 1979. 略论三十年来我国的新石器时代考古. 考古，(5)5：396
[4] 杜廼松. 1995. 中国青铜器发展史. 北京：紫禁城出版社. 4
[5] 杨育彬. 1996. 夏和商早、中期青铜器概论. 见：中国青铜器全集1，夏商1. 北京：文物出版社. 42

黄河流域的青铜文明

且二里头遗址还发现了许多铸铜作坊遗址，最大的面积达一万余平方米。这说明夏代的青铜器已不是原始的青铜铸件，青铜冶铸业已有了相当大的规模。二里头时期的铜器铸造技术有了很大发展，采用块范法铸造出的青铜器器壁匀称，有的制作已非常精美，而且在青铜器上镶嵌绿松石的技术也已非常发达。此时，青铜器在社会生活中已占据了相当重要的地位，黄河流域正式进入青铜文明时代，青铜器也成为中国古代社会文明的标志性成就。

第二节　黄河流域发现的早期黄铜和青铜器物

仰韶文化时期，黄河流域就已出现了青铜文明的萌芽，在各地发现的仰韶文化遗址中有个别遗址发现有铜质器物的遗迹。龙山文化时期，黄河流域的许多遗址中，都有早期铜器的出土。下面对黄河流域各地出现的早期铜制品分别作简单介绍。

一、仰韶文化遗址出现的早期铜器

在距今 7000～5000 年的仰韶文化时期就出现了铜质器物，此时的早期铜器集中出土于黄河流域中上游地区，如黄河流域中游的西安半坡遗址、陕西临潼姜寨遗址；上游地区的甘肃东乡林家遗址、甘肃永登连城蒋家坪马厂遗址等。

西安半坡仰韶文化遗址距今 6000 多年。在 1956 年发现的一片薄长条形铜片，经有关方面测定，为含镍 20% 的白铜①。由于含镍的白铜熔点高达 1453 ℃，只有在近代才能够冶炼②，加上填土地层关系的疑问，半坡遗址发掘报告中并未记入白铜片发现的情况③。学者们对此有不同看法，一种观点认为仰韶文化时期已进入青铜器时代；另一种观点则对铜片出土的地层关系和时代保有疑问④。

1973 年 11 月在陕西临潼姜寨遗址的发掘中，考古学家发现了早期黄铜器物。姜寨遗址属于仰韶文化早期半坡类型，距今 5000 多年。在该遗址一期房屋基址 F29 的居住面表层发现了一块残铜片（T74F29：15），铜片呈半

---

① 杜逎松. 1995. 中国青铜器发展史. 北京：紫禁城出版社. 4
② 安志敏. 1981. 中国早期铜器的几个问题. 考古学报，(3)：270
③ 王志俊. 1996. 中国早期铜器的起源及发展. 文博，(6)：30
④ 唐兰. 1979. 中国青铜器的起源与发展. 故宫博物院院刊，(1)：4；安志敏. 1981. 中国早期铜器的几个问题. 考古学报，(3)：270

圆形，直径4.8厘米、厚0.1厘米，经过北京钢铁学院冶金史研究室鉴定，其成分为铜66.54%、锌25.56%、锡0.87%、铅5.92%、铁1.11%，此外还含有少量硫，为含少量锡铁硫的含铅黄铜①。此外，在姜寨遗址一期T259内还发现有铜管一件（T259③：39），是用铜片卷成，残长5厘米、直径0.4厘米，经鉴定，属于含铜69%、锌32%的黄铜，含杂质硫0.5%~0.6%，不含锡、铅②。

黄河上游的甘肃东乡林家遗址属于仰韶文化马家窑类型，距今5230~4690年。在该遗址的T42内F20北壁下，发现了一件铜刀（F20：18），距今约4700年，由两块范浇铸而成，刀身厚薄均匀，表面平整，有较厚的深灰绿色锈。短柄长刃，刀尖圆钝，微上翘，弧背，刃部前端有使用痕迹，柄端有镶嵌木把的痕迹，通长12.5厘米，刃口经过戗磨和锻打，经鉴定为含锡6%~10%的锡青铜③，这把铜刀是我国目前发现的时代最早的锡青铜制品。另外在同遗址的灰坑H54中还发现有炼铜残渣，经检验含铜36.5%、锡6.47%、铅3.49%④。

1975年在仰韶文化马家窑马厂类型的甘肃永登连城蒋家坪马厂遗址中，也发现了一件残铜刀（75X5T47），距今4250~3950年⑤。刀身已经残破，只存刀体的前半部分，刀呈凸背凹刃状，经检验成分也是锡青铜⑥。

仰韶文化遗址目前发现的早期铜器有黄铜、锡青铜等不同的合金成分，对于该遗址出现的早期黄铜，学术界有不同看法。一部分学者对姜寨遗址出土的黄铜器物感到怀疑。因为从冶金技术来看，黄铜是铜锌合金，利用原始的冶炼方法是很难炼出纯锌的。文献中最早出现炼锌方法的记载是明代的《天工开物》。虽然金属锌出现以前我国已有黄铜存在，但从宋代时才开始有记载⑦。以仰韶文化时期的冶炼技术条件是不可能冶炼出锌，也不可能冶炼出黄铜的，因此学者们对姜寨黄铜出土地层的可靠性表示怀疑⑧。另一部分学者认为"早期含锌铜矿的出现是可能的，只要有铜锌矿存在的地方，原始

---

① 韩汝玢，柯俊.1988.姜寨第一期文化出土黄铜制品的鉴定报告.见：半坡博物馆，陕西省考古研究所，临潼县博物馆.1988.姜寨（上、下）.北京：文物出版社.544.图版一〇六
② 韩汝玢，柯俊.1988.姜寨第一期文化出土黄铜制品的鉴定报告.见：半坡博物馆，陕西省考古研究所，临潼县博物馆.1988.姜寨（上、下）.北京：文物出版社.544，545
③ 北京钢铁学院冶金史组.1981.中国早期铜器的初步研究.考古学报，(3)：287
④ 甘肃省文物工作队、临夏回族自治州文化局、东乡族自治县文化馆.1984.甘肃东乡林家遗址发掘报告.见：考古学集刊第4集.北京：中国社会科学出版社.125
⑤ 安志敏.1981.中国早期铜器的几个问题.考古学报，(3)：296
⑥ 北京钢铁学院冶金史组.1981.中国早期铜器的初步研究.考古学报，(3)：287
⑦ 朱凤瀚.1995.古代中国青铜器.天津：南开大学出版社.14
⑧ 安志敏.1981.中国早期铜器的几个问题.考古学报，(3)：272

冶炼（可能通过重熔）可以得到黄铜器物"。[1] 北京钢铁学院冶金史组的学者经过实地考察和多次的研究实验，在对姜寨一期文化出土的黄铜片的鉴定报告中明确指出，此黄铜片可以用含铅锌矿的铜矿石在较低温度（950～1000℃）下冶炼获得，再经重熔，于单面范中铸成。鉴于圆铜片中杂质元素分布不均，含硫较多，可以确定是用原始的冶炼方法铸成的产品[2]。

从目前我国出土的早期铜器来看，黄铜的出土并不是孤例。这说明，早期黄铜的出现应该是可能的，但这种冶炼不同于后世有意识地先提炼锌再加入铜中冶炼黄铜，而是由于在冶炼含有较多铅锌元素的铜矿石时，冶炼不完全，导致锌元素较多地存留，无意中冶炼出黄铜。北京钢铁学院冶金史组对早期黄铜器所做的试验和研究为我国早期铜器中存在黄铜器的可能性提供了重要证据，并对不同地区因矿产资源条件的不同会造成早期金属成分和冶炼技术的差异做出了证明。这为我们研究早期铜器的地域性差异提供了重要依据[3]。

二、黄河中游龙山文化时期出现的早期铜器

到距今 5000～3800 年的龙山文化时期，黄河流域社会生产力迅速发展，早期铜器在当时人们日常生活中的分量也逐渐加大。黄河流域中游的许多龙山文化遗址中，都发现有较多与冶铜有关的生产工具、遗迹及铜器，合金成分有青铜和红铜两种[4]。

山西襄汾陶寺遗址属于龙山文化时期陶寺类型，距今约 4500～3900 年。在该遗址中发现了 2 件早期铜器。一件是铃形铜器，出土于一座长方形土坑竖穴墓 M326 中[5]；一件是齿轮形铜器出土于墓葬 M11 中[6]。铃形铜器出土于墓主人盆骨左侧，素面，横断面近菱形，顶部长 5.2 厘米、最宽处 2.1 厘米，下口长 6.3 厘米、最宽处 2.7 厘米。纵剖面呈梯形，高 2.65 厘米，壁厚约 0.38 厘米。顶部中间有一小圆钻孔，孔径 0.25 厘米，是器物铸成后再加

---

[1] 北京钢铁学院冶金史组. 1981. 中国早期铜器的初步研究. 考古学报，（3）：293

[2] 半坡博物馆，陕西省考古研究所，临潼县博物馆. 1988. 姜寨（上、下）. 北京：文物出版社. 548

[3] 朱凤瀚. 1995. 古代中国青铜器. 天津：南开大学出版社. 14

[4] 杜迺松. 2003. 论中国早期铜器中的若干问题. 见：吉金文字与青铜文明论集. 北京：紫禁城出版社. 124

[5] 中国社会科学院考古研究所山西队等. 1984. 山西襄汾陶寺遗址首次发现铜器. 考古，（12）：1069～1071

[6] 梁星彭. 2002. 襄汾陶寺新石器时代遗址. 见：中国考古学年鉴（2002）. 北京：文物出版社. 138；国家文物局. 2002. 山西襄汾陶寺文化城址. 见：2001 年中国重要考古发现. 北京：文物出版社. 27

工钻成的。顶部与器壁均有铸造缺陷和气孔①。据成分检验，含铜97.86%、铅1.54%、锌0.16%，为红铜，距今约4035年②。该铃形铜器中空，壁薄，器胎不很匀称，周壁厚，顶部较薄。是我国目前发现的时代最早的用复合范铸造成型的乐器，说明当时的铸造水平已经能够铸造简单容器③。另一件齿轮形铜器经初步检测为砷铜合金制品，是黄河流域中游地区发现的最早的一件砷铜制品。④

1942年在山西榆次县源涡镇遗址发现一件陶坩埚残片，上面附有铜渣，经化验含铜47.67%，另含有硅、钙、铁等杂质⑤，从其含铜百分比看，应属于红铜。对于此铜渣的年代学术界有不同认识，有学者认为源涡镇遗址是仰韶文化晚期分布于晋中地区的一种地方类型，距今5000年左右⑥，因此该坩埚残片上的铜渣属仰韶晚期；有学者认为该遗址内涵比较复杂，根据与铜渣共存的彩陶、黑陶、灰陶的形制特征分析，坩埚和铜炼渣应该属于龙山文化遗物⑦；还有学者认为铜渣的时代晚于龙山文化时期⑧。

河南淮阳平粮台遗址属于龙山文化王油坊类型，距今3960年左右，是一处文化内涵相当丰富的龙山文化古城址。已发现有城墙、城门、门卫房、陶排水管道、房基、陶窑、墓葬、灰坑等遗迹。在该遗址四号房基南侧探方T11的灰坑H15中，发现有铜渣一块，呈铜绿色，长1.3厘米，断面近正方形，四边均为0.8厘米，显然是炼铜的遗存。说明此时居住在平粮台古城的居民，已初步掌握了冶铜技术⑨。

---

① 中国社会科学院考古研究所山西队等.1984.山西襄汾陶寺遗址首次发现铜器.考古，(12).1069~1071

② 中国社会科学院考古研究所山西队等.1984.山西襄汾陶寺遗址首次发现铜器.考古，(12).1069~1071

③ 朱凤瀚.1995.古代中国青铜器.天津：南开大学出版社.8

④ 梁星彭.2002.襄汾陶寺新石器时代遗址.见：中国考古学年鉴（2002）.北京：文物出版社.138；国家文物局.2002.山西襄汾陶寺文化城址.见：2001年中国重要考古发现.北京：文物出版社.27

⑤ 和岛诚一.1962.山西省源涡镇遗迹出土的铜渣.资源科学所汇报，58—59号.150~161；安志敏.1981.中国早期铜器的几个问题.考古学报，(3)：272

⑥ 何德亮.2007.试析早期铜器在文明进程中的地位.南方文物，(4)：92；严文明.1984.论中国的铜石并用时代.史前研究，(1)：37

⑦ 王志俊.1996.中国早期铜器的起源及发展.文博，(6)：30

⑧ 严文明.1984.论中国的铜石并用时代.史前研究，(1)：37

⑨ 河南省文物研究所，周口地区文化局文物科.1983.河南淮阳平粮台龙山文化城址试掘简报.文物，(3)：31

黄河流域的青铜文明

河南临汝煤山遗址处于龙山文化末期,距今4290~4000年[1]。1975年在该遗址二期文化遗址的灰坑H28、H40中,都发现有炼铜的坩埚残片,内壁保留有一层层铜液。H28的一块较大,长5.3厘米、宽4.1厘米、厚约2厘米,周边翘起,中部内凹,坩埚壁厚约1.4厘米,为红烧土。上面有六层炼铜液,每层厚约0.1厘米[2]。H40的冶铜坩埚残片上的铜液,经中国社会科学院考古研究所化验室分析,铜的近似值为95%,属于红铜[3]。

河南登封王城岗是一处多种类型古文化互相叠压的遗址,通过大面积的揭露,已知有"裴李岗"类型文化、龙山文化、二里头文化、商代二里岗文化、商代晚期文化和春秋、战国时代的文化堆积层,在上述各文化层中,以龙山文化内涵最为丰富。王城岗龙山文化划分为前后衔接的五期,在第四期文化遗存的一个灰坑(WT196H617)内,出土了一件青铜器残片(H617:14),残宽约6.5厘米、残高约5.7厘米、壁厚约0.2厘米,重35克,呈圆弧状,下部有折弯,因锈蚀较重已看不出器形,可能是一件青铜容器的残片。化验证实其是包含铅、锡、铜的青铜[4]。该窖穴所在的文化层属于河南龙山文化王湾类型,距今3850年左右。这件铜器残片胎质较薄,厚薄均匀,应该是用多合范铸造的容器[5]。发掘者认为很可能是青铜簋残片[6],它的铸造水平超过了用单范或双合范铸造生产工具、武器阶段的水平,不可能是青铜铸造业刚刚产生时的制品,而是青铜铸造业经过了一段长时间发展后,趋于成熟的标志[7]。这片铜片是我国迄今发现的最早的一件青铜容器残片。

另外河南郑州市西郊牛砦龙山文化遗址C13T1三层中,也曾发掘出熔化青铜的残炉壁,中间包含有一块铜[8]。经北京钢铁学院冶金史研究室进行检验分析,确认为熔化铅青铜的炉壁。郑州西郊董砦遗址也曾出土过铜片[9]。

黄河中游龙山文化遗址出土的早期铜器多是铜渣、冶铜遗迹或器物残

---

[1] 中国社会科学院考古研究所河南二队. 1982. 河南临汝煤山遗址发掘报告. 考古学报,(4):472

[2] 中国社会科学院考古研究所河南二队. 1982. 河南临汝煤山遗址发掘报告. 考古学报,(4):446

[3] 中国社会科学院考古研究所河南二队. 1982. 河南临汝煤山遗址发掘报告. 考古学报,(4):453

[4] 河南省文物研究所,中国历史博物馆考古部. 1983. 登封王城岗遗址的发掘. 文物,(3):9,13

[5] 朱凤瀚. 1995. 古代中国青铜器. 天津:南开大学出版社. 11

[6] 河南省文物研究所,中国历史博物馆考古部. 1992. 登封王城岗与阳城. 北京:文物出版社. 99

[7] 朱凤瀚. 1995. 古代中国青铜器. 天津:南开大学出版社. 11

[8] 李先登. 2001. 试论中国古代青铜器的起源. 见:夏商周青铜文明探研. 北京:科学出版社. 149

[9] 杨育彬. 1996. 夏和商早、中期青铜器概论. 见:中国青铜器全集1,夏商1. 北京:文物出版社. 43

片，成型的完整铜器很少。合金成分非常复杂，包括红铜、铅锡青铜、砷铜等。出现了最早的青铜容器痕迹，即登封王城岗出土的一件铜容器残片。种种迹象表明，龙山文化时期，黄河流域的中原地区，其青铜冶铸业虽然还处于冶铜业发展的初期，但已能够运用块范法铸造简单的青铜容器，冶铸水平出现了一个较大的跨越。

三、黄河下游龙山文化时期出现的早期铜器

龙山文化时期黄河下游的山东地区也出现了一些早期铜器。如山东胶县三里河龙山文化遗址、山东牟平照格庄龙山文化晚期遗址、长岛县北长山岛店子遗址、日照尧王城龙山文化遗址、诸城呈子遗址、栖霞杨家圈遗址、临沂大范庄遗址等都发现了早期铜器的遗迹。

山东胶县三里河遗址内涵相当丰富，遗址的地层堆积可分为上下两层，又称为三里河第一期文化和三里河第二期文化[1]。1974~1975年在三里河二期龙山文化地层遗址中"发现两件钻形器（T21②：1，T110②：11），标本T110②：11，上部和钻头的下部均残缺，钻头和钻干相接处稍粗，钻头的一侧向下倾斜，使钻头部分逐渐呈尖锥形，残长3.1厘米；标本T21②：1，两头均已残缺，残长3.4厘米。"[2] 经北京钢铁学院中国冶金史编写组鉴定均为黄铜制成，它们都是在龙山文化地层中发现的，故属三里河龙山文化遗物，距今4350~3950年[3]。这两件钻形器均为铸作，平均含锌量为23.2%，属黄铜器[4]，成分偏析较大，组织不均匀；在其"成分中含有铁、铅、砀、硫等杂质，特别是具有一定量的硫，并与铅形成硫化铅，说明所用原料不纯，熔炼方法比较原始，因此，很可能是利用含有铜、锌的氧化共生矿在木炭的还原气氛下得到的"[5]。一般认为黄铜的出现较青铜晚，但因三里河遗址所在的潍坊地区有较多的锌铜矿、铅锌矿和铜矿等，这类矿在胶南县的八宝山（原属胶县）、高密、安丘、昌乐等县均有分布，三里河龙山文化的居民，可能很早就利用这一类含锌量高的氧化锌、铜矿石冶炼出黄铜[6]。这种含锌量高达20%以上的锌铜制品是用特殊的铜锌矿石或天然铜锌合金制造而成的，

---

[1] 昌潍地区艺术馆，考古研究所山东队.1977.山东胶县三里河遗址发掘简报.考古，（4）：262

[2] 中国社会科学院考古研究所.1988.胶县三里河.北京：文物出版社.21

[3] 昌潍地区艺术馆等.1977.山东胶县三里河遗址发掘简报.考古，（4）：262；中科院考古研究所.1988.胶县三里河.北京：文物出版社.21，196~199

[4] 北京钢铁学院冶金史组.1981.中国早期铜器的初步研究.考古学报，（3）：291

[5] 北京钢铁学院冶金史组.1981.中国早期铜器的初步研究.考古学报，（3）：291

[6] 中国社会科学院考古研究所.1988.胶县三里河.北京：文物出版社.21

在陕西临潼姜寨和山东地区均有出土，表明用原始冶炼方法在矿石资源条件具备的情况下，是可以得到黄铜的。

栖霞杨家圈遗址属于新石器时代遗址①。遗址分为两期，在第二期遗址中发现了残铜条，铜炼渣及孔雀石，"在T23第二层发掘时发现了一段铜条，长18毫米，两端均残。较粗的一端宽5毫米、厚3毫米；较细的一端宽3毫米、厚也近3毫米，剖面似为三棱形。此铜条曾请北京科技大学冶金史研究室孙淑云先生鉴定，认为是铜器残段，原先可能是锥。由于锈得太厉害，不便切开，故未进行详细的成分分析，只能确定是铜。另外在T3和T34等探方的第二层中也发现有碎铜末，均不成形，最大的直径仅5~6毫米，也应是小件铜器锈坏的残渣。"② 另外山东牟平照格庄龙山文化晚期遗址中出土有一件青铜锥③；山东诸城呈子遗址和长岛县北长山岛店子遗址均发现有铜片，为红铜；日照尧王城龙山文化遗址也出土有一批铜炼渣④。

四、黄河上游齐家文化时期出现的早期铜器

从黄河流域发现的早期铜器来看，黄河上游地区齐家文化出土的早期铜器数量和种类最多。目前，经过统计的齐家文化铜器超过130件，种类包括斧、镜、刀、匕首、矛、锥、牌、钻、泡、镯、指环和骨柄铜刀等⑤。齐家文化出土铜质器物的遗址和墓葬很多，主要有青海贵南县尕马台遗址、甘肃武威皇娘娘台遗址、甘肃永靖大何庄遗址、甘肃永靖秦魏家遗址、甘肃广河齐家坪遗址、甘肃临夏魏家台子遗址、甘肃广河西坪遗址、甘肃岷县杏林遗址、青海西宁沈那遗址、青海互助总寨遗址等等。

青海省海南藏族自治州贵南县尕马台遗址距今约4000年，该遗址出土有铜镜、铜指环和铜泡等早期铜器50余件，经鉴定，既有红铜，又有铅青铜与锡青铜。其中墓葬M25中出土有一面古镜，呈圆形，直径90毫米，厚约4毫米，重量109克。镜面已全部锈蚀，背面有残损镜钮，形骸仍然可见。镜边缘有两个梨形穿孔，两孔之间有一道系沟，可能是悬挂用的。整个背面饰有大小圆圈两个，在两圆圈之间有一个不规则的七角星几何纹图案，角与角之间饰以斜线纹。通过对古镜的样品分析得知，古镜中至少有铜和锡

---

① 山东省文物管理处. 1963. 山东胶东地区新石器时代遗址的调查. 考古, (7)：372
② 北京大学考古实习队, 山东省文物考古研究所. 2000. 栖霞杨家圈遗址发掘报告. 见：胶东考古. 北京：文物出版社. 198
③ 北京钢铁学院冶金史组. 1981. 中国早期铜器的初步研究. 考古学报, (3)：299
④ 杨育彬. 1996. 夏和商早、中期青铜器概论. 见：中国青铜器全集1, 夏商1. 北京：文物出版社. 43
⑤ 李水城. 2005. 西北与中原早期冶铜业的区域特征及交互作用. 考古学报, (3)：240

两种金属,铜锡比例为 1∶0.096①。

齐家文化的甘肃武威皇娘娘台遗址距今 4000 年左右,1957、1959、1975 年对该遗址共进行了四次发掘,出土早期铜器 30 件。有刀、锥、凿、钻头、环及铜器残片等,经测定均为红铜铸造②。刀均为长条形,凸背凹刃,长 10~11 厘米,宽约 3 厘米。凿方形,一端作扁平刃,长约 7 厘米。环圆形,由扁平铜条卷合而成,宽 0.6 厘米、环径约 2 厘米③。这些红铜器都是小型工具及装饰品,没有发现红铜容器,多用冷锻法锤制而成,少数是用单范铸造法甚至合范法铸造的,这说明齐家文化在皇娘娘台这一阶段尚处于铜器冶铸的原始阶段④。

齐家文化的甘肃永靖大何庄遗址,距今 3690~3660 年⑤,在遗址第 7 号房子的近旁,曾发现一件完整的铜匕⑥。另外在灰层中出土残铜片(T30∶27)1 件,经鉴定为红铜,其成分是铜 96.96%、锡 0.02%、铅仅痕迹量⑦。

齐家文化的甘肃永靖秦魏家遗址,发现的铜器种类较多,有锥、斧、环与穿孔铜饰等。小铜环出土于墓地 M70、M99,均放在墓葬中人骨架的手指旁,可能是作为指环用的。其中,铜环(M99∶6)经鉴定为铅青铜,其成分是铜约 95%、铅约 5%,未发现第三种金属元素⑧。其中保存完整的铜锥(T6∶2),横剖面呈方形,一端平刃一端尖刃,两头均可使用,长 8.2 厘米。铜斧(H72∶1)顶端已残,宽刃,呈扁平梯形,近顶端有一圈突棱,残长 4 厘米、刃宽 4.2 厘米⑨。铜斧与铜锥经北京钢铁学院光谱分析室进行了光谱定性分析,铜斧(H72∶1)成分有铜、铅、锑三种元素,金相组织是铸造的青铜器;铜锥(T6∶2)成分有铜、锡、铅三种元素,是锻造的青铜器,其铸造技术要比纯红铜的制造技术更进步⑩。

---

① 李虎侯. 1980. 齐家文化铜镜的非破坏鉴定快中子放射化分析法. 考古,(4):365,368;青海省文物管理处考古队. 1979. 青海省文物考古工作三十年. 见:文物考古工作三十年. 北京:文物出版社. 162
② 甘肃省博物馆. 1960. 甘肃武威皇娘娘台遗址发掘报告. 考古学报,(2):59,60;甘肃省博物馆. 1978. 武威皇娘娘台遗址第四次发掘. 考古学报,(4):435,436
③ 杜廼松. 1995. 中国青铜器发展史. 北京:紫禁城出版社. 4
④ 朱凤瀚. 1995. 古代中国青铜器. 天津:南开大学出版社. 14
⑤ 中科院考古所甘肃工作队. 1974. 甘肃永靖大何庄遗址发掘报告. 考古学报,(2):54
⑥ 黄河水库考古队甘肃分队. 1960. 临夏大何庄、秦魏家两处齐家文化遗址发掘简报. 考古,(3):10
⑦ 谢端琚. 1980. 论大何庄与秦魏家齐家文化的分期. 考古,(3):253
⑧ 端居. 1976. 齐家文化是马家窑文化的继续和发展. 考古,(6):353
⑨ 中国科学院考古研究所甘肃工作队. 1975. 甘肃永靖秦魏家齐家文化墓地. 考古学报,(2):74
⑩ 谢端琚. 1980. 论大何庄与秦魏家齐家文化的分期. 考古,(3):253

黄河流域的青铜文明

齐家文化的甘肃广河齐家坪遗址中出土的早期铜器有铜斧、铜镜、铜泡、铜刀等。斧为有銎斧，长方形，附双耳，刃部锐利，长15厘米、宽4厘米。在该遗址的墓葬M41中发现了一面铜镜，背素面，中央附桥状钮，镜面有光泽，中央稍突起，直径6厘米①，是齐家文化遗址中出土最早的一面铜镜。

甘肃临夏齐家文化中出土有一面重环星纹镜，直径14.6厘米，边厚0.15厘米，背钮圆厚完整，纹饰图案非常清晰。与尕马台铜镜相比，两周凸弦纹的距离作了调整，沿边一周凸弦纹内移，形成两个同心纹饰圈，但母题纹饰仍是平行斜线三角与空白三角相间，构成内圈13角、外圈16角双重星纹图案，线条更加细密、规整②。

另外，甘肃临夏魏家台子遗址出土有骨柄铜刀，甘肃岷县杏林遗址出土有铜刀和铜斧，青海互助总寨遗址出土有锥、骨柄铜刀，甘肃广河西坪遗址、青海西宁沈那遗址等都发现有铜器③。

黄河上游齐家文化的诸多遗址中出土的早期铜器，主要是装饰品和小件工具，并出土有我国迄今为止发现的最早的铜镜。齐家文化出土的铜器成分比较复杂，红铜、锡青铜、铅青铜都有，在该文化的早期阶段红铜器所占比重较大，晚期时则以锡青铜为主，冶铜业的发展演变趋势比较清晰。在制作方法上锻制与铸制都有，而且铸造比例有随时间推移逐步增加的趋势④。早期以冷锻法制作为主，其中锥、凿、指环的制作方法为此时锻造法的代表作。晚期铸造增加，已使用范铸法。范铸法有单范和合范铸造，铜镜和有銎斧是此时合范法铸造的典型作品，技术比较进步⑤，合范法反映出齐家文化青铜铸造工艺已摆脱原始状态⑥，取得了一定进步，应该已有了粗具雏形的青铜手工业存在⑦，但初期阶段的特征比较明显⑧，仍处于范铸技术及合金技术的摸索阶段，还不具备铸造大型青铜容器的制模制范技术⑨。

整体来看，齐家文化晚期已进入了夏代的纪年范围，此时黄河流域中游的夏代二里头文化已正式进入青铜时代。齐家文化与之相比，出土铜器的器

---

① 安志敏.1981.中国早期铜器的几个问题.考古学报，(3)：278
② 祝中熹.2005.青铜器.甘肃：敦煌文艺出版社.7
③ 李水城.2005.西北与中原早期冶铜业的区域特征及交互作用.考古学报，(3)：241
④ 李水城.2005.西北与中原早期冶铜业的区域特征及交互作用.考古学报，(3)：244
⑤ 安志敏.1981.中国早期铜器的几个问题.考古学报，(3)：279
⑥ 祝中熹.2005.青铜器.甘肃：敦煌文艺出版社.6
⑦ 马承源.2001.中国青铜器.上海：上海古籍出版社.3
⑧ 杜迺松.2003.论中国早期铜器中的若干问题.见：吉金文字与青铜文明论集.北京：紫禁城出版社.124
⑨ 董亚巍、周卫荣、万全文等.2006.论中国古代的青铜范铸技术.古代文明研究，(6)

形小、种类少，无青铜容器，铸造方法以冷锻为主。其青铜冶铸水平较原始和落后，仍处于中国青铜时代发展的初期，尚未全面进入青铜时代①。

五、黄河流域早期铜器的特征及发展阶段

我国目前发现的早期铜制品主要出土于黄河流域新石器时代晚期的龙山文化和齐家文化中，多是一些形制较小，制作简单的小型工具和装饰品，器形有铜铃、铜镜、斧、凿、锥、刀、匕、铜泡、手镯、臂圈、环等以及一些铜器残片或铜片，另外还有铜炼渣、熔铜炉壁、铜液残痕等与冶铜有关的遗迹。总体上看，红铜器的数量稍多于青铜器，黄铜器也有但数量较少。从残留的熔炉壁的铜液痕迹、铜铃和王城岗出土的铜片可以看出，龙山文化晚期和齐家文化时期，人们已经能用单范或合范铸造铜器②。铜器的冶炼技术虽然还保留有原始特征，但已有了一定的发展，尤其是登封王城岗发现的铜簋残片更有价值，其说明"龙山文化时期人们不仅能够冶铜，制造简单工具，而且也已经能够铸造容器"③。

由于地理环境和矿产资源条件的影响，黄河流域青铜文明的发展进程有着自己的特点，不同于世界其他地区。

首先，在铜的认识和使用过程中，人们最早认识的应该是红铜，因此世界各地都有一个普遍使用红铜和砷铜制品的阶段，这个阶段或长或短，各地都有不同。而在我国，单纯的红铜时代，在黄河流域乃至全中国，表现的并不是太明显。

从目前黄河流域发现的早期铜器来看，红铜和青铜制品及技术条件要求很高的黄铜都同时存在，并未发现一个红铜长期占据社会生活重要地位的红铜时代。另外，在世界其他地区占重要地位的砷铜在中国发现的也很少，中国出土砷铜较多的遗址和地区主要是河西走廊偏西的四坝文化及新疆东部地区，而且时代较晚，相当于中原地区的夏商至西周时期④。而黄河流域夏代以前的早期铜器中，仅发现一件砷铜制品。在我国目前发现的早期铜器中，红铜所占的比重只是稍高于青铜，但从出现的时间来看，青铜还略早于红铜。这可能是由我国特殊的地质矿产资源条件即各地铜矿成分差异性所决定

---

① 李先登. 2001. 试论中国古代青铜器的起源. 见：夏商周青铜文明探研. 北京：科学出版社. 149；李水城. 2005. 西北与中原早期冶铜业的区域特征及交互作用. 考古学报，(3)：244

② 王志俊. 1996. 中国早期铜器的起源及发展. 文博，(6)：31

③ 马承源. 2001. 中国青铜器. 上海：上海古籍出版社. 3

④ 李水城. 2005. 西北与中原早期冶铜业的区域特征及交互作用. 考古学报，(3)：246，249，253；北京科技大学冶金与材料史研究所，甘肃省文物考古研究所. 2003. 火烧沟四坝文化铜器成分分析及制作技术的研究. 文物，(8)：86

黄河流域的青铜文明

的。当铜矿石中有锡、铅、锌等不同成分伴生，在冶炼时就会形成青铜或黄铜。早期的青铜、黄铜器，应该多是由于铜矿石中伴生矿成分较多而导致冶炼时杂质成分存留过多，而无意中获得的，并非有意添加锡、铅、锌等铸造。有意识地制造青铜应该是从龙山文化晚期才开始出现的，因为此时青铜器在早期铜器中比重增加，而且有了青铜容器的痕迹，青铜冶铸技术已不再是原始的初期阶段。

其次，黄河流域各地区的青铜文明发展脉络比较清晰，虽然各地区发展不平衡，空间跨度相对较大，但同一地区的文化还是可以看出明显的前后承续关系，并且延续时间较长。如黄河上游甘青地区的齐家文化，就是相对独立地走过红铜到青铜的基本完整的制铜技术发展过程[①]，并一直延续到夏商时期；而黄河中游地区则从仰韶文化—龙山文化—二里头文化—商代青铜文明延续发展下来，文明发展的承续性较强，延续时间也很长，并不像周边同时期的红山文化、良渚文化等或昙花一现或盛极而衰。黄河流域各地区冶铜技术和青铜文明的发展并未间断或终止，虽然不是完全的前后紧承，但大范围内是持续发展，前后相承的。正是黄河流域这种深厚的文化基础和绵延不断的文化承续，才使得黄河流域成为早期青铜文明的起源地和中国众多文明的发祥地。

最后，黄河流域青铜文明承载着浓厚的政治内涵。早期铜器多是简单的小型生产工具和装饰品，但到二里头文化时期进入青铜文明时代以后，就以青铜礼器为主了，武器与工具所占比例相对较小，各种青铜礼器所体现的礼制成为一种重要的社会政治制度，对于维护等级制度和统治秩序起着重要的规定作用。

社会生产力从石器时代发展到铜石并用时代，再到青铜时代，一步一步把锋利耐用又可重复使用的青铜推到了社会生产的主导地位，使青铜价值倍增，成为等级和权力的代言。进入阶级社会以后，随着阶级的分化、等级的出现，贵族阶级为了保持其特殊地位，需要一系列与众不同的器具在祭祀、宴飨和丧葬中来表示其身份，青铜礼器便应运而生。最早的青铜礼器出现在夏代二里头时期，但这时的礼器种类较少，数量也不多，只有爵、盉、斝、鼎等。到商代二里岗时期，社会进一步发展，出现了成套的礼器，既有酒器，又有食器和水器，并出现了以觚、爵、斝为核心的礼器组合。商代后期，随着青铜工艺的发展，奴隶主贵族对礼器的需求也进一步扩大，这时的青铜礼器不仅数量多，而且种类繁多，纹饰华丽。在发现的大量商代青铜器

---

① 朱凤瀚. 1995. 古代中国青铜器. 天津：南开大学出版社. 13；李水城. 2005. 西北与中原早期冶铜业的区域特征及交互作用. 考古学报，（3）：244

中，礼器和兵器占有极大的比例，其次是手工工具，很少见到农具。礼器和兵器体现了贵族的身份和权力，手工工具是制造器物的用具，而农具则是普通氏族成员和奴隶使用的。这说明青铜作为贵重金属，是由贵族使用和控制的，青铜器是奴隶主贵族身份、权力和地位的象征。到周代更是形成了一套完整的礼乐器使用制度，青铜礼器成为社会统治阶级等级制度的产物，并且是其颇为辉煌的标志，这是青铜器存在的主要社会条件。因此，青铜器的真实意义，与其说是经济的，不如说是政治的。也就是说，青铜器与当时的政治、军事、宗教等活动密切相关，是国家政权、等级制度的载体和物化形式。

第三节　夏代黄河流域青铜文明的发展

夏代的黄河流域开始进入青铜时代，青铜文明得到了迅速发展，青铜器的数量和种类明显增多，冶铸技术有了极大提高。此时青铜文明的核心区域在黄河流域中游，黄河上游和下游地区的青铜文明已远远落后于中游地区。

夏代的青铜器种类丰富，包括容器：爵、斝、鼎、盉；兵器：戈、镞、戚、钺；工具：锛、凿、刀、锥、鱼钩、削、钻、纺轮、锯；乐器：铃；装饰品：绿松石的铜牌饰等不同种类。晚期的铜礼器和兵器形态已非常接近早商时期的同类器[1]。夏代青铜器，器壁多匀薄，有的器物已做的比较精巧，表面均保留有铸造痕迹，可以看出是由多块陶范模铸成型的，工艺比较进步。这些特征表明当时的青铜器铸造已脱离了原始阶段，人们已熟练地掌握了镶嵌与冶铸相结合的工艺，能在铜牌饰上用绿松石镶嵌出漂亮的纹饰图案。

夏代青铜器大多为素面无纹饰，但个别器物上也有一些简单的几何纹包括乳钉纹、鼓面纹、网格纹、弦纹、镂孔、变形兽面纹等[2]。如有的鼎腹部饰有带网纹；有些爵杯体正面有一排或两排圆钉状纹饰；有的斝腹部有圆饼状突起，并饰有凸弦纹和圆圈纹；有的爵鋬上有镂孔；有的铃上饰有凸弦纹，曲内戈的内部装饰有云纹，直内戈的内部饰有竖线纹，环首刀柄上有斜线纹和镂孔等。此外，铜牌饰上还出现了抽象变形的兽面纹[3]。

---

[1] 李水城. 2005. 西北与中原早期冶铜业的区域特征及交互作用. 考古学报, (3): 258
[2] 杨育彬. 1996. 夏和商早、中期青铜器概论. 见: 中国青铜器全集 1, 夏商 1. 北京: 文物出版社. 46
[3] 马承源. 2001. 中国青铜器. 上海: 上海古籍出版社. 406

夏代青铜器已出现了最初的礼器组合制度。在二里头遗址墓葬中,青铜酒器有了简单的组合,多为单一爵。规模略大的墓葬为爵、斝各1件,或鼎、盉、斝各1件①,另外也有单独1件斝或1件盉的②。漆觚形器常见,铜觚数量较少③。二里头文化中出土的铜爵和斝是目前我国发现的最早的铜容器,也是最早的铜礼器组合。

一、二里头文化遗址出土的青铜器

夏代青铜器集中发现于二里头文化遗址中,其中心地区在豫西和晋南。据统计,从20世纪60年代至2002年,二里头各遗址出土的青铜器总量已达200件,已正式发表的有117件④,它们中的绝大多数出自河南偃师二里头遗址,河南登封王城岗⑤、洛阳东干沟⑥、密县新砦⑦及山西夏县东下冯⑧等遗址也有零星发现。二里头遗址所出土的青铜器中,小件生产工具基本上都是出自遗址的文化层或灰坑之中,而较大的兵器和礼器等则多是出土于各类墓葬之中⑨。

1. 二里头文化遗址出土青铜器的概况

二里头文化得名于河南偃师二里头遗址的发掘,其年代距今3800~3500年。主要分布在黄河中游两岸,以河南偃师为中心,北到晋南,西至陕西东部,东到豫东,南至湖北。根据地层关系和出土器物的形制特征,二里头文化遗址可分为四期,但关于二里头文化四期的族属,学术界有不同意见,代表性的有三种:第一种意见认为二里头四期遗存都属于夏代遗存;第二种意见认为二里头文化一、二期与河南龙山文化晚期有继承关系,属于夏文化,三、四期与商代二里岗文化有很多相似处,属于商早期文化;第三种意见认为二里头四期遗存都属于商文化⑩。目前多数学者倾向二里头四期文化都属于夏文化。在夏商周断代工程中,研究夏代年代学的多数学者肯定了二里头

---

① 中国社会科学院考古研究所二里头工作队.1991.河南偃师二里头遗址发现新的铜器.考古,(12):1138

② 张剑.2007.夏代青铜器研究.洛阳师范学院学报,(1):23

③ 岳洪彬.2006.殷墟青铜礼器研究.北京:中国社会科学出版社.311,312

④ 梁宏刚,孙淑云.2004.二里头遗址出土铜器研究综述.中原文物,(1):30

⑤ 河南省文物考古研究所等.1992.登封王城岗与阳城.北京:文物出版社.122,125

⑥ 考古研究所洛阳发掘队.1959.1958年洛阳东干沟遗址发掘简报.考古,(10):540

⑦ 赵春青.2002.新砦期的确认及其意义.中原文物,(1):23

⑧ 中国社会科学院考古研究所等.1988.夏县东下冯.北京:文物出版社.74

⑨ 张剑.2007.夏代青铜器研究.洛阳师范学院学报,(1):20,21

⑩ 马承源.2001.中国青铜器.上海:上海古籍出版社.405

文化的性质属于夏文化，并初步推定出二里头文化各期的年代范围：第一期为公元前1880~1730年，第二期为公元前1740~1600年，第三期为公元前1610~1555年，第四期为公元前1564~1521年①。

二里头文化的典型遗址主要有河南偃师二里头、山西夏县东下冯、陕县七里铺、洛阳矬李和东干沟、汝州煤山、郑州洛达庙、密县新砦等。其青铜器大部分出土于偃师二里头遗址，种类有容器：爵、斝、鼎、盉；兵器：戈、戚、镞、钺；生产工具：锛、刀、凿、锥、鱼钩等②，其他还有乐器：铜铃和铜牌饰等。在河南已发掘的属于二里头文化时期的遗址，除二里头遗址外，尚有陕县七里铺，洛阳东干沟、矬李、东马沟，临汝煤山，郑州上街、落达庙，新郑望京楼，淅川下王岗，登封王村、王城岗等。在这些遗址中，目前仅在洛阳东干沟发现过残铜刀1件③，在王城岗二里头文化二期遗存中发现有铜钻、铜刀各1件，铜渣2块，形状似一边厚一边薄的铜刀残片；三期遗存有铜容器残片1件，锈蚀严重，可能是铜斝袋状足的一部分，胎厚0.3厘米。④ 新郑望京楼出土过一件素面铜爵，其他遗址则尚未发现成形的青铜器。晋南二里头文化诸遗址中以夏县东下冯遗址最为重要，东下冯类型三期遗存中出土有铜凿1件、青铜镞4件、残青铜器2块及铸造铜斧的石范6块，此外还有铜炼渣20余块；四期遗存中除青铜镞外，尚有青铜凿、刀各1件⑤。在这一遗址中未发现属于二里头文化的完整青铜容器与镞以外的武器⑥。二里头时期的铜器搜集品有天津历史博物馆收藏的一件豫东商丘附近出土的素面铜爵，上海博物馆收藏的素面铜爵，均与二里头遗址所出铜爵相似。上海博物馆和郑州博物馆收藏有几件铜斝，形制与二里头出土的铜斝相似，应是二里头时期遗物。陕西博物馆收藏有一件豫西洛宁一代出土的青铜角，从造型上看也应是二里头文化遗物。

从目前发现的二里头文化青铜器来看，二里头文化一、二期仅见少量的小型工具和铃、铜牌饰，二里头文化三、四期时才开始出现大量的青铜容器、兵器、工具等器类。在容器中，最早出现的是酒器爵，三期时已成为常

---

① 夏商周断代工程专家组. 2000. 夏商周断代工程1996~2000年阶段性成果报告（简本）. 北京：世界图书出版公司
② 郑光. 1996. 二里头遗址的发掘. 见：夏文化研究论集. 北京：中华书局
③ 考古所洛阳发掘队. 1959. 1958年洛阳东干沟遗址发掘简报. 考古，(10)：540
④ 河南省文物研究所，中国历史博物馆考古部. 1992. 登封王城岗与阳城. 北京：文物出版社. 122, 125, 143, 图版四一，四六
⑤ 中国社会科学院考古研究所，中国历史博物馆，山西省考古研究所. 1988. 夏县东下冯. 北京：文物出版社. 74, 75, 78, 100, 121
⑥ 朱凤瀚. 1995. 古代中国青铜器. 天津：南开大学出版社. 595~599

见器物。在小型墓葬中，三期墓一般仅随葬爵，至四期有与斝同出的。鼎、盉在已知的二里头三期墓葬中皆未见到。从二里头文化出土容器表面的铸痕看，当时已采用多合范的方法铸造，既有外范，又有内范，这是青铜冶铸技术出现的一个飞跃。二里头文化中青铜礼器的发现，表明青铜器在社会生活中的地位已经比较重要，历史已进入具有古代中国特色的青铜文明时代[①]。

2. 二里头文化遗址出土青铜器的器形及特征

二里头文化遗址出土的青铜器在种类上主要包括礼器：爵、斝、鼎、盉；工具：锛、凿、刀、锥、鱼钩、削、钻、纺轮、锯；兵器：戈、镞、戚、钺，乐器：铃；装饰品：圆泡形器、镶嵌绿松石铜牌饰等。此外，在二里头文化遗址中还发现有铜炼渣、炼铜坩埚（残件）、铸造铜器的陶范、石范及大型铸铜遗址[②]。下面对二里头文化遗址所出青铜礼器的形制分别作简单介绍。

爵：形制共有特征为平底、束腰，形体单薄，器腹横截面呈椭圆形；窄长流，流口间无柱或有短柱，口沿边有突起的棱；流尾较长，有的流尾几乎在一条直线上；三尖锥状足或三棱柱状足外撇；鋬呈扁体，鋬与流几乎呈直角，鋬上多有长方形或三角形镂孔；有的在腹部饰有乳钉纹和细弦纹。除上述特征外，二里头文化的爵有的有假腹，底止于腹际，从外看略突出的下腹实际上是圈足。有的铜爵仿陶器制作，器体较低，流口无柱，口沿边稍厚，流尾间距较近，束腰平底，三足较短，微向内敛；还有些铜爵已与陶爵有明显区别，器体较高，流尾间距稍远，束腰平底，腹下接三足向外撇。鋬上有长条形镂孔，这是二里头文化铜爵的突出特点[③]。标本如二里头T22：6，器体较矮，流比尾略低，底腰呈椭圆形，三足规格不一，两足三棱形，一足四棱形。流尾长14厘米，高12厘米[④]。

斝：均为敞口，束腰，鼓腹，侧附半环形耳，三空心锥足，口沿立二矮柱[⑤]，有平底、圜底两种类型。平底斝近似于陶斝，束腰平底，下腹部略外鼓，与腰之间形成折棱，下附三棱锥状足，标本如二里头六区M9：1，体瘦

---

① 杨育彬. 1996. 夏和商早、中期青铜器概论. 见：中国青铜器全集1，夏商1. 北京：文物出版社. 44，45
② 李水城. 2005. 西北与中原早期冶铜业的区域特征及交互作用. 考古学报，（3）：257
③ 杨育彬. 1996. 夏和商早、中期青铜器概论. 见：中国青铜器全集1，夏商1. 北京：文物出版社. 45；杜迺松. 1995. 中国青铜器发展史. 北京：紫禁城出版社. 13
④ 张剑. 2007. 夏代青铜器研究. 洛阳师范学院学报，（1）：21；朱凤瀚. 1995. 古代中国青铜器. 天津：南开大学出版社. 597
⑤ 张剑. 2007. 夏代青铜器研究. 洛阳师范学院学报，（1）：21

高，腹外撇，宽平底，半圆形空心锥足，口沿两柱作三角形锥状。斝底睾长颈腰内收，下部圆鼓并收成斝底，下附扁圆袋状空锥足，标本如二里头五区M1∶2，圆腹，斝底，口沿柱作齿状。口径14.5~14.8厘米，腹径8.9厘米，高26.8厘米，壁厚0.15厘米①。

鼎：圆形，敛口，折沿，鼓腹，平底；薄唇内附加厚边，口沿上立二环状耳，一耳对应一足，另一耳在两足之间；器壁较薄，下附四棱锥状空心足，腹部饰带状网格纹②。标本如二里头五区M1∶1，壁内有一处铸残修补痕。口径15.3厘米，底径9.8厘米，壁厚0.15厘米。此鼎是我国目前所见的最早的铜鼎，对研究青铜鼎的起源有着重要意义③。

盉：半封顶，顶部有椭圆形口，口下有扁平带镂孔的半环形鋬，对应一侧有一竖直的管状流立于顶侧，三空锥足④。

此外还有采集或传世的二里头青铜器铜觚、铜角等容器，形制都比较原始。目前已知的相当于二里头文化时期的青铜礼器以酒器为主，其中爵和斝占据着重要地位，对后世商代的青铜器产生了深刻影响⑤。

二里头文化遗址出土的铜兵器种类较少，主要有镞、戈、戚、钺。

铜镞：基本为柱铤式镞，不见有銎镞。根据镞身形状可分为双翼形、圆叶形和四棱形三种。双翼形镞，标本如二里头五区H66∶13，圆脊，翼后有倒锋，长圆铤。长6.75厘米。圆叶形镞，铤作三角锥形。标本如二里头五区三层T12B∶1，长5.2厘米。四棱形镞，横切面呈梯形。标本如二里头五区H73∶1，铤部已残，长4.8厘米⑥。

铜戈：根据内的不同分为直内戈和曲内戈，均直援无胡，内上有圆穿或方穿。直内戈，援与内分界不明显，直内后端有齿状装饰。曲内戈，直援曲内，内收缩，援与内交接处呈直角。标本如二里头六区M3∶2，无阑，援中有棱脊，锋成三角形，援面由脊向刃斜抹，近刃处有一道细沟，十分锋利。中部有一圆穿，内后部有镶嵌绿松石的凸起云纹。援长20.8厘米，宽3.8~

---

① 张剑. 2007. 夏代青铜器研究. 洛阳师范学院学报，（1）：21；朱凤瀚. 1995. 古代中国青铜器. 天津：南开大学出版社. 597

② 朱凤瀚. 1995. 古代中国青铜器. 天津：南开大学出版社. 595；中国社会科学院考古研究所二里头工作队. 1991. 河南偃师二里头遗址发现新的铜器. 考古，（12）：1138

③ 张剑. 2007. 夏代青铜器研究. 洛阳师范学院学报，（1）：21

④ 朱凤瀚. 1995. 古代中国青铜器. 天津：南开大学出版社. 597；张剑. 2007. 夏代青铜器研究. 洛阳师范学院学报，（1）：21

⑤ 岳洪彬. 2006. 殷墟青铜礼器研究. 北京：中国社会科学出版社. 311，312

⑥ 张剑. 2007. 夏代青铜器研究. 洛阳师范学院学报，（1）：21

4.8厘米,内宽3.9~5厘米,通长32.5厘米①。

铜戚:长条形,弧刃,有上下阑,内部有方孔,刃部略外侈,身中部凸起。戚的器型在以后很罕见。标本如二里头六区 M3:1,长条形,身中部隆起,横切面呈长椭圆形,刃部略外侈,内扁平,上有一方穿,内与身之间有锥形短阑,身宽3厘米,通长23.5厘米②。

铜钺:仅见一件,出土于二里头三区南部,长方斧形,体薄平,刃角外侈,刃部较钝。肩部两侧微起脊,为范线痕迹。中央有一凸起结构,钺身近肩部饰带状网纹一周,其下有一圆穿孔。顶面有折断痕迹,可能有内。整器残长13.5厘米、宽6.1厘米、刃宽7.6厘米、厚0.5厘米③。

二里头文化遗址出土的兵器中出现了双翼铜镞,这在铜镞的发展中是比较先进的一种形制。镞是一种消耗性较大的兵器,此时已用铜大量铸造,说明当时的铜矿已非常充足,青铜铸造业有了相当水平的发展,能够供应战争的大量消耗④。

二里头文化遗址出土的青铜工具主要有刀、锛、凿、锯、钻、锥、鱼钩等,铸造方法上已使用了单范和合范法⑤。

铜刀:多为扁薄长条形。根据刃背的不同,可分为直背凸刃刀、曲背凸刃刀、直背斜刃刀。直背凸刃刀形制为直背,刃较平,略显缓圆外凸,标本如二里头三区 M2:4,短柄,前端略窄成锋,刀柄略窄呈长方形,长18.4厘米。曲背凸刃刀标本如二里头三区 M2:3,长柄,尖部圆钝微上扬,后背略方,柄部微曲。柄部两侧饰平行凸斜线纹,其中间每面有六个凹槽。刃长14.3厘米,通长26.2厘米。直背斜刃刀标本如二里头六区 M57:2,短柄,尖部略上扬,柄部微收呈方形,出土时柄部留有朽屑,通长34厘米⑥。

铜锛:扁平体,横剖面呈梯形,一面刃。标本如二里头三区 T212F2:10,一面较宽,剖面呈梯形,单面弧刃。上宽2.4厘米,刃宽2.9厘米,厚0.5厘米,长11.4厘米⑦。

铜凿:均作长条形,一面刃。标本如二里头五区三层 T7 E:11,通体呈

---

① 张剑. 2007. 夏代青铜器研究. 洛阳师范学院学报, (1): 21;朱凤瀚. 1995. 古代中国青铜器. 天津: 南开大学出版社. 598
② 张剑. 2007. 夏代青铜器研究. 洛阳师范学院学报, (1): 21
③ 中国社会科学院考古研究所二里头工作队. 2002. 河南偃师市二里头遗址发现一件青铜钺. 考古, (11): 31
④ 朱凤瀚. 1995. 古代中国青铜器. 天津: 南开大学出版社. 598
⑤ 朱凤瀚. 1995. 古代中国青铜器. 天津: 南开大学出版社. 598
⑥ 张剑. 2007. 夏代青铜器研究. 洛阳师范学院学报, (1): 21
⑦ 张剑. 2007. 夏代青铜器研究. 洛阳师范学院学报, (1): 21

方柱形，顶端有锤击痕，长5厘米①。

铜锯：已残，扁平长方形，背稍宽，一端较窄，下侧带有细密的锯齿，标本如二里头四区H57∶84，残长4.2厘米，宽1.6厘米。

铜钻：作锥形，尖部锋锐，标本如洛阳东干沟H561∶1。

铜锥：体扁平，向一侧弯曲，横剖面近似椭圆，四棱向内聚成尖锋。标本如二里头五区H66∶1，长8.6厘米。

铜鱼钩：钩体弯成半圆形，圆顶，钩尖尖锐，靠近顶端有一周凹槽，用以系线。标本如二里头五区H82∶9，长2.7厘米②。

二里头文化遗址中出土的乐器有铜铃，形体较小，均为上大下小的筒形、平口、单扉，顶部为二小孔夹一弧形窄梁，用以系铃舌，侧面有竖扉棱，形制比较早。标本如二里头九区M4∶1，近口部有凸弦纹一周，器表局部粘附有麻布痕，可能是包裹好后放入墓内的，口径9厘米，顶径5.8厘米，高8.2厘米③。

其他铜器还有镶嵌绿松石的牌饰，有两种式样。一种为圆形镶嵌器，如1975年二里头文化遗址K4发现的一件，直径17厘米、厚0.5厘米。在圆形器的边沿镶嵌了一周61块呈长方形的绿松石，以圆心为中心，向外又镶嵌内外两圈绿松石，每圈以13个"十"字形组成圆形图案；另一种是长圆形兽面纹铜牌饰，如1981年在二里头一座墓葬中出土的一件，放置在墓主人胸部，长14.2厘米，宽9.8厘米。铜牌饰两侧内凹，各有2个穿孔钮。凸起的一面以绿松石粘嵌组成精致的兽面纹图案④。

3. 二里头文化遗址青铜文明的发展阶段

二里头时期的青铜器与新石器时代的早期铜器相比更先进，技术更成熟。在二里头文化的典型遗址偃师二里头和洛阳东干沟遗址中不仅发掘出了大量炼渣、熔铜坩埚碎片、陶范残片等铸铜遗物，还发现了许多铸铜作坊遗址，其中面积最大、冶金遗物较多且文化堆积较厚的铸铜遗址，是位于第四区的一处，范围在10000平方米以上。该铸铜遗址延续使用的时间有300年

---

① 张剑. 2007. 夏代青铜器研究. 洛阳师范学院学报，(1)：22

② 锯、钻、锥、鱼钩等工具的具体形态参见杜廼松. 1995. 中国青铜器发展史. 北京：紫禁城出版社. 13

③ 张剑. 2007. 夏代青铜器研究. 洛阳师范学院学报，(1)：21，22；朱凤瀚. 1995. 古代中国青铜器. 天津：南开大学出版社. 598

④ 中国社会科学院考古研究所二里头工作队. 1984. 1981年河南偃师二里头墓葬发掘简报. 考古，(1)：37

左右，从二里头遗址第二期到第四期一直存在①，是我国迄今所知时代最早的大型铸铜遗址，在我国考古学和冶金史研究中具有特殊意义②。而且，二里头时期青铜已开始被用来大量制造箭镞，这是一种消耗性武器，其铸造必须要有相当的规模，否则不能满足实际需要。这些大量的铸铜遗物和铸铜作坊遗址有力地证明了二里头文化时期青铜冶铸业已经具备了相当大的规模和较高的工艺水平。

二里头时期对青铜合金的几种主要金属元素已有一定认识。金正耀博士对二里头文化第二至四期的13件铜器进行了化学成分分析。结果表明，属于第二期的4件铜器中有红铜1件，砷铜1件，锡青铜2件；第三期的2件铜器中有类青铜（金文指锡和铅含量未达到2%的合金铜）1件、锡青铜1件；第四期的7件铜器有红铜1件、类青铜1件、锡青铜1件，其余为铅锡青铜。青铜的比例在持续稳步增长。另外，在所检测的第四期的4件铜容器中，有3件含铅量高达20%以上。这说明在二里头文化的后期，已经开始尝试铸造高铅含量的青铜。而高铅的合金配比可以增强铜液的流动性，易于浇铸成型，对于当时生产器壁较薄、造型比较复杂的铜容器来说，应用这一技术是非常必要的。这也反映出二里头文化晚期对于铅金属的性质已经有了较多了解③。二里头早中期的锡青铜铸造、稍晚的铅锡青铜的发明，都是夏代青铜工艺取得的重要成就。可以说，青铜时代主要合金类型锡青铜和铅锡青铜的配置技术，在夏代已经基本形成，并为商代青铜文明的高度发达奠定了基础④。

在铸造工艺上，二里头时期已普遍使用泥范铸造技术，铸造工艺已经相当复杂，能根据不同器类选择单范、多范及组合范。冶金史学者通过观察二里头文化第三期的陶范，认为当时在铸造过程中对泥范曾进行预热处理，以适应冶炼某些复杂器类的需要。此时技术含量最高的应该是铜盉与铜铃的铸造⑤。而且此时在铜器上镶嵌绿松石的技术和水平也比较高，已经脱离了这种镶嵌技术的最初阶段⑥。二里头铸铜作坊遗址中没有发现冶炼矿石后必然留下的大量矿渣，所以，由矿石冶炼金属的活动与铸造是分开进行的，冶炼一定是在矿产地或其附近。这反映出当时人们已经懂得先提炼金属，然后进行合金配比铸造器物，也反映出当时的青铜生产已经有了严密分工和组织。

---

① 郑光. 1996. 二里头遗址的发掘. 见：夏文化研究论集. 北京：中华书局
② 郑光. 1996. 二里头遗址的发掘. 见：夏文化研究论集. 北京：中华书局
③ 金正耀. 2000. 二里头青铜器的自然科学研究与夏文明探索. 文物，(1)：58
④ 金正耀. 2000. 二里头青铜器的自然科学研究与夏文明探索. 文物，(1)：58
⑤ 李京华. 1985. 关于中原地区早期冶铜技术及相关问题的几点看法. 文物，(12)：78
⑥ 杜迺松. 1995. 中国青铜器发展史. 北京：紫禁城出版社. 14

关于二里头遗址出土铜器的矿料来源问题，有学者提出二里头遗址三、四期出土铜器的铅矿来源，可能位于夏文化在山东半岛所能达到的地区范围，这需要考古学及其他相关研究的进一步证明①。

夏代时偃师二里头已成为当时中国青铜铸造的中心，对周边地区青铜文明的产生和发展产生了重大影响。二里头文化三期时积极向外扩张，除把自己的文明向外推广外，还吸收周边地区的技术和器物风格。如二里头出土的环首刀，以及十字纹铜镜等便是吸收周边地区的文化形成的；而山东半岛所见的二里头文化青铜器和北方燕山南北的长城地带所见的仿二里头铜器的陶制酒器②，则显示出二里头文化作为中心文化对周边地区的影响和辐射。

二、岳石文化遗址出土的青铜器

岳石文化是一种广泛分布于海岱地区的不同于二里头夏文化的地方性早期青铜文明，其年代与夏和商早期大体同时。在龙山文化时期，岳石文化的主要分布区山东已经出现了不少早期铜器，有黄铜、青铜等不同的成分。在黄河流域中游的中原地区进入到二里头夏文化时期，山东地区也由山东龙山文化发展到了岳石文化，出土的铜器数量和种类也有所增加。据考古发掘资料表明，山东省境内发现的岳石文化遗址已超过300处。连同山东省外的几处岳石文化遗址，目前经过发掘的已有30余处③。这些遗址基本覆盖了从东海之滨的烟台照格庄，到内陆的夏邑清凉山、杞县鹿台岗；从鲁北的章丘城子崖、邹平丁公，到淮北的藤花落等遗址圈定的整个海岱地区。据不完全统计，所获铜器20余件，种类包括武器镞、小工具刀、削、锥、凿，佩饰品环（镯）和杂器等（其中的铜片和铜块，可能含有青铜容器的残骸）④。

1. 岳石文化的概念

岳石文化是继山东龙山文化之后分布在黄河流域下游的一种古代文化。一般说来，在山东龙山文化分布范围内都存在有岳石文化的遗迹。其东部到胶东半岛的最东端，甚至在长岛县境内的海岛上也有分布；西部到达聊城、菏泽一线；南部在苏北地区赣榆县下庙墩和徐州高皇庙；北部已到达黄河以北的惠民地区，河北唐山大城山遗址出土的部分遗物，也表现出明显的岳石文化风格，其影响所及已达到辽东半岛。目前，经发掘的比较重要的遗址有

---

① 梁宏刚, 孙淑云. 2004. 二里头遗址出土铜器研究综述. 中原文物, (1): 36
② 金正耀. 2000. 二里头青铜器的自然科学研究与夏文明探索. 文物, (1): 63
③ 张学海. 考古论文集·20世纪山东先秦考古基本收获述评. 1999. 北京: 学苑出版社. 18
④ 徐基. 2007. 夏时期岳石文化的铜器补遗——东夷式青铜重器之推考. 中原文物, (5): 42

山东岳石、尹家城和下庙墩、益都县郝家庄、牟平县照格庄和烟台芝水等①。

关于岳石文化的年代问题，学术界目前已取得共识。其相对年代晚于山东龙山文化，早于二里岗期商文化上层，距今3890~3670年，同二里头文化年代相当，在夏代的纪年范围之内②。在山东半岛东部地区，岳石文化延续的年代可能要长些③。

岳石文化的族属为夏代、早商时期的东夷文化④，是由龙山文化发展而来的一种山东夷人土著文化，与中原地区的夏、商文化时间大致相同，地域毗连，很早就出现了文化上的相互交往和渗透现象。

2. 岳石文化的典型遗址及出土的青铜器概况和特点

岳石文化遗址出土的铜器比较少，目前只在郝家庄、尹家城和照格庄等遗址中发现有一些青铜小件，种类包括武器、工具、装饰品，器形有三棱铜锥、三角形小刀、双翼式镞和环等。其中小刀和铜镞的"形状同二里头文化别无二致⑤"。

岳石文化遗址出土的武器有铜镞：尹家城出土1件，镞身为扁体三角形，有后锋，双翼、断面呈菱形，短铤呈圆锥状⑥，为锡青铜；清凉山出土1件，无尾翼，形如蝌蚪，为锡青铜。

小工具类包括刀、雕刻刀、锥、削、凿等。尹家城发现了5件刀，其中2件为锡青铜，呈翘首钝三角形、双面刃；1件为铅青铜，器体扁薄，长尖微上翘，一侧有斜长刃。另有2件为锡青铜，属于雕刻刀，器体扁薄，平面呈长条形，一端刃⑦。鹿台岗发现1件刀，为锡青铜，扁平，横椭圆形，一面刃。城子崖发现1件青铜刀，长体，弧刃，短柄。锥，发现有4件，尹家城出土2件，1件为圆锥形，1件为三棱形长锥，两侧面内凹，平顶，扁尖⑧。牟平照格庄遗址H37出土一件青铜锥，为三棱形，至今还相当锋利，经鉴定属于锡青铜⑨。削，仅在藤花落发现1件。凿，方体斜刃，发现于姑

---

① 方辉. 1987. 二里头文化与岳石文化. 中原文物，（1）：61；杜金鹏，许宏. 2005. 偃师二里头遗址研究. 北京：科学出版社. 193，194

② 严文明. 1989. 东夷文化的探索. 文物，（9）：7

③ 张国硕. 1996. 岳石文化研究综述. 郑州大学学报（哲学社会科学版），（1）：61

④ 严文明. 1989. 东夷文化的探索. 文物，（9）：7

⑤ 严文明. 1984. 论中国的铜石并用时代. 史前研究，（1）：42

⑥ 山东大学历史系考古专业教研室. 1990. 泗水尹家城. 北京：文物出版社. 203

⑦ 山东大学历史系考古专业教研室. 1990. 泗水尹家城. 北京：文物出版社. 204
于海广. 1982. 山东泗水尹家城遗址第三次发掘简介. 文史哲，（2）：79

⑧ 山东大学历史系考古专业教研室. 1990. 泗水尹家城. 北京：文物出版社. 204

⑨ 严文明. 1984. 论中国的铜石并用时代. 史前研究，（1）：42

子坪①。

装饰品为佩饰环（镯），尹家城发现1件，铜条弯成韭叶状，两端宽扁，接头处略宽，不固定衔接②，为纯铜。

另外，尹家城还发现有铜片5块，均为残片，条形，或为不规则薄片，具体器形不明，成分有青铜、纯铜。益都郝家庄遗址也出土过岳石文化的青铜小件。③

以上所列岳石文化出土的小件铜制品，以生产工具为主，形制较为简单，没有大型的青铜容器，不存在器物的组合。经北京科技大学冶金史研究室鉴定，其铜器的合金成分有红铜、锡青铜和铅青铜，多数为铜、锡合金的锡青铜，少数为铅青铜，此外还有一件含砷的铜刀④。铸造方法多为单面范铸成，只有2/3的器物在铸造后进行了刃部、脊部或整体的锻打，有冷锻也有热锻。另外，岳石文化青铜器中含杂质元素比较多，锡青铜中含有少量铅，铅青铜中又含有锡，红铜器中含有锡、铅，并有较多的气孔和缺陷。以上这些岳石文化青铜器的特点都反映出其冶炼和制作技术的不稳定和不成熟，"反映了其铸造技术的原始性"。⑤

岳石文化时期发现的铜制品，无论数量还是种类都较山东龙山文化时期增多，证明这一时期人们掌握了青铜冶炼技术。岳石文化时期同二里头文化时期一样，已处于我国的早期青铜器时代⑥。但岳石文化时期的青铜器缺乏容器和大型器物，也没有相对固定的器物组合，器物的种类和数量也远少于二里头文化时期的青铜器。说明其虽已进入了早期青铜时代，但发展水平和冶铸技术仍较落后，发展程度和水平均落后于二里头青铜文明，另一方面也反衬出中原二里头青铜文明在当时的中心地位。但也有学者对岳石文化青铜

---

① 徐基. 2007. 夏时期岳石文化的铜器补遗——东夷式青铜重器之推考. 中原文物，（5）：42，43

② 山东大学历史系考古专业教研室. 1990. 泗水尹家城. 北京：文物出版社. 204

③ 吴玉喜. 1984. 益都县郝家庄新石器时代遗址. 见：中国考古学年鉴（1984）. 北京：文物出版社. 118；徐基. 2007. 夏时期岳石文化的铜器补遗——东夷式青铜重器之推考. 中原文物，（5）：42，43；山东大学历史系考古专业教研室. 1990. 泗水尹家城. 北京：文物出版社. 204

④ 何德亮. 2007. 试析早期铜器在文明进程中的地位. 南方文物，（4）：94；山东大学历史系考古专业教研室. 1990. 泗水尹家城. 北京：文物出版社. 238，359

⑤ 北京科技大学冶金史研究室. 1990. 山东泗水县尹家城遗址出土岳石文化铜器鉴定报告. 见：泗水尹家城. 北京：文物出版社. 358；山东大学历史系考古专业教研室. 1990. 泗水尹家城. 北京：文物出版社. 359

⑥ 方辉. 1987. 二里头文化与岳石文化. 中原文物，（1）：58；杜金鹏，许宏. 2005. 偃师二里头遗址研究. 北京：科学出版社. 195；何德亮. 2007. 试析早期铜器在文明进程中的地位. 南方文物，（4）：94；山东大学历史系考古专业教研室. 1990. 泗水尹家城. 北京：文物出版社. 238

文明发展程度提出异议,认为,虽然岳石文化目前没有发现大的中心性遗址或城址,也未见到可以确定为岳石文化遗物的大型青铜器,但从一个面积仅有四五千平方米的尹家城小村落遗址就发现14件铜制品,可以推测岳石文化的青铜器数量应该不少,并且其使用应该已经相当普遍。当时先民已经能够铸造合金青铜器并掌握了合范技术,因此有条件也有能力铸造青铜容器、礼器和大件兵器。与同时期的夏文化、早商文化和北方夏家店下层文化相比,在生产技术,尤其是铜器的冶铸、使用上,岳石文化并不落后。如岳石文化所见的青铜锥、钝三角形刀、双翼镞,与二里头文化、早商文化都是相同的,它们应是在同一个社会发展阶段上,且并肩发展的几支不同族系的青铜文明[①]。

---

① 徐基. 2007. 夏时期岳石文化的铜器补遗——东夷式青铜重器之推考. 中原文物, (5): 43, 46

第二章
商代黄河流域青铜文明的繁荣

　　商代青铜文明是中国青铜文明的发展繁盛期，在整个中国青铜文明发展史中占据着重要地位。与夏代青铜文明相比，商代青铜文明得到了进一步发展，更成熟，影响力更大，有自己鲜明的时代特点，对同时代周边地区及后世的青铜文明都有着非常深远的影响。

　　商代青铜器种类丰富，形制和功能也更完备，涉及社会生活的各个领域。按青铜器的用途可分为礼器、兵器、工具、乐器、车马器及杂器。礼器包括炊器、食器、水器和酒器，其中炊食器有鼎、鬲、甗、甑、簋、豆；水器有罐、盘、盂、盉；酒器有卣、瓿、尊、罍、方彝、壶、觥、缶、斝、角、觚、觯、爵、角形器、斗；兵器有钺、戈、矛、刀、镞、弓形器、胄、戣；工具有铲、斧、锛、凿、锯、刻刀、钻；乐器有铙和铃；车马器有镳、泡、策、勒、当卢、辖等；杂器有箕形器、贝等。此外商代还出土有六面早期铜镜，四件出土于殷墟妇好墓中，都为圆形有钮，背部有叶脉纹及竖条纹装饰。与二里头出土的制作简单的青铜容器、工具、武器、装饰品相比，商代青铜器的种类和形制都得到了极大发展，完全脱离了器物的初始形态。

　　商代青铜器已经形成了相对完整的组合，体现出商代社会的等级、阶级等礼制内涵。如青铜礼器已经形成以酒器觚、爵、斝为核心的组合形式，不同时期与核心组合相配的器物各有不同，后期比前期更加丰富，表现出较明显的时代特征。

　　商代青铜器的纹饰已非常丰富，有动物纹和几何纹之分，并且纹饰有了等级的区分和功能的显示。后期还出现了铭文。动物纹分写实和抽象两类，写实纹饰常见鸟纹、蝉纹，其他还有象纹、虎纹、鱼纹、龙纹、龟纹等。抽象纹饰主要有各种各样的兽面纹和夔纹等变形的、含蓄的、象征性的图案。几何纹有云雷纹、乳钉纹、涡纹、连珠纹、三角纹等。商代青铜器纹饰的发展趋势是由简至繁。前期纹饰相对简单，多为单层没有底纹；后期青铜器纹饰变得复杂和华丽，主纹、附纹、地纹具备的三层花满装器物成为主流和晚期的代表器物，整个器物的装饰图案主纹突出、层次分明。商代后期青铜器

上出现了简单的铭文，内容多是氏族徽号、祖先名讳或作器者之名。殷墟前期的青铜器铭文字数较少，多为一个或几个，后期则出现多达三四十字的较长铭文，如 1959 年在安阳后冈一个祭祀坑中出土的戍嗣子鼎，铭文有 30 字。

  商代青铜器的铸造工艺更加成熟，与夏代青铜器的铸造技术相比有了明显提高。当时已采用块范法铸造青铜器，除了用浑铸法一次性浇铸成器物外，还出现了分铸技术即先铸器体，然后再在其上接铸小的附件或者先铸附件，再放入器体陶范中，与器体铸合。以二里岗上层时期的某些器物如提梁壶、提梁盉等为例，提梁能够提系摆动，明显是与器体分开铸造的。"从浑然一体的合范铸造，到掌握分铸技术，生产比较复杂的器型，这是青铜器铸造技术上的一个显著进步。"①商代各种青铜器的合金配比已经比较稳定，铸造规模非常大，能够制造出造型优美、工艺精巧的大型青铜重器。器壁逐渐变厚，显得更为稳重和结实，后期器物上出现了扉棱，使器形显得更美观，同时也可以掩饰范铸线的痕迹。商代晚期因为意识形态的原因，还出现了一些含铅量很高、器壁极薄、制作非常简陋的明器，用以随葬。

  概括来说，商代青铜文明处于中国青铜文明的发展繁盛期。与夏代青铜文明发展的初期相比，商代青铜器在当时社会生活中所占的比重要大得多。当时"国之大事，在祀与戎"，青铜器在国家最重要的两件大事祭祀与战争中都发挥着重要作用。青铜兵器的大量使用使商王朝的军事力量要远比周边方国部落强大，从而保证了商王朝国家的稳定和对周边地区的控制权。在国家大大小小的各类祭祀中，青铜器又是最重要的礼器，维持着商王朝的等级秩序、阶级关系和贵族权威。商代青铜器在国家社会生活中的重要地位是商代青铜文明区别于中国青铜文明其他阶段的一个重要特征。因为从夏代时青铜器的地位来看，夏代青铜器还不足以承担这些重要的社会功能，当时在社会生活中起重要作用的还是陶器。而周以后，能够承担这种社会功能的就不再只是器物，而是以意识形态的条文制度为主了。只有商代这一特殊的社会发展阶段，赋予了商代青铜器这一重要特征，并使商代青铜文明在整个中国乃至世界青铜文明发展史中都占据着承上启下、举足轻重的重要地位。

第一节 商代前期的青铜文明

  商代前期的青铜器主要出土于二里岗商文化遗址。二里岗文化是 1950

---

① 马承源. 1996. 中国青铜艺术总论. 见：中国青铜器全集1，夏商1. 北京：文物出版社. 11

年在郑州二里岗发现的一种不同于安阳殷墟的商文化遗存。对于其文化分期，学术界基本经历了从"两期说"到"四期说"的转变。1959 年出版的《郑州二里岗》考古专刊，将二里岗文化分为"二里岗下层"和"二里岗上层"两期。上世纪 80 年代以后，以高煦、安金槐先生为代表的二里岗文化"四期说"逐渐流行，即：下层一段、下层二段、上层一段、上层二段；或曰下层一期、下层二期、上层一期、上层二期（白家庄期）。郑杰祥先生将这四期直接称为二里岗文化一期、二期、三期、四期，被"夏商周断代工程"和《中国考古学·夏商卷》所采用①。

郑州二里岗和黄河流域的许多地区如偃师商城、辉县琉璃阁、河北藁城台西、山西长子县、北京平谷刘家河、山东长清等地都出土有商代前期的青铜器。关于二里岗期青铜器的分期，有不少学者做过探讨，有的仅就郑州地区出土的二里岗期青铜器进行分期讨论②，有的则把郑州出土的二里岗青铜器纳入早于殷墟的年代范围内进行讨论，称为"商代中期"③，或"商代前期"④，或直呼"早于殷墟的"青铜器，也有学者将二里岗期的一部分青铜器和殷墟早期的一部分青铜器称为"殷墟早期以前"⑤或"过渡期"⑥的青铜器，进行时代特征和风格演变的讨论。

对商文化和商代青铜器的分期，本文赞同张国硕先生的观点，将商文化分为前期、后期两个阶段，郑州二里岗文化一至四期为商代前期文化；殷墟洹北花园庄遗存和安阳殷墟为商代后期文化。商代青铜器也根据文化分期相应地分为前期青铜器和后期青铜器。对于郑州二里岗以外黄河流域其他地区出土的商代二里岗期青铜器的归属，因这些青铜器多属于二里岗上层偏晚时期，具有二里岗时期向殷墟时期过渡的器形特征，有学者把这一时期单独分出为商代中期，本文则把这一类青铜器一并归于商代前期。

---

① 张果硕，尤悦. 2008-07-04. 商文化阶段划分刍议. 中国文物报，第 7 版
② 裴明相. 1983. 郑州商代二里岗期青铜容器概述. 见：中国考古学会第四次年会论文集. 北京：文物出版社. 34
安金槐. 1992. 对郑州商代二里岗期青铜容器分期问题的初步探讨. 中原文物，(3)：7
③ 周大鸣. 1987. 商中期青铜容器分期初识. 江汉考古，(1)：48
④ 金岳. 1989. 中国商代前期青铜容器分期. 见：考古学集刊第六集. 北京：中国社会科学出版社
⑤ 陈佩芬. 1992. 商代殷墟早期以前青铜器的研究. 见：上海博物馆集刊第六期. 上海：上海古籍出版社
⑥ 胡博，苏秀菊译. 1992. 由郑州至安阳过渡期间商代青铜器的风格. 殷都学刊，(3)：7

一、郑州二里岗发现的青铜器

1. 郑州二里岗出土的商代前期青铜器

黄河流域商代前期的青铜器以郑州二里岗商城及其周围的南关外、紫荆山、白家庄、杜岭街等地出土的最为集中[①]，重要的有二里岗、白家庄、张寨南街、杨庄、南关外、铭功路、二七路等地的墓葬或窖藏，以二里岗上层青铜器居多。据不完全统计，迄今公布的郑州地区出土的商代前期青铜器不少于217件，可以区分为30个种类，礼器有鼎、鬲、簋、盂、盘、斝、爵、觚、尊、罍、盉、卣；兵器有钺、戈、矛、镞；工具有斧、镰、锛、凿、刀、锥、钻、钩、条；装饰品有泡、簪、片、管；另外还有各种建筑材料的构件。其中以青铜礼器鼎、鬲、斝、爵、觚数量最多，造型演变线索比较明显，且大体贯穿于郑州商文化始终[②]。

2. 郑州二里岗出土的商代前期青铜器的种类、特征

与夏代二里头时期相比、郑州二里岗出土的青铜器种类明显增多，可以分为礼器、兵器、工具和其他杂器，礼器又可分为酒器、食器、水器三大类，以酒器为主。酒器包括爵、斝、觚、尊、罍、提梁卣（壶）、盉等，爵、斝、觚是最普遍最基本的组合；食器有圆鼎、方鼎、鬲、甗、簋等，以鼎和鬲居多；水器较少，有盘、盂等。这些青铜器的形制已经比较成熟，早已脱离了陶器的窠臼[③]。下面着重对郑州二里岗出土的青铜礼器器形特征作简单阐述。

鼎：分三种形式，圆鼎、方鼎、分裆鼎。方鼎口沿长宽差距不大，深腹；圆鼎又分圆腹锥足和圆腹扁足，均为深腹，圜底，足中空，双立耳，耳、足呈四点式排列，即一耳与一足相对应，另一耳在两足中间。方鼎，通高都在80厘米以上，腹部横断面为正方形或近似于正方形，口径略大于底，腹较深，整体呈斗状。口沿向外平折，双立耳略外倾，耳外壁做凹槽状，足近柱形，空心，上部粗，中部靠下略细，底又稍粗[④]。

鬲：深腹，分裆，大袋足，三空锥足跟，实足尖较高，宽折沿，颈内凹，二立耳。整体风格与二里岗期的陶鬲相似，是二里岗期商文化的特色青铜器。

[①] 马承源.1996.中国青铜艺术总论.见：中国青铜器全集1，夏商1.北京：文物出版社.10
[②] 李维明.2001.郑州早商铜礼器年代辨识.故宫博物院院刊，(2)：25
[③] 杨育彬.1996.夏和商早、中期青铜器概论.见：中国青铜器全集1，夏商1.北京：文物出版社.47
[④] 朱凤瀚.1995.中国古代青铜器.天津：南开大学出版社.615

爵：爵大多为平底，少数凸底，腹部横截面为椭圆形，流尾较平，狭而长，单柱或双柱均较小，位于流口交接处。柱逐渐增高，由半月形帽逐渐转变为菌状帽[1]。标本如铭功路 M2：22，北二七路 M4：1 等。

斝：束腰，敞口，口沿上双柱稍高，柱钮的变化同爵一样。

觚：较粗矮，多为直筒形腹，腹部曲率较小，中腰不外鼓，从偏早到偏晚，腹部曲率逐渐增大。标本如白家庄 M3：8，铭功路 M2：8，北二七路 M2：11，时间从早到晚，腹部的曲率变化比较明显。

尊：敞口，方唇，口较小，普遍小于肩径，偶见口径等于肩径者，束颈，折肩，圈足。标本如白家庄 M3：9。

盉：均为封口，圆鼓腹，三空袋足，有提梁，管流斜置于顶上，后侧有一大鋬。形制比较原始，类似于二里头文化的陶封顶盉。

罍：圆腹或长圆腹，器肩上常有羊头饰，皆狭唇高颈有肩，形体偏高。折肩，颈较长，腹较深。

卣：为长圆腹或圆腹，圈足较高。腹特深，最大腹径靠近腹底，仅见于高级贵族窖藏。标本如向阳食品厂 H1 出土的卣。

盘：口径较小，折沿或直口无沿，深腹，圆腹下收，矮圈足，圈足上有镂孔[2]。标本如白家庄 M2：3、向阳食品厂 H1：7。

盂：仅见向阳食品厂 H1 出土的中柱盂。

二里岗商文化中最常见的青铜生产工具和兵器有斧、锛、凿、锯、锥、钻、刀、戈、矛、镞和鱼钩等。它们的形制仍多模仿石器和骨器，并承继了二里头文化同类青铜工具和兵器的特点，但也有了明显的变化和改进。如斧、锛、矛的顶端有銎眼，用以纳柄。戈援狭窄，有上下阑，有的内部中心有一小穿孔。钺呈长方形，中间有一圆形孔，弧形刃。镞为双翼式[3]，有两翼和血槽。

从郑州二里岗遗址出土的商代前期青铜器来看，二里岗下层的青铜器较少，器壁同夏代一样仍普遍较薄，纹饰也较简单；二里岗上层青铜器数量很多，有一些器壁已相当厚重，纹饰比较复杂[4]。整体来看，二里岗期青铜器普遍施有纹饰，但纹饰多简单质朴，单层花纹较常见。所有的兽面纹或其他动物纹都不以雷纹为地，是这一时期的特色[5]。常见的纹饰分为动物纹和几

---

[1] 朱凤瀚. 1995. 中国古代青铜器. 天津：南开大学出版社. 616
[2] 杜廼松. 1995. 中国青铜器发展史. 北京：紫禁城出版社. 21，22
[3] 杜廼松. 1995. 中国青铜器发展史. 北京：紫禁城出版社. 22
[4] 杨育彬. 1996. 夏和商早、中期青铜器概论. 见：中国青铜器全集1，夏商1. 北京：文物出版社. 47
[5] 马承源. 2001. 中国青铜器. 上海：上海古籍出版社. 407

何纹两种。动物纹饰主体是兽面纹，而且同一类中有多种形象，如有疏宽云纹构成的兽面纹，有宽线条云纹构成的鱼尾饕餮纹，有细线条云纹构成的长尾饕餮纹。此外，还有变形夔纹、龟纹等①。商代前期青铜器上的动物纹样基本上是变形的，或者是象征和含蓄的，构图形象不采取夸张手法②。几何纹比较简单，常见的有弦纹、乳丁纹、联珠纹等，此外还有菱形网格纹、对角云纹、带形云纹、圆涡纹等。

此时青铜器上的花纹线条简单粗疏，纹饰多安排在器物的颈部、肩部、上腹部或圈足的外壁。环绕于爵、斝外壁的通常有两组，在鼎、鬲、盉、罍、甗、尊、盘外壁的则多为三组。兽面纹上下多界以联珠纹，成为二里岗期青铜文明装饰的特有标志③。除了有平雕装饰外，还出现了浮雕，为商代后期青铜器装饰艺术的继续创新奠定了基础④。

商代前期，铸造青铜器的主要方法即陶制块范法也得到了很大提高，青铜器器壁一般都比较匀薄，到二里岗上层时，就已经出现了分铸技术，如壶和盉的提梁，能够提系摆动。从浑然一体的合范铸造，到掌握分铸技术，制造比较复杂的器型，这是青铜铸造技术上的一个显著进步⑤。

二、郑州二里岗以外黄河流域发现的商代前期青铜器

商代前期的文化遗址目前发现较多，范围也极为广阔，表现出早商文化强劲的外扩趋势⑥。以郑州二里岗为代表的商代前期青铜文明，其影响向北达到北京附近的潮白河流域，向西到陕西扶风的渭河中游一带，向东到山东曲阜的泗河流域和淄河附近的青州以及豫东的永城地区，向南到湖北长江北岸的黄陂和江西赣水流域的清江、新干周围。在这个大范围内，都发现有二里岗时期商文化遗址，其中不少地方都出土有商代前期的青铜器⑦。

1. 郑州二里岗遗址以外黄河流域发现的商代前期青铜器概述

除郑州二里岗遗址以外，河南出土商代前期青铜器的地区主要有辉县琉

---

① 郑振香，陈志达. 1985. 殷墟青铜器的分期与年代. 见：殷墟青铜器. 北京：文物出版社. 30
② 马承源. 1996. 中国青铜艺术总论. 见：中国青铜器全集1，夏商1. 北京：文物出版社. 11
③ 杨育彬. 1996. 夏和商早、中期青铜器概论. 见：中国青铜器全集1，夏商1. 北京：文物出版社. 48~50
④ 杜廼松. 1995. 中国青铜器发展史. 北京：紫禁城出版社. 22
⑤ 马承源. 1996. 中国青铜艺术总论. 见：中国青铜器全集1，夏商1. 北京：文物出版社. 11
⑥ 岳连建. 1993. 商代边远地区二里岗期文化分析兼论商代早期的政治疆域. 考古与文物，(4)：67
⑦ 杨育彬. 夏和商早、中期青铜器概论. 见：中国青铜器全集夏商一. 北京：文物出版社. 47

璃阁、偃师商城、武陟宁郭乡大驾村、新郑望京楼、焦作南朱村、舞阳北舞渡、郾城孟庙乡拦河潘村、临汝杨楼乡李楼村、项城孙店乡石营村毛家、许昌长村、张乡大路陈村等地①。

辉县琉璃阁商代遗址于1950年发掘，其青铜器集中出土于几座墓葬中②。种类有鼎、斝、爵、斝、戈、镞、刀、铜铃、铜泡等。斝、爵平底，爵上腹部已经比较宽，下腹稍微外鼓，形制特征近似于郑州白家庄出土的青铜器。在出土青铜器的墓葬中，北区墓葬M148出土有鼎、爵、斝各1件；M203出土爵1件；中区墓葬M110出土鼎、斝、爵、斝各1件；北区墓葬M232出土戈1件；南区M123出土铜刀、戈各1件。此外新乡市博物馆收藏的饰饕餮纹的鼎（新博0004号）、斝（新博0185号）、爵（新博0114号）和夔纹斝（新博0064号）均属于二里岗时期器物。辉县和新乡博物馆的铜器群中，鼎为空锥足，爵平底、窄流和尖尾，斝空锥足、下腹微鼓和平底，斝圈足上部有十字镂孔等，这些特征都是商代二里岗时期铜器的典型特征，与郑州白家庄两座商代墓葬和郑州铭功路M2中出土的同类器物都非常相似③。张长寿先生将琉璃阁几座商代铜器墓的年代定为"都相当于二里岗上层"④，如从陶器、铜器全面衡量，该期属二里岗上层，当是不错的⑤。

偃师商城遗址是商代早期城址，出土有一些二里岗时期的青铜器，主要有兽面纹尊、斝、爵、镢、戈、镞、刀等。其中1974年偃师尸乡沟商城遗址出土的一件大口尊为典型的二里岗时期流行器物，敞口、束颈、鼓腹、方折肩，高圈足上有十字镂孔，肩及颈上饰有单阳线连珠纹镶边的兽面纹。

1978年发掘的武陟宁郭乡大驾村商墓中出土了不少青铜器⑥，包括鼎、斝、爵、斝各1件，另有刀2件，不知名器2件及镞30余件。从器物的形制和组合看，器胎均较薄，纹饰简单，多为单层花纹，鼎足为空锥形，爵平底，斝形制粗矮，铜斝制作粗糙，这些都是二里岗上层青铜器的风格。

新郑望京楼商代墓葬中1974年出土了一批青铜器⑦，有鼎、鬲、斝、爵、斝各1件，其中爵的形制比较早，为二里岗下层偏早时期，其余器物形

---

① 下面有关地区出土的商代前期青铜器参见朱凤瀚. 1995. 古代中国青铜器. 天津：南开大学出版社. 618, 619
② 中国科学院考古研究所. 1956. 辉县发掘报告. 北京：科学出版社. 17
③ 张建中. 1955. 郑州市白家庄商代墓葬发掘简报. 文物参考资料, (10)：29
④ 张长寿. 1979. 殷周时代的青铜容器. 考古学报, (3)：277
⑤ 张新斌. 1994. 辉县商代文化遗存的初步研究. 华夏考古, (1)：71
⑥ 武陟县文化馆. 1980. 武陟县早商墓葬清理简报. 河南文博通讯, (3)：38, 39
⑦ 新郑县文化馆. 1981. 河南新郑望京楼出土的铜器和玉器. 考古, (6)：556

制和组合为二里岗上层时期的特征①。

焦作南朱村商墓中出土有青铜爵 1 件②，形制为二里岗上层偏早时期特征。舞阳北舞渡 1981 年 10 月发现 2 件铜鬲③，颈下饰三道弦纹，袋足饰双人字形弦纹，形制近似于郑州张寨南街杜岭窖藏出土的鬲，但袋足较宽肥，形制属于较早形态的鬲。郾城孟庙乡拦河潘村出土有铜容器 12 件④，有鼎、罍、觚、爵、斝等，为二里岗上层期的器物。临汝杨楼乡李楼村 1978 年出土了 6 件青铜器⑤，有斝、爵、觚、鬲等，为二里岗时期器物。项城孙店乡石营村毛冢 1977 年出土铜斝、爵、戈各 1 件⑥，形制近似于铭功路 M2 出土的同类器物。

河南之外黄河流域出土商代前期青铜器的遗址主要集中在陕西、山西、山东、河北等地，重要的有河北藁城台西、山东长清、山东济南大辛庄、山西长子县、陕西泾渭流域的西安田王村、铜川三里洞、蓝田怀真坊、麟游九成宫、扶风法门乡美阳村、陕西京当乡京当村、陕西城固龙头镇等地。

河北藁城台西遗址是 1965 年发现的，1973~1974 年进行了发掘⑦。出土的青铜器种类较多，礼器有尊、鼎、觚、斝、爵、瓿等。其中尊小口宽肩，爵平底，接近二里岗上层青铜器特征；圜底的斝、觚，深腹锥状足圆鼎、瓿接近殷墟一期风格，但有商代早期青铜器的特征。另外还出土了不少兵器如戈、矛、镞、羊首青铜匕、铁刃青铜钺等⑧。从这些青铜器的形制来看，一部分与二里岗上层时期一致，有些时代稍晚，风格接近商代后期殷墟一时期青铜器。

陕西岐山县京当村 1972 年出土了 6 件商代青铜器⑨，有分裆鼎、鬲、斝、觚、爵、戈等。其中分裆鼎、鬲的形制特征接近二里岗上层器物特征⑩。1973 年，蓝田县怀真坊曾出土铜器 7 件⑪，有鼎、钺、戈、斧、刀各 1 件，锯 2 件。鼎深腹，锥状足，腹部饰弦纹，与郑州二里岗上层的鼎接近；戈的援

---

① 朱凤瀚. 1995. 中国古代青铜器. 天津：南开大学出版社. 618
② 马全. 1988. 焦作南朱村发现商代墓. 华夏考古，(1)：28
③ 朱帜. 1983. 北舞渡商代铜鬲. 考古，(9)：841
④ 孟新安. 1987. 偃师县出土一批商代青铜器. 考古，(8)：765
⑤ 张久益. 1983. 河南临汝县李楼出土商代青铜器. 考古，(9)：839
⑥ 周口地区文化局，项城县人民文化馆. 1982. 河南项城出土商代前期青铜器和刻文陶拍. 文物，(9)：83
⑦ 河北省文物管理处台西考古队. 1979. 河北藁城台西村商代遗址发掘简报. 文物，(6)：33
⑧ 出土青铜器参见：河北省文物研究所. 1985. 藁城台西商代遗址. 北京：文物出版社. 2；郑振香，陈志达. 1985. 殷墟青铜器的分期与年代. 见：殷墟青铜器. 北京：文物出版社. 65
⑨ 李西兴. 1994. 陕西青铜器. 西安：陕西人民美术出版社. 图版六一
⑩ 郑振香，陈志达. 1985. 殷墟青铜器的分期与年代. 见：殷墟青铜器. 北京：文物出版社. 68
⑪ 樊维岳，吴镇锋. 1980. 陕西蓝田县出土商代青铜器. 见：文物资料丛刊，(3)：25, 26

部呈宽三角形，两侧对称，属于商代二里岗时期青铜器的特征①。1975 年冬，城固湑水村出土青铜器 4 件②，包括鼎 3 件，尊 1 件。这四件铜器大体同时期，从浅腹锥足鼎和侈口窄肩尊的形制看，接近二里岗上层偏晚时期器物③。

山西晋东南长子县于 1971～1972 年两次发现了商代青铜器④。第一次出土的青铜器有鼎 2 件，爵 2 件，甗、斝、尊、斝各 1 件，戈 4 件，镞 3 件；第二次出土的青铜器有鬲、斝、斝、爵各 1 件。其中鼎、斝、尊的形制与二里岗上层接近，斝、爵形制稍晚，但早于殷墟一期，也应属于商代前期⑤。

山东济南大辛庄遗址有丰富的商文化堆积层，年代涵盖自二里岗上层至殷墟四期商文化发展的全过程。在 2003 年的发掘中，考古工作者发现了一组商代早期遗迹（主要是灰坑），并且发现两处保存较好的商代墓地。位于西区南部的一处已发掘墓葬 17 座。其中 M107 是该墓地时代最早的一座墓葬，出土铜斝、铜爵各 1 件；M106 是该墓地中时代较早，规格最高的一座墓葬，出土铜器包括铜斝 3、铜爵 2、铜斝 2、铜尊 2、铜提梁卣 1。这两座墓葬时代根据所出器物的形制、组合纹饰等特征分析，应属二里岗上层时期⑥。

2. 郑州二里岗遗址以外黄河流域发现的商代前期青铜器的种类特征

郑州二里岗以外黄河流域其他地区发现的商代前期青铜器一般时代都相对较晚，多属于二里岗上层晚期。因此器物的形制与郑州二里岗时期器物的形制相比，有一定的发展变化，有的接近于商代后期殷墟时期早期的风格，呈现出一种早晚期过渡的特征。

爵：尾部形状与商代早期爵相似，但流已放宽，圆筒体的圜底爵开始出现。

斝：在空锥状足之外，出现了丁字形足，底多向下鼓出，平底已较少见。

斝：宽体斝流行的同时，出现了细长的喇叭状斝。

尊：由早期的小口宽肩向大口宽肩尊发展。

瓿：出现的时代较晚，郑州二里岗遗址未见此类器形。以河北藁城台西出土的兽面纹瓿为典型器物。

---

① 郑振香，陈志达. 1985. 殷墟青铜器的分期与年代. 见：殷墟青铜器. 北京：文物出版社. 68
② 李西奥. 1994. 陕西青铜器. 西安：陕西人民美术出版社. 图版九一——〇二
③ 郑振香，陈志达. 1985. 殷墟青铜器的分期与年代. 见：殷墟青铜器. 北京：文物出版社. 68
④ 郭勇. 1980. 山西长子县北郊发现商代铜器. 见：文物资料丛刊，(3)：46
⑤ 郑振香，陈志达. 1985. 殷墟青铜器的分期与年代. 见：殷墟青铜器. 北京：文物出版社. 67
⑥ 山东大学东方考古研究中心，山东省文物考古研究所，济南市考古研究所. 2004. 济南市大辛庄商代居址与墓葬. 考古，(7)：25～27

黄河流域的青铜文明

罍：早期体型较高的罍，在这时发展成为体型比例较低而肩部宽阔的式样，故宫博物院所藏的巨型兽面纹罍是其典型。这时器物圈足上的亚形和方形孔，与二里岗早期相比，有所缩小。

鼎、鬲类器比较突出的变化是一耳不再与一足对立形成不平衡状，而是三足与两耳对称，成为以后所有鼎的固定格式。但这时浇注时芯范悬封的方法还没有完全解决，因而中空的鼎足还有与器腹相通的情形。

二里岗之外的商代前期青铜器，其纹饰同样也分为两类，一类是商代早期的变形动物纹，这时有所改进，原来粗犷的线条变得较细而密集，圈足上的兽面纹仍保持早期的结构和风格。第二类是出现了用繁密的雷纹和排列整齐的羽状纹构成的兽面纹。这类兽面纹往往双目突出，头像和躯体没有明显区分。纹饰装饰手法已采用了浮雕，如藁城台西遗址出土的甗和故宫博物院收藏的大罍，已采用较多的高浮雕附饰，线条轮廓有浑圆感[①]。

三、商代前期青铜器的组合特点

从各地出土的商代前期青铜器来看，此时的青铜礼器已经形成了一定的组合关系，并且从其组合中可以看出当时的社会习俗、等级制度等社会发展状况。

商代前期墓葬出土的青铜器其组合形式大致可以分为八种：单一爵；觚、爵；爵、斝；觚、爵、斝；鼎、斝、爵或加鬲或加尊、盘；鼎、斝、觚、爵，每种少的1件，多的3件，伴出有武器和工具，个别无工具；鼎、鬲、尊、斝、觚、爵，每种多的2件，少的1件；鼎、鬲、簋、尊、卣、斝、觚、爵、盘或无卣加甗、盉，每种最少1件，最多达5、6件，有的伴出有少量武器和工具。墓葬规模大小不同，随葬器物的多少和组合都有所不同，规模较大的多以鼎、斝、觚、爵为基础，但另加器物各有不同，此时在礼器组合中已出现成对的器物[②]。

墓葬之外，郑州商城还发现三个二里岗上层时期的青铜器窖藏坑：向阳回族食品厂铜器窖葬坑、张寨南街铜器窖藏坑、南顺城街铜器窖葬坑。向阳食品厂铜器窖藏坑时代早于其他两坑，出土的铜器包括两方鼎、两圆鼎，以鼎为核心，配有觚、尊、罍、盉、盘、卣等器类，表现出食器与酒器并重的特点。张寨南街窖藏坑以两方鼎为核心，配鬲，均为食器。南顺城街铜器窖藏坑埋藏的铜器以四方鼎为核心，配簋、爵、斝，表现出食器与酒器并重的特点，另外还出土有兵器。三处窖藏坑青铜礼器的组合中，鼎、觚、爵、

---

① 马承源. 2001. 中国青铜器. 上海：上海古籍出版社. 408
② 郑振香，陈志达. 1985. 殷墟青铜器的分期与年代. 见：殷墟青铜器. 北京：文物出版社. 30

斝、尊为偶数，鬲、簋、罍、盉、盘、卣为奇数。而且所出青铜器，均形体硕大，铸造精致，绝大多数青铜器的种类都是郑州商代二里岗期墓葬内随葬的青铜器中所没有的。如大铜方鼎、大铜圆鼎、铜卣、铜扁足鼎、铜罍、铜尊等。因此，这些器物应属于王室重器，与商王室的重要活动有关[①]。

总体看来，商代前期青铜器组合的特点可以概括为以下几点[②]：

首先，商代前期青铜器组合随时间和墓葬规模的变化而有所不同。时代越早器类越少，器物组合也相对简单；时代越靠后，组合中器物的器类和数量都开始逐渐增加。墓葬规模越大，组合中器物的数量和种类越多，而且器物的搭配也更稳定。时代最早的二里岗下层墓葬中，青铜器组合以酒器爵、斝为核心，除了青铜器组合外，一般都还配有以食器鬲和酒器斝为核心的陶礼器组合，同时再配以豆、杯等其他陶质器类。到二里岗上层时期，一般墓葬中的铜器组合仍是以爵、斝为核心。觚的数量在此时开始逐渐增加，并形成了觚、爵、斝这样一种二级核心组合，同时一部分墓葬中还出现了单纯的食器鼎、鬲组合。规模较大的墓葬多以"鼎、斝、觚、爵"为基本组合。规格更高的墓葬则在"鼎、斝、觚、爵"组合的基础上，再配以炊器甗和食器簋，或酒器尊、卣和盉，或水器盘（也可能为食器），其中最常见的是加上尊。而规格稍低的墓葬则在"鼎（鬲）、斝、觚、爵"的基础上省去一类器，有的没有鼎（鬲），有的没有斝，形成"鼎、觚、爵"，或"鬲、觚、爵"，或"斝、觚、爵"等不同的组合形式。各种青铜礼器的配比在规格相对较大的墓葬中较为稳定。

其次，商代前期青铜器组合中，常见陶礼器与铜器相配，共同组成酒器、食器共有的完整礼器组合。尤其在商代早期的中小型墓葬中，这种青铜礼器搭配陶礼器的现象更是比较常见。随着青铜冶铸业的发展，青铜器在墓葬组合中的比重越来越大，到二里岗上层晚期，最终完成以铜器组合为主导，兼容少量陶器的礼器组合，形成以铜器觚、爵、斝为核心，配合鼎、鬲、罍、盘、尊等器类构成的组合群体[③]。纵观整个商代前期，这种铜礼器与陶礼器共存的现象一直存在，说明陶器在商代前期社会生活中仍占有比较重要的地位，是普通人生活的必备器具，而青铜器则更多地是贵族阶级的专属物品，初步显示出社会等级的差异性。

[①] 李维明. 2001. 郑州早商铜礼器年代辨识. 故宫博物院院刊, (2)：32；安金槐. 1997. 再论郑州商代青铜器窖藏坑的性质与年代. 华夏考古, (1)：75, 81, 82

[②] 以下关于商代前期青铜器的组合特征参考岳洪彬. 2006. 殷墟青铜礼器研究. 北京：中国社会科学出版社. 321, 322；李维明. 2001. 郑州早商铜礼器年代辨识. 故宫博物院院刊, (2)：32

[③] 李维明. 2001. 郑州早商铜礼器年代辨识. 故宫博物院院刊, (2)：32

最后，商代前期的青铜器组合中，酒器与食器并重，但酒器的比重逐渐加大。单一酒器组合比较多，其中以"斝、爵"和"单一爵"最为常见，"觚、爵"配制已基本形成，规格较高的墓葬随葬觚、爵的套数也较多，但还不十分固定。无论哪一种组合形式，均以酒器为核心器物，表明酒器在商人日常生活中占据着非常重要的地位。

概括来说，商代前期的青铜器已经有了一定的使用规范和制度。此时的青铜器在二里头青铜器朴素造型和装饰的基础上，发展到了一个全新阶段，青铜礼器占据主导地位，成为青铜时代最主要的象征。这些青铜器不但有诸多种类各异的器物造型，而且还有形形色色华丽复杂的纹饰，并且形成了相对稳定的组合形式，在当时的社会生活中发挥着重要作用。商代前期时已经开始铸造有铭青铜器，曹淑琴曾于1988年撰文综述中国早期的有铭青铜器，列举了二里岗时期的青铜容器8件，青铜戈6件[1]。另外山东桓台史家出土的5件二里岗上层至殷墟一期的铜器上也有铭文[2]，其中最长的铭文达8字。日本东京国立博物馆收藏的一件早期有铭青铜圆鼎，从铸造技术、整体造型、装饰风格看都是典型的二里岗时期器物，在其两耳下口沿上各铸有一个阳文铭文，两字基本相同，有学者认为是"甘"字。商代早期的铭文字数极少，多是个体的图形文字，而且动物形象占据较大比例，铭文位置不一，器表、器底、器里均有实例，有的同时具备铭文和装饰的功能[3]。

第二节 商代后期的青铜文明

商代后期即盘庚迁殷以后。包括殷墟文化一至四期，年代始于盘庚迁殷，止于商纣亡国。洹北商城和安阳殷墟都是盘庚迁殷以后商代后期的政治中心[4]。殷墟文化的考古分期一般采用邹衡的四期说，即第一期盘庚至小乙，第二期武丁至祖甲，第三期廪辛至文丁，第四期帝乙至帝辛。商代后期的青铜器以殷墟出土的最具代表性，安阳殷墟是商代后期的都城，出土了大量精美的青铜器。这些青铜器种类繁多，器型复杂多变，纹饰华丽，是商代青铜文明的代表，也是中国青铜文明的代表作，在整个中国青铜文明发展进程中

---

[1] 曹淑琴. 1988. 商代中期有铭铜器初探. 考古, (3): 248, 252
[2] 张连利, 舒晋瑜. 1997 - 08 - 19. 山东桓台史家遗址发掘获得重大成果. 人民日报海外版, (3版); 韩明祥. 1982. 山东长清、桓台发现商代青铜器. 文物, (1): 87
[3] 杨晓能. 2004. 早期有铭青铜器的新资料. 考古, (7): 96
[4] 张果硕, 尤悦. 2008 - 07 - 14. 商文化阶段划分刍议. 中国文物报, 第7版

占据着重要地位。

为了把握商代后期青铜器的演变发展规律，学术界对殷墟青铜器进行了分期，大约有五六种不同的看法，其中最具代表性的有两种：三期分法和四期分法。三期分法以张长寿、杨锡璋和杨宝成、朱凤瀚等先生为代表。

张长寿先生将商代后期的青铜礼器分为三期。第一期为盘庚迁殷至武丁时期；第二期相当于祖庚、祖甲、廪辛、康丁时期；第三期相当于武乙、文丁、帝乙、帝辛时期[①]。

杨锡璋和杨宝成先生的三期分法为：第一期应在武丁以前更早的阶段；第二期分为早、中、晚三段，早段约相当于武丁前期（也可能包含稍早于武丁的一个时期），中段约相当于武丁后期及祖庚、祖甲时期，晚段大致相当于廪辛、康丁、武乙和文丁时期（少数墓可能属于帝乙初年）；第三期为帝乙、帝辛时期[②]。

朱凤瀚先生在《古代中国青铜器》一书中，将殷墟青铜器分为三期，其中第二、三期又各分为两段。第一期相当于盘庚至武丁早期；第二期一段相当于武丁早期，二段相当于武丁晚至祖甲时期（可延至廪辛时期）；第三期一段为廪辛至文丁时期（可延至帝乙初期），二段相当于帝乙、帝辛时期[③]。此外持三期分法的还有郭宝钧、王世民和张亚初、日本的林巳奈夫等先生[④]。

持四期分法的学者以邹衡、郑振香和陈志达、岳洪彬等先生为代表。

邹衡先生对殷墟青铜器的分期为：第一期约相当于盘庚、小辛、小乙时期；第二期约相当于武丁和祖庚、祖甲时期；第三期约相当于廪辛、康丁和武乙、文丁时期；第四期约相当于帝乙、帝辛时期[⑤]。

郑振香、陈志达先生对殷墟青铜器的分期为：第一期可能早于武丁时期，下限不晚于武丁时期；第二期上限早到武丁时期，下限不晚于祖甲时期；第三期约相当于廪辛至文丁时期；第四期当在帝乙、帝辛期间[⑥]。

岳洪彬先生在《殷墟青铜礼器研究》一书中将殷墟青铜礼器分为四期。其中第二、三期又各分为早、晚两段。第一期约相当于盘庚、小辛、小乙时期（可能还包括盘庚以前的一段时间）；第二期早段相当于武丁早期，晚段

---

① 张长寿. 1979. 殷商时代的青铜容器. 考古学报, (3): 282~284
② 杨锡璋, 杨宝成. 1985. 殷墟青铜礼器的分期与组合. 见: 殷墟青铜器. 北京: 文物出版社. 80
③ 朱凤瀚. 1995. 古代中国青铜器. 天津: 南开大学出版社. 626~642
④ 岳洪彬. 2006. 殷墟青铜礼器研究. 北京: 中国社会科学出版社. 124, 125
⑤ 邹衡. 1964. 试论殷墟文化分期. 北京大学学报 (人文科学), (4、5): 37, 77
⑥ 郑振香, 陈志达. 1985. 殷墟青铜器的分期与年代. 见: 殷墟青铜器. 北京: 文物出版社. 39

为武丁晚期和祖庚、祖甲时期；第三期相当于廪辛、康丁、武乙、文丁时期；第四期为帝乙、帝辛时期。四期一脉相承，中间没有明显缺环。第一期青铜器中包含有二里岗时期青铜器的因素和特征。第二期早段青铜器是殷墟成熟风格的形成阶段，第二期晚段和第三期青铜器代表着晚商青铜器的成熟风格，第四期青铜器与周初青铜器之间存在有一定的相似性，并且出现了不少明器化的器物和其他材质的仿青铜礼器①。

商代后期青铜文明达到了一个繁荣期，器物的种类和数量大为增加，并且出现了许多大型精致的王室重器。青铜器造型庄重雄伟，纹饰繁缛华丽，成为黄河流域青铜文明的一个代表。商代后期的青铜文明以殷墟出土的诸多青铜器为代表，这些青铜器大部分出自墓葬，少数出土于遗址和祭祀坑中，按用途可分为礼器、乐器、兵器、工具、车马器及杂器。下面对殷墟青铜器的种类和器形特征分别作简单介绍，本书在殷墟青铜器的分期方面以岳洪彬先生的四期分法为准。

一、殷墟发现的青铜工具

殷墟出土的青铜工具包括农业生产工具和手工业生产工具，但当时有一些工具并不像现在的工具有明确的功能区分，而是兼用于农业和手工业生产。殷墟出土的生产工具主要有锛、凿、刀、镰、铲等，最常见的是锛和凿。下面对殷墟出土工具的形制特征作简单概述：

锛：是用于砍削木料，使木料表面平整的工具，其形制为正面齐平，背面微拱。锛的刃部一般为弧形，宽于或等于器宽，銎口长方形或梯形，长度多在8～13厘米之间，较长的不超过20厘米。殷墟出土的锛有四种形式：A型，器身较窄长，銎口所在的顶端较宽，中部两侧竖直，近底处呈弧形外张形成弧刃，刃与銎口等宽或稍宽于銎口。标本如武官M1∶3，长方形銎口，长8.6厘米②。B型，器身窄长，器身两侧自銎口向下微斜直内收，至近底处外张成弧刃，刃呈钺形与銎口宽度相近同。标本如殷墟西区M73∶5，长方形銎口，长10.2厘米③。C型，扁平长方楔形，器身较窄长，两侧自銎口向下微斜直内收至底，刃较平而略有弧度，不外侈，宽度稍窄于銎口。标本如殷墟西区M265∶5，长方形銎口，长9.6厘米④。D型，器身较窄长，两

---

① 岳洪彬. 2006. 殷墟青铜礼器研究. 北京：中国社会科学出版社. 163～175
② 安阳工作队. 1979. 安阳武官村北的一座殷墓. 考古，(3)：224
③ 中国社会科学院考古研究所安阳工作队. 1979. 1969～1977年殷墟西区墓葬发掘报告. 考古学报，(1)：95
④ 中国社会科学院考古研究所安阳工作队. 1979. 1969～1977年殷墟西区墓葬发掘报告. 考古学报，(1)：95

侧作缓弧线，略显束腰，刃与銎口宽度相近。标本如殷墟小屯 M5：707，长 15 厘米①。

凿：是在木头上挖槽、凿孔用的工具，形制特征是：通体狭长，两侧边竖直或向下内收，较厚；直銎口，銎口形式有长方形、梯形、圆形等；刃多作窄弧刃，单面刃或双面刃，与器身等宽或稍宽于器身，其长度多在 8.5～15.5 厘米。殷墟出土的凿可分为三种形式：A 型，顶宽底窄，器身两侧向下斜直内收，近底部作弧线稍外侈形成弧刃，器身正面细长侧面宽厚。标本如殷墟西区 M968：2，扁平长条形，长方形銎，双面刃，长 15.2 厘米②。B 型，器身两侧竖直，形成等宽的条形，刃作弧形略宽于器身，两刃角稍外侈，标本如殷墟西区 M73：8，体较厚，单面刃，侧面上部有一孔，用以固定木柄，长梯形銎口，长 12 厘米③。C 型，长条形，器身靠銎口的顶部粗厚，中部以下收缩成窄长条形至底部。标本如殷墟西区 M976：9，圆銎口，窄弧刃，顶稍残，残长 14.4 厘米④。

刀：指作为生产工具或生活用具的小型刀，长度不超过 20 厘米，主要用于切割物品，刮削木料、骨料等。殷墟出土的工具刀分为三种形式：A 型，直背，刃较平，略显缓圆外凸，刀身较宽。此型中又分刀尖翘起和刀尖不翘起两种。刀尖不翘起者标本如殷墟西区 M321：10，柄端有环，弧刃，柄刃交接处呈坡形，刀尖与刀背平，长 15.3 厘米⑤。刀尖翘起型标本如安阳白家坟西 M22：5，柄部作夔龙形，龙尾上卷形成小环，长 14.6 厘米⑥。B 型，凸背凹刃，也可分为刀尖不上翘和刀尖上翘两类。刀尖不上翘，不高出力背弧线的类型又分为刀身宽窄较均匀、刀身较宽、刀身极窄三种类型。刀身宽窄均匀的标本如殷墟侯家庄 M1350 出土的刀，柄与刀片区分不明显，形似石镰，长 12.8 厘米⑦。刀身较宽的标本如殷墟大司空村 M303：4，柄作环首，刀身较宽，以较大弧度向下弯曲，尖向下，长 21 厘米，《殷墟发掘报告》中

---

① 中国社会科学院考古研究所. 1980. 殷墟妇好墓. 北京：文物出版社. 100
② 中国社会科学院考古研究所安阳工作队. 1979. 1969～1977 年殷墟西区墓葬发掘报告. 考古学报，(1)：96
③ 中国社会科学院考古研究所安阳工作队. 1979. 1969～1977 年殷墟西区墓葬发掘报告. 考古学报，(1)：96
④ 中国社会科学院考古研究所安阳工作队. 1979. 1969～1977 年殷墟西区墓葬发掘报告. 考古学报，(1)：96
⑤ 中国社会科学院考古研究所安阳工作队. 1979. 1969～1977 年殷墟西区墓葬发掘报告. 考古学报，(1)：94
⑥ 中国社会科学院考古研究所. 1987. 殷墟发掘报告. 北京：文物出版社. 245. 图版六一
⑦ 刘一曼. 1993. 殷墟青铜刀. 考古，(2)：150

称为削①。刀身极窄的标本如殷墟武官村大墓 E9 出土的刀，刀刃向前锋收敛，使刀身变得极窄，柄与刃以钝角相交，有的称之为削，柄端有圆环，长23 厘米②。刀尖上翘的根据刀身宽窄也分为刀身宽窄近同、刀身较宽、刀身极窄三种。刀身宽窄近同的如殷墟西区 M372：7，弯背，弧刃，刀尖上翘，刃微凹，柄细长，柄端有环首，长 19.4 厘米③。刀身较宽的标本如殷墟西区 M1024：2，刀尖上翘，长柄，柄端环首作双孔，长 21.8 厘米④。刀身极窄的如安阳四盘磨 SP25 出土的刀，刀尖细长上翘，柄中部饰凸弦纹与人字纹⑤。C 型，凹背凸刃，标本如安阳小屯 H379 出土的刀，柄作扁长条形，柄、刃以钝角相接，刀刃自根部向前作弧线上弯，刀尖上扬，长 24 厘米⑥。

镢：刨土工具。体形窄长，近于窄长方形，有的略呈束腰；刃与器宽相同，一般均窄于銎口，刃角不外侈，单面或双面刃，刃近平而微弧；长方形或梯形銎口，口沿下带有箍，起加固作用。形体一般较大、厚重，长度在 20 厘米以上或近于 20 厘米。标本如殷墟小屯 M149 出土的镢，体形窄长，微显束腰，上段两面有双层兽面纹，长 20.3 厘米、銎口宽 4.2 厘米、刃宽 3.9 厘米、厚 3~4 厘米⑦。

铲：一种铲土除草的农具，铲叶呈扁平长方形，直柄。考古发掘中常可见到灰坑壁、墓壁等处留有铲类器掘土的痕迹⑧，说明铲在实际生活中兼具农具和手工工具的双重功能。殷墟出土的铲按其形制可分为三型：A 型，器身近于长方形，长度大于宽度，刃部稍宽于肩，两侧微斜直（或稍束腰）外张，底平略显弧形。长銎柄，銎部止于器身上半部，下半部有较长的叶片，方肩。标本如殷墟小屯 M5：718，椭圆形銎口，通长 17 厘米⑨。B 型，器身近方形，刃较平。銎筒较长，近于一面的刃部。标本如殷墟小屯 M5：714，方肩，平刃微弧，椭圆形銎口，通长 11.7 厘米⑩。C 型，器身近长方形扁宽，两肩部出内卷角，长銎柄。标本如殷墟小屯 M5：1153，中腰略束，刃

---

① 中国社会科学院考古研究所. 1987. 殷墟发掘报告. 北京：文物出版社. 245. 图版六三
② 郭宝钧. 1951. 一九五零年春殷墟发掘报告. 中国考古学报，第五册. 35
③ 中国社会科学院考古研究所安阳工作队. 1979. 1969~1977 年殷墟西区墓葬发掘报告. 考古学报，(1)：94
④ 中国社会科学院考古研究所安阳工作队. 1979. 1969~1977 年殷墟西区墓葬发掘报告. 考古学报，(1)：94
⑤ 郭宝钧. 1951. 一九五〇年春殷墟发掘报告. 中国考古学报，第五册. 52. 图版叁捌：3
⑥ 李济. 1949. 记小屯出土之青铜器（中篇）. 中国考古学报，第四册. 8
⑦ 李济. 1949. 记小屯出土之青铜器（中篇）. 中国考古学报，第四册. 5
⑧ 白云翔. 1989. 殷代西周是否大量使用青铜农具之考古学再观察. 农业考古，(1)：196
⑨ 中国社会科学院考古研究所. 1980. 殷墟妇好墓. 北京：文物出版社. 100. 图版六七：2
⑩ 中国社会科学院考古研究所. 1980. 殷墟妇好墓. 北京：文物出版社. 100. 图版六七：3

较宽略有弧度，刃角稍外侈，通长 12 厘米①。

二、殷墟发现的青铜兵器

殷墟出土的青铜器中礼器数量最多，其次便是兵器，在殷墟中型以上的墓葬中几乎都有青铜兵器随葬，小型墓中出土兵器的墓葬所占比例也不少。据 1969~1977 年安阳殷墟西区商墓群发掘资料显示，有武器出土的墓葬中，其墓主皆为男子。在随葬物比较完备的 873 座平民小墓中，有 144 座随葬有青铜兵器，占 16.5%。表明平民中为战士者不仅比例大而且地位相对较高②。殷墟出土的青铜兵器种类有戈、矛、钺、刀、镞、戚、弓形器、胄等，其中最常见的是戈和矛，其次是钺和大刀。

戈：商代最常见的武器。前有援后有柄，按内部的形制可分为三种：直内戈、曲内戈和管銎戈。直内戈又分为直内长条形援戈和直内三角形援戈。直内长条形援戈的变化趋势是援的形状由细长渐变为相对较短宽③。直内三角形援戈援部为三角形，两边近直，援身近本部有一圆穿。曲内戈，援为长条形，曲内分圆顶、平顶和歧冠三种，其中曲内歧冠戈在内的顶部有一突起的鸟形歧冠，曲内上饰有花纹或镂孔，或镶嵌绿松石。管銎戈，内部有用以安柄的銎，长条形援，后期发展为銎内有胡一穿戈④。殷墟中期的戈都无胡，到殷墟晚期出现了中胡戈，胡上有穿。戈柄的长度一般为 1 米左右。

矛：由矛叶和筒两部分组成。常见的矛根据矛叶的形制可分为四种，即叶形、三角形、束腰型、条形。殷墟后期比较流行束腰型矛。矛的筒是安柄用的，常见的筒口有椭圆形和菱形两种。矛柄长约 1.8 米。叶形叶矛，指矛叶较窄，两刃缓弧线前收成锋。三角形叶矛，叶较宽，底近平微上倾，两底角为圆角，两刃较斜直前收成锋。束腰型叶矛又称亚腰型叶矛，叶较长，最宽处约在矛叶中部，向下斜收成腰，作束腰状，平底，底角为略小于直角的锐角。箭伸入叶内较多，凸出叶底的部分较短。条形叶矛，矛叶窄长，两刃斜直缓缓外张，到下半部以稍大程度外张，至叶底成圆角状内收，长箭⑤。

钺：常见于较大的墓葬中，是一种代表身份的兵器。钺身扁平，刃呈弧形，刃角外侈，内为长方形。常见的钺有两种，一种钺身呈扁长亚腰形，一种钺身呈斧形。前一种钺常见于殷墟前期。目前殷墟最大的钺出土于妇好

---

① 中国社会科学院考古研究所.1980.殷墟妇好墓.北京：文物出版社.100.图版六七：7，6
② 朱凤瀚.1995.古代中国青铜器.天津：南开大学出版社.643
③ 邹衡.1980.试论殷墟文化分期.见：夏商周考古学论文集.北京：文物出版社.57
④ 朱凤瀚.1995.古代中国青铜器.天津：南开大学出版社.645
⑤ 朱凤瀚.1995.古代中国青铜器.天津：南开大学出版社.646

墓，长39.5厘米、刃宽37.3厘米。

刀：作为兵器的刀，出土数量很少。多为卷首大刀，形体较大，刀锋勾卷，拱背曲刃，刀身细长，刀背大多有穿或銎，柄端有环或动物形首，供佩带使用。殷墟出土的青铜卷首刀，仅见于较大的墓葬和祭祀坑中，普通遗址尚未发现，与铜钺一样，是贵族身份的标志，也是军事统帅的象征，是一种"明贵贱、辨等列"的礼兵器①。

镞：殷墟青铜兵器中数量最多的是铜镞，镞身呈燕尾形，圆柱形铤。个别镞无铤而有筒。

戣：又称三角形戈，援呈三角形，在内部安柄。有的援上有圆孔或饰有花纹。此类兵器数量不太多。

弓形器：中段为一呈弧形弯曲的扁长方形板，形状像弓，板两端有弧形臂，臂端有铃。有的弓形器背上饰有立兽。

胄：仅在西北岗大墓中有发现，形似今天的钢盔，护耳部分比较长，正面有一长方形缺口，盔顶有一小管，用来插装饰物②。

在殷墟出土的青铜兵器和工具中，有一些器物与北方青铜文明关系比较密切，如管銎戈和铃首、环首、三凸钮环首刀，与北方草原地区青铜文明的同类代表性器物几乎一致，可能是由北方地区传入的。有些器物可能是对北方地区青铜器物的仿制，如马首、牛首或羊首弯刀。另外，商代的铜戈一直延续二里头文化戈的形制，为内式安柄戈，但从殷墟中期时开始出现銎式戈，一直使用到商代末年。这也反映出殷墟青铜文明与北方地区青铜文明的交流与融合③。

三、殷墟发现的青铜礼器

殷墟发现的青铜礼器主要包括炊食器、酒器、水器和杂器，炊食器有鼎、甗、簋、鬲、豆、甑等；酒器有斝、尊、觚、爵、角、瓿、壶、盉、卣、罍、方彝、觯、觥、缶、斗等；水器有盘、盂、罐④；杂器有方形器、箕形器等。下面对殷墟青铜礼器中一些代表性器物的形制特征作简单概述，以岳洪彬先生《殷墟青铜礼器研究》一书中的分类和形制特征、分期断代为

---

① 刘一曼.1993.殷墟青铜刀.考古，(2)：156，157
② 杨锡璋.1997.殷墟青铜器概论.见：中国青铜器全集编辑委员会.中国青铜器全集2，商2.北京：文物出版社.14
③ 杨锡璋.1997.殷墟青铜器概论.见：中国青铜器全集编辑委员会.中国青铜器全集2，商2.北京：文物出版社.15
④ 杨锡璋.1997.殷墟青铜器概论.见：中国青铜器全集编辑委员会.中国青铜器全集2，商2.北京：文物出版社.4

标准和主要参考资料。

炊食器中最常见的为鼎、甗、簋三种，鬲、豆少见。

鼎：兼有烹煮和盛食两种功能，是贵族进行宴飨和祭祀时所用的重要礼器。殷墟出土的铜鼎可分为圆鼎、方鼎两种。圆鼎根据形制不同可分为普通圆鼎、罐形圆鼎、分裆圆鼎。普通圆鼎大部分为敞口，圜底，腹部较直。少数口部微敛，腹微鼓。根据足的形制又有锥足、柱足、夔形或鸟形扁足、蹄形足之分。罐形鼎根据颈部和腹部的形制变化可分为两种，一种形制为束颈、鼓腹、三锥状足或柱足；另一种为敛口、鼓腹、三柱足。分裆鼎多是双立耳，分裆，三柱足，根据器腹和颈部的变化也可分为两种，一种是直口或微敛口；另一种为侈口、束颈，标本如郭家庄 M50∶6。方鼎比较少见，主要出土于规格较高的大中型墓，长方形口，直腹或下腹斜收，有柱足和扁夔形足之分。标本如小屯 M5∶813[①]。

甗：蒸煮食物的器皿，由上下两部分组成，上为甑，下为鬲，分连体甗和分体甗两大类。连体甗是甑、鬲连为一体，甑部或为直耳或双耳外撇，口沿内有台，用以加盖。深腹，腹壁较直。分体甗仅见于殷墟青铜器第二期晚段，甑鬲之间有甗架间隔。标本如小屯 M5∶864[②]。

簋：早期多侈口，晚期出现了敛口簋，高圈足，按器形特征可分为四型。A 型，小型簋，一般高不超过 15 厘米，以 13 厘米左右最为常见。侈口，束颈，鼓腹。根据其器形和纹饰特征可分为三类：无半环形耳，腹饰菱形雷纹、乳丁纹；方唇，腹部多素面，少数饰兽面纹；腹部有对称兽首半环形耳。B 型，侈口，多数卷沿，腹壁较直，底近平，圈足较高。可分为有半环形耳和无半环形耳两类。C 型，窄沿，圆唇，腹壁较直，圜底，高圈足。标本如小屯 M1∶21，口沿下有浮雕兽首及涡纹与变形夔纹相间，腹与圈足均饰无地纹的对夔兽面纹。仅见于殷墟青铜器第四期。D 型，敛口，腹呈扁圆球形，高圈足外撇。标本如小屯西地 GT231[③]∶18，有两兽首半环耳，兽首朝上，有弧面盖，圈足形捉手。口沿下饰无地纹夔纹及兽首，腹饰无地纹兽面纹和倒夔纹，圈足饰无地纹夔纹，仅见于殷墟青铜器第四期[③]。

鬲：数量较少，竖耳，侈口，鼓腹，分裆，矮柱足。标本如郭家庄 M1102∶1，颈部饰雷纹地兽面纹带。仅见于殷墟青铜器第四期[④]。

豆：平沿，深盘，豆柄较高。标本如高家庄 M1∶21，盘腹及柄部均饰

---

① 岳洪彬. 2006. 殷墟青铜礼器研究. 北京：中国社会科学出版社. 27~47
② 岳洪彬. 2006. 殷墟青铜礼器研究. 北京：中国社会科学出版社. 47~51
③ 岳洪彬. 2006. 殷墟青铜礼器研究. 北京：中国社会科学出版社. 51~59
④ 岳洪彬. 2006. 殷墟青铜礼器研究. 北京：中国社会科学出版社. 60

黄河流域的青铜文明

有凸弦纹。仅见于殷墟青铜器第四期①。

酒器主要有斝、尊、觚、爵、角、盉、壶、盂、卣、罍、彝、觯、觥、缶、斗等。

斝：根据器腹差异可分为三型。A型，侈口，束颈，器体横断面呈圆形，鋬与一足对应。根据器形风格还可细分为两类：第一类器体较瘦长，颈、腹有明显分界。器体厚重，制作精致，袋足较肥，裆较矮，兽首鋬，袋足与颈连接处饰有凸起纹饰带。第二类器体较肥，呈罐形。B型，器体断面近方形或圆角长方形。根据器体差异也可分为两类：第一类器体瘦高，深腹，平底，断面近方形。四锥状足外撇。第二类，器体肥矮，束颈，鼓腹，圜底。断面呈圆角长方形，短边立双柱，一长边腹置带状鋬，四锥足略外撇。C型，侈口，束颈，分裆柱足。一般胎质较薄，袋足较瘦瘪，裆较高，柱足断面多呈"C"形，制作粗糙，多已明器化。②

尊：根据器形差异可分为四型。A型，圆体，广折肩，圈足。根据其口肩比例和器形风格，可细分为三类：第一类小口，颈较直，颈、腹及圈足高度指数比为53~71∶100∶33~41。颈饰数周凸弦纹，圈足均有镂空。第二类大口，口径大于肩径。颈和圈足增长，腹部变小，颈、腹和圈足高度指数比为109~150∶100∶56~116，整体显得瘦高。第三类形制与第二类基本相同，只是形体较第二类稍矮。B型，方体尊。可分为两类，第一类大侈口，颈部曲率较小，圈足较高。第二类颈部曲率较大，近口处略平，圈足较高。C型，侈口，深腹，圈足，形状像觚，又称"觚形尊"。根据其形制特征可细分为四类。第一类圆腹微鼓，圜底，喇叭形矮圈足外撇较甚。第二类腹径较小，没有折线，腹微鼓，圈足稍高。第三类颈腹分界明显，折腹较直，平底，圈足较高。第四类形体较大，腹径与足径基本相等，呈筒状，腹微鼓，高圈足。D型，仿生型尊。标本如小屯M5出土的两件鸮形铜尊。形状为站立的鸮，头微昂，圆眼、宽喙、小耳、高冠，胸略外凸，双翅并拢，两足着地，宽尾下垂，站立状。头后开有一半圆形孔，可置盖。鋬为兽头形，面部和胸中部饰有扉棱。通体饰兽面纹、鸮纹、夔纹、蝉纹、蚕纹等，盖上铸有鸟和龙，并饰兽面纹，均以雷纹为地。仅见于殷墟青铜器第二期晚段③。

觚：可分为圆体觚和方体觚两类。圆体觚根据觚体的高矮、胖瘦及装饰风格，又可分为四类：第一类，觚体瘦高，制作较精，口径与器高指数比在49%~65%。第二类，觚体粗矮，一般高15~22厘米，口径与器高指数比

---

① 岳洪彬. 2006. 殷墟青铜礼器研究. 北京：中国社会科学出版社. 60
② 岳洪彬. 2006. 殷墟青铜礼器研究. 北京：中国社会科学出版社. 60~65
③ 岳洪彬. 2006. 殷墟青铜礼器研究. 北京：中国社会科学出版社. 66~73

在 66%～73%，多集中在 70%左右。纹饰简单。第三类，觚体较瘦，高圈足，切地有座盘。制作较粗糙，全器素面，偶见简化兽面纹。口径与器高指数比在 58%～74%。第四类，觚体较粗，腹部外鼓，器体有四条菱形外凸折棱，整器显得粗壮。上腹饰正向三角纹，下腹和圈足均饰雷纹地兽面纹。方体觚，器体瘦高，腹较直，近口沿处外侈较甚。高圈足带方座盘。四角及四面中部均有扉棱，上腹饰正向三角纹，下腹和圈足饰雷纹地分解兽面纹。标本如郭家庄 M160：133，仅见于殷墟青铜器第三期晚段[1]。

爵：分圜底爵、平底爵、方爵三种类型。圜底爵腹部呈卵形，根据其纹饰和器形风格可分为四类：第一类，腹呈卵形，制作精细，饰精美的兽面纹。第二类，器形与第一类相似，但装饰风格不同，仅在腹部饰两周或三周凸弦纹。均有菌状柱和半环形鋬。第三类，明器化的铜爵，全身素面，制作粗糙。平底爵可分为两类：第一类窄长流，短尾较平，深腹，分两节，下腹有明显折线。流末端均有菌状双柱或伞状单柱。第二类，形体较大，制作较精，长流，尖尾上翘，全器满装纹饰。流折处立有较高的伞状双柱或菌状双柱。浅腹，腹壁略直，锥足较高。方体爵也可分为两类：第一类窄长流，短尾较平，口部呈椭圆形，腹部为方形。流末端有四阿菌状双柱，腹部较深，分两节，平底。仅见于殷墟青铜器第二期早段。第二类流、口、腹、足以及伞状柱的断面均为方形。四角及流尾均有贯通的扉棱，流尾及口下饰三角纹，腹部饰雷纹地倒夔纹。标本如后岗 M9：10，仅见于殷墟青铜器第四期[2]。

角：口有凹弧形锐角两翼，腹部较深，呈卵形，三棱形锥状足外撇，兽首鋬与一足相对。标本如郭家庄 M160：146，口下饰正向三角纹，腹饰雷纹地分解兽面纹和变形倒夔纹[3]。

瓿：圆肩，鼓腹，圈足。根据其形制特征可分为三种类型。A 型，最大腹径在中腹部。B 型，最大腹径在肩部，腹壁斜直，器腹纵剖面为上大下小的梯形。方唇折沿，圆肩微折，底近平，高圈足。标本如小屯 M388：R2062，颈饰二周凸弦纹，肩饰雷纹地夔纹，腹饰菱形纹，内填勾连雷纹和乳钉纹，圈足饰一周云雷纹。仅见于殷墟青铜器第一期。C 型，方唇，折沿，长颈，圆肩，鼓腹，底微下垂，高圈足。最大腹径在腹中部。标本如郭家庄 M613：4，全器仅上腹部饰有一周凹弦纹。仅见于殷墟青铜器第二期晚段[4]。

---

[1] 岳洪彬. 2006. 殷墟青铜礼器研究. 北京：中国社会科学出版社. 73～77
[2] 岳洪彬. 2006. 殷墟青铜礼器研究. 北京：中国社会科学出版社. 77～85
[3] 岳洪彬. 2006. 殷墟青铜礼器研究. 北京：中国社会科学出版社. 85～88
[4] 岳洪彬. 2006. 殷墟青铜礼器研究. 北京：中国社会科学出版社. 60

壶：根据腹部特征可分为三种类型，圆壶、贯耳扁圆壶、方壶。圆壶，标本如小屯 M388：R2075，菌状钮小盖，细长颈，鼓腹，最大腹径在下腹部，矮圈足，颈饰三周弦纹。仅见于殷墟青铜器第一期。贯耳扁圆壶，标本如小屯 M5：863，盖、口、颈、腹和圈足等横断面均为椭圆形。平沿，长颈，下鼓腹，底稍下垂，圈足略高。全器饰满纹饰，均为雷纹地夔纹和分解兽面纹。常见于殷墟青铜器第二期晚段，第三期早段也有少量发现。方壶，均出土于小屯 M5，如 M5：807，四阿平顶式盖，子口，口呈长方形，方唇，折沿，束颈，方肩，腹下部略内收，平底，高圈足。圈足上端四面中部各有一个长方形小孔。盖、腹的四角及圈足的四面均饰雷纹地兽面纹，颈饰正向三角纹，肩饰雷纹地浮雕小鸟，上腹四面均饰雷纹地一首双身夔龙纹。仅见于殷墟青铜器第二期晚段[1]。

盉：根据形制特征可分为五种类型。A 型，三足盉。细分为两类：第一类菌状钮子口盖，敛口，圆唇，蛋形腹，圜底，最大腹径在下腹部。上腹置管状流，流高低于器口。三柱状足。标本如小屯 M5：824，上腹置索状提梁，盖与提梁相连。腹饰雷纹地夔纹、云雷纹和倒三角纹，盖饰云雷纹。见于殷墟青铜器第二期早、晚段。第二类，有盖，无提梁，腹部有一半环形鋬，上腹有一管状流，流高与器口平或高于器口。三棱足外撇。标本如郭家庄 M160：74，菌状盖钮，盖与上腹部有索状链条连接。侈口，深腹下鼓，圜底，兽首鋬，盖面及上腹均饰三周弦纹。流行于殷墟青铜器第三期晚段和第四期。B 型，封顶盉。顶面隆起，呈弧面，边沿较宽平，前端有一斜立的管状流，后端开一心形小口。下体形状似鬲，分裆款足，实心足根。标本如小屯 M5：859，颈腹间置牛首空心鋬，顶饰雷纹地分解兽面纹和夔纹，颈饰斜角云雷纹，袋足饰雷纹地兽面纹三组，管状流饰云雷纹和三角纹。见于殷墟青铜器第二期晚段。C 型，平底盉。椭长形体，顶面呈弧面，中部有一"丁"字形钮，前有管状短流，下腹略内收，小平底。标本如小屯 M5：837。仅见于殷墟第二期晚段。D 型，圈足盉。小口，卵形深腹，最大径在器物的下腹部，底微鼓，圈足较直。上腹有管状流和对称贯耳。标本如小屯 M5：798，仅见于殷墟青铜器第二期晚段。E 型，四足盉，菌状钮子口盖，盖与器体相连，直口长颈，鼓腹圜底，四足为柱状，颈、腹间有半环形鋬，与鋬相对的上腹部置管状流[2]。

卣：按器形差异可分为三种类型。A 型，圆口，长颈，束腰，拱形带状提梁，有盖，盖多与提梁相连。B 型，扁圆罐式，提梁多为索状，偶见带

---

[1] 岳洪彬. 2006. 殷墟青铜礼器研究. 北京：中国社会科学出版社. 88～90
[2] 岳洪彬. 2006. 殷墟青铜礼器研究. 北京：中国社会科学出版社. 90～94

状，盖与提梁不连。C型，鸮形卣。标本如大司空村M539：32，有盖，整个器形似两个相背立的鸮鸟。索状提梁呈圆角方形，鸟腹即为器腹，下附四蹄状足。仅见于殷墟青铜器第二期晚段[①]。

罍：可分为两型。A型，器腹横断面呈圆形。可细分为四类：第一类，直口，窄平沿，长颈，圆肩较鼓，平底或底内凹。上腹近肩处有对称的半环状兽首耳。下腹一侧置小兽首鋬。标本如大司空村M539：22，素面，颈部有阴线纹一周。仅见于殷墟青铜器第二期晚段。第二类，直口，沿缘变宽，宽斜肩，平底。标本如小屯M238：R2076，对称兽首耳移至肩部。颈、肩、上腹部均饰雷纹地夔纹，下腹饰倒三角纹。仅见于殷墟青铜器第二期晚段。第三类，方唇，侈口，口内出台便于加盖，长颈，广肩。标本如戚家庄M269：35，对称兽首耳移至肩部，腹壁斜直，矮圈足，颈饰凸弦纹两周，肩饰圆涡纹。仅见于殷墟青铜器第三期早段。第四类，方唇，侈口，束颈，肩部有对称兽耳，部分有衔环，腹部较瘦，圈足较高。标本如郭家庄M160：140，全器满装纹饰，以雷纹地兽面纹为主，颈上部和下腹部饰三角纹，圈足饰雷纹地对夔纹。B型，器腹横断面为方形。可分为两类：第一类，长方形直口，弧形肩，下腹内收，底内凹。肩部短边两面有对称兽首耳，长边一面下腹部有一兽耳，肩部长边两面各有一凸起兽首。标本如小屯M5：866，四阿式器盖，上有四阿式钮，盖面饰雷纹地兽面纹，器体饰满纹饰。仅见于殷墟青铜器第二期晚段。第二类，形制基本上近同于第一类，但底是平底，有方圈足，对称兽首耳衔环。见于殷墟青铜器第三期晚段和第四期[②]。

方彝：根据其形制特征可分为三种类型。A型，四阿屋顶式盖，长方形口，平沿，腹壁下部略内收，平底，长方形直圈足，圈足四面中部均有缺口。可细分为两类：第一类盖面略呈弧形，圈足下缺口较宽。盖饰反向雷纹地兽面纹，上腹部饰雷纹地鸟纹，下腹饰雷纹地兽面纹，圈足饰雷纹地夔纹或象纹。标本如小屯M5：825，仅见于殷墟青铜器第二期晚段。第二类盖面为较直的四面坡形，没有弧面，圈足下缺口较窄。盖面饰反向雷纹地分解兽面纹，上腹部饰雷纹地夔纹，下腹饰雷纹地分解兽面纹，圈足饰雷纹地夔纹。标本如小屯M238：R2067，见于殷墟青铜器第二期晚段、第三期早段和第四期。B型，无盖，口近方形，平沿，腹壁较直。可分为两类：第一类圈足下缺口较宽。标本如小屯M5：849，圈足下缺口呈长方形弧顶。四角及四腹中部均有扉棱，上腹饰对夔纹，下腹及圈足饰兽面纹，雷纹为地。仅见于殷墟青铜器第二期晚段。第二类，直腹，平底。标本如后岗M9：6，上腹部

[①] 岳洪彬. 2006. 殷墟青铜礼器研究. 北京：中国社会科学出版社. 94~100
[②] 岳洪彬. 2006. 殷墟青铜礼器研究. 北京：中国社会科学出版社. 100~103

与圈足上部四角与四面正中均有凸棱，其间饰云雷纹。仅见于殷墟青铜器第四期。C 型，有盖，形似两件方彝连成一体。标本如小屯 M5:791，口呈长方形，稍内敛，方唇。长边一面有七个槽。有肩，腹部呈长方形，两端有对称附耳，腹下部内收，平底，圈足较高，长边有长方形缺口。器体满装纹饰，以雷纹地鸟纹和兽面纹为主，辅以夔纹和鸟纹。仅见于殷墟青铜器第二期晚段①。

觯：根据器腹的横断面形状可分为两种类型。A 型，觯腹横断面为扁圆形。可细分为四类：第一类菌状涡纹钮，弧面椭圆形盖，子口。侈口，束颈较长，圆鼓腹，圜底，矮圈足。标本如小屯 M5:783，圈足有对称长方形小孔，盖及腹部均饰雷纹地四瓣纹饰，颈饰正向三角纹和雷纹地对夔纹，蕉叶内填蝉纹，圈足饰云雷纹。常见于殷墟青铜器第二期晚段。第二类，菌状涡纹钮，弧面椭圆形盖，子口。长颈更细，腹略瘦，圈足较高，均有切地座盘。标本如郭家庄 M160:126，盖面、口沿下和腹部均饰无地纹分解兽面纹，颈及圈足饰无地纹对夔纹。流行于殷墟青铜器第三期早、晚段，偶见于第四期。第三类，菌状涡纹钮，弧面盖，腹部长径和短径差别不大，横断面近圆形。标本如大司空村 M53:27，侈口，束颈较粗，鼓腹，矮圈足略外撇。盖及腹部均有浅浮雕兽面纹一对，颈和圈足饰对夔兽面纹，均无地纹。仅见于殷墟青铜器第四期。第四类，环钮，弧面盖。标本如郭家庄东南 M1:25，侈口，束颈较粗，鼓腹，圜底，圈足较矮。盖面和腹部饰联珠云雷纹，圈足饰云雷纹带。仅见于殷墟青铜器第四期。B 型，横断面为圆形。可分为两大类：第一类整体略粗矮，侈口，颈较长，深腹，圜底，高圈足。第二类，侈口，长颈，球形腹，圜底，高圈足，足高约为器高的四分之一。标本如小屯 M1:26，上腹饰圆涡纹，颈及圈足均饰凸弦纹两周。仅见于殷墟青铜器第四期②。

觥：可以分为圈足觥和仿生觥。圈足觥，根据腹部变化又可分为两类：第一类，有盖，盖首为兽头状，短流，兽首鋬，腹部横断面略呈椭圆形。标本如小屯 M5:327，腹较深，略鼓，矮圈足稍外撇。全器满装纹饰。仅见于殷墟青铜器第二期晚段。第二类，盖首呈兽头状，短流，半环形鋬，腹部圆鼓，圈足较高。标本如郭家庄 M53:4，器腹横断面有向圆角方体转化的趋势。除盖首为兽首外，全器素面。见于殷墟青铜器第四期。仿生觥，出自小屯 M5，为奇兽站立状。前窄后宽，长流较宽，整体扁长，底中部微外鼓。四足，前两足为兽形奇蹄，后两足为鸟足状，兽首鋬。全器前成兽，后成

---

① 岳洪彬. 2006. 殷墟青铜礼器研究. 北京：中国社会科学出版社. 103~107
② 岳洪彬. 2006. 殷墟青铜礼器研究. 北京：中国社会科学出版社. 107~110

鸟，纹饰与器形结合的非常巧妙。仅见于殷墟青铜器第二期晚段①。

小方缶：方唇，口部略呈长方形，有肩，腹下部稍内收，底微内凹。标本如小屯 M5：805，口沿下饰雷纹地蝉纹和蚕纹，腹饰雷纹地兽面纹和倒夔纹。仅见于殷墟青铜器第二期晚段②。

斗：依据斗腹形制的不同可分为两型。A 型，斗腹横断面为圆形。可分为三类：第一类，侈口，圆唇，束颈，鼓腹，圜底。宽带状长柄，斗腹中下部有方形束腰。标本如小屯 M5：742，腹饰雷纹地目雷纹，柄饰波浪纹、兽面纹和蝉纹。始见于殷墟青铜器第二期早段，盛行于第二期晚段。第二类，直口，浅腹，圜底。标本如武官村北 M229：1，带状柄弯曲，略呈 S 形，接于斗腹中部。见于殷墟青铜器第二期晚段。第三类，圆口微敛，腹微鼓，平底。宽带状柄稍弯曲，尾部呈扇形展开，接于底部或近底处。标本如戚家庄 M269：79，与斗腹相接处饰兽面纹。始见于殷墟青铜器第二期晚段，流行于第三期早段，沿用到第四期末。B 型，方口，圜底，斗腹断面呈圆角方形。标本如小屯 M5：745，腹饰对称夔纹，柄饰雷纹地蝉纹和兽面纹。仅见于殷墟青铜器第二期晚段③。

水器主要有盘、盂、罐等，其中盘、罐兼具水器和食器的双重功能。

盘：方唇、折沿。其形制演变规律为：盘腹由深变浅，圈足由矮变高，晚期切地多有座盘④。根据盘腹和圈足的变化可以分为四式：

Ⅰ式，标本如小屯 M232：R2073，方唇，宽折沿，沿面内倾，深腹，矮圈足，圈足上端有三个方孔。外腹壁饰三周凸弦纹，内腹中间饰有一龟纹，周壁有六个鱼纹。仅见于殷墟青铜器第一期。Ⅱ式，标本如武官村北 M259：4，方唇，宽折沿，沿面内倾，深腹，腹底近平，高圈足，圈足上有三个方孔。盘腹内底中间有一涡纹，周壁有三个鱼纹，外腹壁饰带状雷纹地联珠夔龙纹，圈足饰雷纹地兽面纹。见于殷墟青铜器第二期晚段。Ⅲ式，方唇，窄折沿较平，浅腹，圜底，高圈足，圈足有方形小孔。标本如小屯 M18：14，盘腹饰龙纹、夔纹和鱼纹，外腹壁及圈足均饰雷纹地目雷纹。盛行于殷墟青铜器第二期晚段。Ⅳ式，方唇，宽折沿较平，浅腹，圜底，高圈足，切地有座盘。标本如郭家庄 M160：97，腹部正中有三个等距离凸起兽首，兽首间饰有鳞纹，其上、下各有一周几何带纹，圈足饰雷纹地对称夔纹，其上、下有几

---

① 岳洪彬. 2006. 殷墟青铜礼器研究. 北京：中国社会科学出版社. 110～113
② 岳洪彬. 2006. 殷墟青铜礼器研究. 北京：中国社会科学出版社. 113
③ 岳洪彬. 2006. 殷墟青铜礼器研究. 北京：中国社会科学出版社. 113～114
④ 岳洪彬. 2006. 殷墟青铜礼器研究. 北京：中国社会科学出版社. 115～119

何纹。流行于殷墟铜器第三期晚段和第四期①。

盉：侈口，腹壁较直，底微凹，圈足，有的加盖，有的器腹中部有一中柱，上置四龙。腹中部多有索状对称鋬。此类器殷墟发现不多，且多出土于大型墓葬中。标本如小屯 M5∶811，侈口，方唇，腹壁较直，口下两侧有对称的牛头半圆形耳，底近平，腹两侧有对称索形附耳，高圈足，圈足上端有长方形小孔四个，两两对称。口沿下及腹、足部均饰雷纹地兽面纹②。

罐：用途比较复杂，可以作为炊煮器、储水器、盛酒器或其他使用。分为有提梁和无提梁两种。无提梁罐，标本如小屯 M5∶852，圆口，方唇，束颈，圆鼓腹，平底，颈下饰斜角雷纹，有对称半圆形耳。提梁罐标本如郭家庄东南 M26∶28，口呈椭圆形，沿上有对称直耳，内穿索状提梁，侈口，束颈，颈部饰有三周弦纹。鼓腹，底近平，底部有烟炱。另外标本如郭家庄 M152∶2，侈口，长颈，广折肩，肩上有对称环耳，内穿提梁，小平底。肩腹均饰有弦纹③。

杂器有箕形器、方形器等。

箕形器：形如簸箕，后"栏"正中有筒形斜柄。标本如小屯 M5∶869，柄上饰兽面纹。另外，还有大司空村 M539∶2，柄部上、下有对称方孔。箕形器是殷墟青铜器第二期晚段的代表器类之一，时代特征比较鲜明④。

方形器：标本如小屯 M5∶850，方口，平沿，平底，方高圈足，体两侧有上翘的拐尺形兽首鋬。口部一面正中有一长条形缺口，圈足四面正中各有一个弧形缺口。器体饰三周弦纹。另一标本如郭家庄 M160∶50，形制与前者大致相似，器口呈长方形，没有缺口。腹部两侧各有兽首环形鋬两个，内穿索状提梁⑤。

殷墟出土的青铜礼器中，有部分器物的功能并不唯一，往往兼具多种用途，如铜盉、壶、缶等就可能既是水器又是酒器，而盘除用作水器外还可能作食器使用⑥，鼎的功能也不唯一，既可作炊具，也可作盛放调料的器具⑦。

四、殷墟发现的青铜乐器

殷墟发现的青铜乐器有铃和铙。

---

① 岳洪彬. 2006. 殷墟青铜礼器研究. 北京：中国社会科学出版社. 115～119
② 岳洪彬. 2006. 殷墟青铜礼器研究. 北京：中国社会科学出版社. 119
③ 岳洪彬. 2006. 殷墟青铜礼器研究. 北京：中国社会科学出版社. 119
④ 岳洪彬. 2006. 殷墟青铜礼器研究. 北京：中国社会科学出版社. 121
⑤ 岳洪彬. 2006. 殷墟青铜礼器研究. 北京：中国社会科学出版社. 121
⑥ 岳洪彬. 2006. 殷墟青铜礼器研究. 北京：中国社会科学出版社. 121
⑦ 中国社会科学院考古研究所. 1980. 殷墟妇好墓. 北京：文物出版社. 95

铃：殷墟发现了不少铜铃，有的出土于墓室和棺椁中，可能是乐器。有些出土于车马坑中马颈下，为车马器。根据铜铃口部的形制可分为平口铃和弧形凹口铃两种。

平口铃中根据器身有无扉棱又分为单扉棱、双扉棱和无扉棱三种。

单扉棱铃的形制为：顶透空，以梁系舌，一侧有扉棱。标本如小屯北组墓葬 M20 出土的单扉铃（R1811），横截面作叶形，通高7.2厘米，铃内还残留有骨舌，时代约为殷墟早期。另外一个标本为1953年安阳大司空村 M304：6，封顶，顶内有用以穿舌的鼻，顶上有半环形梁，横截面为叶形，旁侧有单扉，通高约5.3厘米①，时代属于商代晚期。

双扉棱铃的形制为：顶透空，有用以系舌的半环形梁，横截面作叶形，两侧均有扉棱。标本如小屯 M20：R1812，两扉残，通高约6.6厘米，为殷墟早期器物。另一标本如安阳大司空村东南 M663：31，体形较长，顶上有半环形梁，面饰饕餮纹，内有铃锤，通高7.2厘米②，时代为殷墟中期偏晚。

无扉铃的形制为：横截面作叶形，顶透空，有半环形梁，无扉棱。标本如西北冈 M1004 出土的铃（R14312：1），铃环存，通高约5.8厘米，时代为殷墟晚期偏早。

弧形凹口铃也可分双扉和无扉两种。双扉铃形制为：顶透空，两侧均有扉棱。标本如白家坟东北 PM3：6，两扉尖外侈，封顶，顶内有鼻穿舌，梁较小，与扉相连，舌部残断，通高5.4厘米③，为殷墟晚期时器物。无扉铃的形制为封顶，顶上有梁，无扉棱。标本如殷墟西区 M263：15，封顶，顶内有鼻系舌，顶上有半环形梁，表面饰有饕餮纹，通高5.4厘米④，时代为殷墟晚期偏后。

铙：腔体似铃，横剖面呈叶形，体型较大，多横宽，口部多内凹，少数为平口，有中空并与体腔相通的短柄，口沿外部正中部位即正鼓处作方形或梯形突起。铙按形体大小可分为大小两型，小型铙通高一般在25厘米以下，柄以上的铙体宽度皆大于长度。商晚期的铙往往是由大小相似的几件构成一组，或称为"编铙"，其中三件一组的最为常见。

除了青铜礼器、兵器和工具外，殷墟还出土有铜镜和大量的车马器镳、泡、策、勒、当卢、辖等。黄河流域出土的商周以前的早期铜镜数量极少，

---

① 中国科学院考古研究所. 1955. 1953年安阳大司空村发掘报告. 考古学报，（9）：51
② 中国社会科学院考古研究所安阳工作队. 1988. 安阳大司空村东南的一座殷墓. 考古，（10）：871
③ 中国社会科学院考古研究所. 1987. 殷墟发掘报告. 北京：文物出版社. 250. 图版六三
④ 中国社会科学院考古研究所安阳工作队. 1979. 1969～1977年殷墟西区墓葬发掘报告. 考古学报，（1）：97

黄河流域的青铜文明

只有甘青地区齐家文化的尕马台遗址、齐家坪遗址、临夏市各出土有一面铜镜,时代都在齐家文化晚期,距今4000年左右①。到了商代,铜镜依然很少,仅在安阳殷墟发现了六面,妇好墓中出土了四面,侯家庄M1005和大司空村南地M25各出土一面②。殷墟出土的铜镜形制均为圆板型,镜面平整或稍向外凸出,镜背中央部位有一个比较宽大的半环形桥状钮,镜钮周围饰有凸弦纹或短线组成的几何纹图案,铸造工艺比较粗糙,纹饰有叶脉纹、竖条纹、同心圆凸弦纹等③。

商代后期的青铜器与前期相比,器物的数量大为增加,在器形、组合和纹饰上也都有了新的变化和发展。商代前期晚段流行的大口尊和瓿等大型器物慢慢减少直至消失,新出现了一些具有时代特征的器形如扁壶、罍、觥等。殷墟中期时,食器所占的比重开始加大,食器鼎和簋的数量逐渐增多,在商王室青铜祭器中少量食器的形体甚至大大超出同出的酒器,显示出饪食器在当时礼器中的地位已经比较重要。殷墟晚期饪食器门类和品种的扩大成为当时青铜器发展的新趋势,但标志性的青铜酒器仍然存在,如扁提梁卣和喇叭形口尊④。

商代后期的青铜礼器组合仍以觚、爵为核心⑤,只不过与之相配的器物与前期相比有了一定变化,表现出较明显的时代特征。商代后期的青铜器从时代特征上可以分为四期,每一期组合都略有不同。第一期以"鼎、斝、觚、爵"为基本组合。第二期早段在"鼎、斝、觚、爵"的基本组合之外,瓿和簋开始出现并大量增加,成为组合中的主要器类。第二期晚段则以"鼎、觚、爵"和"鼎、瓿、簋、觚、爵、卣"为常见的基本组合。第三期"鼎、觚、爵"仍是常见的组合形式,另外,新出现了"鼎、簋、觚、爵"组合,并成为基本组合形式之一。值得注意的是,此时小型墓中出现了单一簋的食器组合,是一种新现象,打破了商代长期以来礼器组合中的酒、食器并存,酒器为主的格局。第四期除了"鼎、簋、觚、爵"的基本组合外,"鼎、簋"和"鬲"等单一炊食器组合有所增加,虽然并不普遍,"但它们单独存在,不与酒器共出,这是对传统的'重酒组合'的一种突破,有着重

---

① 宋新潮. 1997. 中国早期铜镜及其相关问题. 考古学报,(2):155
② 高去寻. 1958. 殷代的一面铜镜及其相关之问题. 见:历史语言研究所集刊. 29;中国社会科学院考古研究所安阳工作队. 1989. 1986年安阳大司空村南地的两座殷墓. 考古,(7):593
③ 宋新潮. 1997. 中国早期铜镜及其相关问题. 考古学报,(2):149
④ 马承源. 1996. 中国青铜艺术总论. 见:中国青铜器全集编辑委员会. 中国青铜器全集 1,夏商 1. 北京:文物出版社. 15,16
⑤ 刘一曼. 1995. 安阳殷墓青铜礼器组合的几个问题. 考古学报,(4):401

要意义"①。另外，第四期还出现了成组的铅礼器和仿铜陶器，是殷墟晚期较重要的时代标志，也是研究青铜礼器组合的重要补充②。

商代后期青铜器的纹饰与前期相比更为复杂和华丽。除简单的单层花之外，三层花的满装器物成为晚期的主流和代表器物。以三层花为主、雷纹为地纹的器物非常普遍，整个器物的装饰图案主纹突出、层次分明。主纹有各种兽面纹、夔纹、鸟纹、蝉纹等常见纹饰，还有象纹、虎纹、鱼纹、龙纹、龟纹等，另外三角纹、云雷纹、乳钉纹等也都比较常见。

商代后期青铜器的铸造方法已经非常成熟，各种青铜器的合金配比也已比较稳定，铸造规模远比前期大，能够熟练地运用浑铸法和分铸法，制造出造型优美，工艺精巧的大型青铜重器。器壁与前期相比已经变厚，整体看来显得更为稳重和结实，同时出现了扉棱，一方面更美观，另一方面可以掩饰范铸线的痕迹。晚期还出现了含铅量很高、器壁极薄、制作简陋的明器。说明，此时对青铜器各种合金元素的性质已有了较深入的了解和认识，已经能人为地添加合金成分，铸造不同种类和需求的器物。

第三节　商王朝臣属方国的青铜文明

在商王朝邦畿千里的边界内外，分布着许多诸侯方国，即所谓的"殷边侯甸"和"侯甸男卫邦伯"。它们是商王朝建立后分封王室功臣建立的诸侯国和一直与商王朝有同盟关系的同盟方国或商王朝的附庸国。为商王朝纳贡服役，协助商王朝征伐，甚至其首领在商王朝为官。商王朝分封出去的诸侯国，其文化和社会习俗与商王畿地区几乎完全一样；而商王朝的同盟方国和附庸国因深受商文化影响，其文化面貌与王畿地区有许多相似之处，但仍保留有自己浓厚的地方特色。

一、商王朝的臣属方国及其青铜文明

商王朝臣属方国包括两大类，一类是受商王朝影响较大，文化特征和社会习俗都与商王朝非常相似，双方以相似性为主，仅有个别的不同之处。这类方国多是商王朝王室贵族分封出去建立的诸侯国。其主体仍是商文化系统，但长期以来接受和吸收当地的一些地方文化因素，便出现了不同于商文化的地方性特征。另一类是具有浓厚地方特色，受商王朝一定的影响，有许

---

① 刘一曼.1995.安阳殷墓青铜礼器组合的几个问题.考古学报，(4)：397
② 岳洪彬.2006.殷墟青铜礼器研究.北京：中国社会科学出版社.288～289

多与商文化相似的地方，但以地方特色为主。这些方国多是被商王朝控制或为商王朝盟国的异姓方国，有自己的文化发展谱系和特色，在和商王朝进行交流的过程中吸收商王朝的先进文化，从而与商王朝出现了一定的相似性。这些臣属方国多分布在商王朝中心统治区的周边，集中于黄河流域，如陕西、山东、河南等地。

另外长江流域的广大地区如湖南、湖北、江西、四川等地和北方草原地区，也都发现了不少商代青铜器，这些地区的青铜器多是对中原地区青铜器进行诸多改造，具有浓郁地方特色，属于不同于商文化的地方性青铜文明。如西部以关中平原西部和陇东高原为代表的先周文化；西南以成都平原和汉中盆地为代表的蜀文化及以川东到湖北宜昌以西长江三峡地区为代表的巴文化；东南以鄱阳湖地区为代表的清江吴城文化和以洞庭湖、澧水流域、湖南长沙、宁乡等地为代表的石门—皂市文化；以苏皖南部地区为代表的湖熟文化；东部以山东、苏北地区为代表的岳石文化等[1]。这些地区远离商王朝的统治中心，其文化特征受到商王朝的一定影响，但以自己独特的地方特色为主，是与商王朝并存，有自己族源和发展体系的地方性政治统治中心，在此不列入商王朝臣属方国的范畴。

商代二里岗时期商王朝臣属方国青铜文明的遗存主要有：河北藁城台西遗址，湖北黄陂盘龙城遗址，以陕西关中地区老牛坡、北村、易家堡为代表的方国遗存，以及山西垣曲商城、山西晋南东下冯遗址等。这些遗存的起始年代都在二里岗文化的下层，其主要的文化特征，如城墙构筑、宫室营造和布局、文字的使用、埋葬制度及其反映出的礼制和宗教习俗，青铜器、玉器的制作，主要陶器的器类、器形和组合等都和郑州、郾师商城典型的二里岗类型商文明有极大的相似性或保持同步发展[2]。这些遗存应是当时商王朝王室贵族扩张、分封所建立的方国，由商王室直接控制，是典型商文化的外延和拓展。随着它们在当地统治时间的增长，逐渐和当地土著文化相互同化、融合，同中心商文化慢慢拉开距离，形成了既具有商文化主体因素，又有自身特征的地方文化。

商代后期殷墟时期商王朝臣属方国青铜文明的遗存主要有河南罗山县蟒张天湖商墓、山东益都苏埠屯商墓、山西灵石族介村商墓、山西石楼、西安老牛坡遗址等。这些臣属方国的青铜文明，有的与商王朝几乎一致，如山东

---

[1] 卢连成.1994.商代社会疆域地理的政治架构与周边地区青铜文明.中国历史地理论丛，(4)：61

[2] 卢连成.1994.商代社会疆域地理的政治架构与周边地区青铜文明.中国历史地理论丛，(4)：59

益都苏埠屯；而有的则保持有较强的地方特色，与商王朝的青铜文明特征有较大差异。与商青铜文明保持高度一致的多是由商文化地方类型衍生出来的方国、诸侯的青铜文明，多由商代的王族、子族、多子族，或与商王室有血缘关系和姻亲关系的重要贵族所建立，它们都处在由商王室用血亲关系和姻亲关系编织出的各级网络的交接点上，成为商王朝政治、军事统治的支柱①。而有较浓厚地方特色的则是由有相对独立性但又臣服于商王室的诸侯方国组成的，这些诸侯方国所代表的青铜文明类型都有自己的族源和相对独立的发展体系。它们与商文明并不同源，但深受商文明影响，在相当长的阶段内归顺臣服于商王朝②。

关于商代二里岗时期臣属方国的青铜文明，前文在论述郑州以外黄河流域发现的商代前期青铜器时已有提及，这里不再赘述。下面仅对商代后期即殷墟时期商王朝几个典型的臣属方国青铜文明作简单的分析和阐述。

二、黄河流域商代后期臣属方国的青铜文明

黄河流域商代后期臣属方国的青铜文明代表主要有罗山县蟒张天湖商墓、山东益都苏埠屯商墓、山西灵石旌介村商墓、山西石楼、西安老牛坡商墓等，下面对这几处方国青铜文明的特征按其出土青铜器的器类、特征、族属进行简单论述。

1. 河南罗山县蟒张天湖商墓青铜器群

河南罗山县蟒张天湖商代墓地自1979年发现以来，已发掘过六次。出土了大量青铜器，这些青铜器种类非常齐全。礼器有饪食器鼎、甗，酒器有爵、觚、觯、尊、卣、罍、斗、勺，此外还有兵器、工具和车马器。

蟒张商墓出土青铜器的种类、器物形制等，都是殷墟常见的，与殷墟出土的同类器物基本一致，但也存在一些差异。如该墓地出土的众多青铜器中，饪食器中没有簋，不见方形器；甗的上部甑体部分，器壁较直；酒器中的罍底部无圈足；斝的体形似罐；雷纹鼎口部仅饰一周雷纹，三足上部肥大并有纹饰。这些器物的形制特征与殷墟出土的同类器物都稍有不同③。另外，蟒张墓地的晚期墓葬中频繁出现殷墟早期墓葬中早已不见的器类，如对尾鸮

---

① 卢连成.1994.商代社会疆域地理的政治架构与周边地区青铜文明.中国历史地理论丛，(4)：59
② 卢连成.1994.商代社会疆域地理的政治架构与周边地区青铜文明.中国历史地理论丛，(4)：61
③ 陈佩芬.1998.殷墟以外的商代晚期青铜器.见：中国青铜器全集编辑委员会.青铜器全集4，商4.北京：文物出版社.4，5

卣、直领平底罍和箕形器等都是殷墟青铜器第二期晚段独有的器物，但在蟒张墓地相当于殷墟青铜器第三期的墓葬中却仍屡有出土①。

从纹饰上看，蟒张商墓出土的青铜器，其纹饰布局、结构及与铭文位置的关系等，都与殷墟基本相同。纹饰多为饕餮纹、云雷纹、圆涡纹和弦纹。铜戈分有銎戈和曲内戈，曲内中饰镂空雕夔纹。这些特征，都属于殷墟青铜器中期，相当于"殷墟文化第三期"，"甲骨文第三期"，年代约为武乙、文丁时代②。但也存在着一些与殷墟不同的地方，如蟒张商墓出土的铜鼎，制作较精致者均在纹饰的阴线部位髹黑漆。这种纹饰风格是殷墟及其他地区所不见的，应是蟒张商墓的地方特色③。

在器物组合上，蟒张商墓与殷墟有相同的一面，同时也存在着一定差异。相同之处是，"觚、爵"配制极为稳固，绝大多数为等量相配，很少有违制现象；并且觚、爵的套数与墓室规格也大体相应，墓室规模越大随葬觚、爵套数就越多。但小型墓中觚爵并不配套，常是有爵而无觚④。觚、爵有表示墓主人身份的意义，这与殷墟青铜文明是相同的，说明二者在礼器使用制度上具有一致性。不同的是，蟒张商墓中没有食器簋，酒器除觚、爵外，常配以卣、斝和觚形尊，不见盉和大口圈足尊，少见罍、觯，盘也不见于蟒张商墓中⑤。

罗山蟒张天湖青铜器的合金技术与殷墟青铜器相比，同样也是既显示出一定的同一性，也显示出一定的差异性。例如妇好墓中很少见到红铜器和铅青铜器，而罗山12件青铜器中，却有2件红铜器，2件铅青铜器，并且这4件器物都是兵刃器和生产工具。妇好墓中兵刃器、生产工具的含锡量都比较高，尤其是其中的4件生产工具，含锡量既较适宜又较稳定。二者比较而言，妇好墓青铜合金技术较罗山蟒张是稍见进步的⑥。

总体来看，罗山蟒张天湖商墓所出的青铜器及相应的礼器制度是在殷墟青铜文明的深刻影响下出现的，其所出土的主要青铜礼器，以及伴出的陶器，基本与殷墟的同类器物大体一致，反映了同一风格和文化类型。但罗山蟒张青铜器群同时还具有一定的地方特色，应属于商后期一种带有地域性特

---

① 岳洪彬. 2006. 殷墟青铜礼器研究. 北京：中国社会科学出版社. 362
② 信阳地区文管会、罗山县文化馆. 1981. 河南罗山县蟒张商代墓地第一次发掘简报. 考古，(2)：118
③ 岳洪彬. 2006. 殷墟青铜礼器研究. 北京：中国社会科学出版社. 362
④ 朱凤瀚. 1995. 古代中国青铜器. 天津：南开大学出版社. 648
⑤ 岳洪彬. 2006. 殷墟青铜礼器研究. 北京：中国社会科学出版社. 364
⑥ 何堂坤，欧潭生. 1994. 罗山固始商代青铜器科学分析. 中原文物，(3)：99，100

色的青铜文明①。

河南信阳市罗山县蟒张天湖商墓出土的商代有铭文铜器共40件,其中,"息"字族徽铭文铜器共26件,占全部有铭文铜器的65%。出土"息"字铭文铜器的墓葬有9座,占全部商墓的41%,特别是10座商代中型井椁墓中有8座出土"息"字铭文铜器,占80%②。可见,罗山蟒张天湖地区有可能是商代"息"族墓地,是河南省殷墟以外地区发现的规模较大、保存最完整的一处商代晚期家族墓地③。

2. 山东益都苏埠屯商墓青铜器群

山东益都苏埠屯自清代开始就常有商代青铜器出土,因所出青铜器多有"亚丑"铭文,因此被称为"亚丑铜器"④。苏埠屯共发掘12座商墓和1座车马坑。其中带四条墓道的大墓1座,一条墓道的大墓2座,其余均为竖穴土坑墓⑤。墓地规格比较高,出土了不少高规格的青铜器,并且有不少方形器⑥。其中食器有鼎、甗、簋,酒器有爵、觚、觯、尊、卣、罍、斝、盉、方彝,乐器有铙,兵器有钺、矛。所出青铜器的种类、器形和纹饰等都深受殷墟青铜文明的影响⑦。

从器形和纹饰看,苏埠屯商墓出土的青铜器基本与殷墟同时期的同类器物相同,如 M8:13 的方鼎与殷墟郭家庄 M160:134 的同类器相似,器腹均饰乳钉纹和垂尾鸟纹,鸟首均有长长的绶带向后伸展;M8:17 的扁足圆鼎与戚家庄 M269:38 的同类器相似;M8:10 的圆罍与戚家庄 M269:35 的同类器相似,均为矮圈足;M8:1 的斝也与郭家庄 M875 的斝相似⑧。

从组合上看,苏埠屯商墓与殷墟同时期墓葬出土的青铜器组合也都基本相同,如 1986 年发掘的苏埠屯 M8 中青铜器组合为鼎5、簋1、尊1、斝1、觚2、爵4、卣1、罍1、觯1、斗1;1931 年发现的 M1 中青铜器组合为鼎1、觚1、角2、觯1、盉1、卣1、盘1;M2 中的青铜器组合为鼎1、觚1、爵1、

---

① 朱凤瀚. 1995. 古代中国青铜器. 天津:南开大学出版社. 648
② 河南省信阳地区文管会、河南省罗山县文化馆. 1986. 罗山天湖商周墓地. 考古学报,(2):193
③ 岳洪彬. 2006. 殷墟青铜礼器研究. 北京:中国社会科学出版社. 359~360
④ 殷之彝. 1977. 山东益都苏埠屯墓地和"亚醜"铜器. 考古学报,(2):23
⑤ 山东省博物馆. 1972. 山东益都苏埠屯第一号奴隶殉葬墓. 文物,(8):17
⑥ 岳洪彬. 2006. 殷墟青铜礼器研究. 北京:中国社会科学出版社. 366
⑦ 陈佩芬. 1998. 殷墟以外的商代晚期青铜器. 见:中国青铜器全集编辑委员会. 青铜器全集4,商4. 北京:文物出版社. 8
⑧ 岳洪彬. 2006. 殷墟青铜礼器研究. 北京:中国社会科学出版社. 367

觯1、斗1；1986年发掘的M7中青铜器组合为鼎1、簋1、觚3、爵3①。以上各墓中的礼器组合形式均为酒器、食器共存，以酒器为主，爵、觚等量相配，这些青铜礼器组合特征与殷墟青铜文明都是一致的。

这种相似性还表现在墓葬中随葬的陶器、玉器、铜兵器和车马器以及埋葬制度等方面。苏埠屯商墓出土的青铜器虽然与殷墟同类青铜器在很多地方完全一致，但地域上终究不处于商王朝的中心统治区，仍保持有一些地方特色。如M8出土的夔形扁足方鼎，形制比较特殊，不见于殷墟；M8：11的圆筒形卣形制也比较特殊②。

总体上看，苏埠屯商墓的文化面貌从器物形态到埋葬制度，无不与殷墟保持着极大的一致性。苏埠屯M1墓是殷墟以外地区唯一一座带四条墓道的商代大墓，而且出土有象征权力和身份的大型铜钺，使该墓地具备了王陵的规格和极强的军事色彩。因此，苏埠屯商墓所代表的族群，很可能是商王朝在东方分封的重要诸侯国，其地位与河南的罗山蟒张墓地相同③。多数铜器上所铭的"亚丑"氏，应是历史文献中所记载的薄姑氏，是商王朝在东方的主要盟国④。

3. 山西灵石旌介村商墓青铜器群

山西晋中地区出土的商代青铜器较为集中，主要出土于灵石旌介村商墓中。迄今为止，该墓地共发掘了3座墓葬，出土青铜器118件，其中青铜礼器52件，其余为兵器⑤。旌介村M1墓中出土的铜器可分为容器、兵器和杂器三类。容器有鼎、鬲、簋、尊、罍、卣、觚、爵、觯；兵器有矛、戈、镞；杂器有兽首管状器、弓形器和铃。M2墓中出土的铜器也可分为容器、兵器和杂器三类。容器皆为礼器，有鼎、簋、罍、卣、觚和爵等共18件，兵器有戈、矛、镞、刀，杂器有兽面管状器、弓形器和铃。新中国成立后，在山西省离灵石旌介不远的黄河畔，吕梁山区的石楼、柳林、永和、保德、忻州、吉县、交口、兴县等地先后发现过商代晚期的青铜器，但都不是科学发掘所得。

从器类上看，灵石地区出土的青铜器中，不见殷墟青铜器晚期中型墓中常见的炊器甗、酒器盉和水器盘，器类相对比较简单⑥。

从器形上看，灵石青铜器与殷墟青铜器第四期的同类器物基本相同，但

---

① 岳洪彬. 2006. 殷墟青铜礼器研究. 北京：中国社会科学出版社. 366
② 岳洪彬. 2006. 殷墟青铜礼器研究. 北京：中国社会科学出版社. 367
③ 岳洪彬. 2006. 殷墟青铜礼器研究. 北京：中国社会科学出版社. 375
④ 朱凤瀚. 1995. 古代中国青铜器. 天津：南开大学出版社. 652；殷之彝. 1977. 山东益都苏埠屯墓地和"亚醜"铜器. 考古学报，(2)：23
⑤ 山西省考古研究所，灵石县文化局. 1986. 山西灵石旌介村商墓. 文物，(11)：17
⑥ 岳洪彬. 2006. 殷墟青铜礼器研究. 北京：中国社会科学出版社. 376

也存在一些独特之处。如鼎耳外撇，上部加厚，圆腹，圆柱形实足稍外撇；爵体呈卵形，柱在流上面，尾尖平；卣体平面呈椭圆形，有陶索状的提梁；簋为双耳高圈足；尊酷似觚形，体呈三段；这些都是殷墟晚期同类器物的形制特征。但灵石商墓出土的兽面管状器、兽首刀、三角援戈、弓形饰和鼍鼓等器物，则是殷墟不见或很少见到的①。

从纹饰上看，灵石青铜器上的纹饰都是殷墟青铜器中常见的，如兽面纹、龙纹、象纹、蛇纹、蝉纹等，都以雷纹为地纹，即在粗线条的主纹中填以大量雷纹。另外，器物的兽头、扉棱等饰件以及由它们组成的兽面纹图案、纹饰带以及三层花的设置等，均与殷墟青铜器第四期的纹饰风格一致。但其特色之处也很明显，表现在无论是兽面纹还是夔龙纹，其单体形象都比较写实，不如殷墟大中型墓出土的青铜器上所看到的那么夸张和狰狞恐怖②。

从墓葬中随葬器物的组合形式来看，灵石青铜器与殷墟青铜器也是一致的，都是以觚、爵为礼器组合的核心，并配以鼎、簋、尊、斝、卣、罍、觯、觥等器类。M1，M2墓的基本组合是鼎、卣、觚、爵、簋、罍，都有4觚10爵。另外，墓中还有兵器戈、矛、钺等，不见或少见工具类器物。基本器类以食、酒器相配，爵、觚俱全，不见水器，与殷墟同类墓葬中铜器组合特征相似③。这些共性说明以灵石为代表的方国青铜文明与商王朝在礼制、习俗方面存在着较大的共同之处。但两者的差异也比较明显，如殷墟青铜器的组合自早至晚始终以觚、爵等量配制为主流，而灵石商墓则以"4觚10爵"为流行配制之一；且灵石商墓觚、爵与殷墟同期墓葬相比，数量更多，所占比例也更大④。

灵石青铜器群中有很多青铜器上有族氏徽铭，有些铭文在殷墟出土的青铜器上经常见到。其中带"丙"字铭者，占有铭文青铜器总数的2/3。因此有学者认为，灵石墓地是丙国贵族及其宗族的墓地，它的附近可能有丙国的城址或聚落遗址⑤。也有学者将灵石青铜器和晋西北地区以石楼为代表的青铜器合二为一，统称为石楼类型青铜方国文化⑥。

---

① 岳洪彬. 2006. 殷墟青铜礼器研究. 北京：中国社会科学出版社. 376；陈佩芬. 1998. 殷墟以外的商代晚期青铜器. 见：中国青铜器全集编辑委员会编. 青铜器全集 4，商 4. 北京：文物出版社：10，11

② 岳洪彬. 2006. 殷墟青铜礼器研究. 北京：中国社会科学出版社. 376

③ 朱凤瀚. 1995. 古代中国青铜器. 天津：南开大学出版社. 663

④ 岳洪彬. 2006. 殷墟青铜礼器研究. 北京：中国社会科学出版社. 379

⑤ 殷玮璋、曹淑琴. 1990. 灵石商墓与丙国铜器. 考古，(7)：62

⑥ 山西省考古研究所. 1999. 山西省考古工作五十年. 见：新中国考古五十年. 北京：文物出版社

黄河流域的青铜文明

总体上看，灵石旌介青铜器群与殷墟同类器虽然有差异，但却不足以影响灵石地区青铜文明的基本属性，其绝大多数青铜器的器物形制、纹饰与殷墟都是相同的，同一性仍占主导地位，其总的器形风格与殷墟青铜器第四期基本相同，地方特色并不占主流。这也说明，以灵石青铜器群为代表的方国与商王朝的关系比较密切，很可能是商王朝的一个封国。

4. 山西石楼青铜器群

山西石楼青铜器群，主要分布在晋北部和陕东北黄河两岸地区的陕北高原和吕梁山地，相当于晚商时期青铜器的地点较多，仅石楼县就有19处。近年在山西省的永和、柳林、吉县、保德和陕西省的绥德、清涧、米脂、佳县、延川等地，都曾出土过此类青铜器，主要器形包括青铜礼器、兵器、生产工具和装饰品①。

石楼青铜器群中的礼器主要有鼎、甗、簋、斝、觚、爵、瓿、壶、盉、卣、盘、觥、豆等13种，以酒器为主，食器较少，常见的器形有鼎、爵、觚、斝、瓿等。另外还有青铜兵器直内戈、曲内戈、管銎戈、管銎钺、短剑、兽首匕和多孔刀等，其他还有管銎斧、弓形器、头盔、铎形器、靴形器和车马器等②。石楼青铜器群中，有些青铜器的铸造极为精美，如后兰家沟③出土的乳钉雷纹瓿，肩部的龙纹、腹部的乳钉雷纹，线条强劲有力，器物表面还保留有一部分青铜器原有的金黄色。兽面纹觚，颈部的兽面纹和圈足的龙纹都很精细，雷纹排列极为整齐。桃花庄出土的兽面纹斝，双柱为方形有帽，腹部分段，圜底，三棱形足略外撇，腹部的兽面纹双目突起，其余主纹和地纹皆在一个平面上，是殷墟早期的器物。二郎坡出土的鸮卣，器形是两个相互背靠的鸮鸟，盖和腹部用简洁的线条勾画出鸮头和羽翼，纹饰中没有地纹④。

石楼青铜器群的基本组合形式是以酒器爵、觚、斝配套，这与殷墟文化各期墓葬中青铜礼器的组合均以觚、爵为核心的礼制具有相当大的一致性。

从器形上看，石楼青铜器群中的鼎、甗、罍、盘、爵、斝、觚、直内戈、直内钺、有铤镞等器类，无论从形制还是功能上都是典型的中原商式青铜器，这类铜器是石楼地区居民与商文化交流的结果。二者器形以相似因素为主，但差异也比较明显，如该区觚和豆的圈足内挂铃铛的现象具有鲜明的

---

① 岳洪彬. 2006. 殷墟青铜礼器研究. 北京：中国社会科学出版社. 380~381
② 岳洪彬. 2006. 殷墟青铜礼器研究. 北京：中国社会科学出版社. 381
③ 郭勇. 1962. 石楼后兰家沟发现商代青铜器简报. 文物，(4、5)：33
④ 陈佩芬. 1998. 殷墟以外的商代晚期青铜器. 见：中国青铜器全集编辑委员会编. 青铜器全集4，商4. 北京：文物出版社. 9，10

地方特色；细颈扁腹壶和角形觥也是殷墟所不见的；高圈足簋敞口深腹，腹饰菱形云雷纹、乳丁纹也不见于殷墟的同类器物。

从纹饰上看，石楼青铜器群的纹饰仍以兽面纹和夔纹为主，多以雷纹为地，总体风格与殷墟青铜器相似。但其青铜礼器及各种青铜工具和兵器上常装饰各种动物饰件，主要有马、鹿、羊、蛇等动物的头像，均为圆雕，一般装饰于礼器的肩部，工具或兵器的柄首，与殷墟同类青铜器有很大不同，具有浓厚的地方特色[1]。

有学者将该区的青铜器分为三组，商式器、地方式器、混合式器[2]。也有学者将其分为两类[3]。但学者们都普遍认为，多数青铜礼器并不代表该区文化，真正反映该区文化特点的遗物是所谓的北方式青铜器，如短剑、兽首刀、胄、弓形饰及金耳坠等[4]。

以石楼和绥德青铜器群为代表的晋陕黄河两岸地区出土的青铜礼器，其形制特征与殷墟有着较为明显的相似性，这说明商文明对北方青铜文明的影响是较深远的。对于石楼青铜器群所代表的青铜文明属性，目前学术界认识颇不一致。有的学者认为，"该地区属于同一文化系统，但在这类铜器墓分布的范围内尚未发现相关的遗址，该文化的陶器群及整个文化内涵还不甚清楚"[5]；有学者提出石楼地区青铜器群应归入殷墟商文化系统[6]；有学者认为应该归属于"光社文化"[7]；也有学者提出应属于"朱开沟文化"的一个分支；还有学者将其统称为"李家崖文化"，认为是甲骨文所记载的"鬼方"、"工方"、"土方"等方国的遗存[8]。李伯谦先生将这批遗存命名为"石楼-绥德类型"青铜器，并结合甲骨文金文考证后指出，这批遗存是与商文化并行发展、互为影响、长期与商王朝处于敌对状态可能包括工方在内的诸敌对方国的遗存。抛却该青铜器群的族属性质不谈，仅从石楼地区出土青铜器与商代青铜器的相似性来看，说明该地区与商王朝的交流应该是非常密切的，

---

[1] 岳洪彬. 2006. 殷墟青铜礼器研究. 北京：中国社会科学出版社. 382
[2] 宋新潮. 1991. 殷商文化区域研究. 西安：陕西人民出版社. 111
[3] 陶正刚. 1985. 山西出土的商代铜器. 见：中国考古学会第四次年会论文集. 北京：文物出版社. 63
[4] 岳洪彬. 2006. 殷墟青铜礼器研究. 北京：中国社会科学出版社. 384，385
[5] 乌恩. 1985. 殷至周初的北方青铜器. 考古学报，(2)：149
[6] 张万钟. 1989. 商时期石楼、保德与"沚方"的关系. 中国历史文物，(00)：31
[7] 邹衡. 1980. 关于夏商时期北方地区诸邻境文化的初步探讨. 见：夏商周考古学论文集. 北京：文物出版社. 277，278
[8] 吕智荣. 1987. 试论陕晋北部黄河两岸地区出土的商代青铜器及有关问题. 见：中国考古学研究论集. 西安：三秦出版社. 221；岳洪彬. 2006. 殷墟青铜礼器研究. 北京：中国社会科学出版社. 288，289

黄河流域的青铜文明

与商王朝的关系可能是臣属或附属国关系，但不排除个别时期因商王朝势力衰微而背叛商王朝，总体上应是处于商王朝控制之下的方国地区。

5. 西安老牛坡商墓青铜器群

西安老牛坡商代墓地发现于1986年，共发掘商代中小型墓葬38座，其中出青铜礼器的有M10、M33和M44等三座小型墓①。老牛坡商代墓地在墓制上普遍使用腰坑、二层台、马坑和车马坑的陪葬习俗，常见殉人和殉牲以及随葬青铜兵器等，均与殷墟常见的埋葬特征一致。但是，老牛坡墓地也有许多殷墟不见的特色，如墓葬除腰坑外，还有头坑、脚坑或角坑，所出陶器与殷墟同期同类器明显不同②。

老牛坡商代遗存延续的时间较长，有研究者将其分为六期，第一、二期分别相当于二里岗下层和上层，第三至六期大致与殷墟文化分期相对应。第一、二期文化面貌基本与二里岗类型相同③。老牛坡三期还应属商文化系统，但在器物特征上，已有了不同于殷墟的独特之处，以陶器的变异较大。老牛坡四至六期文化特征不仅有别于前三期，而且同殷墟文化也有很大差异。同殷墟文化相比，这一阶段青铜容器与殷墟仍有较多相似之处，但陶器差别更大。老牛坡四至六期应是一支土著文化，已不属于商文化系统，可暂称之为"老牛坡遗存"。因此，老牛坡的一至六期并非一支一脉相承的考古学文化，用同一考古学文化命名的做法是不合适的④。

老牛坡地区出土的青铜礼器有鼎、觚、爵、斝等四种。鼎为盆形，立耳，折沿方唇，深腹微鼓，圜底，腹饰带状云雷纹，三矮柱足，上粗下细，整体风格和殷墟武官村大墓M1出土的鼎相同，约相当于殷墟青铜器二期。觚，喇叭口，高圈足，根据腹部不同可分为三种类型：腹部较粗矮，腹、足饰饕餮纹，以凸弦纹镶边，圈足上部有两个"十"字形镂孔；腹部变细，饰云雷纹构成的饕餮纹，镶以两周凸弦纹，圈足饰两周凹弦纹和两个长方形镂孔；腹变得更细，颈部饰蕉叶纹，腹和足上各有四个扉棱，并饰有饕餮纹，腹下部饰两周凹弦纹。以上各种类型的觚，中腰均不外鼓，与殷墟武官村大墓M1所出的觚相似。M44所出的斝，平底微凸，侈口，口沿上有两个对称的菌状柱，折腹，上腹壁斜直，相当于殷墟一期。M44所出的圜底爵，窄长流，腹较深，三足较短，单柱，凤鸟形柱钮，形制特征较早，也是殷墟一期

---

① 西北大学历史系考古专业. 1988. 西安老牛坡商代墓地的发掘. 文物，(6)：1, 6
② 岳洪彬. 2006. 殷墟青铜礼器研究. 北京：中国社会科学出版社. 288, 289
③ 宋新潮. 1992. 试论老牛坡商文化分期及特征. 文博，(2)：13
④ 雷兴山. 2000. 对关中地区商文化的几点认识. 考古与文物，(2)：28, 29, 33

器物①。M33所出的爵窄长流，尾较短，流折处有两个菌状立柱，圜底，带状半圆形鋬，三足变高外撇，横截面呈三角形。腹部饰三周凸弦纹。形制、纹饰近同于小屯M238：R2025。

总体来看，老牛坡墓地出土青铜礼器的风格与殷墟基本相同。三座青铜器墓的礼器组合为"单一鼎"（M10），"觚、爵"（M33）和"斝、觚、爵"（M44）等三种，这三种组合是殷墟青铜器第一期和第二期常见的组合形式。其所出的兵器多数也是殷墟式的，可归属于殷墟铜器系统，但部分器物形制与殷墟同类器有所差异。如戈有直内、曲内、銎内诸型，均为三角形援，中脊隆起，内上有穿或扁圆形銎孔②，未见曲内歧冠的戈等。

该墓地所出的工具与兵器情况类似，大多数也与殷墟出土的工具相近，但也有不见于殷墟的具有地方特色的类型，如墓葬M7中出土有一件斧，尾带圆柱，是殷墟从未见过的类型。另外老牛坡墓地还出土有铜人面具、牛首形饰等具有浓厚地域特色的青铜器。

总而言之，老牛坡商墓所代表的青铜文明虽在青铜容器上可归属为殷墟铜器系统，但陶器的形制与组合及部分铜兵器、铜工具又显示出与殷墟文化的差异性，含有其他地区的区域性青铜文明因素③。

老牛坡墓地的商文化因素带有明显的"二重性"，因此有学者认为此墓地有可能是商王朝在西方的一个强有力的诸侯与国或崇国的所在地④。老牛坡一、二期时的文化面貌与商代二里岗基本一致，三期以后地方特色的因素开始加强，这种文化性质的转变说明早期时这一地区受商王朝控制和影响比较大，可能是商人向西推进扩张的一个重要据点⑤。但到殷墟时期，在长期与当地土著文明的相互同化、融合中，开始出现较鲜明的地方特色和北方地区的青铜文明因素，逐渐发展成为一种地方青铜文明，商王朝对该地区的控制力量在逐渐减弱。

第四节　商代青铜文明对长江流域青铜文明的影响

商代青铜文明在当时的中国，无论是器物形制、纹饰还是铸造技术等各

---

① 岳洪彬. 2006. 殷墟青铜礼器研究. 北京：中国社会科学出版社. 387
② 黄尚明. 2003. 论老牛坡商文化的分期. 江汉考古，(1)：67，68
③ 朱凤瀚. 1995. 古代中国青铜器. 天津：南开大学出版社. 666
④ 刘士莪. 1988. 西安老牛坡商代墓地初论. 文物，(6)：27
⑤ 岳洪彬. 2006. 殷墟青铜礼器研究. 北京：中国社会科学出版社. 390

黄河流域的青铜文明

方面都位于前列，对周边地区的青铜文明产生了重要影响。从目前南方长江流域出土的商代青铜器来看，其器形、种类、纹饰、铸造技术等方面都或多或少地有着商代青铜文明的痕迹，有的地区除了接受商代青铜器的器形、种类等客观特征外，甚至接受了商代青铜器所包含的礼制。

一、商代青铜文明对湖北黄陂盘龙城青铜器的影响

湖北黄陂盘龙城遗址是商代二里岗时期的一处重要遗址，是出土商代前期青铜器的重要地点。这里出土的商代前期青铜器多达 351 件[①]，种类齐全，器形有 25 种之多，包括礼器、兵器、工具等。

1. 湖北黄陂盘龙城所出的青铜器及其特征

盘龙城所出的青铜器与郑州等地商代前期青铜器的种类、工艺、风格等几乎完全一样。

从形制和种类上看，盘龙城出土的青铜礼器有鼎、鬲、甗、簋、斝、爵、觚、盉、罍、卣、盘等，下面对几种重要器物的形制作简单概述。

鼎：深腹，圜底，双耳，一耳与一足对应，另一耳在两足之间，三尖锥状空足外撇。

鬲：分裆曲底，立耳、深腹，尖锥状空足外撇。

甗：深腹，束腰，腰内侧有隔，中间一圆孔，上有镂孔 8 个，分裆，尖锥状空足。

簋：分深腹、浅腹两类。深腹簋无耳，口沿呈阶状，腹部带饰较窄；浅腹簋双耳，口沿斜平，腹部带饰较宽。

斝：大口外侈，唇上有梯形双柱，与二足对应，身旁一鋬，底折，三棱形尖锥状空足。

爵：器身椭圆，长流，有尾，流口立有柱，平底，三棱形尖锥状实足，其中一足较长而外撇，身旁一鋬，正对应较长的一足。

觚：敞口，平底，圈足呈喇叭状。

盉：封口，顶部隆起，一侧开长方形口，一侧置有上粗下细斜立的圆流，流的两旁各饰乳状小圆饼，口下置鋬，分裆曲底，三个尖锥状袋状空足。

罍：小口，折肩，深腹，圈足。

卣：直口加盖，长颈，鼓腹，圈足，肩附绚索状提梁，盖钮与提梁有菱

---

① 湖北省文物考古研究所. 2001. 盘龙城——一九六三——一九九四年考古发掘报告. 北京：文物出版社

形环连接。

盘：宽沿外折，沿呈阶状，斜壁，平底，圈足。

工具有锛、斧、锛、凿、锯、鱼钩等，武器有钺、戈、矛、刀、镞等，都是商二里岗期青铜器中常见的器形和种类①。

铜锛：体扁平，长方楔形，单面刃两侧外侈。器身中空，横断面及銎口为梯形。器身背面略弧起，器身正面较平，有"十"字凸线②。

铜镞：其形制可分为两种。一种后锋较长，铤短而且粗。标本如 M2：82，双翼较宽，脊的横断面为四棱形，铤呈圆柱状。通长 9 厘米，铤长 2 厘米。另一种后锋较短，铤较长。标本如 M2：83，残长 9.1 厘米，铤长 2.5 厘米③。

盘龙城出土的青铜容器上，每件器物的纹饰均由若干周纹饰带组成，一周纹饰又包含连续的几组纹样环绕器物，形成完整的装饰效果，这是中国青铜时代容器装饰的共同特征。纹饰的种类主要有兽面纹、夔纹、弦纹、人字形纹、云雷纹、涡纹、连珠纹等，有些纹饰有特定的组合与装饰对象，如涡纹与连珠纹多是附属或伴随兽面纹而出现，人字形纹是专门装饰在鬲、甗等炊器之上，单独的弦纹多装饰在形体小而轻薄的爵上④。

从铸造技术上看，盘龙城青铜器已经使用了浑铸法和分铸法。在其出土的三足器上，从口颈、腹、足的中轴线至器底，有三条铸缝线汇于器底的中心或一侧，便是浑铸法的证明。而有的器物附件，如卣的提梁，簋的双耳，则是运用分铸法，先分铸附件后再合铸为一体的。另外，盘龙城遗址发现了很多炼埚残片和一些孔雀石、木炭、红烧土等，说明其铜器应该是在当地冶铸的。其青铜器的铸造工序是先制模、模上雕花、再制内外范，而且是一器一范⑤。因为盘龙城出土的青铜容器里侧平滑，器表花纹浮于器面，而且青铜器大小不一，花纹各异，未见两件完全相同的器物。

2. 商代青铜文明对湖北黄陂盘龙城青铜器的影响

盘龙城青铜容器和二里岗青铜容器有着基本相同的器类、组合和器形；装饰以兽面纹为主的、种类与结构基本相同的纹饰；可能相同的铸造技术。

---

① 湖北省博物馆. 1976. 盘龙城代二里岗期的青铜器. 文物，（2）：33~37
② 盘龙城遗址博物馆筹建处. 2007. 湖北黄陂盘龙城李家嘴二号墓发掘的补充资料. 文物，（8）：94
③ 盘龙城遗址博物馆筹建处. 2007. 湖北黄陂盘龙城李家嘴二号墓发掘的补充资料. 文物，（8）：94
④ 张昌平. 2003. 盘龙城商代青铜容器的初步考察. 江汉考古，（1）：45~50
⑤ 湖北省博物馆. 1976. 盘龙城商代二里岗期的青铜器. 文物，（2）：37

其出土的青铜器按器类分，酒器有斝、爵、觚、尊、卣、罍、盉等，以斝、爵、觚为核心组合；食器有鼎、鬲、甗、簋等；水器有盘等；另有兵器、工具。纹饰有饕餮纹、夔纹、涡纹、弦纹、联珠纹和镂孔等。不管是在器物的种类、形制，还是纹饰及组合变化上，均与郑州等地出土的青铜器基本一致①。

具体来说，盘龙城青铜器中鼎、鬲并存；爵为平底，柱立流口；斝近平底；盘圈足似盆；觚腹粗胖；罍为小口、折肩、圈足等，这些器物的特征，均与郑州白家庄出土的铜鼎、鬲、斝、爵、罍、盘相接近②，与辉县琉璃阁出土的鼎、觚、斝、爵也相近似③。从铜器的花纹来看，以饕餮纹为主，皆为一首双身，尾部上卷，这也与郑州、辉县等地同类器物的纹饰相同。

湖北黄陂盘龙城的青铜器除了在器类、器型、纹饰上均与中原商文明相同外，还接受了商代青铜文明的礼器使用制度、等级制度等社会制度。从黄陂盘龙城商代墓葬中出土的青铜器数量及规格看，明显地表现出当时存在的三或四个不同等级。如李家嘴 M2 出土的青铜礼器，不仅数量多而且种类齐全，有鼎 4、甗 1、鬲 1、觚 1、爵 4、斝 3、盉 1、罍 1、盘 6。李家嘴 M1 与 M2 是夫妇并穴合葬墓，出土的青铜礼器有鼎 2、鬲 2、簋 1、觚 3、爵 5、斝 5、盉 1、罍 2、卣 1、盘 1。此二墓规格大体相当，是这批墓葬中等级最高的。其他几座墓多器类不全，或 1、2 类，或 3、4 类，每类器多是 1 件。这反映出不同身份的人在使用青铜礼器时是受到一定限制的，同中原商王朝的礼器使用制度一致④。另外盘龙城青铜器中的酒器无论是器类还是数量在铜器群中都占有绝对主导地位，仅觚、爵、斝三类酒器就占了 136 件，商人重酒的习俗在盘龙城也得到了充分体现⑤。

盘龙城商代遗址是一支以中原地区商文化因素为主体文化的遗址，其铜器的器形、纹饰、组合、铸造技术、使用方式等各方面都与中原铜器完全相同。这种高度吻合只能说明盘龙城的青铜文明在知识体系和价值体系上都完全接受了商文明，也进一步说明盘龙城一带在当时可能已被纳入商王朝的统

---

① 参阅河南省文物工作队第一队. 1955. 郑州白家庄商代墓葬发掘简报. 文物参考资料，(10): 24；杨育彬，赵灵芝，孙建国等. 1981. 近几年来在郑州新发现的商代青铜器. 中原文物，(2): 1；安金槐. 1992. 对郑州商代二里岗期青铜容器分期问题的初步探讨. 中原文物，(3): 7

② 河南省文物工作队第一队. 1955. 郑州白家庄商代墓葬发掘简报. 文物参考资料，(10): 24

③ 中国科学院考古研究所. 1956. 辉县发掘报告. 北京: 科学出版社. 24

④ 高崇文. 2002. 长江流域礼制文化的发展. 见: 高崇文、安田喜宪. 长江流域青铜文明研究. 北京: 科学出版社. 12

⑤ 张昌平. 2003. 盘龙城商代青铜容器的初步考察. 江汉考古，(1): 45~50

治疆域，而不仅仅是受商文明影响的地区①。

二、商代青铜文明对湖南宁乡青铜器的影响

学术界一般将湖南湘江流域出土的大量商周铜器称为"宁乡铜器群"，因为宁乡不仅是湖南出土商周铜器数量最多、种类最齐全、分布最集中的地区，而且宁乡出土的商周铜器风格比较独特，具有一定代表性。据不完全统计，到目前为止，湖南湘江流域出土的商至西周时期铜器400余件，其中近300件出土于宁乡境内，另外百余件也主要见于宁乡附近的长沙、湘潭、株洲、益阳、岳阳等湘江下游地区②。

1. 湖南宁乡出土的青铜器概况

湖南是南方地区出土商代青铜器最多的省份之一，许多地方都出土有商代青铜器，其中以宁乡青铜器群最具代表性。宁乡商代青铜器主要出土在黄材一带，如寨子山的人面纹方鼎和兽面纹瓿（内有线条纹斧224件）、水塘湾的分裆鼎、炭河里的兽面纹提梁卣（内有1100余颗玉珠、管）、王家坟山的"戈"卣（内有玉管、玉环、玉玦320件）、三亩地的云纹大铙、栗家冲的宽援直内戈、木梆子山的兽面纹觚、米良桥乡侯家嘴的龙纹刀、老粮仓师古寨出土的铜铙、月山铺转耳仑的四羊方尊、象纹大铙（重达221.5千克）、唐市陈家湾出土的兽面纹大铙等③。1993年，湖南宁乡县老粮仓乡师古寨山面向老粮仓、流沙河西北坡处的一口长约1米，深约1.5米的椭圆形窖藏中发现一组10件商代编铙④。它是江南地区继1959年宁乡老粮仓出土5件铙后又一次发现的目前数量最多的一组。除宁乡外，湖南其他地方也有不少出土商代青铜器的，如桃源漆家河、长沙县跳马涧和东山、湘潭九华等，主要集中于石门—桃源—新邵—邵阳一线以东、常宁以北的湘江流域，东达湘赣交界地区⑤。

宁乡青铜器群除极少数时代可早到殷墟青铜器第一期外，基本上都属于

---

① 施劲松. 2002. 中原与南方在中国青铜文明统一体中的互动关系. 见：高崇文、安田喜宪. 长江流域青铜文明研究. 北京：科学出版社. 28
② 向桃初. 2006. 炭河里城址的发现与宁乡器群再研究. 文物，(8)：37
③ 高至喜. 1992. 论中国南方出土的商代青铜器. 见：中国考古学会第七次年会论文集. 北京：文物出版社. 77
④ 长沙市博物馆等. 1997. 湖南宁乡老粮仓出土商代铜编铙. 文物，(12)：16
⑤ 岳洪彬. 2006. 殷墟青铜礼器研究. 北京：中国社会科学出版社. 397

黄河流域的青铜文明

殷墟文化第二期至第四期①，大致相当于殷墟青铜器第二期晚段至第四期。该青铜器群包括礼器、乐器、兵器、工具和小饰件。礼器有鼎、甗、簋、斝、尊、觥、爵、角、瓿、卣、罍、方彝、觯等，其中以鼎、尊、卣最为常见，少见觥、爵，而且觥爵的等量配置更为少见。乐器是该青铜器群中的特色器物，大型铜铙和编铙是湖南最常见的礼乐器，仅铙就出土有40余件，超过南方其他省出土数的总和。从经常伴出的器类组合看，湖南宁乡青铜器群的组合以鼎、尊，或卣或大型铙为主，其中以仿生的尊、卣最具特色，如牛尊、象尊、豕尊和虎食人卣等，不见于其他地区。这反映出该地区在礼制上与中原商文明有较大差别②。

2. 湖南宁乡青铜器群的种类和特征

湖南宁乡青铜器群从器形和纹饰风格看，可以分为两大类。

第一类为典型的商式青铜器，包括所有时代相当于二里岗时期和殷墟青铜器第二、三、四期的青铜礼器，主要器形有扁足鼎、分裆鼎、方鼎、簋、斝、方尊、圆尊、觥、爵、提梁卣、鸮卣及部分铜戈、镞和刀等，这些器类无论器形还是纹饰均与殷墟同类青铜器相同。有几件带有族氏铭文的青铜器，其族名属于常见的商代大族，有可能是商人铸造后传入湖南的③。

第二类为具有地方特色的青铜器，有大铙、线条纹斧、叶脉纹钺、云纹戈、戚、方格纹戈、虎纹钺、云纹鼎等。另外，湖南出土的众多仿生青铜器，如牛尊、象尊、豕尊、四羊方尊、两羊尊、虎食人卣等，虽然纹饰风格与殷墟青铜器相似，但类似的青铜器目前在殷墟及周围中原文化分布区还不曾见到④，因此，有学者将这些仿生青铜器也归入第二类，认为是"本地青铜礼器在艺术上的一种特色"。这一类具有鲜明地方特色的器物有可能是湖南本地铸造的，宁乡一带在当时很可能有较发达的青铜铸造中心⑤。

宁乡青铜器群有几个共同特点：第一，绝大多数出土于窖藏，出自墓葬的几乎没有。第二，出土的具体地点多在山顶、山坡与河、湖岸边；窖藏的位置，有的位于山腰或近山顶处，有的位于河边、湖边的台地上。可能与对自然、祖先的崇拜、祭祀有关。另外，湖南出土商代青铜器的地方分布面积

---

① 高至喜. 1992. 中国南方出土的商代青铜器. 81；王恩田. 1992. 湖南出土商周铜器与殷人南迁. 均载：中国考古学会第七次年会论文集. 北京：文物出版社. 117
② 岳洪彬. 2006. 殷墟青铜礼器研究. 北京：中国社会科学出版社. 399，400
③ 岳洪彬. 2006. 殷墟青铜礼器研究. 北京：中国社会科学出版社. 400
④ 岳洪彬. 2006. 殷墟青铜礼器研究. 北京：中国社会科学出版社. 400
⑤ 朱凤瀚. 1995. 古代中国青铜器. 天津：南开大学出版社. 676

比较大，但除了在宁乡一地出土较多外，其余地方只是零星发现①。第三，绝大多数为一件单独出土，无共存的其他器物；有的器物出土时，腹内装有玉器及其他小型铜器。第四，器类以酒器为主，尤以尊、卣为多，并且青铜尊、卣多为仿生青铜器，具有非常鲜明的地方特色。第五，多大型重器。湖南宁乡所发现的青铜器以大型酒器为多，即便是青铜器中的小器如爵，也比中原地区所出的同类器大，其他酒类器中大器更是屡见不鲜②。

3. 商代青铜文明对宁乡青铜器群的影响

湖南宁乡青铜器群从文化特征上看，可以肯定是在商青铜文明的影响下产生的，其青铜器有的是直接从中原商王朝传入的，有的是在当地铸造的，既有商文明因素，又有强烈的地方特征，如各种人面纹、动物纹器物，表现出鲜明的地方特色。这说明当地的土著民族在接受商代青铜文明的同时，更把自己的民族特色融入其中，使该地区的青铜文明呈现出丰富的内涵和面貌。

宁乡青铜器群从器型上看，多数是以中原青铜器器型为主，部分器物的器型是在中原青铜器器物的造型基础上进行改造，融入一定的地方特色。如鼎、爵等礼器的造型便是照搬中原地区同类器物的形制；其最有特色的仿生青铜器如四羊方尊、象尊、牛尊、豕尊、虎食人卣等，则是在中原地区器物形制的基础上进行创新和改造而成的。中原地区在商代以前出现过以鹰为造型的陶鼎，安阳殷墟妇好墓中也出现有鸮尊、兽形觥、鸮卣等，宁乡青铜器群中的仿生铜器便是在这种基础上来构思的，但却并非照搬，而是加入了自己的创新，塑造出了许多独特的动物造型青铜器。

从纹饰上看，宁乡青铜器群上的纹饰大部分与中原地区类似。总体布局也是对称与连续，带状装饰等，同样以兽面纹为主。但宁乡青铜器群的纹饰在细部上产生了一些改变，如宁乡黄材寨子出土的瓿，形制、纹饰都与殷墟妇好墓出土的一样，其捉手却有差异，宁乡出土的瓿捉手为盘旋而上的龙，龙首在捉手的顶部。新宁出土的方尊，与妇好墓出土的司嫊癸方尊形制、纹饰相同，肩部的装饰却不一致③。并且宁乡青铜器群出现了一些独特的具有地方特色的纹饰如人面纹，动物造型纹饰象纹虎纹等。最具代表性的器物有四羊方尊、人面纹鼎、象纹镜等。宁乡黄材老粮仓司古寨出土的象纹镜，除

---

① 朱凤瀚. 1995. 古代中国青铜器. 天津：南开大学出版社. 673
② 陈佩芬. 1998. 殷墟以外的商代晚期青铜器. 见：中国青铜器全集4，商4. 北京：文物出版社. 15
③ 傅聚良. 2001. 谈湖南出土的商代青铜器. 考古与文物，(1)：43~45

兽面纹之外，还有4只象、12只虎和12条鱼；另外两件象纹镜上都有4只象。宁乡老粮仓北峰滩出土的兽面纹大铙上也饰有4只圆雕的虎。这些动物造型纹饰生动形象，极富特色。

从冶铸工艺上看，湖南青铜器的冶铸也使用了商代流行的分铸法和浑铸法，同中原地区是一致的。但湖南地区的青铜冶铸工艺有个突出的特点，即"外范纹饰凹进，内芯跟着凸出，使铜器上出现外表纹饰凸出，内部跟着凹进"。这与中原地区当时的冶铸技术是有区别的。

学者对宁乡青铜器群的性质、族属等问题已进行了较多的研究和讨论，意见颇不一致，熊传薪先生首先将湖南商周铜器划分为中原型、混合型、地方型三类①，其中将铜铙和动物形铜器归入混合型。高至喜先生则认为不存在混合型，铜铙和动物形铜器应归入地方型②。何介钧先生认为动物形铜器来源于中原地区③，只是中原地区暂未发现而已，而铜铙应是商人在南方的创造。向桃初先生也曾将湖南商代铜器分为三类，中原型、混合型、地方型，并把其他学者归入中原型的大口尊、折肩罍等分离出来归入混合型④。王恩田先生将铜铙和越式铜器归为乙组，其余均为甲组⑤。对宁乡青铜器群的族属问题，学术界也不一致，综合而言，大致有越人、南下的商遗民⑥、三苗后裔等几种看法。

三、商代青铜文明对江西新干大洋洲青铜器的影响

江西新干大洋洲青铜器群1989年发现于距吴城遗址10余公里赣江东岸的新干县大洋洲。发掘者推定这是一座长方形土坑竖穴墓⑦。墓内出土器物相当丰富，计有青铜器485件、玉器754件、陶瓷器356件，其中青铜器数量众多，造型优美，铸工精致，最引人注目。

---

① 熊传薪.1986.湖南省商周青铜器的发现与研究.见：湖南省博物馆.湖南省博物馆开馆三十周年暨马王堆汉墓发掘十五周年纪念文集.长沙：湖南教育出版社.59
② 高至喜.1992.论中国南方出土的商代青铜器.见：中国考古学会第七次年会论文集.北京：文物出版社.83
③ 何介钧.1996.湖南商时期古文化研究.见：何介钧.湖南先秦考古学研究.长沙：岳麓书社.59
④ 向桃初.1998.湖南商代铜器新探.见：四川大学考古专业创建三十五周年纪念文集.成都：四川大学出版社.168
⑤ 王恩田.1992.湖南出土商周铜器与殷人南迁.见：中国考古学会第七次年会论文集.北京：文物出版社.119
⑥ 向桃初.2006.炭河里城址的发现与宁乡铜器群再研究.文物，(8)：39，41
⑦ 江西省文物考古研究所，江西省博物馆，新干县博物馆.1997.新干商代大墓.北京：文物出版社.5

1. 江西新干大洋洲青铜文明的内涵和性质

新干大洋洲出土的青铜礼器主要包括圆鼎、方鼎、扁足鼎、鬲、甗、豆、簋（报告中称盘）、罐（报告中称瓿）、尊（报告中称罍）、卣、壶、瓒等十几种。以炊器和酒器为主。炊器数量最多，有鼎、鬲、甗等3种38件，占青铜礼器的79%多，其中一件四足方甗形体高大，高达115厘米，重78千克，被誉为"甗王"。酒器以盛酒器为主，但却不见殷墟常见的斝、罍和瓿；少见或不见饮酒器，尤其不见殷墟常见的铜觚、爵[①]。与殷墟出土的青铜器以酒器为主不同，新干青铜器的器类组合偏重食器，表现出较为明显的地方特色。

新干出土的许多青铜器都是被打穿大洞后再埋存起来的，出土的青铜器中没有觚、爵、斝，却有为数众多的鼎和鬲，与中原青铜礼制完全不同。其青铜器的年代从商代中期到晚期都有，有些器物经过后人改造，有的经过后人修配，还有一些仿造古式鼎的纹饰与湖南出土的越族青铜器纹饰相同。因此，关于新干大洋洲青铜器群大规模埋存的性质，学术界有不同说法：有墓葬说，有祭祀堆积说。祭祀堆积说认为该遗址是"长时间有意识地聚集起来的"[②]。"从形制特点和纹饰作风考察，这些青铜礼乐器的各自具体年代早晚跨度较大，之间相距达数百年之久"[③]。它可能并非大墓，而是一处祭祀性遗址，性质与三星堆基本相类[④]。因此，新干发现的遗存其性质尚需作深入研究，不宜简单地得出是商代大墓的论断[⑤]。

新干青铜器群所反映的文明性质不能简单看做是中原商文明的传播，而是属于具有浓郁地域特色的吴城青铜文明的有机组成部分。新干大洋洲青铜文明是商代南方的一种土著青铜文明，此种文明在该地延续了较长一段时间，在此期间，虽受到商代青铜文明的深刻影响，但始终保持着自己的独特之处[⑥]。

2. 新干大洋洲所出青铜器概况

新干所出的青铜器中包括礼乐器、炊器、盛食器、水器、盛酒器、兵

[①] 岳洪彬. 2006. 殷墟青铜礼器研究. 北京：中国社会科学出版社. 407
[②] 马承源. 1997. 吴越地区青铜器研究论文集. 台湾：台湾两木出版社. 19
[③] 彭适凡. 1997. 有关新干商代大墓的两个问题. 见：吴越地区青铜器研究论文集. 台湾：台湾两木出版社. 137~146
[④] 张辛. 2002. 长江流域早期青铜文明的形上观察——关于三星堆和大洋洲青铜器的历史定位. 见：长江流域青铜文明研究. 北京：科学出版社. 43
[⑤] 马承源. 2003. 中国青铜器（修订本）. 上海：上海古籍出版社. 396
[⑥] 朱凤瀚. 1995. 古代中国青铜器. 天津：南开大学出版社. 680

器、工具、农具等，种类非常齐全。特别是出土了成百件工具和农具，这在各地出土的青铜器中都是少见的。该青铜器群的基调具有典型的商周青铜器特点，与中原或其他地区出土的商周青铜器具有一定的共性，但同时也表现出一些非常鲜明的地方特色[①]。

从器物的形制和纹饰看，新干青铜器群可以分为四种：第一种为商式青铜器，即与商代青铜器的形制纹饰特征基本一致，第二种是在殷墟青铜器上进行改造，使之具有一定地方特色，第三种是含有先周风格的青铜器，第四种是具有浓郁地方特色的当地青铜器[②]。

第一种商式青铜器，即器类、造型和纹饰等都具有典型商文化的特征。属于这一类的青铜礼器有方卣、分裆圆肩鬲、三足提梁卣、甗、壶、鸟耳夔形扁足鼎、锥足圆鼎、柱足圆鼎、四羊罍、瓿、瓒等[③]。如兽面纹大方鼎、圆鼎及兽面纹壶，属于二里岗上层的器物，也是新干出土青铜器中时代最早的；兽面纹瓿和提梁卣，形制纹饰与殷墟出土的青铜器相同，是商代晚期的青铜器[④]。属于此类的青铜兵器和生活工具有直内戈、长骹短叶矛、长脊宽翼镞、长脊短翼镞、小型方内钺、胄以及耒、耜、箕形器等[⑤]。

第二种融合式，即器类、形制和纹饰等与商式青铜器基本相同，但在某些方面进行过不同程度的加工和改造，使其在形制和纹饰上带有一定的地域特色。属于此类的青铜礼器比较多，有柱足圆鼎、兽面纹锥足圆鼎、方鼎、虎形扁足鼎、瓿形鼎、鬲形鼎、甗、鱼形扁足鼎、连裆圆肩鬲、假腹豆和匕等[⑥]。如在青铜瓿口部补铸两立耳，截去原来的圈足，在底部钻三个洞，铸上非柱形的三足，改造成为敛口的鼎。在鼎、方鼎和甗等器的器耳上，加铸立体的虎及鹿等[⑦]。属于此类的青铜兵器有长骹矛、直内戈、长脊窄翼镞、直脊翘首刀、曲脊翘首刀、方内钺等[⑧]。

第三种为先周式，此类兵器的器形不见于商王朝的王畿地区，却在陕、晋地区的先周文化遗存中多有出现，是周人固有的一些独创器物。属此类的

---

① 苏荣誉等. 1997. 新干商代大墓青铜器铸造工艺研究. 见：江西省文物考古研究所等. 新干商代大墓附录九. 北京：文物出版社. 257
② 江西省文物考古研究所等. 1997. 新干商代大墓. 北京：文物出版社. 192
③ 江西省文物考古研究所等. 1997. 新干商代大墓. 北京：文物出版社. 192
④ 陈佩芬. 1998. 殷墟以外的商代晚期青铜器. 见：中国青铜器全集4，商4. 北京：文物出版社. 19，20
⑤ 江西省文物考古研究所等. 1997. 新干商代大墓. 北京：文物出版社. 192
⑥ 江西省文物考古研究所等. 1997. 新干商代大墓. 北京：文物出版社. 192
⑦ 陈佩芬. 1998. 殷墟以外的商代晚期青铜器. 见：中国青铜器全集4，商4. 北京：文物出版社. 19，20
⑧ 江西省文物考古研究所等. 1997. 新干商代大墓. 北京：文物出版社. 192

器物数量很少，且只有兵器，如长条带穿刀、勾戟、短剑、长胡戈、镂孔镞等①。

第四种为土著式，此类器物的种类和造型乃至装饰纹样都是南方土著民族的独特创造，在中原地区商代青铜器中从未见过。属于此类的青铜礼器只有瓿形鼎、折肩鬲、假腹盘和三足提梁卣等4件，仅占容器总数的3.4%。属于此类的青铜乐器有镈、铙等4件。属于此类的兵器，不仅数量多，而且器类复杂，形式多样，诸如短骹矛、特短骹柳叶形矛、异形矛、銎内钺、宽刃剑、匕首和镂孔锋刃器等。属于此类的工具有犁、镬、双肩铲、溜肩铲、修刀和鱼镖形器等②。

纵观新干青铜器群，可以看出它有几个鲜明的特点：首先，农具大量出土，兵器种类繁多。新干青铜器可分为礼器、乐器、兵器、工具、艺术品及其他六大类。其中，礼器11种、59件，乐器2种、4件，兵器12种、258件，工具18种、142件，艺术品3种、3件。工具中，有农业生产工具9种、33件。青铜农具的出土量居全国发现例之首。而且，这些农具全都可以作为实用器。其次，新干青铜器群的器物组合以食器为主，酒器为辅，鬲多簋少。新干大墓出土的59件青铜礼器中，食器有51件，酒器仅有8件。酒器中，除瓿为非常简朴的鼓腹、圈底素面器外，其余皆形制大方，纹饰精美，表现出极高的工艺水平和装饰技巧。最后，新干青铜器群的装饰纹样中虎形纹饰是青铜器纹饰的主要母题。在新干青铜器群中的绝大部分礼器、全部乐器和艺术品、相当部分的兵器和生产工具上，器表都有装饰花纹，虎纹和虎形饰占据着重要地位③。

从整体上看，新干青铜器群在器类组合、器物造型、器表装饰等三方面都有着自己鲜明的特点，重食轻酒、鬲多簋少的礼器群，一大批特有器型和独特装饰纹样的存在，都说明以新干青铜器群为最高水平代表的青铜文明是一支与中原商文明性质互异的地方文明④。

3. 商代青铜文明对江西新干大洋洲青铜器群的影响

新干大洋洲青铜礼乐器的种类和造型，绝大部分都是仿照中原商代青铜礼器而铸作的，大部分礼乐器上纹饰的类别和构图也与中原商代青铜器相

---

① 江西省文物考古研究所等. 1997. 新干代大墓. 北京：文物出版社. 192；詹开逊. 1994. 谈新干大洋洲商墓出土的青铜兵器. 文物，(12)：87

② 江西省文物考古研究所、江西省博物馆、新干县博物馆. 1997. 新干商代大墓. 北京：文物出版社. 192

③ 詹开逊，刘林. 1994. 初论新干青铜器的地方特色. 南方文物，(2)：49

④ 詹开逊，刘林. 1994. 初论新干青铜器的地方特色. 南方文物，(2)：49

似。但是，大洋洲青铜礼器的组合、器形、纹饰同时还有自己非常鲜明的地方特色，这说明，该地区的土著居民在铸造青铜器的过程中，对先进的中原文明不是完全生搬硬套，而是通过对青铜器的铸造，不断地凝聚着自己民族的智慧和创造力，不同程度地表现出自己民族的心理情感、社会观念及其信仰崇拜和审美意识①。

新干青铜器群与中原商文化青铜器群存在着许多共性，主要表现在某些器类和纹饰上与郑州出土的二里岗上层器物及殷墟出土的器物相近。如袋足鬲，袋足肥硕，高实足尖，近似于二里岗期的铜鬲；柱足圆鼎，腹深且向外倾垂，柱足上粗下细，耳外侧作槽状，与郑州向阳食品厂 H1 出土的大圆鼎形制、大小近同，其上腹部所饰无地纹、粗线条的饕餮纹尾部上卷，也是二里岗期青铜器的风格。大方鼎形制纹饰均近似于郑州张寨南街与向阳食品厂 H1 出土的大方鼎。甗深腹，腹壁较直，和殷墟青铜器二期的直口铜甗相似；铜壶横截面为椭圆形，与殷墟青铜器二期晚段的椭圆形壶相似。铜卣上圆下方，整体风格与殷墟青铜器第二期早段小屯 M331 出土的方卣非常相似，只是小屯 M331 卣圈足为方形，而新干卣圈足为圆形，且中腹有一"十"字交叉穿孔。小口尊与殷墟青铜器第一期和第二期早段所出同类器相似。铜瓒，实为带柄矮体觚，觚体与殷墟青铜器第一期和二里岗期铜觚相似。纹饰上新干青铜器群的纹样以动物类纹饰为主，其中兽面纹最为常见，另有夔纹、鱼纹、变形兽面纹、龟纹等，偶见四瓣纹和圆涡纹。几何纹主要有联珠纹、斜角目雷纹等，还有少数鳞纹、弦纹、乳丁纹、勾连云雷纹等。这些都与殷墟青铜器一期和二期纹饰相似②。

新干青铜器群中的容器与大部分兵器，在形制的基本结构上，可以看出是以二里岗上层和殷墟青铜器为本的，其不同处多在于结构的部分改造、附饰的增加与纹饰的变化。但相当一部分兵器与工具相对于容器而言，与殷墟铜器的差异显得更明显一些，特别是铜工具差别更大。

新干铜礼器的组合形式与殷墟二期较大的中型墓相比，都是以食器、酒器组合为主，但偏重于食器，并且二者在组合形式上有明显差异，如新干食器中，出土有殷墟墓中不多见的鬲、豆，酒器中却不见殷墟铜器组合中必备的斝、爵、觚③。

总体来看，新干青铜器与中原地区出土青铜器造型相同、相类者并不仅限于礼器，其兵器、工具、杂器等，也都与中原商代青铜器有众多相似之

---

① 彭适凡. 1993. 江西新干商代青铜礼器的造型与装饰艺术. 南方文物，(2)：43
② 岳洪彬. 2006. 殷墟青铜礼器研究. 北京：中国社会科学出版社. 411
③ 朱凤瀚. 1995. 古代中国青铜器. 天津：南开大学出版社. 680

处。这些大批"商式"青铜器的出土，说明中原商文明的确曾越过长江，给予长江中下游地区的土著文明以重大影响，对加速当地文化的发展和演进发挥过重要作用[①]。

四、商代青铜文明对四川广汉三星堆青铜器的影响

广汉三星堆遗址是在川西平原上现已发现的最早的一处夏、商时期遗址。城址规模很大，文化内涵丰富，是一个方国的中心都邑，也是四川地区出土商代青铜器最多最典型的地方。该遗址位于广汉市南兴镇北面，东距广汉市政府驻地"雒城镇"约8公里。遗址主要部分在南兴镇所辖的三星、真武、回龙三个自然村以及三星乡所辖的仁胜、大堰两个自然村境内的鸭子河与马牧河两岸阶地上，分布面积约12平方公里。该遗址早在1929年就被发现，此后曾多次进行调查、试掘，1980年以来四川省博物馆、四川省文物管理委员会和四川省文物考古研究所与广汉市文化馆、文物管理所联合先后进行了六次发掘。1988~1994年四川省文物考古研究所三星堆遗址工作站又先后对三星堆遗址东、西、南三面的城墙进行了四次发掘，1980~1994年期间，先后发掘面积共5000余平方米[②]。

1. 四川广汉三星堆遗址的文化内涵和性质

三星堆遗址的文化遗存主要是沿着鸭子河南岸和马牧河南、北两岸的脊背状阶地呈东西狭长方向分布的。在三星堆以南50~60米、南城墙以内300~400米的地方[③]，发现了两个大型器物坑，出土了大量的金、铜、玉石、象牙、骨等各类质料器物[④]。从地层关系和两坑出土铜器的形制和纹饰看，一号坑遗存的年代约相当于殷墟文化一期，二号坑遗存的年代上限可早到殷墟文化二期，不晚于殷墟文化三期。整个三星堆遗址堆积共分四期，一期属于新石器时代晚期，二期年代在夏至商代早期，三期相当于商中期或略晚，四期年代约在商晚期至西周早期[⑤]。关于其遗址的文化性质，发掘简报根据其地望认为应属于早期蜀文化，族属为古代的蜀族；两个器物坑的性质，发掘简报认为是祭祀坑[⑥]。从地域和文化特征来看，三星堆遗址和一、二号祭

---

① 詹开逊. 1991-10-06. 浅议新干商墓出土的扁足鼎. 中国文物报
② 四川文物考古研究所. 1999. 三星堆祭祀坑. 北京：文物出版社. 9
③ 四川文物考古研究所. 1999. 三星堆祭祀坑. 北京：文物出版社. 15
④ 朱凤瀚. 1995. 古代中国青铜器. 天津：南开大学出版社. 670
⑤ 四川省文物管理委员会、四川省文物考古研究所、四川省广汉县文化局. 1987. 广汉三星堆遗址一号祭祀坑发掘简报. 文物，(10)：1
⑥ 四川文物考古研究所. 1999. 三星堆祭祀坑. 北京：文物出版社. 438~440

祀坑出土的器物，除部分具有中原地区的文化因素外，主要反映的是一种地方土著文化的风格，代表的是一种地方文化，与古蜀国应该有着非常密切的关系①。

关于三星堆文化的族属和渊源，学术界有不同看法。有学者认为，三星堆文化是夏人的一支与鄂西川东辖区土著民族结成联盟后西进成都平原、征服当地土著文化而形成的②。还有的学者认为，三星堆二期文化很可能是迁入成都平原的夏遗民与当地土著相结合所创造的一种文化遗存，并发展成后来高度发达的青铜文明——三星堆三、四期文化，它有大量精美的玉器、青铜器，有大型建筑、城墙等宏伟的防御设施，进行过隆重的大规模祭祀活动，其文化中心在成都平原③。

2. 四川广汉三星堆遗址出土的青铜器概况

三星堆遗址的青铜器主要集中出土于两个祭祀坑。一号坑共出土青铜器178件，其中有人头像、跪坐人像、面具、人面像、龙柱形器、虎形器、虎形饰、戈、瑗、尊、瓿、盘、器盖等④。二号坑出土的铜器主要有铜圆尊、方尊、圆罍、方罍、器盖等礼器，另外还有人头像、人面具、立人像、兽面具、眼形器、太阳形器、神树等宗教礼仪用器，有400余件⑤。两坑所出的青铜器均以人像、人头或人面像为主，另有少量青铜容器和其他青铜饰件⑥。三星堆遗址发现的立人像、人头像、人面具、神树、鸟兽等青铜器艺术品多达600余件，有许多器物形体硕大，造型优美奇特，不仅是中国青铜文明中所稀有的，而且在世界青铜艺术中也极为罕见⑦。

广汉三星堆遗址出土的青铜器以各种青铜面具和兵器为多数，礼器较少，且器类非常简单，主要是尊、罍等大型盛酒器，另有少量盘和器盖出土，不见炊食器⑧。大量青铜人物铸像及青铜神树等祭祀用品，是三星堆青铜器群中最具特色的器物⑨。根据三星堆遗址出土青铜器的形制和纹饰等特征来看，基本可以分为三类：

---

① 四川文物考古研究所. 1999. 三星堆祭祀坑. 北京：文物出版社. 438
② 向桃初. 2005. 三星堆文化的形成与夏人西迁. 江汉考古，(1)：65
③ 杜金鹏. 1995. 三星堆文化与二里头文化的关系及相关问题. 四川文物，(1)：7
④ 四川文物考古研究所. 1999. 三星堆祭祀坑. 北京：文物出版社. 23
⑤ 四川文物考古研究所. 1999. 三星堆祭祀坑. 北京：文物出版社. 430
⑥ 朱凤瀚. 1995. 古代中国青铜器. 天津：南开大学出版社. 670
⑦ 赵殿增. 1994. 巴蜀青铜器概论. 见：中国青铜器全集13，巴蜀卷. 北京：文物出版社. 1
⑧ 岳洪彬. 2006. 殷墟青铜礼器研究. 北京：中国社会科学出版社. 404
⑨ 俞伟超. 2002. 长江流域青铜文明发展背景的新思考. 见：长江流域青铜文明研究. 北京：科学出版社. 5

第一类，形制和纹饰特征与殷墟青铜器非常相似，可归属为殷墟系统青铜器。这类青铜器基本上都是容器。如二号坑的矮体尊（K2②：127），大口、束颈、折肩，折肩上堆饰有立鸟与兽面，肩、腹、圈足上均有扉棱，圈足较高，腹与圈足饰三层花形式的饕餮纹，饕餮尾下卷。其形制与纹饰均与殷墟铜器第二期的大口尊（如小屯M18：13子渔尊）相似，肩上立鸟兽的风格也与此期殷墟系统的铜器（如小屯M5出土的妇好方尊）类似[1]。瓿，小口，尖角方唇，斜沿，矮颈，圆弧肩。颈部有两周凸弦纹，肩部主纹为单目夔纹，地纹为云雷纹。形制和纹饰与小屯M232、M388[2]、武官M1[3]出土的铜瓿相似，年代相当于殷墟一期[4]。

第二类是在殷墟青铜器的基础上进行适当改造，使之具有一定的地方特色，主要也是青铜容器。如二号坑所出的细高体尊（K2②：146），形制的基本特征与纹饰仍是殷墟铜器的特征，但圈足特别高，且圈足上饰有饕餮纹，与腹部主纹形式近同，殷墟铜器中未见圈足如此高的尊。又如罍（K2②：70），短直颈、折肩、矮圈足，同殷墟铜器一期中的罍如小屯M388：R2061，M232：R2056等器物的形制，有明显继承关系，但有所发展，腹部变成深腹，而且腹壁变直，近于桶状，殷墟铜器中未见到过此类形制[5]。

第三类是中原殷墟地区未见的，具有浓厚地方特色的青铜器。如诸多形式的人像及"神树"，爬龙柱形器、戈形器等，都是殷墟铜器中至今未见的[6]。人像有大型立人像、小型祭祀人像和人头像。其他器类有突目人面具、平目人面具，有兽面和人首鸟身铜像，有大量人眼形饰件，还有龙、虎、蛇、鸟、凤、鸡等动物造型和树、叶、花、果等植物造型。同时出土的锯齿状长援戈、方形与圆形瑗、动植物形或兽面纹铜铃、凤鸟状的铜牌挂饰，均具有地方特征[7]。

三星堆青铜器群有着鲜明的地方特色，造型独特，数量众多，其青铜冶铸技术的发展水平与商代王畿地区相比也并不逊色，其青铜文明是相当发达的。三星堆遗址祭祀坑中的部分铜器出土时，器内存有泥芯土（内范）。而且在烧骨、坑的填土及其他文化层中都发现过很多类似的铜器泥芯土。这些均表明，三星堆遗址的铜器应是当地铸造的，而不是从外地输入，当地应该

---

[1] 朱凤瀚. 1995. 古代中国青铜器. 天津：南开大学出版社. 672
[2] 李记. 1948. 记小屯出土之青铜器（上篇）. 中国考古学报，第三册. 16，17
[3] 中国社会科学院考古研究所安阳工作队. 1979. 安阳武官村北的一座殷墓. 考古，(3)：224
[4] 四川文物考古研究所. 1999. 三星堆祭祀坑. 北京：文物出版社. 428
[5] 朱凤瀚. 1995. 古代中国青铜器. 天津：南开大学出版社. 672
[6] 朱凤瀚. 1995. 古代中国青铜器. 天津：南开大学出版社. 672
[7] 赵殿增. 1994. 巴蜀青铜器概论. 见：中国青铜器全集13，巴蜀卷. 北京：文物出版社. 4，5

有大型的冶铸中心。①

3. 商代青铜文明对四川广汉三星堆青铜器群的影响

商代青铜文明对四川广汉三星堆青铜文明的发展进程起过重要的促进作用。一号坑中出土的青铜礼器，如尊、瓿、盘和器盖等，都是二里岗上层和殷墟一期常见的器物，这些器物的纹饰作风是典型的商文化风格。二号坑出土的圆尊早期形制十分接近商文化风格；方尊和方罍也是商文化尊、罍特有的形制，仅纹饰体现出蜀文化的特色。这些器物形制的特征变化清晰地反映出商文明与蜀文明之间的长期交流与融合②。

从器物形制和纹饰特征看，三星堆遗址出土的青铜器深受中原青铜文明的影响。其仅见的几类容器尊、罍、瓿、盘等，器形都有着明显的殷墟青铜器的痕迹。一号坑中出土的瓿，形制和纹饰与小屯M232、M388③、武官M1④出土的铜瓿相似。羊首牺尊，喇叭口，宽平肩，高圈足，腹部与圈足的纹饰为云雷纹组成的兽面纹。花纹单层，主体纹饰与地纹之间的区分不明显，形制比较原始，与郑州白家庄期（二里岗上层二期）至殷墟一期铜器上的花纹相似，年代相当于殷墟一期偏早⑤。二号祭祀坑出土的牛首圆尊形制为平沿，方唇，矮颈，腹深而直，平底，圈足低矮。圈足上的镂空为十字形或横长方形，有的在圈足下沿镂空有小圆孔。器物肩部的牛头肥硕，角粗大，牛头下有方形支撑，肩部和牛头上无立鸟，仅铸出扉棱。主体纹饰多用宽线条构成，地纹为细线条。这些器物的特征均与殷墟同类器物是相似的。K2②:184铜方尊肩部纹饰是由较均匀的粗线条构成的夔龙纹，肩部有尾上翘的鸟形饰，是殷墟二期方尊的典型特征⑥。

但古代巴蜀先民在模仿殷墟青铜器铸造器物时，并不是单纯地照搬形制，而是注入自己的审美观点和使用习惯，在器物种类、造型特征和纹饰装饰等方面不断改造和创新，加入自己的民族特色。在庄重神圣的祭祀礼器，大量使用的兵器，生活中的炊食容器，劳作时的工具杂器等各类器物上，都能反映出本民族的特有风格。

另外，巴蜀先民在仿制殷墟青铜器的同时，也在不断地创造自己民族特有的青铜器物，如大量的人兽雕像、人面具、青铜神树等，风格独特，具有

---

① 四川文物考古研究所.1999.三星堆祭祀坑.北京：文物出版社.22
② 四川文物考古研究所.1999.三星堆祭祀坑.北京：文物出版社.447
③ 李记.1948.记小屯出土之青铜器（上篇）.中国考古学报，第三册.16，17
④ 中国社会科学院考古研究所安阳工作队.1979.安阳武官村北的一座殷墓.考古，(3)：224
⑤ 四川文物考古研究所.1999.三星堆祭祀坑.北京：文物出版社.428
⑥ 四川文物考古研究所.1999.三星堆祭祀坑.北京：文物出版社.430，431

鲜明的个性特征和民族特色[①]。其中青铜人像及头像多达数十尊，人面形青铜像约几十具。最大的一尊青铜立人像高达163.5厘米，连同头上的花冠及下面的座通高260厘米。有一棵高140厘米的青铜"神树"，上有奇特的飞禽走兽、枝叶、果实。这些青铜器物有着强烈的宗教色彩和地方特色，在全国其他地区都未曾见到过同类器物。此外，三星堆祭祀坑还出土有大量金器，也是中原和其他地区极少见的，如金杖、金面罩、虎形器等。金杖由纯金皮包卷而成，杖的上端有46厘米长的一段平雕纹饰图案，金皮内侧存有炭化木痕。金面罩由纯金皮压成，与铜头像面部大小相似[②]。

三星堆遗址祭祀坑出土的器物，除金面罩、大型青铜立人像、人头像、神树、部分玉璋外，其他如尊、簋、盘等青铜器和玉器与殷墟出土的青铜器、玉器的形制、花纹基本一致。其出土的金器、青铜器、玉石器、陶器、象牙、贝等均有火烧过的痕迹，因此研究者认为这些遗物可能是在举行一次规模庞大、祭典隆重的燎祭活动后瘞埋下的。[③]

三星堆遗址出土的青铜器数量众多、形体硕大、造型独特，有些器物，特别是青铜人像在商代其他遗址中都未曾见过。其文化遗存中除含有殷墟青铜器风格外，还含有一部分二里头、二里岗文化的因素，如封口盉，高柄豆等陶器，被研究者视为二里头文化传播影响的结果。另外，三星堆遗址还出土有镶嵌绿松石的铜牌饰，其形制可以看出是对二里头典型的代表器物铜牌饰的继承和发展[④]。这些都说明三星堆青铜文明早在夏代时就已与中原地区青铜文明存在着相互交流和影响。发展到商代，二者之间的交流和融合更加密切，中原地区的青铜文明在器物形制和铸造技术上都对三星堆青铜文明产生了深刻影响。

[①] 赵殿增. 1994. 巴蜀青铜器概论. 见：中国青铜器全集 13，巴蜀卷. 北京：文物出版社. 11
[②] 四川省文物管理委员会，四川省文物考古研究所，四川省广汉县文化局. 1987. 广汉三星堆遗址一号祭祀坑发掘简报. 文物，(10)：14；四川省文物管理委员会等：1989. 广汉三星堆遗址二号祭祀坑发掘简报. 文物，(5)：19
[③] 四川省文物管理委员会，四川省文物考古研究所，四川省广汉县文化局. 1987. 广汉三星堆遗址一号祭祀坑发掘简报. 文物，(10)：14；四川省文物管理委员会等. 1989. 广汉三星堆遗址二号祭祀坑发掘简报. 文物，(5)：18
[④] 张天恩. 2002. 天水出土的兽面铜牌饰及有关问题. 中原文物，(1)：45

第三章
黄河流域青铜器的铸造工艺

从夏代黄河流域进入青铜时代开始，青铜器的铸造工艺和水平便开始迅速发展。夏代时，铜矿石的冶炼和青铜器的铸造已经分开进行，出现了比较大的铸铜遗址。青铜器的铸造已使用了范铸法，并且铸造人员对青铜合金的主要元素有了初步认识，铜器上镶嵌绿松石的技术已相当成熟。到了商代，青铜冶铸技术得到了进一步发展。铸铜遗址规模更大，并且有了明显分工。铸造青铜器广泛使用陶范法，除了一次成型的浑铸法外，还产生了分铸法，有大型的熔铜炉，能够铸造大型青铜器。铸造人员对青铜合金的成分有了更深入的认识，能根据不同器物的需要配置不同的合金成分。青铜器的装饰工艺除了镶嵌绿松石的技术继续发展外，还出现了在青铜器上髹漆的工艺。西周和春秋战国时期，黄河流域青铜器的铸造工艺进一步发展。铸造青铜器时，除了使用范铸法外，春秋时期还出现了失蜡法，另外西周末春秋时期，分铸技术中出现了焊接工艺。焊接技术和失蜡法的出现使得青铜器的铸造水平发展到了一个新的阶段，能够制造各种器形复杂、花纹繁复的青铜器物。青铜器的装饰工艺此时也有了许多新发展，出现了鎏金银、错金银等新技术，使青铜器的外观更加精致和富丽堂皇。

第一节 商代青铜器的铸造器具

商代青铜器的铸造技术已经发展到了一个较高水平。目前发现的商代铸铜遗址规模都非常大，出土有大量的陶范、泥芯、陶模、坩埚、铜炼渣、铜矿石、木炭、鼓风嘴等遗物，从这些遗物中可以明显地看出当时的青铜冶铸规模、铸造技术。当时已有大小不同的熔铜工具来满足不同器物的铸造要求，使用块范法铸造青铜器，并且铸造青铜器时已有了明确的分工，有的铸铜作坊仅铸造生产工具，有的仅铸造武器或礼器，极大地提高了生产效率。

一、商代熔铜炉的构造

目前发现的商代前期铸铜遗址主要有1954年发掘的郑州南关外铸铜遗址和1955年发掘的紫荆山北地铸铜遗址。南关外二里岗期铸铜遗址出土有坩埚、灰陶大口尊、红陶缸等熔铜工具和镞、双刀、斝、方鼎、鬲、爵等青铜器的陶范和泥芯，还发现了一些孔雀石、铜渣、木炭和青铜器[1]。紫荆山北地二里岗期铸铜遗址发现有小型房基，硬土地坪上粘附的铜渣，布满绿锈的铸铜场地，另外还有大量的坩埚残器和碎片、红烧土块、炼渣、木炭和数以千计的铸造各类青铜器的陶范。

从上述铸铜遗址出土的遗物来看，商代前期的熔铜工具主要有三种：

第一种是泥质灰陶大口尊改制成的熔铜坩埚，口径36.8厘米、壁厚2厘米、残高55.4厘米。这是二里岗商文化常见的一种器物，其形制为大口，颈内收，凸肩，深腹，圜底，通常饰有绳纹、弦纹和附加堆纹。改制时在器壁内外都涂有较厚的草拌泥，以加固器壁，由于高温，器内壁都变成了青灰色，并附有一层铜渣[2]。

第二种是砂质红陶大口缸改成的熔铜坩埚，大小与第一种近似，都只适宜铸造小型的青铜器物。其耐火程度要比泥质大口尊高，所以只在外壁涂草拌泥。经过高温，缸的胎壁都烧成了砖红色，内壁也粘附有一层铜渣[3]。

第三种是用黏土堆制而成的坩埚，外部敷有较厚的草拌泥，椭圆形口。坩埚内外粘有一层铜渣，有的口部还有破裂痕迹，可能是由于高温形成的[4]。此外在郑州南关外还发现有陶制的鼓风嘴，其用于何种工具尚不能肯定，估计是用于较大型的炉式工具[5]。

商代后期铸铜技术得到了很大发展。目前发掘的商代后期铸铜遗址主要有殷墟苗圃北地和孝民屯。在苗圃北地铸铜遗址中，发现有许多小陶管，陶管呈锥形，一头粗一头细，长3～5厘米，常伴随炼铜工具残块出土，可能是鼓风皮囊上的风嘴。另外还出土有大量的木炭，应该是熔铜用的燃料[6]。

---

[1] 马承源. 2001. 中国青铜器. 上海：上海古籍出版社. 507

[2] 杨育彬. 1996. 夏和商早、中期青铜器概论. 见：中国青铜器全集1，夏商1. 北京：文物出版社. 51

[3] 杨育彬. 1996. 夏和商早、中期青铜器概论. 见：中国青铜器全集1，夏商1. 北京：文物出版社. 51

[4] 杨育彬. 1996. 夏和商早、中期青铜器概论. 见：中国青铜器全集1，夏商1. 北京：文物出版社. 51

[5] 朱凤瀚. 1995. 古代中国青铜器. 天津：南开大学出版社. 498

[6] 杨锡璋. 1996. 殷墟青铜器概论. 见：中国青铜器全集2，商2. 北京：文物出版社. 17

孝民屯铸铜遗址前后经过三次发掘，分东、西两区三处铸铜遗址，总面积达5万平方米，是殷墟迄今为止发现的最大的一处商代铸铜遗址①。在该铸铜遗址的历次发掘中，发现的铸铜遗迹有范土备料坑、范块阴干坑、大型青铜器铸造场所、与铸铜活动有关的祭祀坑等，最多的是原料取土坑和铸铜遗物废弃堆积。其铸铜遗物按功能大致可分为熔铜器具草泥炉和夹砂炉，铸铜器具模、范、芯，修饰器具磨石、陶拍、铜削、铜刻、针、骨锥等及其他陶管、陶"盉"形器、烧土块、木炭等四大类②。

由商代后期铸铜遗址的情况分析，当时常见的熔炉有三种：

一种是土炉式熔炉即竖炉，建筑在地面上。由此种熔炉的残块分析，炉壁直径约83厘米，内径60~70厘米，壁厚约4~5厘米，内壁皆为草拌泥盘筑，由高20厘米、宽约2.5厘米的泥条圈成。内壁上都附有一层黑色发光的"烧流"，有的还粘有铜渣和木炭渣。由出土的熔炉残块还可以得知，炉底与炉壁相交处有一直径约5厘米的洞口，据发掘者推测，可能是铜液的出口③。这种大熔炉应已具有某种形式的鼓风装置④。

另一种是土坑式熔炉。坑呈圆形或椭圆形，口径约1米，深约0.5米，平底或圜底。坑壁上平抹有草拌泥，被烧成流⑤。

这两种熔炉体积较大，均为草泥炉，应该都是用来铸造大型青铜器时使用的。制作方法可分为条筑式和堆筑式，以条筑式为多。从殷墟孝民屯铸铜遗址发现的3000余块草泥炉残片可以看出条筑式炉的炉壁由里及外分四层：炉衬层、基体层、草泥壳层、加固层；堆筑式炉的炉壁只观察到两层，内为炉衬层，外为草拌泥层。这两式熔炉中的部分残片发现有多层炉衬，证明熔炉是经过多次维修和使用的，少量炉衬表面粘有铜液和木炭颗粒，有的还有木炭压痕，说明木炭和铜块是放在一起的，都为内燃式炉⑥。

第三种是小型陶质炼铜器皿夹砂炉，即商代前期常见的坩埚。质地包括

---

① 殷墟孝民屯考古队. 2007. 河南安阳市孝民屯商代铸铜遗址2003~2004年的发掘. 考古，(1)：24；中国社会科学院考古研究所. 1987. 殷墟发掘报告（1958~1961）. 北京：文物出版社. 11，28；中国社会科学院考古研究所安阳工作队. 2006. 2000~2001年安阳孝民屯东南地殷代铸铜遗址发掘报告. 考古学报，(3)：378

② 殷墟孝民屯考古队. 2007. 河南安阳市孝民屯商代铸铜遗址2003~2004年的发掘. 考古，(1)：24

③ 中国社会科学院考古研究所. 1987. 殷墟发掘报告（1958~1961）. 北京：文物出版社. 58

④ 朱凤瀚. 1995. 古代中国青铜器. 天津：南开大学出版社. 498

⑤ 中国社会科学院考古研究所. 1987. 殷墟发掘报告（1958~1961）. 北京：文物出版社. 58

⑥ 殷墟孝民屯考古队. 2007. 河南安阳市孝民屯商代铸铜遗址2003~2004年的发掘. 考古，(1)：18

粗砂硬胎与细砂泥胎两种。陶质均很坚硬，是铸造小型青铜器的工具①。孝民屯铸铜遗址的夹砂炉残片出土有百余片，《殷墟发掘报告》中称之为坩埚。炉衬表面普遍粘有铜液，出土时均为小片，内凹，不能复原，推测应为圆形或椭圆形，直径小于草泥炉。此类炉多数有数层衬面，每层均粘有铜液，说明也是经过多次修缮和使用的。炉衬表面与铜液接触的部分呈灰绿色，且多数烧成蜂窝状的小孔，说明也属于内燃式炉②。

另外还有一种与熔铸青铜有关的陶质器具，即"将军盔"，大口，口沿外张，圆唇，深腹，腹壁斜直，下腹收敛成尖状，小平底。较小者高30余厘米、口径20余厘米、壁最厚3厘米，较大者高达40厘米以上、口径30厘米以上、壁最厚达5厘米以上，均为夹砂粗红陶。分两种，一种在内壁糊泥，厚胎；另一种不糊泥。出土的将军盔个别里面保存有较厚的铜渣③，而且里面的壁比外面的烧得严重，说明它也是一种内加热的熔铜设备。从其结构和使用痕迹来看，大概有熔铜和浇铸两种用途④。

从上述分析看，商代有大型的熔铜炉和小型的熔铜坩埚，能够满足不同类型青铜器的浇铸需要。商代熔铜的方法都属于内加热，即把铜料、木炭一起加入炉中，鼓风燃烧来熔化铜，所以熔炉内壁都附有"烧流"、木炭与铜渣。这种内加热法可以达到更高的实际熔铜温度，并且由于木炭和铜直接接触，避免了铜液的氧化，提高了铸件的质量⑤。

二、商代铸造青铜器的范、模、芯等器具

商代铸造青铜器的方法是范铸法，要先制模、范、芯，然后才能浇铸。在殷墟的几个铸铜遗址中，都发现有大量的铸造青铜器的陶范、模、芯等遗迹。

模又称"母范"，可以用陶、木、竹、骨、石等各种质料来制作。从出土实物看，商代最常见的是陶模⑥。商代常见的制模方法有两种：一种是直接以实物为模，例如制造铜镞的范，就是用实用的铜镞作模，在泥片上压成一个个镞外范，型腔相同，铸成的箭头整齐划一。这种实物模在商代并不太

---

① 朱凤瀚. 1995. 古代中国青铜器. 天津：南开大学出版社. 498
② 殷墟孝民屯考古队. 2007. 河南安阳市孝民屯商代铸铜遗址2003~2004年的发掘. 考古，(1)：18
③ 中国社会科学院考古研究所安阳工作队. 1989. 1987年安阳小屯村东北地的发掘. 考古，(10)：900
④ 朱凤瀚. 1995. 古代中国青铜器. 天津：南开大学出版社. 498
⑤ 朱凤瀚. 1995. 古代中国青铜器. 天津：南开大学出版社. 500
⑥ 朱凤瀚. 1995. 古代中国青铜器. 天津：南开大学出版社. 529

黄河流域的青铜文明

多。一种是制作泥模,即根据要制作器物的大小和形状做成一个泥模,在上面雕刻花纹,经烘烤取出修整,成为陶模,就可以使用了①。

制作泥模时,对泥土有严格要求。泥土中要羼上少量的砂、烧土粉、炭末、草屑或其他有机物,其中泥土的含量要高,杂质仅是少量,另外还要掌握好调配泥料时水的含量,三者的比例要有严格控制。这样才能使泥料拥有较低的收缩率与适宜的透气性,避免在塑成模型后因干燥、焙烧而发生龟裂现象。泥模塑成后,其表层还必须做得细致、坚实,以利于在其上雕刻纹饰。等其在室温中逐渐干燥,有了一定硬度时,便在模上雕刻各种花纹。泥模全部完工后,必须放入窑中焙烧成陶模才能用来翻范。泥模在干燥并经焙烧后,体积会收缩,所以泥型在塑造时一定要比所需的尺寸略大些②。

泥模的制作可以分全模和分模。全模是指将直接制成器物的完整形状作为模,主要用于铸制小型的鸟兽尊或不对称形的小件器物。分模即分型制模,是指利用器物的对称性,模子只做成相当于器形的一部分,重复使用就可以代替全模③,有助于提高生产效率。商代使用全模较少,早在商代二里岗时期,就已掌握了分型制模技术,因此绝大多数器物的制造都是使用分型制模。商代铸铜遗址出土的陶范和模,都属于分型制成的模,即出土的模只是整器的一部分。至今为止,从未见到出土有完整器物形状的模。尤其是对称性的礼器,几乎都是使用分型制模④。

范根据材质的不同可分为石范、泥范、铜范、铁范等类型,早期铜器的铸造都是使用石范和泥范。石范是用片麻岩或其他较软的石料制成,用于铸造简单的生产工具和兵器。如山西夏县东下冯遗址出土的铸镞石范、江西吴城商代遗址出土的石范等。泥范是指用经过筛选的黏土和砂配制成泥,把和好的泥拍成平板,附捺在模型外部,用力压紧,使模上的花纹反印在泥片内。等泥片半干时,按器物耳、足、边、角或中点等处,用刀錾划整齐,在各片之间做出三角形榫眼使之能密切相接。然后阴干烘烤,修饰范内面的花纹,这样翻出的范叫外范⑤,焙烧温度高时,接近陶质,因此又称陶范。商代广泛使用的是泥范铸造。

泥范的制作方法大致有两种:

一种是整模制范,有泥片堆贴和夯筑两种方式。泥片堆贴法是把泥片直

---

① 北京钢铁学院中国冶金简史编写小组. 1978. 中国冶金简史. 北京:科学出版社. 28~29
② 朱凤瀚. 1995. 古代中国青铜器. 天津:南开大学出版社. 529
③ 北京钢铁学院中国冶金简史编写小组. 1978. 中国冶金简史. 北京:科学出版社. 28~29
④ 董亚巍、周卫荣、王昌燧等. 2006. 论中国古代的青铜器铸技术. 古代文明研究,(6)
⑤ 北京钢铁学院中国冶金简史编写小组. 1978. 中国冶金简史. 北京:科学出版社. 30

接堆贴在模上，用力压紧，模的形状及花纹就印在泥片上，整个模贴完泥片后，就分割取下，范片之间的相接处留榫卯以便连接。几块范不是同时一起堆贴到模上，而是逐次堆贴的，当第一块范泥堆贴好后，将分型面修齐并挖出榫、卯，涂上分型剂，然后再在模上继续贴另一块泥范[①]。夯筑法，是先用薄泥片贴印在模上，而后再将泥片加厚而成。先准备一个木框，把模放在框内，用范土夯筑，夯筑完后再分别切割，分成几块外范，每块做出榫卯相衔接[②]。

  一种是分模制范，是指根据实际操作的需要，把一个器物的整体形状分别分型，做成两个或多个各不相同的模，再利用不同的模分别翻范，最后合在一起，组成整体范。以商代方彝的铸造为例，彝为方形空腹，四角及四个立面中心皆有扉棱，盖为方锥形空腔，也有扉棱。制模时，腹部模必须以立面中心扉棱的中间为界，分左右两模，殷墟出土的彝范正是以纹饰面中心的扉棱中间为界分左右两范[③]。如果是四个面宽度相等，每个面的两边及中间都有扉棱的器形，其制模都是用这种方法。如果是两个面宽两个面窄的器形，其制模数量则需增加一倍。在分型制出的模上分别翻出泥范，再在分别制出的芯盒中制出泥芯，然后将范与泥芯组合成整体范后外糊草拌泥，经阴干焙烧后浇铸整器。这种在分型制出的模上制范的技术，称之为分模制范技术[④]。

  从模上翻范时技术性很强。对于造型简单的实心器如刀、戈、镞等，只需由模型翻制出上下两块外范即可，这种外范称为二合范。在郑州二里岗和殷墟的铸铜遗址中都发现有镞范，每一瓣范内有多个镞范，由一个浇口注入铜液，从中间的通道分铸入左右两边的镞范，浇注一次就可铸出多件镞。制空心容器时，制范和翻范的技术就比较复杂了。首先翻范前要决定外范应分为几块及应在何处分界。翻范时必须掌握好挤压范泥时的方向和力度，使泥与模紧密贴合，才能将模上的花纹完整而清晰地翻印在范上。翻花纹时还需要使用分型剂，才能保证模范的顺利分离和花纹的完整。商代从模上分范的方式有两种，一种是沿器物的垂直方向进行分范，以铜觚为例，一般复原的外范分范位置均在器物的垂直轴线，沿器物周长分范[⑤]；另一种是水平方向分范，即外范的分范方向是沿器物的水平轴线横贯器物，孝民屯东南地出土

---

 ① 朱凤瀚. 1995. 古代中国青铜器. 天津：南开大学出版社. 530
 ② 杨锡璋. 1996. 殷墟青铜器概论. 见：中国青铜器全集2，商2. 北京：文物出版社. 16
 ③ 中国历史博物馆，国家文物局. 1997. 中国古代科技文物展. 北京：朝华出版社. 110
 ④ 董亚巍，周卫荣，王昌燧等. 2006. 论中国古代的青铜范铸技术. 古代文明研究，(6)
 ⑤ 冯富根，王振江，华觉明等. 1982. 殷墟出土商代青铜觚铸造工艺的复原研究. 考古，(5)
534

的陶范明确显示出商代制范技术是普遍使用水平方向分范工艺。这种分范工艺便于外范脱模，有利于控制外范的大小及高度，减少外范在制作、阴干、焙烧过程中变形的可能，因此在当时得到了广泛使用①。

制范也需要选用和制备适当的泥料。从各地出土的商周泥范的材料来看，其主要成分是黏土和砂。备制范的泥料时，必须极其细致，要经过晾晒、破碎、分筛、混匀，然后加入适当水，和成软硬适度的泥土，再经过反复摔打、揉搓，并经过较长时间的浸润，使泥料定性。这样制出的泥料才有较好的可塑性及湿度、强度，更适合翻范。此外，在制备泥料时尤其要注意，保证泥范与模接触一面的泥质要坚实、细密，这样才能从模上较清晰地拓印下纹饰。范做成后要阴干，并经过焙烧。一件器物需用多少块范，与器物的大小及种类有直接关系。如铸小刀，一块范即可。而铸有内且安装柲的铜戈，就需要两块范。铸大件器物的用范数，同种器物也不一样，例如铜瓿，少的用两块范即可，多的则要用四块或六块②。

泥芯的制作方法经诸家复原实验的研究也有三种③：

第一种方法，是从模型上翻制好外范后，利用模型来制芯，即将模型的表面加以刮削，刮削的厚度即是要铸青铜器的厚度④。此种方法作芯时，模型是实心，其口沿以上要加高，使之高于耳。在刮削模型时，延长的这部分不必刮削，用来作为底范，并在延长部分的适当位置挖出器物的耳型槽，作为耳范⑤。对于这种制芯方法，学术界有不同看法，有学者认为翻过范的泥模已被焙烧成陶质，陶质有一定硬度，不易刮削，同时也无法保证刮得一周厚度均匀；而且陶模无退让性，一旦作为泥芯，当铜液将陶模包裹后，在冷却过程中收缩体积时会受阻，铸件定会缩断；且陶模表面本有一定的光洁度，一旦刮开表面即是十分粗糙的毛面，陶质属熟料，无粘接性能，不可能修整得光滑。更为重要的是，制作一个模具本来就很不容易，要经过许多精雕细刻，刮掉表面纹饰当芯子后，模就彻底报废了，再没有制作第二套范的可能。因此范铸法中所用的泥芯的制作应该是在芯盒中填入泥沙料夯制成型，绝大多数应出自芯盒，即专为制作泥芯而设计的芯盒。芯盒的制作，应属于制模时的统筹设计范围。刮模为芯的做法不可能是古代范铸法中普遍应

---

① 李永迪，岳占伟，刘煜. 2007. 从孝民屯东南地出土陶范谈对殷墟青铜器的几点新认识. 考古，(3)：61
② 杨锡璋. 1996. 殷墟青铜器概论. 载：中国青铜器全集2，商2. 北京：文物出版社. 17
③ 朱凤瀚. 1995. 古代中国青铜器. 天津：南开大学出版社. 531
④ 万家保. 1984. 古代中国青铜器的失蜡法和块范法铸造. 大陆杂志，六十九卷第二期
⑤ 朱凤瀚. 1995. 古代中国青铜器. 天津：南开大学出版社. 531

用的常规工艺①。

　　第二种，是把模型制成空心的，从其腹腔中脱出芯②，并使脱出的芯与底范连成一块，此后在底范上器耳的位置挖出两个耳形槽，用来铸造双耳，或将这一位置挖空，将预先从耳孔中翻出的两块泥芯粘结于此空当中。③

　　第三种方法是利用外范制芯④。有两种操作方式，一种是先合范，再填芯土，然后把范脱开，刮取芯土上相当于器物厚度的土。有些器物的芯土是留在器物内取不出来的，如鼎耳和鼎足内的芯土⑤。用这种方法制芯时，原模型口沿以上也要加高到高于耳的程度，这样从此模型中脱出的外范即包住器耳。另一种是在型范内壁贴补泥片，使其厚度相当于器壁和底的厚度，然后再向其中填充制芯所用的材料，捣紧刮平后，脱出修整，即得到芯。同时除去在外范内壁贴补的泥片以形成型腔。然后在芯上相当于器耳的位置挖出耳形槽⑥。

　　商代时已经使用了复合范（芯），殷墟孝民屯东南地铸铜遗址出土的少数外范，在口下兽头的位置留有一方形空腔，内部应该是放置兽头范的，但目前尚未发现配合这些空腔的兽头复合范。孝民屯东南地还发现一块铭文芯，从其弧度以及背面光滑和上部有一榫等特征判断，应是镶嵌于一器物主体芯上的，与主体芯属于复合芯。在孝民屯东南地铸铜遗址的复合范发现以前，复合范的使用最早见于东周时期的侯马铸铜遗址⑦。

第二节　商代青铜器的铸造方法

　　商代青铜器的铸造方法主要是范铸法。范铸法早在二里头时期就已开始使用，是应用最广的青铜器铸造法。范铸法分浑铸法和分铸法两种。一件铜器的浇注，有的是一次性完成，有的需要多次完成，前者称为浑铸法，后者称为分铸法。分铸的器物，大多是附件，如提梁卣上的提梁，铜尊肩上的兽

---

①　董亚巍，周卫荣，王昌燧等. 2006. 论中国古代的青铜范铸技术. 古代文明研究，(6)
②　冯富根，王振江，白荣金等. 1980. 商代青铜器试铸简报. 考古，(1)：93
③　华觉明等. 1981. 妇好墓青铜器群铸造技术的研究. 见：考古学集刊第一集. 北京：中国社会科学出版社. 247
④　冯富根，王振江，华觉民等. 1982. 殷墟出土商代青铜觚铸造工艺的复原研究. 考古，(5)：536
⑤　杨锡璋. 1996. 殷墟青铜器概论. 见：中国青铜器全集2，商2. 北京：文物出版社. 17
⑥　朱凤瀚. 1995. 古代中国青铜器. 天津：南开大学出版社. 531
⑦　李永迪、岳占伟、刘煜. 2007. 从孝民屯东南地出土陶范谈对殷墟青铜器的几点新认识. 考古，(3)：59

头等。分铸法又可分为后铸、先铸和插接三种连接方式。后铸法是先铸器物的主体部分，然后再在其上浇铸附件。先铸法是先把附件铸好，在铸造器物主体部分时把附件放入主体部分陶范中，然后浇铸。插接法是分别铸造器体和附件，铸造时在器体上附件位置预留孔洞，把铸好的附件再插接上去。分铸法的发明，是青铜铸造技术上的重要发展，解决了铸造复杂器物的技术问题。

一、商代青铜器的浑铸法

浑铸法是指制好范、模、芯后，把器身范和各种附件范全部组合到一起，浇铸铜液，把青铜器一次性完整铸成的方法，多用于铸造一些器形简单的器物。商代浑铸法制造青铜器的程序主要有如下几步[①]：

第一步先制模。用泥制成要铸造器物的形状，并刻画上纹饰，阴干焙烧后形成陶模。

第二步制外范。用一定厚度的泥块附贴或夯筑在制好的陶模表面上，用压力印出模的形状和纹饰，待泥半干时，选择适当部位，用刀切成多块，每块之间做出三角形榫卯，使合范时各个范块之间能够扣合紧密，然后修饰内壁花纹，晾干，制成外范。

第三步是制内范，即芯。利用空心的模或合拢的外范，填充空腔，再脱出修整，制成芯范。

第四步合范。即通过预制在内外范上的榫卯或支钉、定位销，把制好的内外范组合装配好绑紧，或涂上草拌泥，使其严密扣合，确保合范时不发生移动或错位。然后在适宜的环境中逐渐阴干，最后入窑焙烧，形成一套完整的陶范。

第五步浇注。刚焙烧好的陶范可以直接用来浇注铜液，铸造青铜器。否则的话，要先把陶范进行预热，以减少范芯间的气体，避免浇铸时产生气泡。即在合好的范外面用草拌泥加固，留出与外范相对应的浇口和排气排渣的冒口（冒口仅在铸造大型铜器时才用），进行烘烤预热，然后用坩埚盛熔好的铜液进行浇注，制作铜器[②]。

第六步脱范修整。青铜器铸成后，脱出陶范，然后对青铜器进行錾凿、打磨、锯错，去除多余的毛刺、铜块、飞边等，使青铜器最终表面光洁，花

[①] 朱凤瀚. 1995. 古代中国青铜器. 天津：南开大学出版社. 531；杨育彬. 1996. 夏和商早、中期青铜器概论. 见：中国青铜器全集 1，夏商 1. 北京：文物出版社. 16，17

[②] 杨育彬. 1996. 夏和商早、中期青铜器概论. 见：中国青铜器全集 1，夏商 1. 北京：文物出版社. 16，17

纹完整。

以商代青铜酒器斝的制作为例，作器者先用泥塑出斝的形体，作为模；然后在斝的泥模上，雕出花纹。泥模阴干焙烧后，再利用模翻制出外范。由于斝的形体比较简单，器身部分只用前后两块大范就够了，另外，在口部和底部还各需两块范，总共需分制出四块外范，各范之间做出榫卯，用以连接。外范做好后组装起来，利用外范再做出一个比泥模小些的内范（泥芯）。最后，用支钉把内、外范等距离隔开，成为容铜液的空腔，各范之间以子母榫相互扣合，以免错位，把内外范组装好，留出浇口和冒口，阴干焙烧，形成斝范。浇注铜液时，先把斝范预热，将其底部朝上，把熔化的铜汁从喇叭形的浇口注入，浇口旁边有排出空气的小孔。待铜汁凝固后，剖开范，器便铸成了。然后再经过修整，整个铸造工序便完成了。

浑铸法是最先出现的青铜器铸造方法，主要用于铸造一些简单的小型器物。分铸法出现以后，浑铸法依然存在，但铸造大型的或形制复杂的青铜器均是以分铸法为主。

二、商代青铜器的分铸法

分铸法是指青铜器物的器体（以下称主体）与其附件耳、鋬、足、柱等（以下称附件）分开铸造或一件青铜器物整体经先后两次以上铸造而成的一种铸造工艺。它是对整体造型较为复杂，某些构件不能联体制范或为减少整体制范的块数，降低浇铸时范块错位所采取的一种制作方法。青铜器上一些复杂的部件，如立体的附饰，能活动而不能取下的提梁，把盖子连接在器上的链子等，都是采用分铸法铸成的[①]。

分铸法根据附件相对于主体器件铸造的先后，可分为先铸法、后铸法、插接法三种。附件先于主体铸造叫先铸法，附件后于主体铸造叫后铸法，分别铸出器体和附件再插接到一起的为插接法。分铸法过去曾被认为是到春秋时期才出现的，在此前只有浑铸法一种铸造法。但近年考古发现证实，此种方法不仅在商代已被运用，而且早在商代前期的二里岗文化时期就已出现。

先铸法，是指先铸附件后铸器物主体。即将先铸好的附件放置在主体模上的应加附件处，制作主体范时把附件的一部分嵌入主体范内，再浇铸主体，从而使附件与器体连为整体。以殷墟 M5 墓斝的柱帽与柱的铸合为例，具体工艺是先铸好柱帽，然后将柱帽内泥芯周缘挖出凹槽，使中心凸出，安置在斝柱范的相应位置，浇注斝体时，斝柱金属即裹住柱帽内泥芯的凸起部

[①] 韩贤云. 1999. 浅谈青铜器分铸法及其起源. 江汉考古，(3)：79

分,从而使柱帽与柱较牢固地连接起来。铸合法中这种先附铸件,再将附件与器体铸合的程序,在东周时应用比较普遍。对于先铸附件的铸合法,也有部分采用铆接式方法。如宝鸡强国墓地所出的四耳簋,耳部与簋体错离,在耳与簋体结合处,腹部叠压着耳根部,说明耳部是先铸的。在先铸耳部时,即在接近上下根部处预留出横向的孔洞。耳铸成后,在与簋体相接的两端掏取一部分耳内泥芯,同时打通预留孔。与簋体接铸时,铜液即注入耳部两端,同时落入预留孔中,遂使簋体与耳部牢固铸合。研究者或称此种铸合结构为"自锁"结构①。这种分铸法起源于早商时期,盛行于春秋、战国。从主体与附件的衔接结构来看,春秋之前主要为主体嵌接附件,之后主要为附件嵌接主体②。

后铸法,即先铸器身,在器身上预留有孔洞,然后在孔洞周围制附件范,浇注铸接附件,这样在器内壁就会形成疙和铆钉,它是受原始的补铸工艺影响而产生的。依此种程序操作,器体与接铸的附件有两种具体的机械锁合形式③。

一为铆接式,对于薄壁铸件一般采用铆接式,出现的比较早。做法是先铸主体后铸附件,即将先铸好的主体的内外范拆掉,然后把附件范套在主体应加附件处(铸主体时预留有孔或钻孔),由主体内的预留孔浇铸附件,依靠金属液的凝固收缩使连接构件紧贴器壁④。此种方式以殷墟M5墓出土甗的器体与錾的连接方式为例,即先在器壁上预铸出孔洞,在其上合模、制范、浇铸,器内壁制成圆形铆钉状范,罩住预铸的孔洞,当熔铜流进孔洞,进入壁内之圆铆钉范,冷凝后,依靠金属液的凝固收缩,就使錾部牢牢地与器壁连在一起⑤。

二为榫卯式,出现在殷墟前期。具体方法为,铸造器体时,在预定要接铸件的部位铸出接榫,接榫的外廓最好做成束颈状,并且要通过铸后磨锉,使表面粗糙,这样才能增加摩擦力,使铸接更为牢固;接铸附件时,在接榫处安放铸造附件用的块范,使芯范包住榫进行浇注,从而使附件通过榫卯结构与器体铸合在一起。

---

① 卢连成、胡智生、宝鸡市博物馆.1988.宝鸡强国墓地附录二.北京:文物出版社
② 韩贤云.1999.浅谈青铜器分铸法及其起源.江汉考古,(3):79,80
③ 华觉明等.1981.妇好墓青铜器群铸造技术的研究.见:考古学集刊第一集.北京:中国社会科学出版社.262;万家保.1984.古代中国青铜器的失蜡法和块范法铸造.大陆杂志,六十九卷第二期
④ 韩贤云.1999.浅谈青铜器分铸法及其起源.江汉考古,(3):79,80
⑤ 华觉明等.1981.妇好墓青铜器群铸造技术的研究.见:考古学集刊第一集.北京:中国社会科学出版社.262;万家保.1984.古代中国青铜器的失蜡法和块范法铸造.大陆杂志,六十九卷第二期

插接法是指分别铸造器体和附件，然后再合铸在一起。铸造时在器体上附件的位置预留出孔洞，把铸好的附件插接上去。插接技术在商代后期的尊、罍、瓠、觥、斝、簋、彝等器物的附件上，应用特别广泛。春秋以后，发明了焊接技术，器物的附件有插接有焊接，而以焊接为主①。这种插接技术约始于商代前期，如湖北盘龙城李家嘴出土的一件铜簋，其两耳即是采用了分别铸造工艺，铸后将耳插入簋口沿下的腹部，可以看到耳与腹之间有明显的缝隙。这种插接技术从商代中期开始，一直被使用到战国②。

关于分铸法产生的年代，郭宝钧先生认为是春秋中期，之前都是使用浑铸法③。盖顿斯等人认为商代青铜器一般都是浑铸，只是偶尔使用机械铸接的方式固定兽头一类的附件④。近些年来的研究则表明，分铸法在商代二里岗时期就已出现。目前所知道的最早使用分铸法的青铜器是二里岗上层时期黄陂盘龙城李家嘴一号墓所出土的Ⅱ式铜簋。这件簋的双耳器壁相接处有明显的铸接痕迹，簋耳金属包覆于簋体之上。器壁内部有两个铆钉状的结构，说明簋体先铸，簋耳后接⑤。

三、失蜡法的起源和应用

在中国古代金属铸造工艺中，失蜡法又称为拨蜡法、出蜡法或退蜡法等。即先用蜂蜡（适当加入一些动物蜡），制成待铸器物的模型，然后用事先配置好的泥浆反复浸涂蜡模，直至增加到需要的厚度，刻好浇口，阴干后再焙烧成半陶质，蜡型熔化从浇口中流出，这样范内就形成一个与蜡模完全相同的型腔，然后灌注铜液，冷却后就可以形成没有外范分割痕迹，表面光洁美观的青铜器物。⑥

关于我国失蜡法最早出现的时间，学术界近些年来存在有较大分歧。一部分学者坚持早在春秋时期就出现了失蜡法，中国失蜡铸造技术起源于焚失法。焚失法最早见于商代中晚期，焚失法铸造技术在无范线失蜡法技术出现之后逐渐消亡。至春秋中晚期，无范线失蜡铸造技术已相当成熟⑦。中国已知最早的失蜡法铸件，是河南淅川下寺春秋时代的楚国王子午墓出土的铜禁

---

① 董亚巍，周卫荣，王昌燧等. 2006. 论中国古代的青铜范铸技术. 古代文明研究，(6)
② 董亚巍，周卫荣，王昌燧等. 2006. 论中国古代的青铜范铸技术. 古代文明研究，(6)
③ 郭宝钧. 1981. 商周铜器群综合研究. 北京：文物出版社. 126
④ Gettens. B. J. 1969. The Freer Chinese BrownⅡ
⑤ 湖北省博物馆. 1976. 盘龙城二里岗期的青铜器. 文物，(2)：37
⑥ 朱凤瀚. 1995. 古代中国青铜器. 天津：南开大学出版社. 541；曹献民. 1987. 云南青铜器铸造技术. 载：云南青铜器论丛. 北京：文物出版社. 205
⑦ 谭德睿. 2007. 中国早期失蜡铸造问题的考察与思考. 南方文物，(2)：36

和春秋晚期的铜盏部件。他们认为，淅川下寺铜禁的禁体四周花纹是用失蜡法分段铸造的。蜡模共24块，其中近方形的16块，斜角形的8块，每块蜡模包括表面花纹层、中间卷曲铜梗层和框架层。蜡模完成后即浇灌泥浆，待阴干后加热脱蜡，即成分段空腔泥范，与禁面泥范合范后，浇铸成型。禁体背面中部的框梗上有浇口痕迹，据此可知它是禁面朝下进行浇铸的。另外，湖北随县（今随州）出土的战国初期的曾侯乙尊、盘透空附饰，空间结构繁复齐整，铸作精致，也是失蜡法所铸。2006年8月，华觉明、谭德睿两位先生来河南与有关专家学者及原修复人员进行座谈，对有关失蜡法铸件重新进行观察、分析研究，又赴叶县考察了新近出土的许灵公墓透空饰件，再次认为这些透空饰件均由失蜡法制成，失蜡法是中国人的一大创造。

另外一些学者认为，淅川下寺铜禁和曾侯乙尊、盘上的所有铸件，全部是采用传统的陶范法铸造的。即先分别铸出数以千计的小块纹饰，再通过焊接技术焊接成为整器，并非用失蜡法铸造。因为，春秋以后铜器铸造技术中出现了焊接技术，当时铸造的绝大多数铜器都是分型铸造后，再用铜焊工艺焊成整体的。有了焊接技术作为最后成器的技术保证，春秋以后就没有做不出的器型，从根本上是不需要如失蜡法这样的新技术来取代传统的陶范技术的。因此，曾侯乙尊、盘及淅川下寺铜禁的分型铸造及铸后焊接，是与其时代的技术同步的，并非失蜡法铸件。[①] 中国青铜时代尚不具备失蜡法铸制青铜器的条件，也不存在失蜡法铸成的青铜器[②]。

中国古文献中关于失蜡铸造法的记载，最早的见于南宋赵希鹄《洞天清禄集》。《洞天清禄集》记失蜡法工艺曰："古者铸器，必先用蜡为模如此器样，又加款识刻画。然后以小桶加大而略宽，入模于桶中。其桶底之缝，微令有丝线漏处，以澄泥和水入薄縻，日一浇之，俟干再浇，必令周足遮护讫，解桶縛，去桶板，急以细黄土，多用盐并纸筋固济於无澄泥之外，更加黄土二寸，留孔，中以洞汁泄入。然一铸未必成，此所以为贵也。"明代宋应星的《天工开物》中对失蜡法也有记载。

从历代出土的青铜器实物来看，失蜡法铸件在汉代以后才较为多见[③]。20世纪70年代中叶以前，未发现先秦铜器中存在失蜡法铸件。因此学术界曾长期认为中国失蜡法出现得很晚。但随着20世纪70年代在河南淅川、叶县、云南江川李家山、湖北随县等地先后出土分别属于春秋中晚期的铜禁，

---

① 董亚巍，周卫荣，王昌燧等. 2006. 论中国古代的青铜范铸技术. 古代文明研究，(6)

② 周卫荣，董亚巍，万全文等. 2006. 中国青铜时代不存在失蜡法铸造工艺. 江汉考古，(2)：85

③ 华觉明. 1986. 失蜡法在中国的起源和发展. 见：中国冶铸史论集. 北京：文物出版社. 236

春秋中晚期的透空蟠虺纹青铜饰件，春秋晚期的透雕祭祀铜扣饰，战国早期的曾侯乙尊、盘等精致复杂的青铜器以来，越来越多的学者开始重新认识中国的失蜡法，认为这些出土于不同地区、风格迥异、结构复杂、技术娴熟高超的器物，应属于早期失蜡法铸件；中国失蜡铸造技术起始年代不迟于春秋早中期，分布在不同地域。目前这种观点已成为多数学者的共识①。本文也赞同这一观点，认为我国在春秋时期已经出现了失蜡法。虽然春秋时期范铸法已非常发达，也有了焊接技术，但当时的焊接技术水平并不高，焊接的主流，是低温焊接和铸接。在浇铸时需要有较大的空间，焊接后焊料存留较多，与原件会有明显不同。即使到战国时期，低温焊接和铸接仍是主流。而淅川下寺铜禁、许灵公墓透空饰件、曾侯乙尊、盘等这些青铜器和构件，玲珑剔透，空间结构繁复齐整，铸作精致，如果用焊接法，以当时的技术应该会留下非常明显的痕迹，但这些铸件上却并未发现明显的焊接痕迹。因此，只有失蜡法才能解决铸造复杂多层次的玲珑剔透的青铜器问题。以许公宁透空蟠虺纹青铜饰件为例，其纹饰群内里为未经加工的本初铸态，器表、铜梗和纹样均未发现范缝遗痕，因此可以排除复合陶范铸造的可能；同时也没有发现铸接、焊接和锻接的任何痕迹，应当是用失蜡法铸造的②。可以说春秋时期出现的失蜡法把青铜器铸造推向又一个高峰，是中国青铜器铸造工艺的一项重要选择。③

迄今所知的先秦失蜡法重器，以楚共王熊审铜盏的铸作年代为最早，为公元前560年或稍后④；淅川铜禁为公元前552年或稍后⑤；许公宁透空饰件的铸作年代之下限为公元前547年或稍后，约与淅川铜禁相当；曾侯乙尊、盘的年代下限为公元前433年或稍后。以上前三器均为春秋中晚期，曾侯乙尊、盘属战国早期⑥。这几件器物无论其铸造方法、纹饰构成及装饰手法，均属于同一工艺类型，具有相近的艺术风格和地域特色，从而构成了一脉相

---

① 华觉明. 1985. 失蜡法的起源和发展. 见：科技史文集（第11辑）. 上海：上海科学技术文献出版社；谭德睿. 1989. 灿烂的中国古代失蜡铸造. 载：科技史文集（第11辑）. 上海：上海科学技术文献出版社；孙淑云，李延祥. 2003. 中国古代冶金技术专论. 北京：中国科学文化出版社；谭德睿. 2007. 中国早期失蜡铸造问题的考察与思考. 南方文物，（2）：37，39

② 李元芝，张方涛，谭德睿等. 2007. 许公宁透空蟠虺纹青铜饰件——先秦失蜡法之一器例. 中原文物，（1）：102

③ 赵世纲. 2006. 春秋时期失蜡法铸造工艺问题探讨. 中原文物，（6）：84，86，90

④ 华觉明，萧蕙芳. 2005. 楚王盂——已知中国最早的失蜡铸件兼论失模法及其工艺演变. 见：青铜文明研究第4辑. 安徽：黄山书社出版社

⑤ 河南省文物研究所，河南省丹江库区考古发掘队，淅川县博物馆. 1991. 淅川下寺春秋楚墓. 北京：文物出版社. 320~324

⑥ 湖北省博物馆. 1989. 曾侯乙墓（上）. 北京：文物出版社. 461~464

黄河流域的青铜文明

承的有序的技术发展系列，证明春秋中晚期失蜡法技术在我国已经有所发展，黄河流域此时也已出现了失蜡法①。

四、青铜铸件的焊接工艺

青铜铸件的焊接工艺，是指将分别铸造好的青铜器主体和附件（如足、耳、鋬、捉手等），用铜焊（或锡焊、铅焊）焊接成整体的工艺技术。熔点较低的、质软的焊料（如铅锡合金）称为软焊料。熔点较高而质硬的焊料称硬焊料②。

我国古代的焊接技术出现于西周晚期，但使用量较少。1956~1957年，河南上村岭虢国墓地出土了181件青铜器，经观察，其中的壶耳和匜鋬，都是使用焊接方式与器体连在一起的③，其年代经考证为西周晚期。该遗址共出土青铜匜13枚，其中7枚匜的鋬都是焊接在器体上的，在器体的相应部位都留有榫头，用以固接。这是目前所知我国最早的焊接器物。春秋时期，金属焊接技术有了一定发展，河南洛阳中州路④、郑州、淅川下寺⑤等地都有焊接件出土。战国时期焊接工艺开始得到广泛使用。

焊接法具体的操作方法有两种：第一种是在各种附件根部留出芯撑（即榫头）而在器体的相应部位留出铆眼，相互套和后用焊料固定，器体上的铆眼有的穿透器壁，有的未透。为使相互连接的更加牢固，有些器物的附件榫头插入器壁后，用锤将顶端铆住，也有的是另加一块铜片。出土时，个别器物因焊料脱落，附件松动，但未与主体分离。第二种是在器物主体上预铸铜疣，在附件相应部位剜出一部分泥芯，将两者套和，然后再焊接成一体⑥。

先秦时期的焊接工艺，根据使用焊料的不同可分为铜焊焊接、锡焊焊接、铅焊焊接。关于三种焊接的使用时间，学术界有不同认识。有的学者认为"最初出现焊接法时所用的焊料都是与母体成分基本相同的青铜材料。春

---

① 李元芝，张方涛，谭德睿等. 2007. 许公宁透空蟠虺纹青铜饰件——先秦失蜡法之一器例. 中原文物，（1）：102

② 彭适凡，华觉明，李仲达. 1983. 江西地区早期铜器冶铸技术的几个问题. 见：中国考古学会第四次年会论文集. 北京：文物出版社. 76

③ 郭宝钧. 1981. 商周铜器群综合研究. 北京：文物出版社. 75；邹衡，徐自强. 1981. 商周铜器群综合研究理后记. 北京：文物出版社. 202

④ 洛阳中州路资料所见中国科学院考古研究所. 1959. 洛阳中州路（西工段）. 北京：科学出版社. 87

⑤ 李敏生. 1991. 淅川下寺春秋楚墓部分金属成分测定. 见：淅川下寺春秋楚墓. 北京：文物出版社. 390

⑥ 申茂盛. 2000. 试论中国青铜器铸接和焊接及其在秦陵铜车马中的发展运用. 见：秦俑秦文化研究. 西安：陕西人民出版社

秋中晚期,焊料才有了新发展,低熔点的金属锡和铅锡合金被广泛应用",三种焊料中以铜焊最为普遍①。有的学者认为"春秋之前主要使用铅锡焊,战国早期发明了铜焊"②。铅锡焊又可区分为高温型和低温型两种,高温型约与现在的软钎焊相当,低温型即汞齐焊,其焊料都是铅、锡及其合金。铜焊和银焊约与现在的硬钎焊类似,都是高温焊;铜焊焊料包括红铜和响铜两种,最好的银焊料是比例为银四铜六的合金。我国古代焊接的造渣熔剂主要是硼砂,此外还使用过硇砂等③。

第三节 青铜器的合金成分

一、青铜合金的种类

青铜是人类较早使用的合金之一,指红铜和其他化学元素的合金。由纯铜与锡形成的合金,称为锡青铜或铜锡二元合金;铜与铅的合金,是铅青铜或铜铅二元合金;而铜、锡、铅形成的合金,则为锡铅青铜或铜锡铅三元合金。其他还有砷青铜、镍青铜、磷青铜等等。古代青铜主要指铜与锡、铅的合金。按其铜锡铅比例的不同,可分为纯铜型、铜锡型、铜锡铅型及铜铅型四类。纯铜型含铜量大于90%,含锡量小于2%,含铅量小于3%;铜锡型含锡量大于3%,含铅量少于2%;铜锡铅型含锡量大于2%,含铅量大于3%;铜铅型含锡量少于2%,含铅量大于3%④。

红铜即自然铜,也称纯铜。因为其含铜量高达98%~99%,具有红色的金属光泽,故称为红铜。自然界中存在着天然红铜,硬度较低,其布氏硬度仅35,可以直接锤打成器。在齐家文化遗址中出土的早期红铜器多是直接打制成形的⑤。红铜的优点是展延性好,可锻打,并能熔铸,但是它硬度较低,质地较软,坚硬程度不如石器,因此红铜工具的刃口容易钝,不适宜制造较大的容器、锋利坚硬的武器及工具,并且液态红铜流动性能较差,黏稠,难于顺利地浇注造型复杂的容器,所以考古发掘中出土的红铜器多是一些小件

---

① 申茂盛. 2000. 试论中国青铜器铸接和焊接及其在秦陵铜车马中的发展运用. 见:秦俑秦文化研究. 西安:陕西人民出版社
② 何堂坤、靳枫毅. 2000. 中国古代焊接技术初步研究. 华夏考古,(1):61,65
③ 何堂坤、靳枫毅. 2000. 中国古代焊接技术初步研究. 华夏考古,(1):61,65
④ 杨锡璋. 1997. 殷墟青铜器概论. 见:中国青铜器全集编辑委员会. 中国青铜器全集2,商2. 北京:文物出版社. 16
⑤ 朱凤瀚. 1995. 古代中国青铜器. 天津:南开大学出版社. 3

黄河流域的青铜文明

器物，如小刀、小锥、小凿及一些装饰物。红铜在当时的社会生活中起到的作用不是很大，不能在较大范围内代替石器及陶器。在开采和冶炼红铜矿时，因为矿石成分的不纯，含锡、铅等元素较多，冶炼不完全，便偶尔会炼出青铜。由于青铜熔点低、硬度比较高、流动性好、易于铸造等种种优点，所以青铜一经发现和铸造便很快代替了红铜[①]。

青铜是红铜加入锡和铅制成的，呈金黄色，生锈后呈青绿色，所以称为青铜。加锡的青铜合金有较高的硬度和光亮的色泽。加铅于铜，则能使铜液在浇注时流动性能更好。与纯铜相比，青铜熔点较低，硬度增高，金属光泽和抗腐蚀性能好。纯铜的熔点为1083℃，若加15%的锡，熔点降低到960℃，若加25%的锡，熔点为800℃。就硬度来说，纯铜的布氏硬度为35，若加5%~7%的锡就增高到50~65，若加7%~9%的锡，硬度就增高到65~70，若加9%~10%的锡，硬度就达到70~100。用铅代替锡，也同样有降低熔点的作用，并能使液态青铜流动性好，气孔少，具有较好的铸造性能，易于铸造各种形态复杂的器物。由于加锡、铅的青铜有较好的机械性能和铸造性能，因而在使用上比红铜具有更广泛的适应性[②]。

人类从使用红铜器过渡到冶铸青铜，中间经历了一个从低级到高级的发展过程。古人在长期制造石器的过程中，多次接触到自然界存在的纯铜块，并逐渐认识了它的可熔可锻性，随着生产实践的不断发展，人们开始学会以木炭为燃料从孔雀石中炼取红铜。从最初采掘地面上裸露的矿石，逐渐学会从地下开采矿石。冶铸青铜的一般历史发展过程大致为：开始时是用含多种元素的铜矿石无意中冶炼出青铜；而后发展到先炼出铜，再加锡、铅矿一起冶炼，有意识地制造青铜；最后发展到分别炼成铜、锡、铅或铅锡合金，然后再按一定的配比混合熔炼，使得到的青铜成分更稳定，更容易控制，可根据不同器物的要求而改变成分配比。

二、各类青铜器的合金配比

关于各类青铜器的合金配比，在春秋战国时期的文献中已有了比较详细的记载。战国后期（公元前3世纪）的《考工记》，记载了铸造各类青铜器所用的合金成分，即"六齐"，"金有六齐：六分其金而锡居一，谓之钟鼎之齐；五分其金而锡居一，谓之斧斤之齐；四分其金而锡居一，谓之戈戟之齐；三分其金而锡居一，谓之大刃之齐；五分其金而锡居二，谓之削杀矢之齐；金锡半，谓之鉴燧之齐"。这是世界上已知的最早的关于合金成分规律

---

① 朱凤瀚. 1995. 古代中国青铜器. 天津：南开大学出版社. 5
② 北京钢铁学院中国冶金简史编写小组. 1978. 中国冶金简史. 北京：科学出版社. 22，23

的记载。《吕氏春秋·别类篇》（公元前240年左右）记载："金（即铜）柔锡柔，合两柔则刚。"这是世界上较早的有关合金强化的叙述。《荀子》（公元前313～前238年）中指出铸造青铜时"刑范正，金锡美，工冶巧，火齐得"，即要求铸范精确，原料纯洁，工艺细致，温度、成分适当，也是较早的有关青铜铸造工艺的记载。

从目前发现的先秦青铜器成分鉴定材料来看，我国早在夏代二里头时期就对青铜合金中的锡、铅等元素有了一定认识，并已运用到了青铜器的铸造实践中。

从已检测的二里头青铜器来看，其合金成分有红铜、砷青铜、锡青铜、铅锡青铜等不同的类别。青铜容器分属于含锡量中等（偏低）的铜锡型青铜与含锡、铅量均较低的铜锡铅型青铜两类。武器镞属于含锡量中等（偏低）含铅量较低的铜锡铅型青铜，相对容器来说，含锡量略高。工具（锛、刀）分属于含锡量中等（偏低）的锡青铜与含锡铅量均低的铜锡铅型青铜[①]。这种不同类型青铜器合金成分不同的现象，说明二里头时期对铜和锡、铅等元素的性质已有了一定程度的认识。二里头文化遗址后期时还出现了较多的高铅青铜器，对铅金属的性质有了进一步了解，已有人为使用锡铅的可能。但锡和铅的使用在此时没有明显的分别，青铜铸造过程中锡、铅的加入也没有明显的规律可循[②]。

夏代早中期时能铸造锡青铜，稍晚时能够铸造高铅的铅锡青铜，整个青铜时代主要合金类型的锡青铜和铅锡青铜的配制技术，在夏代已基本形成。这为商代青铜文明的高度发达奠定了基础。

商代时，青铜冶铸工艺已发展到有意识控制铜、锡、铅的比例来冶炼不同种类青铜器的较高阶段。商代前期青铜器的合金成分，据化验可分为两类，一类是铜锡型，或含有少量的铅；一类是铜铅型或铜锡铅型，以铅的成分较多[③]。以第二类数量为多。二里岗时期的铜锡青铜和铜锡铅青铜中，锡的含量总体来说都不太高，多属中等，相当一部分属于中等偏低，还没有高锡青铜器的存在；但此时铅的使用已很普遍，青铜器中均含有不等量的铅，特别是铜锡铅型青铜中除含铅量中等者，其含量相当一部分高于所含锡量外，还有高铅青铜存在，成为这一时期青铜合金最突出的特点[④]。这也是继承和发展了二里头时期的对铅性能的认识和使用，此时铸造的青铜容器比二

[①] 朱凤瀚. 1995. 古代中国青铜器. 天津：南开大学出版社. 502
[②] 金正耀. 2000. 二里头青铜器的自然科学研究与夏文明探索. 文物，（1）：58
[③] 马承源. 1982. 中国古代青铜器. 上海：上海人民出版社. 1，2，6
[④] 朱凤瀚. 1995. 古代中国青铜器. 天津：南开大学出版社. 504

里头时期器壁已变厚,但器形更精致复杂,就是充分发挥了铅的作用,使铜液的流动性能更好,浇注成功率更高①。

商代后期,青铜合金中含锡量比前期有了大幅度的增加。铜器的合金类型从以铜锡二元合金为主,发展到以铜锡铅三元合金为主,经历了从低合金量到高合金量的发展过程。殷墟第四期时三元合金特别是高铅青铜合金大量出现,多为明器,是商晚期青铜器的一大特点。在各类青铜器中,青铜容器的合金成分大致以锡青铜和铜锡铅三元青铜为主,高锡和含锡量中等偏高的锡青铜以及高锡或含锡量中等偏高的三元青铜已成为青铜合金中的主流。青铜兵器主要属于锡青铜和铅青铜,三元青铜较少。含锡量中等偏高的锡青铜兵器,具有较高的硬度和强度,有良好的实用性能。但后期出现了含铅量中等或偏高的铅青铜兵器,硬度低,强度不高,大多属于明器②。青铜工具总体上是含锡量较高而含铅量较低的锡青铜或三元青铜,柔韧性和强度都具备,是实用器。以殷墟郭家庄 M160 墓出土的青铜器为例,该墓中礼器多属于铜锡铅三元合金类型,且多为高锡青铜。不同用途的礼器合金成分有所不同。其中 1 件瓿和 1 件方卢形器,含铜量在 96% 以上,不含锡,为纯铜型器物。在三元合金的 8 件礼器中,3 件铜鼎含铜量为 78%~81%,含锡量在 11% 左右,含铅量为 3.7%~7.3%。5 件酒器含铜量为 74%~78%,含锡量为 13%~17%,含铅量为 4%~5%。炊食器含铜量高,含锡量较低,可能是基于其用途与酒器有别③。兵器多属于含铅量很高的铜铅类型,是不具备实际使用功能的明器④。这说明当时人们对各种金属的特性,对如何运用铜、锡、铅不同的比例来铸造不同用途的器物等,已有较充分的认识⑤,已较熟练地掌握了合金成分与器物性能二者间相联系的规律,在技术上臻于成熟⑥。

西周时期青铜容器中高锡和含锡量中等偏高的锡青铜以及高锡或含锡量中等偏高的三元青铜成为青铜合金中的主要成分,三元青铜在比例上超过锡青铜。兵器中有锡青铜、铜锡铅三元青铜与铅青铜三种,三元青铜所占的比例较大。东周时期铜锡铅三元青铜成为当时青铜容器的主要成分,但三元青铜中含锡量较西周时明显降低,含铅量则大幅度增加。兵器也是以三元青铜为主,但含锡量却有明显提高,都属于高锡或含锡量中等偏高⑦。两周时期,

---

① 马承源. 2001. 中国青铜器. 上海: 上海古籍出版社. 500
② 朱凤瀚. 1995. 古代中国青铜器. 天津: 南开大学出版社. 510
③ 刘一曼. 1998. 殷墟郭家庄 160 号墓的发现及主要收获. 考古, (9): 71
④ 季连琪. 1997. 河南安阳郭家庄 160 号墓出土铜器的成分分析研究. 考古, (2): 84
⑤ 刘一曼. 1998. 殷墟郭家庄 160 号墓的发现及主要收获. 考古, (9): 71
⑥ 朱凤瀚. 1995. 古代中国青铜器. 天津: 南开大学出版社. 507
⑦ 朱凤瀚. 1995. 古代中国青铜器. 天津: 南开大学出版社. 511~517

铅的使用量大为增加，以铅锡青铜为主锡青铜为次，打破了商代锡青铜为主的局面。这可能是由于西周奴隶主铸造青铜礼器的用途多是用作记事、奉祀祖先、表彰功绩和陪葬，实用要求不高，加铅量多，铜液流动性好，利于熔铸，且可省锡[①]。而实用器物的含铅量仍保持着晚商的低配比，含锡量较高，尤其是实用兵器中含锡量普遍较高，目的则是为增加器物的硬度和强度，以利于战争的需要。

自夏代二里头至商代，锡青铜中的含锡量逐渐增加，商代是典型锡青铜的鼎盛期，此后锡青铜的地位逐渐下降。商代以后两周时期，青铜容器与武器的合金成分由以锡青铜为主转向以三元青铜为主，总体上的用铅量在逐渐增加。单纯的高铅青铜成分主要流行于商代，其后即衰落。青铜武器中的含锡量在东周时达到最高点，目的是增加实用武器的硬度和强度。这说明当时已经确知按武器形制、用途配置不同合金成分，特别是已能利用青铜含锡量不同所造成的不同机械性能，铸造复合剑之类的武器，表明到东周时期青铜器的合金配置技术已经相当成熟[②]。

第四节　青铜器的装饰工艺

一、青铜器镶嵌绿松石的工艺

绿松石颜色绚丽多彩，主要有天蓝色、苹果绿、带绿的浅灰色，半透明或不透明，表面有蜡状光泽，性脆[③]。因其色彩明丽，引人注目，所以早在新石器时代就被人们用来作为日常生活的装饰品，或穿串佩戴，或镶嵌在陶器、骨器上。

在铜器上镶嵌绿松石的工艺不仅要求一定的青铜器铸造技术，而且由于绿松石片要小而薄，形式多样而工整，必须要有相当高的玉石加工技艺[④]。就目前资料所见，镶嵌绿松石是最早出现的青铜器装饰工艺，在青铜器上镶嵌绿松石目前发现的最早实物是在二里头时期，当时这项技术已经相当成熟，因此此技术的形成期应该还在更早的时期，只不过目前还没发现实物而已。

夏代二里头时期出土有几件精致的绿松石镶嵌的铜器。1975年在二里头

[①] 吴来明. 1986. "六齐"、商周青铜器化学成分及其演变的研究. 文物, (11): 84
[②] 朱凤瀚. 1995. 古代中国青铜器. 天津: 南开大学出版社. 518
[③] 朱凤瀚. 1995. 古代中国青铜器. 天津: 南开大学出版社. 544
[④] 北京市玉器厂技术研究组. 1976. 对商代琢玉工艺的一些初步看法. 考古, (4): 230

黄河流域的青铜文明

遗址三期遗存 K4 中清理出 1 件圆形铜器（K4:2），直径 17 厘米、厚 0.5 厘米，沿周边镶嵌 61 块长方形绿松石，中间又用绿松石镶嵌了两圈十字形，每圈 13 个[①]。1981 年在二里头遗址五区清理了一座二里头二期偏晚的墓葬 M4，在墓主人胸部偏左发现了兽面铜牌饰 1 件，长 14.2 厘米、宽 9.8 厘米，中间拱起，束腰，近似鞋底形，两侧各有一对穿孔钮，凸面有很多碎小的不同形状的绿松石片镶嵌排列成兽面纹，凹面附着有麻布纹[②]。1984 年在二里头遗址六区四期墓葬 M11 中也出土了同样形状的牌饰 1 件，略大，长 16.5 厘米、宽 8~11 厘米，也放置在墓主人的胸前，背面四个穿孔钮，上下两两对称，纹饰同样为兽面纹，但双目更形象[③]。除了牌饰外，1975 年在二里头六区 K3 出土的铜戈、铜戚旁，有散落的细小规整的绿松石片，大如指甲，小如芝麻，很可能是铜戈曲内云纹凹槽内的镶嵌物[④]。

商代镶嵌绿松石的铜器主要发现在兵器和一些小型器物上，二里岗时期青铜器镶嵌绿松石的资料还非常少，但到殷墟时期就比较多了。如殷墟 M5 出土的曲内式戈，在援中脊上有凸起的宽带，镶有对角雷纹的绿松石，内上嵌有张口屈身的夔龙纹，通体镶有绿松石。少数曲内歧冠式戈中的鸟纹与两件玉援铜内曲戈内部均镶绿松石，此外同墓所出的弓形器弓身嵌饰龙纹、几何纹；虎形器上也镶嵌有绿松石装饰[⑤]。西北岗 M1001 大墓翻坑葬 R6882、R6833 内皆出土有内部纹饰镶嵌绿松石的青铜戈，翻葬坑 R4541、R4546、R4561、R4562 内也出土有镶嵌绿松石的铜器残件[⑥]。容器上镶嵌绿松石在商代发现很少，并且器形大多非常小巧，如中国历史博物馆收藏的一件镶嵌绿松石饕餮纹铜罍，高仅 10.8 厘米[⑦]。商代嵌绿松石铜器大多出土在安阳和其他地方的大墓中，可见这种工艺的产品主要是为贵族阶级所占有[⑧]。

西周青铜器中镶嵌绿松石的器物比较少见，直到春秋早中期镶嵌绿松石的青铜器仍比较少，晚期时在一些墓葬中开始出现镶嵌绿松石的兵器和车马

---

① 中国科学院考古研究所二里头工作队. 1976. 偃师二里头遗址新发现的铜器和玉器. 考古，(4)：260

② 中国社会科学院考古研究所二里头工作队. 1984. 1981 年河南偃师二里头墓葬发掘简报. 考古，(1)：37

③ 中国社会科学院考古研究所二里头工作队. 1986. 1984 年秋河南偃师二里头遗址发现的几座墓葬. 考古，(4)：320

④ 河南出土商周青铜器编辑组. 1981. 河南出土商周青铜器（一）. 北京：文物出版社. 2

⑤ 中国社会科学院考古研究所安阳工作队. 1980. 殷墟妇好墓. 北京：文物出版社. 彩版一七，3；图版七零，1；七一；七六

⑥ 梁思永，高去寻. 1962. 侯家庄第二本. 1001 号大墓. 台北：历史语言研究所. 319

⑦ 石志廉. 1964. 介绍几件商代青铜器. 文物，(4)：48

⑧ 叶小燕. 1983. 我国古代青铜器上的装饰工艺. 考古与文物，(4)：85

器。到战国时这种镶嵌工艺才有了进一步发展，镶嵌绿松石不止局限于小型器物，在一些较大型的青铜容器上也开始常见。

青铜器的镶嵌技术早在二里头时期已经应用，此后延续发展，流行于春秋战国时期。其嵌料各个时期不同，主要有蚌、玉、绿松石、红铜片等。关于绿松石的镶嵌方法，据石璋如先生研究，应是在器物上先铸成阴文的纹饰，然后按照纹饰的规格制作不同形状的绿松石片或块。镶嵌绿松石片或块时所用的黏着物，其质料可能是一种树胶，因树胶是有机物，埋在地下时间长了就会腐朽失去黏性，因此发掘出土的镶嵌绿松石器物，绿松石常有脱落现象[1]。也有学者指出，黏着物据观察可能有漆或桐油之类的物质[2]。绿松石嵌于器表后，一般还要经过磨错，使之平滑[3]。

二、青铜器的错金银工艺

中国古代在金属器物表面镶嵌黄金丝或黄金片的方法，称为金错。镶嵌银或铜，则为错银、错铜。工艺分制槽、镶嵌、磨错三步。首先在金属器上铸成凹陷的花纹，再嵌入金银丝（有的是红铜丝），然后用错石将器物打磨光滑。这种工艺多用于铜器或铁器表面的装饰。青铜器的错金银工艺可能早在商代时就已经出现了，春秋中期开始有所发展，盛行于战国早期。目前所知时代较早的错金银青铜器有山西浑源出土的春秋时期红铜镶嵌狩猎纹豆，河北满城汉墓的错金博山炉、错金书刀、错金银豹等。

金错铜器的制作工序，大致可分为以下几步[4]。

（1）铸器：春秋以前，青铜器的器形、纹饰和铭文都是用陶范制造的。铸造金错铜器时，大多是在制作陶范时，先把母范上的纹饰预刻凹槽，待器物铸成后，在凹槽内嵌金。有少数极精细的金错纹饰，因金丝细如毫发，便是先铸器型，器物铸成后在器表錾刻凹线，再嵌入金丝。

（2）錾槽：铜器铸成后，预先刻好的凹槽还需加工錾凿，对于精细的纹饰，需在器表用墨笔绘成纹样，然后根据纹样，錾刻浅槽，这在古代叫做刻镂，也叫镂金。这种浅槽要略呈梯形，底面不能过于平滑，要有一些麻面，金丝或金片才能镶嵌牢固。

（3）镶嵌：镶嵌金丝或金片时，金丝、金片都要用火适当加温，金丝要

---

[1] 石璋如. 1955. 殷代的铸铜工艺. 台湾"中央研究院"历史语言研究所集刊第二十六本
[2] 叶小燕. 1983. 我国古代青铜器上的装饰工艺. 考古与文物，(4)：86
[3] 史树青. 1973. 我国古代的金错工艺. 文物，(6)：71
[4] 错金银的工序参见史树青. 1973. 我国古代的金错工艺. 文物，(6)：68，69；朱凤瀚. 1995. 古代中国青铜器. 天津：南开大学出版社. 547

截作点线，然后捶打，使之嵌入浅槽。金丝、金片细薄柔软，富有延展性，金丝可根据需要拉细延长，金片可根据需要锤展。春秋战国的金错铜器，一般都是胎质软薄，形体较小，这类小型金错器物，在嵌金时不易捶打，需要用玉石或玛瑙制成的工具把金丝或金片挤入槽内，这种工具大小如手指，硬度较高，能压制金铜，后世称为"压子"。

（4）磨错：金丝或金片镶嵌完毕后，铜器表面并不平整，此时还必须用错石磨错，使金丝或金片与铜器表面自然平滑。然后在器表用木炭（椴木烧制的磨炭）加清水打磨，使器表光滑平整。

据目前资料所见，在铜器上实施金银错工艺，最早使用的可能是红铜，而后才开始用金银。现存最早的错红铜器物是传出殷墟的错红铜戈、钺各一，分别藏于中国历史博物馆与美国旧金山金门桥亚洲艺术博物馆。现存最早的错金器为一车軎，传为殷墟出土，藏于加拿大安得略博物馆。此车軎圆形，一端有错金龙纹，周身错蕉叶纹，形制纹饰与商代晚期器物相同。现存最早的年代明确的错金器为晋栾书缶上的48字铭文。陕西侯马古城铸铜遗址发现万片纹饰陶范，其中有一些是用于错金银的[1]。春秋时期的错金银实物，多是施于青铜器上的铭文，春秋晚期南方才见到有少量器物的纹饰中有错金银，但纹饰通常都很简单。战国以后，金银错开始盛行，除仍施用于铭文外，已多用于制作青铜器纹饰，除金错以外又出现了银错，而且往往与镶嵌绿松石的工艺相结合，施用范围也大大扩展，不限于礼器、武器、车马器、符节、玺印、铜镜、带钩与漆器的铜口铜耳上都常见。此种工艺一直延续到西汉[2]。

三、青铜器的鎏金工艺

鎏金亦称火镀金或汞镀金，我国的鎏金银技术，是早期金属文明又一重大发明，比西方要早几个世纪。文献记载的此种工艺最早见于《后汉书·祭祀上》，其文曰："建武三十年……禅泰山……（玉）检用金镂五周，以水银合金以为泥。"[3] 是利用水银加热到400℃即能溶解金银，而又易于蒸发的特点，先制成泥膏状的汞齐，涂于器物上，加温烘烤，使汞蒸发逸去，而留金银覆盖于所镀器上。外镀的目的，一方面可以掩盖器物粗糙的表面，另一方面在客观上也可起到保护金属器体的作用。

---

[1] 侯马市考古发掘委员会. 1962. 侯马牛村古城南东周遗址发掘简报. 考古，(2)：58

[2] 史树青. 1973. 我国古代的金错工艺. 文物，(6)：68；黄盛璋. 1996. 论中国早期（铜铁以外）的金属工艺. 考古学报，(2)：154，155

[3] 朱凤瀚. 1995. 古代中国青铜器. 天津：南开大学出版社. 557

目前所见最早的鎏金实物为1983年绍兴狮子山春秋战国之间墓葬①出土的1件"鎏金嵌玉扣饰……一侧镶嵌鎏金兽头……鎏金脱落部分呈墨色"。而黄河流域中原地区发现的最早鎏金青铜器实物是曲阜春秋末战国初 M3 墓中出土的鎏金长臂猿②。战国时期鎏金器的数量开始逐渐增加，如信阳长台关楚墓中出土有许多鎏金器③，洛阳东周墓（中州路 M215）、洛阳烧沟战国墓、洛阳中州路车马坑、辉县固围村大墓等战国墓葬都出土有许多鎏金铜带钩和车马饰④。鎏金工艺发展到汉代达到高峰，汉代贵族墓葬多随葬有鎏金之器，且有不少大件器物，多是把鎏金工艺与鎏银、镶嵌等工艺相结合，集多种青铜装饰工艺于一体。

鎏金的工艺程序主要有以下几步⑤：首先，制"金泥"。把黄金碎片放入坩埚中加热至400℃左右，然后倒入汞（金汞比例通常是三比七或二比八），不断搅动使金完全溶解于汞中，然后倒入冷水中使其冷却，制成银白色的泥膏状金汞剂，此过程统称"煞（杀）金"。第二步"抹金"。先用磨炭打磨铜器，使铜器表面光滑；然后制作"涂金棍"，将铜条一端打扁用酸梅汤涂抹后浸入汞内，经过多次浸染，使铜条表面粘上一层汞，晾干即成；接着用"涂金棍"沾金泥与盐、矾的混合液均匀地抹在被镀器物表面，涂抹时要边抹边推压，以便使金属组织致密，能够与器物粘附牢固。第三步为"开金"，即蒸发"金泥"中的水银。把涂抹好金泥的器物，放在炭火上烘烤，使汞蒸发逸走，黄金遂滞留于器表，颜色也就由银白色转为金黄色。如果要使鎏金层厚重，就要将上述过程反复多次。第四步为"压光"。即用毛刷沾酸梅水刷洗开过金的器物，同时要用玛瑙或玉石制成的"压子"在器物表面进行磨压，直到表面出现发亮的鎏金层，这样才能保证镀金层致密，与被镀器牢固结合。

鎏金工序繁多，工艺要求极为精细，要鎏好一件器物是很不容易的。而且鎏金只适用于银器、红铜器和含锡、铅量不超过20%的青铜器，不然水银不易去净，操作者容易汞中毒⑥。

---

① 浙江省文物管理委员会等. 1984. 绍兴306号战国墓发掘简报. 文物，(1)：20
② 叶小燕. 1983. 我国古代青铜器上的装饰工艺. 考古与文物，(4)：90，91
③ 河南省文物研究所. 1986. 信阳楚墓. 北京：文物出版社. 65，119
④ 黄盛璋. 1996. 论中国早期（铜铁以外）的金属工艺. 考古学报，(2)：152
⑤ 鎏金的工艺程序参见以下文献 A：温延宽. 1958. 几种有关金属工艺的传统技术方法. 文物参考资料，(3)：62，63；B：蒋博光. 1978. 鎏金技术. 科学试验，(2)：36；C：凌业勤等. 1987. 中国古代传统铸造技术. 北京：科学技术文献出版社：32，33；D：朱凤瀚. 1995. 古代中国青铜器. 天津：南开大学出版社. 556
⑥ 高鲁冀. 1980. 中国古建筑中的鎏金与贴金. 考古与文物，(4)：125

在古代的铜器装饰工艺中还有镀锡、鎏银，其工艺方法与鎏金相近，也是用银汞和锡汞制成银汞剂、锡汞剂涂抹于器表，然后加温排汞，使汞逸去，仅以银、锡留于铜器表面。从考古资料来看，镀锡技术要早于鎏金银技术，可能是鎏金银技术的前身。目前经科学考察证实的我国最早的镀锡器物属于西周早期，出土于罗山、固始，在已考察的13件罗山、固始青铜器中，至少有6件曾经镀锡，其中包括兵刃器、生产工具和酒器①。可能是因银、锡容易变色，考古实物中发现的鎏银器、镀锡器比鎏金器要少得多。镀锡和鎏金银技术的发明和推广是我国古代两项重要的技术成就。

四、青铜器的髹漆工艺

早在新石器时代，我们的祖先就已发明和使用漆，浙江余姚河姆渡遗址中就有漆器出土，该遗址出土有一件木碗，内外都涂有朱红涂料，色泽鲜艳，其物理性能和漆相同②。到商代时，漆器已相当发达，商代大墓中就出土有许多精致漂亮的漆器。

早期的漆器多是在木器上刷漆，在青铜器上髹漆的技术最早出现在商代。商代时色彩艳丽的漆已被人们用来装饰青铜器，或填于地纹上以陪衬烘托主纹，或填在纹槽中构成主纹，一方面可以使青铜器更加美观，另一方面也可以防止金属锈蚀③。商代髹漆的青铜器实物为1979～1980年发掘的河南罗山蟒张天湖商代晚期墓地中出土的髹漆铜器。该墓地M5中出土的鼎，腹部饰有饕餮纹和云雷纹的地纹，黑漆便是填在云雷纹中衬底的。M6出土有三件髹漆铜鼎，以夔纹、涡纹、蝉纹、云雷纹为饰，也都是用黑漆填嵌衬底的④。但髹漆铜器仅见于罗山蟒张商墓，殷墟地区出土的铜器中却很少见有髹漆铜器，可能其使用具有一定的地域范围。

西周和春秋时期髹漆铜器几乎不见。到战国时，铜器的髹漆工艺才有了较大发展，黄河流域中原地区和全国许多地区都出现了精美的髹漆铜器。如河南信阳长台关战国中期时的M2楚墓中，出土有两件髹漆铜镜，铜镜背面都是以漆来描绘纹饰的。一件镜背饰有朱色描绘的对称云纹，另一件镜背为朱色地上描绘黑、银灰、黄三种颜色盘结在一起的虺纹⑤。另

---

① 何堂坤，欧潭生．1994．罗山固始商代青铜器科学分析．中原文物，(3)：100
② 王世襄．1979．中国古代漆工杂述．文物，(3)：49；余姚河姆渡村发现距今七千年的原始社会遗址．1978－05－19．光明日报．第三版
③ 叶小燕．1983．我国古代青铜器上的装饰工艺．考古与文物，(4)：86，87
④ 信阳地区文管会等．1981．河南罗山县蟒张商代墓地第一次发掘简报．考古，(2)：115
⑤ 朱凤瀚．1995．古代中国青铜器．天津：南开大学出版社．558

外，湖北江陵望山战国中期 M2 楚墓出土的铜尊，其腹周和盖面均錾刻有变形龙纹，刻纹中都填有漆并经过磨错。同墓所出的铜缶腹部所饰的圆涡纹中，也采用了髹漆的装饰方法。此时的髹漆已不再仅限于填错纹饰，而是开始直接髹于素面铜器表面进行着色。并且将髹漆与磨错工艺相结合，在铜器的錾槽内不嵌金银，而是填以漆，有的既嵌金银，又在未嵌金银处填漆（或在漆内掺以银粉），然后磨错光平以增加纹饰的色调①，使髹漆青铜器异常精致美观。

---

① 史树青. 1973. 我国古代的金错工艺. 文物，(6)：71

第四章
西周时期黄河流域青铜文明的发展

西周时期的青铜文明仍处于我国青铜文明的顶峰时期。西周早期，由于商人青铜文明的先进性，周人在取代商人以后，接受了商人的青铜冶铸技术、青铜冶炼工匠及先进的冶炼设备等，同时还有大批的商代贵族延续下来，甚至重新在周朝为官。因此，西周早期的青铜文明明显有着继承商代青铜文明的特征，在青铜器的种类、纹饰、功能、组合等各方面都与商代晚期非常相似，虽然也融合有周人自己的社会习俗和宗教情感，如重食器，削弱酒器等；也出现有一些商代未见的反映周人特色的新纹饰，但继承性却是占主导地位。西周中期以后，周人吸收商人青铜冶铸技术的一些先进因素，同时融入更多周人特有的民族特性，其青铜文明开始出现大的转变。此时西周的青铜工艺开始由商代鼎盛期的豪华精丽向端庄厚重转变，器形简洁实用、纹饰朴实简约。从器形上看，食器在这一时期有了较大发展，出现一些新器形，许多酒器逐步消失，列鼎和编钟制度确立。花纹由具象转变为抽象，由兽面纹、夔龙纹等变形而形成的波曲纹、兽体变形纹等成为纹饰的主体。铭文格式规整，内容丰富，字体规范，常见篇幅较长的记事铭文。

西周时，周王朝的统治中心区为周原地区、丰镐地区和洛阳成周地区，这三个地区出土的西周青铜器是西周青铜文明的重要体现和代表。与此同时，西周王朝周边地区的地方性青铜文明开始迅速发展，如北方的燕文化，南方的吴越文化、巴蜀文化、楚文化，东方的齐鲁文化等，与王畿地区的青铜文明交相辉映，共同构成了西周时期中国青铜文明的重要组成部分。下文在探讨西周青铜器的分类、纹饰特征时，主要以西周王朝统治中心区出土的青铜器为主。

周原岐邑是周灭商之前的都城所在地，周人灭商建西周后，迁都到丰镐地区，但岐周仍是周贵族举行祭祀、朝觐、册命、赏赐等活动的重要地方，与都城丰镐、东都洛阳并存。周原岐邑遗址包括今岐山县的凤雏、礼村、贺家、董家，扶风县的黄堆、云塘、齐镇、齐家、召陈、庄白、任家、康家、召李、刘家、樊家等村，总面积达15平方公里。1976～1980年，考古工作者对周原岐邑遗址进行了大规模的发掘，发掘出凤雏、召陈等一批大型宫殿（宗庙）建筑基址，及数百座西周墓葬和车马坑，发现了西周甲骨文和许多铜器窖藏，是西周考古的重大发现和突破[1]。岐邑遗址中发掘出的重要墓葬有：1966年岐山贺家村西周早期墓[2]；1973年贺家村西周早期墓[3]；1975年庄白村西周墓葬[4]；1976年云塘[5]、1978年齐家等地的西周墓葬[6]；1995年陕西扶风黄堆老堡子清理发掘的16座西周墓葬、2座马坑[7]；1996年扶风黄堆老堡子清理发掘的8座墓葬，2座大型车马坑[8]。2003年陕西扶风县法门寺镇西北的庄李村发现的15座西周墓葬和23个灰坑，及大量铸铜遗物。其中M9随葬器物较为丰富，有10件青铜器，包括甗1、罍1、尊1、爵2、卣1、盉1、斝1、簋2[9]。2006年扶风县上宋乡红卫村西周墓葬，出土青铜器18件（组）。有联珠纹提梁卣2件，饕餮纹簋1件，夔龙纹簋1件，乳钉纹鼎1件，饕餮纹尊1件，涡纹罍1件，兽面纹甗1件，兽面纹斗1件，戈2件，车马器6件，铜泡若干[10]。

周原岐邑遗址发现的西周青铜器窖藏非常多，有70余起，出土青铜器800多件[11]。重要的有，1890年和1940年扶风县任家村两次发现的窖藏[12]；1933年上康村发现的窖藏[13]；1936~1984年在齐家村先后发现的8个西周铜器窖藏[14]；1960年召陈村发现的窖藏[15]；1974年强家村窖藏[16]；1975年云塘

---

[1] 吴镇烽. 1996. 岐周、宗周和成周地区青铜器概述. 见：中国青铜器全集编辑委员会. 中国青铜器全集5，西周1. 北京：文物出版社. 1，2
[2] 长水. 1972. 岐山贺家村出土的西周铜器. 文物，(6)：25
[3] 陕西省博物馆等. 1976. 陕西岐山贺家村西周墓葬. 考古，(1)：31
[4] 吴镇烽，罗西章，雒忠如. 1976. 陕西扶风出土西周伯㦰诸器. 文物，(6)：51
[5] 陕西周原考古队. 1980. 扶风云塘西周墓. 文物，(4)：39
[6] 陕西周原考古队. 1979. 陕西扶风齐家十九号西周墓. 文物，(11)：1
[7] 周原博物馆. 2005. 1995年扶风黄堆老堡子西周墓清理简报. 文物，(4)：11~15，20
[8] 周原博物馆. 2005. 1996年扶风黄堆老堡子西周墓清理简报. 文物，(4)：31~39，41~42
[9] 周原考古队. 2004. 陕西周原遗址发现西周墓葬与铸铜遗址. 考古，(1)：3，5，6
[10] 扶风县博物馆. 2007. 陕西扶风县新发现一批商周青铜器. 考古与文物，(3)：3，9
[11] 吴镇烽. 1996. 岐周、宗周和成周地区青铜器概述. 载：中国青铜器全集编辑委员会. 中国青铜器全集5，西周1. 北京：文物出版社. 3~5
[12] 罗西章. 1993. 扶风县文物志. 西安：陕西人民出版社
[13] 罗西章. 1993. 扶风县文物志. 西安：陕西人民出版社
[14] 程学华. 1959. 宝鸡扶风发现西周铜器. 文物，(11)：72；赵学谦. 1959. 记岐山发现的三件青铜器. 考古，(11)：634；罗西章. 1988. 周原青铜器窖藏及有关问题的探讨. 考古与文物，(2)：40，45；陕西省博物馆. 1963. 扶风齐家青铜器群. 北京：文物出版社. 7
[15] 史言. 1972. 扶风庄白大队出土的一批西周青铜器. 文物，(6)：30
[16] 吴镇烽，雒忠如. 1975. 陕西省扶风县强家村出土的西周铜器. 文物，(8)：57

村两处窖藏①；1975年董家村等地发现的窖藏②；1976年扶风县庄白村窖藏微氏家族青铜器群③；2006年陕西省扶风县城关镇（原属新店乡）五郡西村的青铜器窖藏，共出土器物27件（组），计有鼎1、簋1、豆1、尊2、甬钟5、斗3、矛12、马器1组（103件）、玉饰1④。

丰镐地区是西周建立以后的都城和宗庙所在地，又称宗周。周文王灭了沣河西岸的商王朝诸侯国崇以后，在其地建立了新都丰京。第二年，文王去世，武王即位后又在沣河以东兴建了镐京。周灭商后，丰京镐京合为一处，成为周王朝的国都。丰京遗址包括沣河西岸的客省庄、马王村、张家坡、大原村、新旺村、曹家寨一带，总面积约6平方公里。镐京遗址包括沣河东岸汉昆明池旧址以北的斗门镇、白家庄、花园村、普渡村、泉北村、洛水村等村庄，面积约4平方公里。历年来，在沣西的张家坡、大原村、客省庄、马王村和沣东的普渡村、花园村等地清理发掘了众多的西周墓葬和车马坑⑤，出土了许多重要青铜器。该地区已发掘清理的重要墓葬有：1962年发掘的张家坡M106墓、1967年发掘的张家坡M87墓和M16墓⑥；1983年张家坡发掘的沣毛M1墓⑦；1984~1985年张家坡村西发掘的十多座井叔家族墓⑧；1954年沣东普渡村发掘的西周中期墓⑨；1981年沣东花园村发掘的两座并列的铜器墓⑩。丰镐地区的铜器窖藏比周原地区少得多。其中重要的有1961年张家坡窖藏出土铜器53件⑪；1973年沣西发现两座铜器窖藏⑫；1956年3月，眉县李家村铜器窖藏出土盠方尊1、盠驹尊1、盠驹尊盖2、盠方彝2⑬；2003

---

① 陕西周原考古队. 1978. 陕西扶风县云塘、庄白二号西周铜器窖藏. 文物，（11）：6
② 岐山县文化馆等. 1976. 陕西省岐山县董家村西周铜器窖穴发掘简报. 文物，（5）：26
③ 陕西周原考古队. 1978. 陕西扶风庄白一号西周青铜器窖藏发掘简报. 文物，（3）：1
④ 宝鸡市考古研究所，扶风县博物馆. 2007. 陕西扶风五郡西村西周青铜器窖藏发掘简报. 文物，（8）：4~6，26；宝鸡市考古队，扶风县博物馆. 2007. 陕西扶风新发现一批西周青铜器. 考古与文物，（4）：3
⑤ 吴镇烽. 1996. 岐周、宗周和成周地区青铜器概述. 见：中国青铜器全集编辑委员会. 中国青铜器全集5，西周1. 北京：文物出版社. 5
⑥ 赵永福遗作. 1984. 1961~1962年沣西发掘简报. 考古，（9）：784；中国社会科学院考古研究所沣西发掘队. 1980. 1967年长安张家坡西周墓葬的发掘. 考古学报，（4）：460，463
⑦ 中国社会科学院考古研究所丰镐发掘队. 1984. 长安沣西早周墓葬发掘记略. 考古，（9）：779
⑧ 中国社会科学院考古研究所沣西发掘队. 1986. 长安张家坡西周井叔墓发掘简报. 考古，（1）：22；中国社会科学院考古研究所沣西发掘队. 1990. 陕西长安张家坡M170井叔墓发掘简报. 考古，（6）：504
⑨ 陕西省文物管理委员会. 1957. 长安普渡村西周墓的发掘. 考古学报，（1）：75
⑩ 陕西省文物管理委员会. 1986. 西周镐京附近部分墓葬发掘简报. 文物，（1）：9
⑪ 中国科学院考古研究所. 1965. 长安张家坡西周青铜器群. 北京：文物出版社. 9
⑫ 西安市文管处. 1974. 陕西长安新旺村、马王村出土的西周铜器. 考古，（1）：1
⑬ 李长庆，田野. 1957. 祖国历史文物的又一次重要发现. 文物参考资料，（4）：5

年陕西省宝鸡市眉县杨家村发现的西周青铜器窖藏，出土铜鼎12、铜鬲9、铜壶2、铜匜1、盘1、盉1、盂1，对研究西周历史、制度、文化，以及文字、书法等都有着重要意义和价值[①]。

洛阳地区是西周王朝在中原地区经营的一个政治和军事中心，是西周王朝的东都，又称成周。成周地区的西周墓葬主要分布在瀍水西岸的庞家沟和北窑村一带，面积达2.5万平方米，20世纪二三十年代曾被严重盗掘，基本已被洗劫一空。20世纪50年代开始陆续在该地区清理发掘出了400多座西周墓葬和众多车马坑。出土有丰伯、毛伯、康伯等人的重要青铜器[②]。重要的墓葬有：1953年在白马寺附近发掘的5座西周晚期墓葬，其中有2座随葬有铜器，M1随葬有铜器鼎、甗、簋、盘、匜、爵、觯各1；M21随葬有铜鼎1、簋2、壶2、盉1、盘1[③]。1964年发掘的庞家沟1号墓、410号墓也出土有不少青铜器[④]；1964和1971年分别在白马寺附近[⑤]和北窑村[⑥]发掘了2座未被盗掘的西周早期墓；另外，相传1929年洛阳马坡出土的50～100件青铜器可能都是出自庞家沟—北窑村墓地[⑦]；1993年在洛阳东郊清理出一批墓葬，其中西周墓C5M906，出土青铜器15件，包括鼎1、壶1、簋2、盘1、匜1和9件车马器[⑧]；2002年在洛阳唐城花园清理了一批两周时期的墓葬，其中编号C3M417的西周墓出土有铜器鼎1、鬲1、觯1、爵2、矛1、戈1，该墓为西周早期的商遗民墓，其所出的鼎、鬲、觯、爵等具有商代晚期的风格[⑨]；2004年洛阳市区涧河一带发掘了一批古代墓葬，其中一座西周晚期墓（C1M8633）随葬有青铜器四件（组），龙形镳1组（4件），銮铃1组（2件），戈1件，镞1组（3件)[⑩]；2003在洛阳东车站清理了5座两周时期的墓葬（C3M566～M570）。其中西周早期墓3座（M566，M567，M568）。

---

① 陕西省文物局，中华世纪坛艺术馆. 2003. 盛世吉金—陕西宝鸡眉县青铜器窖藏. 北京：北京出版社. 3～5；陕西省考古研究所，宝鸡市考古工作队联合考古队，眉县文化馆. 2003. 陕西眉县杨家村西周青铜器窖藏. 考古与文物，(3)：8

② 吴镇烽. 1996. 岐周、宗周和成周地区青铜器概述. 见：中国青铜器全集编辑委员会. 中国青铜器全集5，西周1. 北京：文物出版社. 7

③ 张剑，蔡运章. 1998. 洛阳白马寺三座西周晚期墓. 文物，(10)：34

④ 洛阳博物馆. 1972. 洛阳庞家沟五座西周墓的清理. 文物，(10)：20

⑤ 傅永魁. 1959. 洛阳东郊西周墓发掘简报. 考古，(4)：187

⑥ 洛阳博物馆. 1972. 洛阳北窑西周墓清理记. 考古，(2)：35

⑦ 陈梦家. 1955. 西周铜器断代（二）. 考古学报，(10)：77

⑧ 洛阳市文物工作队. 1995. 洛阳东郊C5M906号西周墓. 考古，(9)：789～791

⑨ 洛阳市文物工作队. 2004. 洛阳市唐城花园C3M417西周墓发掘简报. 文物，(7)：4～5，8，10

⑩ 洛阳市文物工作队. 2007. 洛阳涧河东岸西周晚期墓. 文物，(9)：41，42，62

M567出土了一组保存较为完好、纹饰精美且带有铭文的青铜器，包括觚1、觯1、爵2、尊1、镞1、铜片1，觚高体细腰，是洛阳地区少见的器形①；2003在瀍河东岸中窑村清理出一座西周墓，编号为C3M575，随葬铜器包括爵1、觯1、戈1、铜泡2、铜节约2②。与岐周和丰镐地区不同的是，洛阳成周地区至今未发现青铜器窖藏③。

西周王畿地区的铸铜遗址发现较少，到目前为止规模稍大的仅见洛阳北窑遗址④和陕西扶风李家村铸铜作坊遗址。洛阳北窑遗址从1975~1979年陆续进行了发掘，共发掘2500平方米。出土了大量的陶范残片，大部分是外范，内范和母范比较少见。其中以礼器范居多，车马器和兵器范少见。另外还发现有数以千计的熔铜炉壁残块⑤。2003年3月，周原考古队在陕西扶风李家村发掘了一处西周晚期的铸铜遗址，亦出土了数以千计的西周陶器，目前已经辨认出的器类包括鼎、簋、鬲、罍、壶、器盖、銮铃、马镳、马衔、车辖、车辕、铜泡、铜扣、钟等，另有部分不见于已知铜器中的器物范。其中部分陶范上有兽面纹、龙纹、凤鸟纹、云雷纹等精美纹饰。另外还有泥芯、模以及支脚、炉壁等残片，经初步研究，确定该处遗址是以铸造车马器、牌饰、兵器等小件器物为主的铸铜作坊遗址⑥。

上述的西周王畿地区出土了大量精美青铜器，种类繁多，制作精致瑰丽，许多都是铸有长篇铭文的青铜重器，代表着整个西周时期青铜文明的最高工艺和水平。无论其器形设计，花纹装饰，铭文书体，铸造工艺，都具有典型意义，表现出鲜明的周人特点和西周时期的时代风格⑦，这些青铜器是研究西周历史最真实的实物史料。但遗憾的是，目前发现的西周墓葬多是一些贵族家族墓或平民墓葬，至今未发现西周王陵，因此对西周王陵大墓的器物状况、组合还不甚清楚，只能参考周边地区诸侯方国首领墓葬的规模，如晋侯墓地、应侯墓地等，这些保存相对较完整的诸侯墓葬，可以作为西周王室大墓礼器制度的参考。

---

① 洛阳市文物工作队. 2003. 洛阳东车站两周墓发掘简报. 文物，(12)：4，5，10，11
② 洛阳市文物工作队. 2006. 洛阳瀍河东岸西周墓的发掘. 文物，(3)：17，18
③ 吴镇烽. 1996. 岐周、宗周和成周地区青铜器概述. 见：中国青铜器全集编辑委员会. 中国青铜器全集5，西周1. 北京：文物出版社. 7，8
④ 洛阳博物馆. 1981. 洛阳北窑西周遗址1974年度发掘简报. 文物，(7)：52；洛阳市文物工作队. 1983. 1975—1979年洛阳北窑西周铸铜遗址的发掘. 考古，(5)：430
⑤ 洛阳市文物工作队. 1983. 1975—1979年洛阳北窑西周铸铜遗址的发掘. 考古，(5)：436，439
⑥ 刘煜，宋江宁，刘歆益. 2007. 周原出土铸铜遗物的分析检测. 考古与文物，(4)：94
⑦ 吴镇烽. 1996. 岐周、宗周和成周地区青铜器概述. 载：中国青铜器全集编辑委员会. 中国青铜器全集5，西周1. 北京：文物出版社. 2

第四章　西周时期黄河流域青铜文明的发展

第一节　西周青铜器的分类

西周时期的青铜器器形除了早期沿袭商人的器物风格外，也出现了一些体现周人风格的独特器形和器类。社会习俗也由商代的重酒转为重食，青铜器中酒器的种类大大减少，许多商代的典型酒器到西周中期以后逐渐减少，甚至消亡不见。例如，商代礼器核心组合中的斝在西周早期时就已基本消失不见，觚的数量也急剧减少，西周中期以后爵、觯、尊、卣等就已经不见了，壶成为唯一的酒器。与酒器分量减轻相反的是以鼎、簋为核心的食器组合成为西周青铜礼器组合的主流，中期时盥洗器盘、匜组合成为青铜礼器组合中的重要组成部分，并且出现了新的食器器形簠、簋，匜在西周晚期时完全取代了盉。

概括来说，西周常见的青铜器可以分为食器、酒器、水器、乐器、兵器、车马器等种类，食器主要有鼎、簋、鬲、甗、簠、簋、豆等；酒器主要有爵、觚、斝、尊、卣、觯、觥、方彝、壶、罍、斗等，其中壶和罍形体较大，既可用做容酒器，又可用做盛水器，兼具酒器和水器的功能；水器有盘、匜、盉、壶、罍、盂等；乐器有编钟；兵器有戈、矛、戟、钺等。

下面对西周时期各类青铜器中的一些重要的和常见的器物进行器物形制特征和发展演变的简单分析，并对西周青铜器的纹饰特点及变化作简单论述。

一、西周青铜器的分类与用途

1. 食器和酒器

鼎：西周青铜器中最重要的一种礼器，贯穿于整个西周时期。根据其形制特征，可分为圆鼎、方鼎、分裆鼎三大类。圆鼎在整个西周时期一直存在。早期圆鼎，口沿呈圆角三角形，均为柱足，有的足跟附饰浮雕兽面纹。早期后段，圆鼎的下腹开始向外倾垂，成为一种时代风尚，影响到了同时期的尊、卣、觯、簋等许多器类，并且出现了兽蹄足鼎，如德鼎、大盂鼎、外叔鼎等。中期时，圆鼎整体趋势向宽矮发展。体横宽，腹浅，底近平，足变矮，鼎腹剖面呈梯形，下腹向外倾垂更甚。中期后段，鼎腹不再向外倾垂，或微向外倾垂，鼎底仍然近平，柱足根上出现浮雕兽面，有的足呈现出柱足向蹄足过渡的式样。中期较晚时，还出现了一种形如锅状，大敞口圜底兽蹄足鼎，口径最大，器壁逐渐向下收缩，圈底下有三兽蹄形足①，特称为盂鼎。晚期时，鼎的典型式样是体呈半球形，直口立耳，足为马蹄形，最有代表性的是多友鼎、毛公鼎。另外，中期时的浅腹盆形鼎偶尔也可见到②。方鼎在西周早中期时还存在，晚期时已消失不见。器形特征为：长方形槽式，体槽变浅，上下有收分，双耳微侈，柱足较细。早期后段还出现了附耳方鼎及少数敛口垂腹四角圆浑的有盖方鼎，如北京房山琉璃河燕国墓地出土的圉方鼎。中期时方鼎，以扶风庄白出土的两件㝬方鼎为代表，㝬两器均为深垂腹短足圆角，一为立耳有盖，一为附耳无盖，是这一时期新出现的器物形制。分档鼎在西周早期时比晚商时期更加流行，但分档越来越浅，袋足几乎徒具形式。如岐山贺家 M1 墓出土的尹丞鼎、长安张家坡 M87 墓出土的分档鼎等。中晚期以后，分档鼎就已消失不见。

簋：西周时期簋的变化比较明显，数量增多，式样有了许多新变化。西周早期时，商代晚期出现的侈口鼓腹双耳簋继续流行。乳钉纹无耳簋在成康以后被淘汰。此时最有特色的是方座簋、高足簋、四耳簋和四耳方座簋的出现，同时出现了有盖簋，并逐渐流行。方座簋是周初出现的簋的新形制，在殷墟或相当于殷墟时代的墓中或传世商器中，从未有方座簋出现。所谓方座簋，就是将簋体和方禁连铸在一起，最早见于宝鸡林家村先周墓，流行于西周早期。武王时的利簋、天亡簋，成王时的德簋、叔德簋，昭王时的䇻簋、令簋等，都是方座簋的代表③。中期前段，新出现了一种弇口鼓腹簋，多有盖。侈口双耳簋继续流行，下腹向外倾垂，耳的形状多样，有凤形、龙形、象首形等，有的有盖，有的无盖。中期后段，簋的种类减少，造型趋于定式。弇口簋的形制出现了一些新的变化，发展成为低体宽腹式，扁圆体，有贯耳、附耳和环耳数种，圈足下有三柱状足，全器作平行横条纹。晚期时，簋的形制比较单调，大都沿用中期的弇口有盖簋，弇口鼓腹，盖上和器腹铸有平行沟纹，圈足下有三个兽面扁足，耳为兽首形、兽首衔环或环耳。环耳弇口有盖簋遗存的数量较少，代表器形为散伯簋和公臣簋等。方座簋偶尔可

---

① 马承源. 1996. 中国青铜艺术总论. 见：中国青铜器全集编辑委员会. 中国青铜器全集 1，夏商 1. 北京：文物出版社. 26

② 鼎的形制变化参见马承源. 2003. 中国青铜器（修订本）. 上海：上海古籍出版社. 69；朱凤瀚. 1995. 古代中国青铜器. 天津：南开大学出版社. 759；吴镇烽. 1996. 岐周、宗周和成周地区青铜器概述. 见：中国青铜器全集编辑委员会. 中国青铜器全集 5，西周 1. 北京：文物出版社. 9；马承源. 1996. 中国青铜艺术总论. 见：中国青铜器全集编辑委员会. 中国青铜器全集 1，夏商 1. 北京：文物出版社. 22

③ 吴镇烽. 1996. 岐周、宗周和成周地区青铜器概述. 见：中国青铜器全集编辑委员会. 中国青铜器全集 5，西周 1. 北京：文物出版社. 9

见,式样也是沿用西周中期的形制。西周中期出现的侈口双耳有平行横条沟脊纹的簋是代表西周中晚期浓厚时代风格的典型器物。

鬲:西周早期的鬲,以立耳束颈式为主,鬲腹较深,分裆明显,后逐渐发展为鬲腹变浅,柱足较细;早期后段受鼎腹向外倾垂的影响,鬲腹也开始外鼓,柱足较矮,分裆已不明显,或者变成弧裆。另外,还出现了一些附耳袋足鬲、斜沿立耳鬲和无耳平沿鬲,鬲的口径一般等于或大于腹径①。中期时,鬲的种类单一化,平沿鬲占据了主导地位,成为西周中晚期鬲的基本形态。晚期时,鬲多为束颈宽沿,裆部近平,足呈蹄形②。

甗:西周时期的甗,从整体看器形趋于稳重,以连体式为主,甑部比商代甗浅,鬲部升高,甑、鬲宽度较接近,下部的鬲足有的为兽蹄形。甗是西周礼器组合的核心器物,在礼器中的使用成为常制③。西周早期甗的数量比商代晚期有较多增加。早期后段出现了椭方形复合式甗,如洛阳出土的师趛方甗和父辛方甗,由上下两器组成。上器是侈口附耳或兽首耳的椭方形甑,下器是一个附耳方鼎,两者有子母口套合。晚期时,甗仍分圆体和方体两种。圆体甗的甑部变得横宽,较低而宽大,高度小于鬲部,甑鬲分体的现象增多④。方甗逐渐盛行起来,如伯硕父甗、叔硕父甗等都是方甗。

簠:西周中期出现的新器形,体呈长方形,口大底小,器壁斜坦,有圈足,盖和器形状相同,上下对称,合起来成为一体,分开则成为两个器皿。山东曲阜鲁城西周中期墓曾发现有盨簠组合,因此簠应同盨一样是在西周中期出现的,在西周晚期时广泛流行。⑤

盨:西周中期新出现的食器器形。长方形圆角,圈足,盖小器大,应该是簋的变体,有的盨铭文中自称为簋。盨的流行不如簠广,到西周晚期时数量也不算太多⑥。

---

① 吴镇烽. 1996. 岐周、宗周和成周地区青铜器概述. 见:中国青铜器全集编辑委员会. 中国青铜器全集5,西周1. 北京:文物出版社. 9

② 吴镇烽. 1996. 岐周、宗周和成周地区青铜器概述. 见:中国青铜器全集编辑委员会. 中国青铜器全集5,西周1. 北京:文物出版社. 14, 16

③ 马承源. 1996. 中国青铜艺术总论. 见:中国青铜器全集编辑委员会. 中国青铜器全集1,夏商1. 北京:文物出版社. 22

④ 吴镇烽. 1996. 岐周、宗周和成周地区青铜器概述. 见:中国青铜器全集编辑委员会. 中国青铜器全集5,西周1. 北京:文物出版社. 9, 16

⑤ 吴镇烽. 1996. 岐周、宗周和成周地区青铜器概述. 见:中国青铜器全集编辑委员会. 中国青铜器全集5,西周1. 北京:文物出版社. 16

⑥ 马承源. 1996. 中国青铜艺术总论. 见:中国青铜器全集编辑委员会. 中国青铜器全集1,夏商1. 北京:文物出版社. 26

豆：仅有浅盘、细柄、中腰有箍棱的一种①。西周晚期发现不多，大多数应是漆木所制，多朽坏未能保存下来。

爵：西周早期的爵杯体缩小，卵形腹，流窄而长，流部两侧前端高于后端，双柱也离开流折，略向外倾斜。三足分开的角度不大，有些足呈刀形，平底浅腹爵已经绝迹。早期后段，爵鋬由扁平变得浑圆。中期时，爵的数量已大大减少，形制仍是早期的式样，没有新变化，目前可见的中期爵如兴爵和孟爵，都仍保持着西周早期的式样。中晚期时出现了一种形制像斗有圈足的长柄器，铭文中自铭为金爵，如白公父爵等，成为西周晚期爵的新式样②。

觚：西周早期觚的数量急剧减少，能确认的西周早期觚数量很少③。其形制主要有两种。一种沿袭晚商风格，与商代觚在形式上没有区别，但腰部变长，一般没有棱脊；另一种是新出现的形制，腰部极细，状似喇叭，纹饰只施在圈足，如扶风庄白出土的旅父乙觚、鳞纹觚等，这种觚在商代遗址中从未出土过④。

斝：西周时斝的数量很少，且型式单一，只有高领分裆式，平底斝、罐形斝均已消失不见⑤。

尊：西周早期盛行无肩觚型尊，筒状，三段式，腹和圈足所占比例相当，口径略大于腹径，圈足下沿往往有宽阔的边条。有的通体铸有四条扉棱，纹饰繁缛华丽，如何尊、商尊、令尊等都是这种型式。也有部分尊仍沿用商代晚期尊的形式，不加边圈，整体宽大呈喇叭口。以上两种尊器腹都不显著鼓出。早期后段，尊腹下移，圈足变矮，尊腹部呈圆弧状鼓出，呈现出新变化。昭王时期的几件标准器如鬲尊、召尊等形体较低而宽，均属于较晚的这类尊。流行于商代晚期的大口折肩尊在周初时已消失，西周中期时尊已

---

① 吴镇烽. 1996. 岐周、宗周和成周地区青铜器概述. 见：中国青铜器全集编辑委员会. 中国青铜器全集5，西周1. 北京：文物出版社. 16

② 马承源. 1996. 中国青铜艺术总论. 见：中国青铜器全集编辑委员会. 中国青铜器全集1，夏商1. 北京：文物出版社. 27；吴镇烽. 1996. 岐周、宗周和成周地区青铜器概述. 见：中国青铜器全集编辑委员会. 中国青铜器全集5，西周1. 北京：文物出版社. 10

③ 马承源. 1996. 中国青铜艺术总论. 见：中国青铜器全集编辑委员会. 中国青铜器全集1，夏商1. 北京：文物出版社. 23

④ 吴镇烽. 1996. 岐周、宗周和成周地区青铜器概述. 见：中国青铜器全集编辑委员会. 中国青铜器全集5，西周1. 北京：文物出版社. 10

⑤ 吴镇烽. 1996. 岐周、宗周和成周地区青铜器概述. 见：中国青铜器全集编辑委员会. 中国青铜器全集5，西周1. 北京：文物出版社. 10

发展到了最晚的形态，体宽矮，下腹倾垂，圈足低而外侈①。这一时期的前半段流行敞口深袋腹低圈足的尊，如效尊、丰尊、启尊、免尊等②。

卣：西周早期最主要的酒器，数量远多于商代。早期流行的卣，一是各种椭扁体卣，一是直筒形卣，据现有的发掘资料，这两类卣存在着同样的组合关系③。提梁卣造型仍沿用商末的式样，盖钮均为花苞形，有的提梁为扭索状，提梁两端没有兽头。但自西周成王时期开始，两端铸有兽头的扁体提梁卣大量流行。和尊一样，豪华型的卣通体有四条扉棱，装饰有繁缛华丽的花纹。早期后段，盖钮大多变为圈状，盖的两端出现犄角，器体趋于低矮。此时，提梁卣往往是成对出现，一大一小，形制、花纹、铭文相同，与尊组成一尊二卣的一套酒器。这种大小相配的形式在商代没有出现过④。西周中期时卣也发展到了最晚形态，卣体呈椭方形，体宽矮，下腹倾垂，圈足低而外侈。提梁卣蜕变成贯耳壶，形体仍然修长，下腹与圈足没有明显分界⑤。

觯：饮酒器。多为圆体，椭圆体的少见。西周早期前段，圆体觯颈较短，腹圆鼓；西周早期后段，颈变得修长，腹变小而下垂，圈足外侈⑥。

觥：西周中期以前非常流行，西周晚期就很少见了。形制仍沿袭商代，多为鸟兽造型，或取鸟兽的部分特点来设计器形。比商代晚期更注重实用性，盛酒部分更像容器。有的觥以方禁为底座⑦。另外，西周的方形觥较多，体呈方形，腹部变得较曲，是商代晚期罕见的器形。

方彝：西周中期穆、恭、懿王时期仍然使用它，如日己方彝、师遽方彝、盠方彝、吴方彝盖等都属于这一时期。日己方彝直壁，师遽方彝和盠方彝皆曲壁，形体较小，有显著的变化，内部隔分为两室，盖上有相应的两孔，并且两侧各有一象鼻形的耳。这种有执耳的方彝是以前未曾有的新形

---

① 马承源. 2003. 中国青铜器（修订本）. 上海：上海古籍出版社. 419；吴镇烽. 1996. 岐周、宗周和成周地区青铜器概述. 见：中国青铜器全集编辑委员会. 中国青铜器全集 5，西周 1. 北京：文物出版社. 13

② 吴镇烽. 1996. 岐周、宗周和成周地区青铜器概述. 见：中国青铜器全集编辑委员会. 中国青铜器全集 5，西周 1. 北京：文物出版社. 10；马承源. 2003. 中国青铜器（修订本）. 上海：上海古籍出版社. 424

③ 马承源. 2003. 中国青铜器（修订本）. 上海：上海古籍出版社. 418

④ 吴镇烽. 1996. 岐周、宗周和成周地区青铜器概述. 见：中国青铜器全集编辑委员会. 中国青铜器全集 5，西周 1. 北京：文物出版社. 10

⑤ 吴镇烽. 1996. 岐周、宗周和成周地区青铜器概述. 见：中国青铜器全集编辑委员会. 中国青铜器全集 5，西周 1. 北京：文物出版社. 13

⑥ 吴镇烽. 1996. 岐周、宗周和成周地区青铜器概述. 见：中国青铜器全集编辑委员会. 中国青铜器全集 5，西周 1. 北京：文物出版社. 10

⑦ 马承源. 1996. 中国青铜艺术总论. 见：中国青铜器全集编辑委员会. 中国青铜器全集 1，夏商 1. 北京：文物出版社. 22

制，也是方彝的最后形式①。

方尊、方罍：西周早期前段还可见到，仍沿袭商代同类器的形制，早期后段以后就已极为少见了②。

壶：西周中期以后盛行的大型容酒器，也用做盛水器。西周时期的壶形体变得特别大，多成双成对出现。西周中期流行的壶有两种，一种是直口长颈圆腹壶，兽耳衔环，圈足低而外侈；另一种壶身呈椭方形，直口，贯耳，是壶的新器形③。这两类壶在西周中期以后很长时间内一直盛行。另有一种宽颈、垂腹的圆角方壶也偶有发现。在中期的长颈垂腹壶和方壶晚期时仍流行，椭方形壶在晚期占主导地位，长颈大腹，有的将贯耳改为兽首衔环耳，如颂壶、梁其壶等。梁其壶的壶盖为莲瓣形，是西周晚期出现的新式样，到春秋时期非常流行④。

罍：用于贮水或贮酒，形体变得特别大，均成双成对出现，并且出现了较多的方形器。西周中期时，方罍或圆罍的形体都略为偏低，如长安普渡村长由墓出土的繁罍、陵罍等。由罍演变的罐在西周中期时开始出现，并最终取代了罍⑤。

2. 水器

盘：西周中期时，盘腹变浅，圈足变低，有的出现把手和流槽，有的有兽首衔环耳。中期后段，盘的圈足下有的出现了三个兽面扁足。西周晚期时，除继承中期盘的式样以外，圈足下加三、四个附足的盘比较常见，一般为兽面扁足，也有人负荷形⑥。

匜：西周中晚期出现的新的水器器形，与盘形成组合，一般无盖，口部呈曲线形，流槽较宽，足和鋬都为龙形⑦。

---

① 马承源. 2003. 中国青铜器（修订本）. 上海：上海古籍出版社. 424

② 吴镇烽. 1996. 岐周、宗周和成周地区青铜器概述. 见：中国青铜器全集编辑委员会. 中国青铜器全集 5，西周 1. 北京：文物出版社. 10

③ 吴镇烽. 1996. 岐周、宗周和成周地区青铜器概述. 见：中国青铜器全集编辑委员会. 中国青铜器全集 5，西周 1. 北京：文物出版社. 14

④ 马承源. 2003. 中国青铜器（修订本）. 上海：上海古籍出版社. 428

⑤ 吴镇烽. 1996. 岐周、宗周和成周地区青铜器概述. 见：中国青铜器全集编辑委员会. 中国青铜器全集 5，西周 1. 北京：文物出版社. 14；马承源. 2003. 中国青铜器（修订本）. 上海：上海古籍出版社. 424

⑥ 吴镇烽. 1996. 岐周、宗周和成周地区青铜器概述. 见：中国青铜器全集编辑委员会. 中国青铜器全集 5，西周 1. 北京：文物出版社. 14，16

⑦ 吴镇烽. 1996. 岐周、宗周和成周地区青铜器概述. 见：中国青铜器全集编辑委员会. 中国青铜器全集 5，西周 1. 北京：文物出版社. 16

盉：西周早期时，盉比较流行。既可用做水器，也可以用做酒器①。早期流行的盉多为分裆盉，形体比较低，一般有三足分裆、四足分裆，浅分裆四柱足盉最为常见。另外还有方体圆角四足平裆的椭方盉。晚期时，盉腹多为扁圆形，状如悬鼓，下有四扁足，形体比较矮。盖上饰有凤鸟，鋬多为顾龙形，流管的口部微曲。另有一类款足盉，足肥短，小口有盖，宽肩，有鋬可执，有的在铭文中自铭为盨②。

3. 兵器

西周常见的青铜兵器有戈、矛、勾戟、短剑、钺、镞等类型。

戈：西周时期主要流行直内戈，銎内戈的数量很少，商代流行的曲内条形援戈已经消失不见。直内戈按援的形制可分为条形援直内戈和三角形援直内戈。条形援直内戈的基本形制为窄长条形援，直内，有的有胡，有的无胡。有胡的条形援直内戈是西周铜戈的主要器型，包括短胡无穿、短胡一穿，中胡一穿、二穿及多穿戈。三角形援直内戈数量较少，援作等腰三角形，近援本处有一圆穿，援本两边有二方穿，长方形内。銎内戈按胡的有无分为有胡銎内戈和无胡銎内戈两大类③。

矛：西周主要兵器之一，出土数量比戈稍少。根据骹侧有无环耳可以分为两大类。一类是矛身两侧或一侧附环耳，根据矛身形状的不同，又分为柳叶状矛身、长三角形矛身、琵琶形矛身和宽短矛身四式。一类是矛身两侧无环耳，可分为五式：一式为矛身呈柳叶状；二式为矛身侧刃斜张或呈弧形内曲，短骹，骹端内凹或分叉如燕尾；三式为矛身呈宽大叶状，短骹；四式为矛身呈阔叶状，长骹；五式为矛身呈长条形，短骹内曲④。

戟：通常是戈与矛的合体，也有戈与刀的合体，兼具前刺、横击和勾杀的功能，是西周早期比较盛行的一种武器，商代发现的极少。西周时期的戟，戟头是用一次浇注成型的浑铸法制成的，可分为两种类型。第一类为戈与矛的合体。戈的援本上下延伸，上呈矛叶与锋，矛叶下多有一穿，下成戈胡。戈有脊棱，近援本处有一圆穿。因其形状被称为"十字形戟"。一般为长胡二穿或中胡一穿。第二类为戈与刀的组合。柲端以刀代替矛，刀顶端后

---

① 马承源. 1996. 中国青铜艺术总论. 见：中国青铜器全集编辑委员会. 中国青铜器全集 1，夏商 1. 北京：文物出版社. 23
② 马承源. 2003. 中国青铜器（修订本）. 上海：上海古籍出版社. 428；吴镇烽. 1996. 岐周、宗周和成周地区青铜器概论. 见：中国青铜器全集编辑委员会. 中国青铜器全集 5，西周 1. 北京：文物出版社. 16
③ 朱凤瀚. 1995. 古代中国青铜器. 天津：南开大学出版社. 779~781
④ 李建民. 1997. 西周时期的青铜矛. 考古，(3)：70~72

弯呈钩状，刀身近背处有一至二穿，戈部为长胡或中胡，有二穿或一穿，多有下阑。此类戟又被称为"钩戟"①。

短剑：西周时期出土的剑不多，从风格上看与北方青铜文明关系比较密切。常见剑的形制为剑身作柳叶形，有脊，扁茎带孔，茎与剑身之间无明显分界，无首无格，长度较短，多为短剑②。

钺：长柄，首部有弧刃，钺身形制近似斧，但比斧宽且扁，均平肩有内，以直内入木柲中，以肩部、内部（或钺身中部穿孔）缚于柲上。主要流行于商代和西周时期。根据其形体大小可分为小型钺和大型钺。小型钺长为30厘米以下，多为实用器，出土于中小型贵族墓。大型钺通常在30厘米以上，多出土于随葬青铜礼器较多、墓葬规模较大的高级贵族墓中，基本为礼仪用器，是身份和权力的象征③。

西周兵器的形制大多仍继承商代晚期的兵器，同时也有一些创新，有较明显的时代特征。如戈援多窄长，略呈弧形，锋尖向下弯曲；无胡戈下锋出波折，援前部收敛及偏锋；短胡一穿戈中胡起波折；有胡戈阑旁增加倒刺状的阑耳等，这些特殊形制都是商代晚期兵器中所不见的。并且西周兵器中有较多各种形制的勾戟、钺等，也是商代晚期兵器中罕见的④。

4. 乐器

西周最常见和出土数量最多的乐器是钟，商代晚期的乐器铙在西周初期仍沿用了一段时间，但数量很少。

钟：最早见于西周早中期，盛行于春秋战国时期。其形制特征为，钟体为两侧尖锐的扁体，横截面近似于叶形，口沿中间内凹，呈弧状，无钟舌，以木锤敲击或木柱撞击发音部位来发出声音⑤。根据其形制不同，可分为甬钟和钮钟两类。甬钟，有圆柱形的甬，甬中空与钟体相通，干旋齐备，旋周饰四目纹。钟体上枚的形状为长椎体，顶部圆钝或平。悬挂方式是倾斜的。甬钟在西周早期偏晚时就已出现，中晚期时已经流行。钮钟，钟体形制与甬钟基本相同，不同之处在于，舞面上加有用以悬挂的梁，称为"钮"，钟体上的枚为低矮的乳突形，悬挂方式为直悬。钮钟出现的时间较晚，春秋早期

---

① 朱凤瀚. 1995. 古代中国青铜器. 天津：南开大学出版社. 265，266
② 朱凤瀚. 1995. 古代中国青铜器. 天津：南开大学出版社. 272
③ 朱凤瀚. 1995. 古代中国青铜器. 天津：南开大学出版社. 269，270
④ 朱凤瀚. 1995. 古代中国青铜器. 天津：南开大学出版社. 782
⑤ 朱凤瀚. 1995. 古代中国青铜器. 天津：南开大学出版社. 237

以后才逐渐流行。①

西周早期的钟一般只有三枚至五枚为一组（两件以上一组者即为编钟），越早枚数越少。北方地区目前所知较早的甬钟出土于宝鸡竹园沟 M7 墓，其时代在"康王晚年至昭王时期"。穆王时期的茹家庄一号墓也出土有甬钟②，这两地所出甬钟都是三枚一组的。西周晚期时，编钟的枚数大大增加，出现了八枚一组的编钟，如扶风齐家村窖藏出土的中义钟和柞钟等都是八枚成组，说明当时编钟八枚成套可能已成为乐器组合的定制③。

铙：流行于商代，西周早期也有但数量较少。西周王畿地区流行的铙，体型均比较小，腔体形状似铃，口部呈凹弧形，少数为平口，横截面呈叶形，多横宽，两侧角尖锐，底部有一中空圆管状的短柄，与体腔内部相通，柄中可以安置木段，口沿外部正中部位即正鼓部为方形或梯形突起。使用时应是口部向上，在中空短柄中接续木柄，手执木柄敲击发声的④。

二、西周青铜器的纹饰特征

1. 早期

西周早期青铜器的纹饰，绝大多数继承商代晚期的式样，以雷纹为地的兽面纹作主题的动物纹样仍占主导地位。主要纹饰有兽面纹、乳钉纹、龙纹、凤鸟纹和火纹，其次有直条纹、联珠纹、兽体变形纹，以及蝉、蛇、象、牛等纹样。但纹饰中也出现有一些反映周人风格的创新之处。如兽面纹角形出现了一些变化。凤鸟纹种类和数量大为增加，与商代晚期的凤鸟纹相比显得更为华丽，并且凤鸟纹从过去的条带状配饰，转变到主题花纹上来。体型庞大、构图华丽的花冠大凤鸟纹开始出现，并占据器物的主要部位。这种以凤鸟为饰的风气，一直延续到西周中期，特别盛行于穆共之世。西周早期最具有时代特征的创新纹饰是蜗体兽纹，其形状为头大体短，身尾盘旋作蜗牛壳状，头似龙首，长鼻上卷，口中露出上下交错的獠牙，头顶有一根触角，龙头之下由蜗壳中伸出一双利爪。蜗体兽纹西周初出现，大约流行于武、成二世，康、昭时期的青铜器上已不见了，时代性非常强。另外，牛头、牛纹、或有牛角的兽面纹在西周早期青铜器上出现得也非常频繁，应是

---

① 马承源. 2003. 中国青铜器（修订本）. 上海：上海古籍出版社. 274；朱凤瀚. 1995. 古代中国青铜器. 天津：南开大学出版社. 245
② 陈亮. 2007. 扶风五郡西村西周青铜器窖藏编钟及相关问题. 文物，(8)：83
③ 朱凤瀚. 1995. 古代中国青铜器. 天津：南开大学出版社. 242
④ 朱凤瀚. 1995. 古代中国青铜器. 天津：南开大学出版社. 233

"作为农耕部落的周人所格外崇信的神像标志"①。

在纹饰装饰手法上西周早期仍与商代晚期一样，采用平雕和浮雕，以地纹衬托主体纹的形式，形成主次效果。仍流行通体满花和三层花。所谓三层花就是既有地纹，又有主纹，同时在主纹上重叠刻花，层次分明，繁缛富丽。图案多采用对称式适合纹样和连续纹样②。

2. 中期

西周中期时，由于民族文化、意识形态和社会习俗的转变，青铜器的纹饰变化很大，这一时期是传统纹饰变化、消失和新纹饰产生的并行时期，具有过渡性的特点。这一时期，整个装饰风格由神秘诡奇转向朴实无华，纹饰简洁规整，极富规律，繁缛富丽的通体满花开始减少。直条纹和横条沟脊纹大量使用，新出现了波曲纹。许多传统纹饰消失，保留下来的传统纹饰，也都发生了剧烈变形，如兽面纹，兽体变形纹之类，图案日益简化。布局构图由传统的对称式构图变成以连续式构图为主，多是简洁的条带状二方连续花纹。在纹饰表现手法上，以平雕为主，浮雕减少，在一些器耳、盖钮和附饰上使用圆雕的动物形象。

下面对西周中期时发生剧烈变化的一些具体纹饰作简单描述③。

兽面纹在西周中期时逐渐衰退，并且开始简单化，出现了许多变形兽面纹，有的线条粗疏，不施雷纹地，如卫簋、日己方彝、蔡姬尊等；有的除兽目尚可辨别之外，其余部分都由勾曲的粗线条组成，如师遽方彝和痶生簋等；有的目纹蜕化，对称构图更为简略，如廿七年卫簋、舁伯簋及克鼎等。兽面纹的衰落还表现在大都不再作为主题花纹，而是退居到鼎、鬲、甗等器物的次要部位。少数被用作主题花纹的兽面纹也多是经过简化和变形，躯体分解，构图凌乱。这个时期最流行的变形兽面纹是一种条带状的，由一些毫无意义的横向或纵向勾曲粗线组成的图案，过去称为窃曲纹或窝曲纹④。

凤纹在西周中期穆、恭时代达到高峰，至懿、孝时期开始衰落，是西周中期颇具时代特征的纹饰。此时的凤鸟纹与西周早期相比发生了一些变化，多齿冠凤鸟、长冠垂尾小鸟、长冠尾上卷的凤鸟，尖角鸟、弯角鸟基本消失，代之流行的是长冠分尾式长体鸟纹，回顾式花冠分尾和鸡体花冠分尾大

---

① 马承源. 1996. 中国青铜艺术总论. 见：中国青铜器全集编辑委员会. 中国青铜器全集1，夏商1. 北京：文物出版社. 24

② 吴镇烽. 1996. 岐周、宗周和成周地区青铜器概述. 见：中国青铜器全集编辑委员会. 中国青铜器全集5，西周1. 北京：文物出版社. 11

③ 马承源. 2003. 中国青铜器（修订本）. 上海：上海古籍出版社. 425

④ 马承源. 2003. 中国青铜器（修订本）. 上海：上海古籍出版社. 425

凤鸟。这类凤鸟纹线条粗犷简单，通常呈对称回顾形排列，有长而华丽的冠或分冠，鸟喙大多为卷曲形，鸟尾逶迤的长度通常为鸟体的二倍至三倍，而且其延长部分多与鸟体分离，一般都作为主题花纹施于尊、卣、簋的腹、盖或方座上，如县妃簋、录簋等，都是以这种分尾的长尾鸟纹作为母题纹饰的①。

龙纹此时也出现了急剧变化，长冠或花冠的回顾龙纹，是西周中期的主要纹饰之一。以较粗的线条构成，兽头有长的花冠，分尾，形体似鸟而非鸟，如趞曹鼎、师𡘊父鼎及裘卫簋等均饰以此类纹饰，这种回顾龙纹的使用一直延续到春秋时期；另一种龙纹为鸟体龙纹，龙头鸟身，过去称为夔凤纹，在西周中晚期编钟的鼓部较为常见②。

在西周中期比较流行的纹饰还有波曲纹、兽体卷曲纹、兽目交连纹和鳞纹等，这些纹饰多是由兽面纹或龙纹进一步解体变形而形成的。其中波曲纹是西周中期产生的最重要的新纹饰。它是一种以波幅很大的曲带为主导，上下波峰内饰有对称的兽纹，或有环状鳞瓣配合一对角状的条纹组成的特殊图像，如恭王后期的遹盂、懿王时代的兴壶和孝王时代的克鼎等，都以大波曲纹作为母题。波曲纹在西周中晚期一直非常流行，直到春秋晚期才退出古代装饰纹样的行列③。兽体卷曲纹、兽目交连纹，在仲枏父簋、㻌生簋及师遽方彝上都有这类纹饰，并且是作为主题纹饰出现的。鳞纹，在西周早期青铜器纹饰的龙纹躯体，或盘的纹饰中偶然可见，在西周中期时发展成为器物装饰的主纹，如师酉簋、师兑簋、大簋等都施有鳞纹④。

3. 晚期

西周晚期的青铜器纹饰从整体上看趋于简单，种类减少，构图朴实，刻画有力，并且出现了许多素面无纹饰的器物。这一时期雷纹蜕化，凤鸟纹销声匿迹，立体动物附饰也不发达。波曲纹、变形兽面纹、兽体卷曲纹、鳞

---

① 马承源. 2003. 中国青铜器（修订本）. 上海：上海古籍出版社. 426；吴镇烽. 1996. 岐周、宗周和成周地区青铜器概述. 见：中国青铜器全集编辑委员会. 中国青铜器全集5，西周1. 北京：文物出版社. 14, 15

② 吴镇烽. 1996. 岐周、宗周和成周地区青铜器概述. 见：中国青铜器全集编辑委员会. 中国青铜器全集5，西周1. 北京：文物出版社. 15；马承源. 2003. 中国青铜器（修订本）. 上海：上海古籍出版社. 426

③ 马承源. 1996. 中国青铜艺术总论. 见：中国青铜器全集编辑委员会. 中国青铜器全集1，夏商1. 北京：文物出版社. 27, 28

④ 吴镇烽. 1996. 岐周、宗周和成周地区青铜器概述. 见：中国青铜器全集编辑委员会. 中国青铜器全集5，西周1. 北京：文物出版社. 15；马承源. 2003. 中国青铜器（修订本）. 上海：上海古籍出版社. 426

纹,开始占绝对优势。此外,常见纹饰还有弦纹、双头龙纹和蟠蛇纹等①。此时有些重器出现了素面不施纹饰的现象,仅在器物的突出部分如簋耳、匜鋬之保持装饰的具体形象,而器物的主体则为素面无纹饰,如趩簋、师寰簋的双耳均为雄奇的龙头,虢季子白盘装饰衔环的龙头等。值得注意的是西周晚期时,交龙纹已个别地出现,如颂鼎上的交龙纹、上村岭虢国墓地青铜器件上的龙体交叠纹等。交龙纹具有蜿蜒游动的动感,打破了商和西周中期静态纹饰占主体的装饰风格,结构安排合理,构图成熟,为春秋时期青铜器上广泛使用的纠结交缠、结构复杂的交龙纹的发展开辟了一条道路②。

总体看来,西周青铜器的纹饰特征有如下几点:

首先,从西周青铜器纹饰的整体风格看,从商代的繁缛复杂、神秘诡异发展到了简洁规整和朴素自然。

西周时期的许多纹饰都遵循着这个规律,如商代神秘狰狞的兽面纹及其变形纹饰,在西周时期就逐渐被淘汰,西周中期以后,兽面纹就很少见了,即使有也多是装饰在青铜器的足部和一些不起眼的地方。另外,夔龙纹和鸟纹在西周时期发生了全新的变化,商代旧有的这两种纹饰在西周基本上已弃置不用。这些在商代具有神秘色彩和特定象征意义的动物纹饰,到西周时期逐渐衰落,主要是因为西周时期人们的崇拜对象发生了改变,随着社会生产力的进一步提高,西周时期人们对许多自然界中存在的动物不再恐惧,不再崇拜,即使对于征服不了的猛兽至少也对它的习性有了深刻了解,动物们已经不再属于崇拜对象,其神秘性自然也就大大减小,更不要说是称之为神了,所以在西周时期真正的兽面纹开始逐渐减少。即使有,也多是以抽象变形的形式出现,如重环纹、垂鳞纹、交龙纹等,这些新纹饰抽象夸张,超越现实,与传统的兽面纹完全不同。另外,直条纹、横条沟脊纹、波曲纹的大量使用及交龙纹的出现,使西周青铜器纹饰简洁规整,朴素自然,极富律动感,呈现出一种动态的美,开创了青铜器纹饰的新风格。

其次,纹饰的种类在继承商代的基础上继续发展,西周中后期时,形成了周人特有的纹饰种类和风格,摒弃了许多传统纹饰。

商代的许多纹饰在西周时期仍然使用。如,商代晚期兽面纹的变化形式"环柱角形、牛角形、外卷角形、羊角形、内卷角形、曲折角形、双龙角形、长颈鹿角形、虎头形、熊头形兽面纹"等纹饰,西周早期仍在使用。西周中

---

① 吴镇烽. 1996. 岐周、宗周和成周地区青铜器概述. 见:中国青铜器全集编辑委员会. 中国青铜器全集5,西周1. 北京:文物出版社. 16

② 马承源. 1996. 中国青铜艺术总论. 见:中国青铜器全集编辑委员会. 中国青铜器全集1,夏商1. 北京:文物出版社. 28;马承源. 2003. 中国青铜器(修订本). 上海:上海古籍出版社. 429

后期时开始形成西周特有的纹饰。主要流行环带纹、窃曲纹、重环纹、垂鳞纹、波曲纹、凤鸟纹、瓦纹等。另外,还出现了许多无纹饰的素器。商代和西周时期虽然在纹饰的种类上各有侧重,但这些纹饰的本质和功能没有变,都有增强青铜器神秘性,加强其礼器地位的功用。

最后,在纹饰布局上,从西周早期继承商代晚期繁缛富丽的满装三层花风格,以及对称布局风格,逐渐转变为以连续布局的条带状纹饰布局风格为主。

西周时期许多青铜器上的纹饰,在布局方法上还出现了几种纹饰并存的局面。有的青铜器上,上面饰窃曲纹、中间为三角纹和窃曲纹、腹部为凤鸟纹或龙纹、圈足是窃曲纹,十分复杂,在手法上,主要采用虚实、纵横、疏密等排比方法,使图案变化丰富多彩,但是对称性仍很强。另外,西周时期纹饰的特点还有一点,这就是主次纹饰的应用,即在西周时期青铜器上的几种纹饰中,只有一种纹饰是主体,一般都占据着显著位置,且面积很大,特点非常鲜明。

第二节　西周青铜器的断代

学术界对于西周青铜器的断代有着不同观点,造成这种分歧的主要原因有依据的标准器物不同、所考察的青铜器群范围不同等。概括来说,目前对西周青铜器的断代主要有如下一些观点:

郭宝钧先生认为西周青铜器应分为前后两期,以穆王末叶为分界,穆王时期是商代铜器风格延续的尾声和西周后期铜器风格的开端。前期青铜器受商代影响较多,在器形上,酒器所占比重仍较大,器物的形制特征也与商代晚期有很多相似之处。穆王时,器物特征开始出现周人自己的风格,酒器大大减少,食器、水器、乐器比重大为增加[①]。

马承源先生把西周青铜器分为早、中、晚三期。西周早期为武王至昭王时期（武、成、康、昭）；西周中期为穆王至夷王（穆、恭、懿、孝、夷）；西周晚期为厉王至幽王时期（厉、宣、幽）[②]。

朱凤瀚先生把西周青铜器分为五期。第一期的年代范围约在武王至康王时期；第二期年代大致在康王晚期至昭王时期；第三期年代大约在昭王晚期至恭王一段时间内；第四期的年代区限约在懿王至孝王期间,但其下限也有

[①] 郭宝钧. 1981. 商周铜器群综合研究. 北京: 文物出版社. 62
[②] 马承源. 2003. 中国青铜器（修订本）. 上海: 上海古籍出版社. 415, 421, 427

可能已进入夷王时期；第五期年代约在夷、厉（共和）、宣、幽这一阶段内①。

吴镇烽先生在《岐周、宗周和成周地区青铜器概述》一文中，把西周青铜器分为早、中、晚三期。早期为武王到昭王时期，又分为早段和晚段；中期从穆王至夷王，前段为穆恭二世；晚期为厉王至幽王时期②。

张懋镕先生根据青铜器铭文中日名与族徽的有无，把西周青铜器划分为两个系统：商系统，器主以商遗民为代表；周系统，器主以姬周贵族为代表。铭文中有日名族徽的为商系统青铜器。两大系统青铜器在器类、造型、纹饰、组合等方面都存在一定差异，各自的文化倾向性比较明显。但对于没有铭文的青铜器则无法判断。此种方法在某些方面更细微，可以作为青铜器分期断代方法的一种补充③。

王世民、陈公柔、张长寿等先生在《关于夏商周断代工程中的西周青铜器分期断代研究》一文中，收集西周铜器典型资料，包括考古发掘出土的重要西周墓葬、出土情况明确的西周青铜器窖藏、传世品中的成组铜器、零星出土和传世品中的标准器、有重要铭文特别是年月日辰俱全的铜器，采取考古类型学方法，进行详细的形制分析，并对西周常见纹饰进行系统排比，然后根据这些铜器铭文、纹饰之间的联系，以及同坑、同组等关系，综合考察其发展谱系，将西周铜器分为早、中、晚三期。早期为武、成、康、昭；中期为穆、恭、懿、孝、夷；晚期为厉、宣、幽④。

本文赞同马承源、吴镇烽、张长寿等先生的三期分法观点，认为西周青铜器早期为武王至昭王时期（武、成、康、昭）；中期为穆王至夷王时期（穆、恭、懿、孝、夷）；晚期为厉王至幽王时期（厉、宣、幽）。

一、西周早期（武、成、康、昭）青铜器的特点

西周早期的青铜器在器类和造型设计上有一些新的增益和改进，但大部分仍是沿袭商代晚期的作风。铭文铸造上出现了长篇铭文，这与商代完全不同，形成了周人自己的风格。出土西周早期青铜器的墓葬，重要的有陕西宝鸡竹园沟和纸坊、沣西马王村、泾阳高家堡、河南浚县辛村、洛阳砖瓦厂、

---

① 朱凤瀚. 1995. 古代中国青铜器. 天津：南开大学出版社. 778
② 吴镇烽. 1996. 岐周、宗周和成周地区青铜器概述. 见：中国青铜器全集编辑委员会. 中国青铜器全集5，西周1. 北京：文物出版社. 9, 12, 16
③ 张懋镕. 2005. 西周青铜器断代两系说刍议. 考古学报，(1): 5, 17
④ 王世民，陈公柔，张长寿. 1999. 关于夏商周断代工程中的西周青铜器分期断代研究. 文物，(6): 49, 50

郑州洼刘等西周墓葬①。

就器类而言，西周早期出现的新器形依然很少，大部分仍是沿用商代器形。食器有鼎、簋、鬲、甗、豆，出现的新器形为方座簋；酒器有尊、卣、爵、觚、觯、觥、斝、方彝、壶、罍、斗，同时出现了角；水器有盘、罍、盉、盂、壶，其中盉、壶、罍均是兼具酒器和水器的双重功用，盉在此时常与盘配合使用，组成一套盥洗器；乐器中铙消失，甬钟出现；兵器中除有戈、矛、镞、弓柲外，新出现了勾戟和短剑②。

在仍然沿用的商代器物中，出现了一些值得重视的变化。如卣和尊代替商代的觚、斝、爵成为西周初两类最主要的酒器。斝、觚由必出到少见。西周早期时，纯酒器组合仍然存在，仍有少数墓葬单独以爵、觚或爵、觯等纯酒器的组合随葬，明显是继承了商人重酒的作风③。但爵、觯组合却不见于商代墓葬，应是周人的创新。觚的数量已远比爵的数量少，但爵、觚仍是最基本的成套酒器，并且通常有一定数量的漆、木觚相配④。西周早期后段，鬲、甗作为重要礼器加入食器组合的现象更加普遍，一些高级贵族开始随葬成套盥洗器和编钟，出现了食器、酒器、水器和乐器同时存在的组合形式⑤。

从器类变化的总趋势来看，西周早期时周人已经开始削弱酒器的生产，而偏向铸造食器。其墓葬中随葬铜器的组合也开始注重食器。常见的是以鼎、簋为主的食器组合，身份较高的贵族墓是食器和酒器并存，食器以鼎、簋为主，有的出现鬲、甗。随葬鼎、簋的数目多寡随着墓主身份的高低而变化；酒器或有尊、卣，或有爵、觚，或兼而有之，但数量不多。⑥

西周早期的纹饰，绝大多数继承商代晚期的式样，种类与商代晚期类似，主要有兽面纹、乳钉纹、龙纹、凤鸟纹和火纹，其次有直条纹、联珠纹、兽体变形纹，以及蝉、蛇、象等纹样。也出现了一些反映周人风格的创新之处，如兽面纹角形出现变化。凤鸟纹种类和数量大为增加，转变为主题花纹。出现了最具时代特征的创新纹饰蜗体兽纹。纹饰装饰上仍和商代晚期一样，采用平雕和浮雕的手法，图案多为对称式适合纹样和连续纹样，以地

---

① 马承源. 2003. 中国青铜器（修订本）. 上海：上海古籍出版社. 416
② 吴镇烽. 1996. 岐周、宗周和成周地区青铜器概述. 见：中国青铜器全集编辑委员会. 中国青铜器全集5，西周1. 北京：文物出版社. 8
③ 吴镇烽. 1996. 岐周、宗周和成周地区青铜器概述. 见：中国青铜器全集编辑委员会. 中国青铜器全集5，西周1. 北京：文物出版社. 8，9
④ 马承源. 2003. 中国青铜器（修订本）. 上海：上海古籍出版社. 419
⑤ 吴镇烽. 1996. 岐周、宗周和成周地区青铜器概述. 见：中国青铜器全集编辑委员会. 中国青铜器全集5，西周1. 北京：文物出版社. 9
⑥ 吴镇烽. 1996. 岐周、宗周和成周地区青铜器概述. 见：中国青铜器全集编辑委员会. 中国青铜器全集5，西周1. 北京：文物出版社. 8，9

纹衬托主体纹的形式，形成主次效果，仍然流行通体满花和三层花。

与商代相比，在青铜器铸铭方面，周人形成了自己的习尚，体现了周文化的特点。西周早期青铜器最显著的发展就是长篇铭文的出现。这种铭文不再像商末那样，仅仅是族徽或做器者的标识，而是大大增强了其书史记事的性质，有丰富的政治内容，把青铜器铭文用作宣传做器者个人或家族荣誉和地位的重要工具和途径。西周早期的青铜器上有数十字的铭文是普遍现象，除标识器主和祭祀亲属外，最主要的还是纪事。多以克商建邦、平乱、分封、方国征伐、巩固统治等种种政治事件或政务活动为内容。铭文格式活泼，书体风格清劲隽美，有明显的波磔，结构严谨精到，行款章法自如。代表作有成王时的何尊、保卣，康昭时的外叔鼎、大盂鼎、令簋等。另外，西周早期时还流行一种风格质朴平实、结体不用肥笔、不露或少露锋芒、书写便捷的书体，代表作为武王时期的利簋和天亡簋铭文①。

二、西周中期（穆、恭、懿、孝、夷）青铜器的特点

到西周中期时，青铜器制造达到了一个更加成熟的阶段，体现周人民族风格和特色的青铜器在这一时期开始逐渐形成。中期前段即穆、恭二世是这种新风格形成的重要时期，无论是青铜器的造型设计，还是纹饰构图，与前期相比都发生了很大变化。这种转变是意识形态在青铜艺术上的一种反映。岐周、宗周、成周的青铜器表现最为明显，同时也深刻地影响到了畿内和全国各地的诸侯国。② 这一时期青铜器的形制和纹饰，出现了许多新式样，而原有的传统式样，部分仍保留着。

出土西周中期青铜器的墓葬资料主要有扶风庄白出有伯㦰诸器的墓葬和长安普渡村出长由盉的墓葬，两墓时代为穆王时期或穆王之后。宝鸡茹家庄强伯墓也属于这一时期，青铜器具有一定的地方特征。西周中期随葬有青铜器的中型以上墓葬发现较少，大部分西周中期青铜器主要出自于青铜器窖藏，有些窖藏中的青铜器有时是同一家族祖孙几代人的器物，因而对于研究西周中期青铜器的断代和分期具有重要价值。其中重要的窖藏有扶风强家出土的师訇鼎、即簋、师臾钟等器的窖藏，岐山董家出土裘卫器群和㣇匜的窖藏，扶风庄白出有微氏家族103件青铜器群的大窖藏。这些窖藏出土的青铜

---

① 吴镇烽.1996. 岐周、宗周和成周地区青铜器概述. 见：中国青铜器全集编辑委员会. 中国青铜器全集5，西周1. 北京：文物出版社. 8，9；马承源.2003. 中国青铜器（修订本）. 上海：上海古籍出版社. 420

② 吴镇烽.1996. 岐周、宗周和成周地区青铜器概述. 见：中国青铜器全集编辑委员会. 中国青铜器全集5，西周1. 北京：文物出版社. 12

器，经过分析，绝大部分是西周中期时的器物，少数的可能略晚①。

西周中期，礼器中的重食礼制体现得更为完整，食器组合鼎、簋、鬲等在应用于等级区分的功能上已有了一定的规范。

西周中期，酒器开始迅速衰落，瓿、觥、尊、卣、爵、觯、觚和方彝相继消失，恭王之世的盠尊、盠方彝、日己觥和懿王之世的兴爵，是目前已知的同类器物中最晚的标本。在主要酒器走向衰败的同时，具有写实风格的鸟兽尊却异军突起，它们式样清新，生动活泼，牛尊、盠驹尊等都是代表作，与商代鸟兽尊神奇怪诞的作风不同，体现出自然界鲜活生动的动物形象②。

食器中，扁足鼎和分裆鼎绝迹，鬲的种类增加。流行高斜领双耳鬲和高斜领无耳鬲，同时也有平沿无耳鬲和平沿附耳鬲。簋有双耳簋、方座簋、敛口簋、盂形簋和罐形簋等许多种类。新出现的器类有饮壶和盥洗用的盨。中期后段方鼎消失，盛食器出现盨、簠，盥洗器出现匜。编钟的数目从一组三件发展到六件，晚期达到八件③。西周中期簋类器的形制变化显示出明显的新旧交替过程。

乐器在西周中期有了很大发展。扶风竹园沟西周早期墓葬中发现了三枚甬钟，这是目前发现的时代最早的编钟；长安普渡村出土长由盉的西周墓，也出有编钟三枚；传世克钟五枚一组，均为甬钟。另有一钮钟平口，铭文相同，只有一枚。甬钟能产生双音，而平口的钮钟只能奏出单音。乐器中这两类钟组合使用，早在西周中期时已形成制度。④

西周中期墓葬中，青铜器的组合已经形成了周人自己的风格。酒器爵、觯、尊、卣已经不见，壶成为唯一酒器；单纯的食器组合中，鼎、簋组合成为主流。低级贵族以食器组合鼎、簋为主，酒器很少。较高一级贵族的礼器组合中，鼎、簋成组成套，甗、鬲的比例增大，而且，一般都会有一套盥洗用的水器，有的还有编钟，酒器数量不多⑤。

西周中期开始，青铜器的装饰艺术由神秘诡奇转向朴实无华，以简洁明快为时尚。表现手法以平雕为主，浮雕减少，在一些器耳、盖钮和附饰上使

---

① 马承源. 2003. 中国青铜器（修订本）. 上海：上海古籍出版社. 422
② 吴镇烽. 1996. 岐周、宗周和成周地区青铜器概述. 见：中国青铜器全集编辑委员会. 中国青铜器全集5，西周1. 北京：文物出版社. 13
③ 吴镇烽. 1996. 岐周、宗周和成周地区青铜器概述. 见：中国青铜器全集编辑委员会. 中国青铜器全集5，西周1. 北京：文物出版社. 13
④ 马承源. 2003. 中国青铜器（修订本）. 上海：上海古籍出版社. 424
⑤ 吴镇烽. 1996. 岐周、宗周和成周地区青铜器概述. 见：中国青铜器全集编辑委员会. 中国青铜器全集5，西周1. 北京：文物出版社. 13

用圆雕的动物形象①。陆续淘汰了不少西周早期的纹饰，保留下来的传统纹饰，在此时也发生了剧烈变形，并产生了一些新的纹饰，如波曲纹之类。纹饰装饰风格由以传统的对称式构图为主变成以连续式构图为主，由繁缛富丽的满身花纹向简洁明快的条带状花纹发展②。

西周中期纹饰具有过渡期的特点，是传统纹饰变化、消失和新纹饰产生的并行时期。兽面纹迅速衰落，大都不再作为主题花纹，而退居到鼎、鬲、甗的次要部位。凤鸟纹也显著减少，流行长冠分尾式长体鸟纹，以及回顾式花冠分尾和鸡体花冠分尾大凤鸟。这种大凤鸟体丰羽满，冠翎如绶带飘垂，一般都作为主题花纹施于尊、卣、簋的腹、盖或方座上。龙纹急剧变化，大量流行的是回顾式花冠龙纹，一直延续到春秋时期。另外，波曲纹、兽体卷曲纹、兽目交连纹和鳞纹在西周中期后段也比较流行③。

西周中期的铭文，除穆王时代一些作战纪功的铭文以外，多为册命的记录。具有固定的格式，有一定规范，记录事件的时间、地点、人物，都有固定程序，内容一般为封官、世袭等事。当时社会生活中的一些其他现象，如换田的批准、讼诉的胜利，甚至祖考的追孝等在铭文中也有反映。有明确纪年铭文的青铜器比西周早期要丰富得多。这一时期铭文的书体向书写便捷的方向发展，穆王之世还比较接近早期的波磔体，恭王之世则新出现了一种笔道柔和，字画端庄无波捺，两头平齐似圆箸的书体，被称为"玉箸体"，这种书体在西周中期后段最为流行④。

三、西周晚期（厉、宣、幽）青铜器的特点

西周中期的青铜器完成了新旧交替和转变的过程，因此，到西周晚期时，青铜器已经定型，无论形制和纹饰都比较简单，多是中期的延续，不再有中期那种交错复杂的情形。西周晚期，青铜器种类和型式减少，造型和纹饰都比较简朴实用，而且趋于定型化、程式化。器类和中期后段大体相同，

---

① 吴镇烽. 1996. 岐周、宗周和成周地区青铜器概述. 见：中国青铜器全集编辑委员会. 中国青铜器全集5, 西周1. 北京：文物出版社. 15
② 马承源. 2003. 中国青铜器（修订本）. 上海：上海古籍出版社. 425
③ 马承源. 2003. 中国青铜器（修订本）. 上海：上海古籍出版社. 425；吴镇烽. 1996. 岐周、宗周和成周地区青铜器概述. 见：中国青铜器全集编辑委员会. 中国青铜器全集5, 西周1. 北京：文物出版社. 14, 15
④ 马承源. 2003. 中国青铜器（修订本）. 上海：上海古籍出版社. 422；吴镇烽. 1996. 岐周、宗周和成周地区青铜器概述. 见：中国青铜器全集编辑委员会. 中国青铜器全集5, 西周1. 北京：文物出版社. 15

礼乐器主要有鼎、簋、鬲、甗、盨、簠、壶、盘、盉、匜、盂、豆、钟、镈等[①]。水器仍为盘、匜组合，形制无变化，形体巨大的虢季子白盘呈长方形，是唯一的特殊形制。西周晚期食器的分工更加细致，水器匜出现并取代了盉。总体来看，西周晚期的青铜礼器，形制没有突出变化，品种也少，基本上处于停滞状态[②]。

出土西周晚期青铜器的墓葬资料，重要的有陕西沣河西岸的客省庄和张家坡等地发掘了许多座西周时期的墓葬，有一部分是西周晚期墓，其中一墓出土郑季盨，推算纪年为厉王时期。但同墓中也有较早的器物。一般情况是，关中地区和周原及洛阳地区西周晚期墓葬中出土的青铜器较少。目前对西周晚期青铜器的判断，在很大程度上是依据传世的西周晚期铸铭的标准器。考古发现的这一时期青铜器，较多的出土于周原地区的窖藏。如扶风齐家村南发现39器一窖，其中有部分是西周晚期器；扶风召陈村发现19器一窖；岐山董家发现37器一窖，其中有少量属于西周晚期器。扶风齐家村发现的厉王㝬簋，为西周晚期器物，可能也是出自窖藏[③]。

西周晚期，青铜器的纹饰种类减少，构图朴实简洁。此时凤纹销声匿迹，立体动物附饰也不发达，绝大部分是波曲纹、变形兽面纹、兽体卷曲纹、鳞纹，有些重器素面不施纹饰，仅在器物的突出部分如簋耳、匜鋬之类保持装饰的具体形象。另外，个别青铜器上已经出现了春秋时期非常流行的交龙纹[④]。

西周晚期的青铜器上颇多长篇铭文，如毛公鼎、散氏盘、禹鼎、颂鼎等都是国之重器。内容除一般册命官职之外，对猃狁入侵的抵御，对淮夷的控制和征伐等都有突出反映。但大多数铭文是流于形式的为追孝祖考而自作礼器的铭纪。书体是大篆最成熟的形态，字体优美，结构和谐，书写便捷，笔道圆润。厉王㝬簋和宣王时期的毛公鼎铭文，是这种书体的代表作[⑤]。

[①] 吴镇烽. 1996. 岐周、宗周和成周地区青铜器概述. 见：中国青铜器全集编辑委员会. 中国青铜器全集5，西周1. 北京：文物出版社. 16
[②] 马承源. 2003. 中国青铜器（修订本）. 上海：上海古籍出版社. 428~429
[③] 马承源. 2003. 中国青铜器（修订本）. 上海：上海古籍出版社. 427~428
[④] 马承源. 2003. 中国青铜器（修订本）. 上海：上海古籍出版社. 429
[⑤] 吴镇烽. 1996. 岐周、宗周和成周地区青铜器概述. 见：中国青铜器全集编辑委员会. 中国青铜器全集5，西周1. 北京：文物出版社. 16

黄河流域的青铜文明

第三节 西周王朝诸侯国的青铜文明

西周时期，周王朝在王畿的周边地区分封了许多诸侯国以拱卫王室。这些被分封到各地的王室贵族，带着周人较先进的青铜冶铸技术和国家政治理念在各地建邦立国，建立起了自己的政治经济中心，与当地土著居民长期杂居，相互融合，创造出了与西周王室同样辉煌的诸侯国青铜文明。这些诸侯国的青铜文明是在西周王室青铜文明的技术和礼制制度上发展起来的，因此与王畿地区的青铜器器形、器类、发展趋势、使用制度等都基本一致，可以作为西周王畿青铜文明的重要补充和参考；但同时，当地土著居民原有的青铜文明在长期的发展中，必然也会被吸收融合，使这些诸侯国的青铜文明出现了不同于西周王畿青铜文明的地方特色。下面仅对西周时期黄河流域的几个重要诸侯国的青铜文明作简单分析，以作为西周青铜文明的重要补充。

一、西周晋国的青铜文明

1. 西周晋国青铜文明概况

晋国始封之君是唐叔虞，为周武王之子、成王之弟。唐叔虞子燮，改国号为晋。晋国早期都城遗址为晋南地区翼城、曲沃两县交界处的天马—曲村遗址。

1979 年以来，北京大学考古学系与山西省考古所为寻找西周时期的晋都，对天马—曲村遗址进行了多年的调查与发掘工作，确认了天马—曲村遗址是以西周时期晋文化为主的古代遗址。通过对其文化遗存的分析，将该遗址分为六级（3~8 级），并推定了各段的年代范围[①]。该遗址位于曲沃县东、翼城县西，处于两县交界地区。范围较大，总面积达 10 平方公里以上，是目前所知仅次于周都丰镐的大型西周遗址。文化遗存从西周早期延续到春秋早期，以西周中晚期至春秋早期最为兴盛。

天马—曲村遗址包括两处墓地，一处是北赵晋侯墓地，为历代晋侯及其夫人的墓葬区，位于遗址的中部；一处是曲村墓地，位于曲村镇北部一带，属于中小型墓葬集中区，二者相距约 1200 米。这两处墓地中，曲村墓地只

---

① 北京大学考古系. 1992. 翼城曲沃考古勘察记. 见：考古学研究（一）. 北京：文物出版社. 185

发掘了全部面积的1/35，所发掘的墓葬资料基本上全部发表；而晋侯墓地的大型墓葬已基本发掘完毕，发掘报告正在整理编撰过程中，目前只发表了六篇简报①。在这两处墓地的发掘中，出土了许多西周时期的青铜器，并且有一部分带有晋侯铭文，对确定该遗址的性质、年代，了解西周时期晋国青铜器的面貌具有极其重要的价值。

北赵晋侯墓地发掘的晋侯及其夫人墓葬共有9组19座，皆为夫妻并穴合葬墓，一般为一夫一妻，仅 M64 组为一夫二妻。墓葬方向近同，皆北偏东，头向大多朝北，只有 M91，M92 头向南。都有一条或两条斜坡墓道，两条墓道的墓葬时代较晚，南墓道是主墓道，仅 M102 无墓道。曲村墓地共发现47座随葬有青铜礼器的墓葬。虽然北赵晋侯墓地许多大墓已被盗扰，但两处墓地仍出土了大量青铜器，种类非常齐全。根据其器类和功能，可分为食器、酒器、水器、乐器、兵器、车马器等。其中食器有鼎、簋、鬲、甗、簠、盨、豆等；酒器有爵、觚、觯、卣、尊、壶、方彝等；水器有盘、盉、盂、匜等；兵器和工具有戈、镞、剑、锛、凿、斧等，另外还有大量的各式各样的车马器和其他杂器。北赵晋侯墓地作为诸侯国的君主墓地，其墓葬形制和随葬器物的组合是西周王室大墓的重要参考资料。

2. 晋国青铜器的种类、组合特点

北赵村晋侯墓地出土了大量青铜器、陶器、玉器等，对研究西周时期晋国历史文化具有重要意义。所发掘的晋侯及其夫人墓，依据对出土器物的研究，其年代大都在西周中期早段至春秋初年②。其中 M114、M113 为一组，时代约在西周早中期之际，M9、M13 一组，时代也较早，M6、M7 组次之，以下依次序是 M33、M32 组，M91、M92 组，M1、M2 组，M8、M31 组，M64、M62、M63 组，M93、M102 组。其时代从穆王到春秋初年③。下面对各晋侯和夫人墓出土的青铜器种类和组合分别进行简单介绍：

M114、M113 是一组晋侯及其夫人墓，其中 M114 是晋侯墓，M113 是晋

---

① 北京大学考古系，山西省考古研究所. 1993. 1992年春天马—曲村遗址墓葬发掘报告. 文物，(3)：11；北京大学考古系，山西省考古研究所. 1994. 天马—曲村遗址北赵晋侯墓地第二次发掘. 文物，(1)：4；北京大学考古系，山西省考古研究所. 1994. 天马—曲村遗址北赵晋侯墓地第三次发掘. 文物，(8)：22；北京大学考古系，山西省考古研究所. 1994. 天马—曲村遗址北赵晋侯墓地第四次发掘. 文物，(8)：4；北京大学考古系，山西省考古研究所. 1995. 天马—曲村遗址北赵晋侯墓地第五次发掘. 文物，(7)：4；北京大学考古系，山西省考古研究所. 2001. 天马—曲村遗址北赵晋侯墓地第六次发掘. 文物，(8)：4

② 李伯谦. 1997. 从晋侯墓地看西周公墓墓地制度的几个问题. 考古，(11)：51

③ 李伯谦. 1997. 从晋侯墓地看西周公墓墓地制度的几个问题. 考古，(11)：54

侯夫人墓。M114有殉人，在晋侯墓地属首次发现。从墓葬形制及出土器物特征来看，此二墓是晋侯墓中较早的一组墓葬，其时代约在西周早中期之际。M114遭到严重盗掘，残留的青铜器多已破碎，目前可以看出器形的有方鼎2、簋1、提梁卣1、觯1、甗1、盘1、鸟形尊1。另有少量的铜兵器和工具，如戈、锛、凿等及许多铜车马器，包括各种铜泡、马面、镳、衔、銮铃、鼻梁饰、当卢、带扣、节约和铜珠等。在盗洞底部的扰土层中清理出碎铜片逾百公斤，可辨出的器类有方鼎、圆鼎、簋、盂、尊、甗、爵、戈以及各种车马器。现已修复的铜器有方鼎2件、瓦纹簋1件、鸟形尊1件。M113出土的青铜器有鼎8、簋6、甗1、卣2、壶1、铜觚1、盂1、觯3、爵2、猪尊1、觼形器2、小三足瓮1、双耳罐1及大量的铜车马器包括马镳4、马衔2，以及铜泡、带扣和节约多件。其中一件鼎的内壁有铭文"叔乍旅鼎"。簋6件、甗1件，内壁有铭文"伯乍宝尊彝"。卣2件、三足瓮1件、猪尊1件，器盖和腹底有相同的铭文"晋侯乍旅飤"。[①]

M9、M13是夫妻并穴合葬墓。M9为晋侯墓，出土有铜礼器、乐器、兵器、车马器等，但此墓出土的铜器锈蚀严重，保存较好的仅有鼎、簋、罕、编钟诸类。M13为夫人墓，出土的铜礼器有5鼎4簋，另有铜甗、盨、盘、车马器、饰件等[②]。

M6、M7为夫妻并穴合葬墓。M6残存器物有陶鬲、铜戈、铜銮铃及铜容器残片。M7仅残存少量铜车马器[③]。

M33、M32为一组夫妻并穴墓。M33残留的青铜器有鼎、簋、壶、甗、觯、盂等，多残缺不全。另外还有兵器、工具和车马器，包括剑、戈、斧、銮铃、辖等[④]。

M91、M92为一组。M91出土的青铜器有鼎7、簋5、爵2、鬲2，方壶、圆壶、盘、匜、盂、尊、卣、甗、豆各1，编钟7枚[⑤]。M92出土的铜器有

---

① 北京大学考古文博院，山西省考古研究所. 2001. 天马—曲村遗址北赵晋侯墓地第六次发掘. 文物. (8)：11, 18, 19, 20, 21

② 北京大学考古系，山西省考古研究所. 1994. 天马—曲村遗址北赵晋侯墓地第二次发掘. 文物, (1)：4, 6, 7, 13, 15, 23, 26

③ 北京大学考古系，山西省考古研究所. 1994. 天马—曲村遗址北赵晋侯墓地第二次发掘. 文物, (1)：4, 6, 7, 13, 15, 23, 26

④ 北京大学考古系，山西省考古研究所. 1995. 天马—曲村遗址北赵晋侯墓地第五次发掘. 文物, (7)：4, 5, 6, 10, 16, 25, 35

⑤ 北京大学考古系，山西省考古研究所. 1995. 天马—曲村遗址北赵晋侯墓地第五次发掘. 文物, (7)：4, 5, 6, 10, 16, 25, 35

鼎、甗、壶各2，盘、盉各1①。

M1、M2 已被盗扰，均各仅存鼎1。

M8、M31 是一对并穴夫妻合葬墓。M8 被盗掘，但发掘出土的残存青铜礼器仍有14件，可分为四组，一组有簋2件、方壶2件，铭文内容行款都相同，均为晋侯斯所作器；一组有鼎1，钟2，作器者为晋侯苏；一组有兔尊3，造型生动，纹饰相同，无铭文；一组有甗1、盉1、盘1，铸造粗糙，花纹草率，无铭文②。M31 是被盗扰的晋侯夫人墓，出土随葬器物有铜器、玉器、陶器1000多件，铜器有鼎3、簋2、盘1、盉1，其他还有壶、铜鱼、铜铃等，时代为西周晚期③。

M64、M62、M63 为一代晋侯和两位夫人墓。M64 随葬的青铜器有鼎5、簋4、尊4、铜方壶2、盘、匜、簋、甗等，其中2件鼎及簋上有"晋侯邦父"铭文。乐器有编钟1套8件、钲1件；兵器有戈、剑各1件及镞若干。M62 出土的铜器有鼎3，簋4，壶、盘、匜、爵、尊、方彝、鼎形方盒各1，还有銮铃4件，器形都比较小且单薄，有些是明器。M63 出土的铜器有鼎3，簋2、壶2，爵、觯、方彝、盘、盉、鼎形方盒、筒形器各1。M64 为5鼎4簋，M62 为3鼎4簋，M63 为3鼎2簋，并且 M64 有殉车、兵器和车马器，并有"晋侯邦父"铭文铜器3件，故知墓主为晋侯邦父，M62 为正夫人，M63 为次夫人④。

M93、M102 为一组。M93 出土的铜器可分为两组，即实用器和明器。实用器包括鼎5，簋6，壶2，盘、匜、甗各1；明器包括鼎、簋、尊、卣、爵、觯、盘、方彝各1。其他还有乐器编钟，共16枚，分大、小两套，每套各8枚。兵器有镞、戈两种，工具有削、凿各1，锥状器1，长条形器1⑤。M102 出土的青铜器也分实用器和明器两组。实用器包括鼎3，簋4，盘、匜、壶各1；明器包括鼎、簋、盉、爵、觯、方彝各1。均不见铭文⑥。

---

① 北京大学考古系，山西省考古研究所. 1995. 天马—曲村遗址北赵晋侯墓地第五次发掘. 文物，(7)：4，5，6，10，16，25，35
② 北京大学考古系，山西省考古研究所. 1994. 天马—曲村遗址北赵晋侯墓地第二次发掘. 文物，(1)：4，6，7，13，15，23，26
③ 山西省考古研究所，北京大学考古系. 1994. 天马—曲村遗址北赵晋侯墓地第三次发掘. 文物，(8)：22，26，27，32
④ 山西省考古研究所，北京大学考古系. 1994. 天马—曲村遗址北赵晋侯墓地第四次发掘. . 文物，(8)：4，5，13，15，19
⑤ 北京大学考古系，山西省考古研究所. 1995. 天马—曲村遗址北赵晋侯墓地第五次发掘. 文物，(7)：4，5，6，10，16，25，35
⑥ 北京大学考古系，山西省考古研究所. 1995. 天马—曲村遗址北赵晋侯墓地第五次发掘. 文物，(7)：4，5，6，10，16，25，35

关于9组大墓之间的相对年代，学者意见较为一致。但对各组大墓中的晋君墓，如何与《史记·晋世家》所载晋侯世系对应，则存在有明显分歧，目前尚难取得一致意见。

从以上晋侯及其夫人墓葬出土的青铜器来看，其器物组合具有如下特点。首先，各墓中的器物组合均以食器组合为核心，且有必备的基本组合，食器组合中鼎、簋为核心器物，另外配有甗、鬲、豆、盨、簠等不同的食器。常见的食器组合包括鼎、簋；鼎、簋、甗；鼎、簋、鬲、豆、甗；鼎、盨；鼎、簋、簠、甗等几种不同的形式。其次，晋侯墓和夫人墓随葬器物的种类和数量均有差别，已形成一定的制度和规范。晋侯墓中均有酒器、兵器和车马器，大多数墓随葬有乐器（凡有铜乐器者皆有石乐器），部分墓随葬有工具。而夫人墓中则仅个别随葬有酒器和车马器，仅1座墓葬报告有钟（M63），未发现随葬兵器和工具的现象①。最后，随葬的礼器组合中，食器组合皆以鼎、簋为核心，酒器组合以爵为核心，常见组合为鼎、簋、甗、壶、盘、匜（盂或盉），爵（觯、尊、卣、方彝）。一般甗、盘、匜、盂、盉、觯、方彝仅出1件，其他器物则不定，如壶、爵、卣可随葬1~2件，尊可随葬1~3件等②。

北赵晋侯墓地西北曲村附近的大片中小贵族和平民墓地，在20世纪80年代即已进行发掘，发掘共计600多座墓和5座车马坑，其中有47座青铜礼器墓。这一大批晋墓的年代，跨越整个西周时期。所葬者均是中小贵族与平民，参加发掘的考古学者总结该墓地所出的青铜器，认为其铜容器组合形式可分为三类③：

（1）3鼎2簋配以鬲、甗、尊、卣、爵、觯，另有成套兵器和车马器。

（2）2鼎2簋配以鬲、甗或尊、卣、爵、觯，或盘、匜等，也有成套兵器和车马器。

（3）1鼎1簋，或仅有1鼎，另有若干兵器和陶器，少有车马器。

曲村墓地的众多墓葬中，大部分男性墓葬都随葬有兵器，女性墓葬皆无兵器。墓葬中的铜礼器组合以单一食器鼎为基本组合，其次为鼎、簋（个别墓葬无鼎）。鼎簋组合中有1鼎配1簋，或一种器物（鼎）随葬，2鼎配2簋或3鼎配2簋。个别女性墓有3鼎配1簋的现象。铜鬲可以随葬1件，也可以随葬2件，铜甗与各种酒器都只随葬1件。凡出甗或鬲或酒器的墓葬中

---

① 谢尧亭. 2008. 晋国早期上层社会等级的考察. 文物世界，（1）：14
② 谢尧亭. 2008. 晋国早期上层社会等级的考察. 文物世界，（1）：14
③ 北京大学考古系. 1992. 北京大学赛克勒考古与艺术博物馆展品概述. 见：燕园聚珍. 北京：文物出版社

必有鼎、簋组合。凡出土酒器的墓葬中，酒器种类不少于2种。女性墓葬中酒器的种类较男性墓葬少。① 这种以鼎、簋为基本组合，并使二者保持某种数量相配关系的礼器制度与西周王畿地区中小贵族墓葬中的礼器使用制度是大致相合的。②

从以上对晋国墓地各类墓葬所出青铜器组合的梳理分析可以看出，当时晋国同西周王室一样，在礼器使用制度上已有了一定的规范，不同身份级别的人使用不同数量和种类的青铜器。晋国当时的贵族至少应该划分为三大等级：晋侯，晋侯夫人或三、四鼎墓葬贵族，一、二鼎墓葬贵族和无鼎铜器墓葬贵族。从晋侯墓地和曲村墓地高级贵族随葬5鼎到低级贵族随葬1鼎的墓葬数量上看，5鼎（或多于5鼎）晋侯墓葬9座，3鼎晋侯夫人墓葬10座，加上曲村墓地4鼎和3鼎墓葬5座，共计15座，曲村墓地的2鼎和1鼎墓葬共40座（另外还有2座无鼎铜器墓葬），其金字塔形的等级结构是十分明显的③。另外，晋国至迟在西周中期初始即已实行一定的鼎簋相配制度，并且这种用鼎制度一直被延续使用。因为穆王前后的M13作为晋侯夫人墓出5鼎4簋，而在年代已至西周晚期偏晚的M64（作为一代晋侯墓）也出5鼎4簋。这表明在晋国用鼎制度是始终被奉行的，而且5鼎4簋之制施用于诸侯一级也为用鼎制度的研究提出了新问题。特别是M62、M63作为夫人墓分别出3鼎4簋与3鼎2簋，与晋侯墓鼎数形成等差，也显示出一定的礼器使用制度。总之，由于西周王室大墓和诸侯一级大墓资料的缺乏，晋侯墓地反映出的礼器使用制度对于探讨整个西周时期的青铜礼器制度有着重要价值和意义④。

3. 晋国青铜文明的特征及与王畿地区的异同

上述晋侯墓地及其附近的中小贵族墓葬，其葬制整体特征和所出青铜器的形制组合与西安、洛阳王畿地区发现的西周贵族墓葬基本相同，并无太大差异。而且青铜器器形、纹饰的演变规律也与王畿地区青铜器基本同步。这说明晋国作为西周王朝重要的姬姓封国，在很长时间内一直遵从着宗周的礼乐制度。但与此同时，由于晋国偏居于河、汾之东，久居夏墟之地，其青铜器的造型及风格，必然会吸收和融合当地原有青铜文明的某些特征。因此，晋国青铜文明在保持与王畿地区一致的同时，也渐渐形成了一些不同于王畿

---

① 谢尧亭. 2008. 晋国早期上层社会等级的考察. 文物世界，（1）：18
② 中小墓葬的器物组合参见朱凤瀚. 1995. 古代中国青铜器. 天津：南开大学出版社. 803
③ 谢尧亭. 2008. 晋国早期上层社会等级的考察. 文物世界，（1）：18
④ 朱凤瀚. 1995. 古代中国青铜器. 天津：南开大学出版社. 803

地区的独特风格，这种独特之处集中体现在两处墓地所出土的一些具有独特风格的青铜器上，这些青铜器，造型别致，极具特色，在王畿地区和其他诸侯国中都不曾见到同类器物。

例如，晋侯大墓 M8 中出土的一些青铜器非常有特色。其中的三件兔形尊，整体以写实手段造型，生动活泼，在目前所知的西周铜器中尚未见到过，有较高的艺术价值。晋侯苏鼎，器腹为半球形，有两附耳，耳与口沿之间有联柱，这种形制与其他地区西周末春秋初的同类器形有所不同，颇有地方特征。簋在腹部上下瓦纹间饰以窃曲纹，圈足下带方座，这种形式在以往所见两周之际的簋中很少见到；方壶的盖顶已近似于莲瓣盖，在同时期铜器中非常罕见①。另外，M62 与 M93 两墓所出的鼎均为半球形鼎身，两附耳与口沿间有横梁相连，与 M8 中的晋侯苏鼎类似。M64 中的簋和 M63 中的杨姞壶，腹部纹饰都是在通常单独出现的横条纹间加饰其他花纹，如簋加兽目交连纹，壶加兽目交连纹和横向鳞纹等。M31 出土的扁圆形盉，整体器形和鸟首状盖与扶风齐家村等处青铜器窖藏所出的同类器相近，但其足部形状非常特殊，为两个半蹲的裸人；这种半蹲裸人形器足在 M64 出土的筒形器和方盒上也可见到。M6210 出土的鬲，短颈、素面、有流和鋬；M6214 出土的新邑觯，腹部饰三条凸起的横条纹；M7113 出土的簋，腹部和盖所饰简化兽面纹，酷似铸成后加刻。这些都是具有较鲜明地区特征的器型②。

晋国墓地出土的这类具有地方特色的器物比较多，它们形制独特，造型精致，与王畿地区的同类青铜器在基本形制上保持一致，但在细微之处又显示着自己的特色，是晋国长期以来王室正统文化与地方文化融合的重要见证，也是西周青铜文明的重要补充。

二、西周卫国的青铜文明

1. 卫国青铜文明概况

卫国是文王子康叔的封国，都城为朝歌（今河南淇县西南），包括原来商都周围地区和殷民七族。卫国是西周时期重要的诸侯国之一，春秋中期以后逐渐衰落。卫国青铜器主要发现于河南省浚县辛村卫国墓地，墓地时代相当于西周早中期至春秋早期，正处于卫国的强盛时期。

辛村在浚县西南境，淇水北岸，西距朝歌数十公里，位于卫国的核心区

---

① 朱凤瀚. 1995. 古代中国青铜器. 天津：南开大学出版社. 803
② 王世民. 1997. 西周时代诸侯方国青铜器概述. 载：中国青铜器全集编辑委员会. 中国青铜器全集 6，西周 2. 北京：文物出版社. 10

域内。1932~1933年，前中央研究院史语所会同河南对浚县辛村卫国墓地先后进行了四次发掘。发掘报告见郭宝钧先生的《浚县辛村》。四次发掘共清理墓葬82座，其中带墓道的大型墓8座，中型墓（按：郭氏所谓中型墓并非皆据墓室面积大小，而是兼顾随葬品的隆盛与否）6座，小型墓54座。其中集中在墓地E区的有42座。除墓葬外还发掘有车马坑2座，马坑12座[①]。根据其墓地规模和所出器物上的铭文如"卫师易"等，可以推断这里是卫国贵族墓地。

2. 卫国青铜器的种类、组合、纹饰等特征

辛村发掘的卫国贵族墓，按照发掘报告所附墓位图，大、中、小型三类墓，分布地域有差别。大型墓多数位于辛村村中与村东邻近村子的地区。中小型墓则在村东附近与村东北。车马坑、马坑分布在大型墓附近。该墓地的墓葬多数都已被盗掘，出土青铜器的墓不多。出土有青铜器的大型墓有M2、M42、M21、M1、M17、M5等，但多已被盗空，残留的青铜器仅有一些兵器、工具和车马器之类。大墓中，M2、M42、M21的年代为西周早期，M2出土有十字形戟（侯戟）、M42出土有20件钩戟、M21出土有短胡无穿戈，其形制均属西周早期器物。而大墓M1、M17、M5三墓的时代则比较晚，均在春秋早期[②]。中型墓中仅M29、M60二墓出土有青铜容器，小型墓中仅M51、M55、M76三墓尚存有青铜容器[③]。

辛村墓地出土的青铜器按其种类可以分为礼器、兵器、工具、车马器、杂器，礼器包括鼎、甗、簋、尊、卣、爵、盉、方彝等，兵器和工具有戈、矛、戟、镞、斧、凿等[④]，另外还有种类众多的车马器和杂器。下面对其主要青铜礼器的形制和纹饰作简单概述。

鼎都为圆鼎，直耳柱足，底部留有三范接痕，常见纹饰有饕餮纹、席纹、弦纹、涡纹等，是西周早期鼎的特征。甗：侈口细腰三空足，上体比例较长，三足背部留有三范接痕。常见纹饰有弦纹、饕餮纹。簋：两耳圈足，有两錾，周壁均留有范线痕迹。常见纹饰有夔纹、云纹、兽面纹。尊：侈口鼓腹，圜底圈足，口颈无纹饰，颈下与腹交接处有两道弦纹，器腹以云雷纹为地，饰以对夔纹。卣：扁椭圆体，有提梁有盖，鼓腹圈足，肩部有两耳，与提梁两端的兽头相套接。颈部饰云雷纹地的对夔纹，足饰涡纹。爵：两柱

---

① 郭宝钧. 1964. 浚县辛村. 北京：科学出版社. 7
② 朱凤瀚. 1995. 古代中国青铜器. 天津：南开大学出版社. 783
③ 朱凤瀚. 1995. 古代中国青铜器. 天津：南开大学出版社. 782
④ 郭宝钧. 1964. 浚县辛村. 北京：科学出版社. 34，37

黄河流域的青铜文明

顶有涡纹,三棱锥形足,鋬在器的一侧。器腹饰饕餮纹。盉:弇口鼓腹,无盖,三实心袋足,前有管状直流。①

辛村墓地出土的青铜器可以看出较完整器类组合的仅有两座中型墓和一座小型墓。中型墓M60中出土的青铜器组合比较完备,包括鼎、甗、簋、尊、卣、爵各1件。鼎、甗、尊可归入西周青铜器早期,甚至可能早到商代晚期,卣、簋、爵,三器属于西周铜器的早期晚段。M29出土鼎1、甗1、簋2。鼎已垂腹,甗的形体比M60出土的西周早期的甗稍显矮宽,鼎、甗为西周铜器的早期晚段;簋的年代较早,应为西周青铜器早期。小型墓中M76出土鼎1、簋1。从形制上看应属于殷墟铜器三期,也可能晚到西周铜器早期早段。M58出土鼎1,形制为西周铜器早期。M51出土明器盉1,体形较宽矮,腹足较鼓,形制特点近于西周中期之初的铜盉②。从这些组合情况来看,其基本组合为食器鼎、簋,与王畿地区同时期同类墓葬的青铜器组合是基本一致的。除核心组合食器外,另配有酒器爵,但无觚,没有水器。

除了科学发掘得到的卫国青铜器外,盗掘出土和传世的卫国青铜器还有不少,主要的有:

(1)"沬(沫)"司土逨(遬)诸器沬(沫)司土逨(遬)簋,传1931年6月出土于河南北部地区,一说即出于浚县辛村③,现藏于英国伦敦博物院。该器的形制纹饰,既有殷墟晚期青铜器的风格,又包含着西周早期的形制特征。其簋身侈口两耳、颈部和圈足饰火纹、四瓣目纹及兽首,腹部饰直条纹,与传安阳出土的大理石簋相似;但两耳垂长珥,兽角耸立,则是周初青铜器的风格,与大保簋等器类似。铭文内容有"王来伐商邑,延(诞)令康侯鄙于卫",与《史记·卫康叔世家》所载周公以成王命平定武庚叛乱后"封康叔为卫君居河淇间故商墟"相合。所以学者公认此器是成王时器。"沬(沫)"伯逨(遬)所作的青铜器还有鼎1、甗1、卣2、尊1。此外逨所作的青铜器有鼎2、觯1、盉1、盘1,署名"沬(沫)"的青铜器还有爵3④。以上器类合计有鼎、甗、簋、爵、觯、尊、卣、盉、盘,其组合形式与西周青铜器早期较完备的组合形式相同,因此,有学者认为"沬(沫)"司

---

① 郭宝钧. 1964. 浚县辛村. 北京:科学出版社. 34~36
② 朱凤瀚. 1995. 古代中国青铜器. 天津:南开大学出版社. 783
③ 陈梦家. 1955. 西周铜器断代(一). 考古学报,第九册. 162
④ 陈梦家. 1955. 西周铜器断代(一). 考古学报,第九册. 164,165;王世民. 1997. 西周时代诸侯方国青铜器概述. 见:中国青铜器全集编辑委员会. 中国青铜器全集6,西周2. 北京:文物出版社. 6

土遐（遑）簋及同组器可能均是出自上述辛村卫国大墓之一 M21①。

（2）康侯诸器　包括康侯方鼎，长方形、腹较浅、四细长柱足、腹四角带扉棱，形制属西周铜器一期。此外还有康侯斧2、刀1、矛1、爵1、觯1、罍1、鬲1，分藏于世界各地，传说大多都出土于辛村墓地②。于省吾先生曾做过考证，说明其中的斧2、刀1、爵1、罍1均出土于浚县"康侯墓"中③。

浚县辛村卫国墓地以外出土的卫国青铜器有1961年在辛村西北约1公里的鹤壁庞村一座西周墓中出土铜器一组，其中有容器15件，包括鼎3、鬲1、甗1、簋3、爵3、觯1、尊1、卣1、盉1，此外有矛、戈各1件及车马器14件④。这些容器中部分有铭文，如甗、簋、爵、觯、尊、卣，所表现的族氏比较复杂，有的器物可能为商人所制。从其形制与组合形式看这批青铜器符合西周早期铜器的特征。庞村与辛村距离非常近，所清理的这座西周墓其墓葬规模和器物形制均与辛村M60非常相似，因此，墓主人可能属于卫国的贵族⑤。

3. 卫国青铜文明的特征及与王畿地区的异同

辛村墓地出土青铜容器的纹饰形制，有很多具有商末周初的典型特点，上承殷制，下接周器风格，有的可能就是留传下来的商人之器。例如，许多器物都残留有铸造时的三范接痕，鼎直耳柱足，卣扁椭体，有提梁和盖等，这些器物的形制都还保留着商代晚期同类器的特征。但也出现了西周初期的特征，如鼎垂腹、簋耳有珥、卣盖两端呈犄角状，这些特征已是西周早期偏晚阶段风格。其器物组合也已经以食器鼎、簋、甗为主，个别的有酒器相配，这与西周王畿地区同类墓葬中青铜器的组合是一致的。

整体上看，卫国墓地出土的青铜器仍可按王畿地区青铜器分期标准来衡量，与王畿地区青铜器风格一致⑥。但因为卫国的封地处于商王朝故地，商人的青铜器制作技术及风格，不可避免地会对其青铜文明产生较大影响，使

---

① 朱凤瀚. 1995. 古代中国青铜器. 天津：南开大学出版社. 784；Chang Kuang Yuan（张光远）. 1981. A Study of the Kang hou Gui. Oriental Art, pp. 282~301

② 见唐兰. 1986. 西周青铜器铭文分代史徵. 北京：中华书局. 29~32

③ 于省吾. 1998. 双剑誃吉金图录二. 北京：中华书局. 40

④ 周到、赵新来. 1980. 河南鹤壁庞村出土的青铜器. 见：文物资料丛刊第3辑. 北京：文物出版社. 38

⑤ 朱凤瀚. 1995. 古代中国青铜器. 天津：南开大学出版社. 784；王世民. 1997. 西周时代诸侯方国青铜器概述. 见：中国青铜器全集编辑委员会. 中国青铜器全集6，西周2. 北京：文物出版社. 6

⑥ 朱凤瀚. 1995. 古代中国青铜器. 天津：南开大学出版社. 783

其青铜器显示出较浓厚的商晚期风格。

三、西周燕国的青铜文明

1. 西周燕国青铜文明概况

燕国是西周时期北方的重要封国，《史记·燕世家》载："周武王之灭纣，封召公于北燕。"关于周初燕都的地望，根据近年的考古发现，可以确定北京房山区琉璃河遗址，为周初燕都和燕国墓地所在地。

琉璃河燕国墓地位于北京房山琉璃河镇以北3公里的黄土坡村西北，包括相距300多米的Ⅰ区和Ⅱ区两个墓区，自20世纪70~90年代初，已在此发掘、清理了数百座墓葬，多数属于西周早期，西周中晚期的墓葬较少。出土了为数众多的西周铜器，其中部分青铜器的铭文中记载有匽侯赏赐之事。此外出土的盾饰上也有"匽侯"二字，特别是Ⅱ区的M1193大墓出土了与召公封燕有关的有铭铜器。这些铭文资料充分证明了琉璃河墓地是一处非常重要的西周时期的燕国王室及其他臣属家族的墓地。琉璃河Ⅱ区墓地包含若干大型墓，根据葬制规格和所出青铜器的铭文，可以判定为燕侯及其家族的墓地。琉璃河Ⅰ区墓地，可能是受封于燕侯的商遗民墓地，所见均为中小型墓葬，半数以上的墓棺下有殉狗腰坑，与商代葬制一致。

2. 燕国青铜器的种类特征

琉璃河Ⅱ区墓葬包含有许多大型墓，但多被盗掘，残留的仅是一些兵器、车马器及少量容器。目前可见到的大型墓墓葬资料有M1193、M1026、M1043[①]，但大都被盗掘一空，残留的青铜器非常少。M1193中残存的青铜礼器有觯1、罍1、盉1，从形制看，相当于西周铜器早期，属成康时期。其中罍、盉有铭文，内容相同，记述了周王褒扬太保、册封匽侯、授民授疆土的重要史实。兵器有戈、戟、矛、盾、甲、胄等，另外还有马具等物。有的铜戟上有"匽侯舞戈"铭文，盾饰铜泡有"匽侯舞"铭文[②]。M1026仅剩鼎1、簋1，时代相当于西周铜器早期偏晚约昭王时；M1043中有爵1、罍1，时代相当于西周铜器早期偏早。[③]

---

① 琉璃河考古队.1984.1981~1983年琉璃河西周燕国墓地发掘简报.考古,(5)：408

② 中国社会科学院考古研究所, 北京市文物研究所.1990.北京琉璃河1193号大墓发掘简报.考古,(1)：28；朱凤瀚.1995.古代中国青铜器.天津：南开大学出版社.792

③ 琉璃河考古队.1984.1981~1983年琉璃河西周燕国墓地发掘简报.考古,(5)：414；朱凤瀚.1995.古代中国青铜器.天津南开大学出版社.792

中型墓资料较全的有 M209、M251、M253，保存得较为完好，出土有大量青铜器。中型墓 M209 中出白（伯）簋 1，形制属西周铜器早期偏晚。M251 中出土的青铜器组合有鼎 6、簋 4、鬲 2、爵 2、觯 3、尊 1、甗 1、卣 1、盘 1、盉 1、铜镳 1、铜节约 1、铜泡 1、铜饰件 9、带柲铜戈 1①。其中包括伯矩鬲、盘各 1，单子尊、卣各 1，伯矩鬲铭文中有器主伯矩受到匽侯赏赐"易贝"的记载，伯矩之器，传世品中还有多件②。M253 出土的青铜器有鼎 6、簋 2、鬲 4、爵 2、觯 1、尊 1、甗 1、卣 2、壶 1、盘 1、盉 1，其中包括堇鼎 1，上有铭文"匽侯令堇饴太保于宗周，庚申，太保赏堇贝，用作太子癸宝尊䙷"；圉方鼎 1 铭文为"匽侯易（锡）圉贝"；圉甗、圉卣各 1，铭文为"王奔于成周，王易（锡）圉贝"，从器形看，可能属西周早期偏早。此外还出土有大量车马器、兵器、工具、饰件，如铜銮、兽面铜饰、泡、盾饰、戈、剑、锛等③。

琉璃河 I 区墓葬，是受封于燕侯的商遗民墓地，所见均为中小型墓，半数以上墓的棺下有殉狗腰坑，与商代葬制一致。墓葬资料较完整，出土青铜器较多的墓葬有 M52、M53、M54、M50。

M52 随葬的青铜器礼器有鼎 1、尊 1、鬲 1、爵 2、觯 1，兵器有盾饰 6、剑及剑鞘鞘饰各 1、戈 4、铜戟残锋 1、铜戟残基 1、镞 1，工具有凿 3、锛 1、刀 1，其他有杂器铜扁平圆形饰和其附属 2 座车马坑出土的大量铜车马器。该墓出土的尊、鼎二器，铭文都记载有做器者复受到匽侯赏赐（尊铭锡冕衣，鼎铭锡贝），但其末尾均有商代晚期青铜器常见的族氏符号。M53 出土的青铜器有簋 1、尊 1、爵 1、觯 1、匕 1。其附属车马坑出土大量铜车马器饰件。其所出簋的铭文显示做器者攸也受到燕侯的赏赐。M54 出土有鼎 1、簋 1、盘 1。M50 随葬青铜器有鼎 1、尊 1、爵 1、鬲 1、觯 1、铃 1④。

从上述两区墓葬出土的青铜器来看，西周燕国墓地出土的青铜器种类比较齐全，包括礼器、兵器、工具、装饰品和大量车马器。礼器有鼎、簋、鬲、甗、爵、觯、尊、卣、盉、盘、壶；兵器有铜剑、匽侯戟、铜戈、铜矛、铜盾饰；工具有刀、锛、凿；车马器分车上的饰件和马上的饰件两大

---

① 北京市文物研究所. 1995. 琉璃河西周燕国墓地 1973～1977. 北京：文物出版社. 31, 34
② 王世民. 1997. 西周时代诸侯方国青铜器概述. 见：中国青铜器全集编辑委员会. 中国青铜器全集 6，西周 2. 北京：文物出版社. 2
③ 王世民. 1997. 西周时代诸侯方国青铜器概述. 见：中国青铜器全集编辑委员会. 中国青铜器全集 6，西周 2. 北京：文物出版社. 2；北京市文物研究所. 1995. 琉璃河西周燕国墓地 1973～1977. 北京：文物出版社. 36, 101
④ 北京市文物研究所. 1995. 琉璃河西周燕国墓地 1973～1977. 北京：文物出版社. 23, 24, 31, 41

类,数量众多;杂器有铜兽面饰、铜铃及各种形状的铜饰件。此外,还出土有少量铅器,主要有觯1和戈2,并且器物都已残损①。

燕国墓地出土青铜器中主要的礼器形制和纹饰特征如下②:鼎分圆鼎和方鼎,圆鼎形制为口沿外折,方唇直耳,鼓腹,足有柱足、兽蹄形、扁形足之分,口沿下饰夔龙纹或兽面纹带,腹部多无纹饰,个别的腹部饰兽面纹。方鼎,腹呈圆角长方形,近底部为最宽部位,四柱足;有盖,盖呈圆角长方形浅盘状,盖顶有两个凹形錾为把手。盖顶肩部和鼎口沿下部各有一单首双身的龙纹。簋分有盖簋和无盖簋,有盖簋多腹呈半球形,盖顶有把手,器口内敛,鼓腹,腹两侧有兽形錾耳,有的耳下有小珥,圈足,有的圈足下有方座。无盖簋口微敛或外侈,鼓腹,圈足,腹两侧有兽形錾耳,有的耳下有垂珥,有的圈足下有方座。簋上常见纹饰有夔龙纹、涡纹、兽面纹、鸟纹、虎形纹、云雷纹、蕉叶纹等。鬲:直耳,束颈,袋足,常见纹饰有兽面纹、牛头纹、龙纹、象纹、弦纹等。甗:敞口,口沿外侈,直耳,束腰,中间有桃形箅连接,兽蹄形三足,足根部为袋状。口沿下饰兽面纹带,袋足饰牛头纹。爵:前流后尾,圜底,半环形錾,腹分深腹和短腹,三锥形足。柱的形状有菌状、伞形、束腰梯形等。常见的花纹有兽面纹、凸棱、雷纹等。觯:多为深腹,圜底,圈足,纹饰多饰于颈部和圈足,常见的有雷纹、兽面纹、乳钉纹,个别为素器无纹饰。尊:多喇叭形口,鼓腹,高圈足。常见纹饰有蕉叶纹、兽面纹、长尾大鸟纹、弦纹、夔龙纹等。卣:有提梁,有盖,椭圆形口,腹部上窄下宽,圈足。常见纹饰有夔龙纹、兽面纹、雷纹等。盉:有盖,盖顶有钮,小口,束颈,管状流,半环形錾。盖沿及颈部饰雷纹组成的兽面纹。盘:敞口,口沿外折,圈足,有的腹浅,有的腹稍深,有的腹两侧有附耳。腹部饰雷纹组成的兽面纹或蝉纹、鸟纹。壶:有盖,盖呈覆杯形,顶部有把手,颈两侧有对称贯耳,腹呈橄榄形,圈足,无纹饰。

综观燕国墓地出土的青铜器,其器物种类和形制的发展变化,常见纹饰及纹饰施加部位,与西周王畿地区的青铜器基本相同。青铜礼器的组合主要以食器鼎、簋为核心器物,另搭配有鬲、甗。大墓中的礼器组合包括食器、酒器、水器,缺乏乐器,另有大量兵器和车马器。中小型墓中以食器、酒器为核心组合,酒器数量相对较多,规模稍大的还有兵器、工具及大量车马器。这与西周王畿地区同类墓葬的器物组合也是基本一致的。

除琉璃河墓地以外,燕国铜器在北京附近的其他地区也有出土。1982年北京顺义牛栏山附近发现了一座周初墓葬,出土有青铜器鼎、尊、卣、觯各

---

① 北京市文物研究所. 1995. 琉璃河西周燕国墓地 1973~1977. 北京:文物出版社. 101~230
② 北京市文物研究所. 1995. 琉璃河西周燕国墓地 1973~1977. 北京:文物出版社. 101~200

1件，觚、爵各2件，有的青铜器铭文中有常见于商代的族氏符号"亚（中）眞"。在琉璃河M253出土的1件鼎上也曾见到过这种符号，学者认为此类器应是归属于燕的商遗民之器。1987年天津蓟县张家园发掘了3座周初墓葬，其中两墓为鼎、簋组合，一墓仅出1鼎，器物形制均为商末周初的中原风格，应该与临近的燕国关系密切。1975年在北京昌平白浮发掘了两座西周早中期墓葬，出土的青铜器中既有中原系统的鼎、簋、壶等礼器和戈、戟等兵器，又有北方青铜文明的兽首短剑、带铃匕首、有銎斧、胄等器。昌平白浮村墓地从地理位置看，应在燕国范围内，但却出土有琉璃河墓地未曾见到的属于北方青铜文明系统的兵器，说明白浮墓地的墓主人可能与北方民族关系比较密切。①

3. 燕国青铜文明的特征及与王畿地区的异同

琉璃河燕国墓地出土的西周早期青铜器，与同时期中原与关中地区的铜器在风格上是一致的，无论器物组合形式，还是形制纹饰风格均无二致。所出食器主要是鼎、簋组合，酒器主要是爵、觯组合和尊、卣组合，又有水器盘、盉组合②。特别是相当于西周铜器早期偏晚时的器物，与中原、关中地区铜器一样，转变出垂腹的风格。另外，如属于本期的M53:8、M1026:1两件带足簋，足跟向外卷曲，这种形制与昭王时期的簋基本相同，时代特征非常明显。③

但燕国青铜文明，也有一些比较鲜明的独特之处，比如牛头形纹饰、象纹等大量运用，造型生动活泼，非常突出。如M251出土的伯矩鬲，通体纹饰由七个突起的翘角牛头组成，盖面和钮均为两牛头相背，三个袋足也是牛头形，虽基本形制与纹饰仍符合西周早期铜器的特征，但造型多高浮雕状的修饰，且有盖，器腹与盖上都饰有突起的牛首形兽面，并以牛首为盖钮，则是王畿地区的同期器中少见的。另外，与伯矩鬲同出一墓的戈父甲甗，M253出土的父丙鼎和圉甗上，都有突出的牛头形纹。另一种比较突出的纹饰是象纹。如M253出土的一件鬲，袋足作成象首状，象鼻着地，两侧各有一双象眼。M209出土的伯作乙公簋，盖和腹两侧均饰有相对的象纹，象鼻形四足

---

① 王世民. 1997. 西周时代诸侯方国青铜器概述. 见：中国青铜器全集编辑委员会. 中国青铜器全集6，西周2. 北京：文物出版社. 3；朱凤瀚. 1995. 古代中国青铜器. 天津：南开大学出版社. 792

② 王世民. 1997. 西周时代诸侯方国青铜器概述. 见：中国青铜器全集编辑委员会. 中国青铜器全集6，西周2. 北京：文物出版社. 3

③ 朱凤瀚. 1995. 古代中国青铜器. 天津：南开大学出版社. 792

黄河流域的青铜文明

与鼒簋近似①，类似的象纹在洛阳出土的臣辰尊、卣上也可见到。这些特殊器形与中原王畿地区的同类器在器物的基本形制上仍保持一致，但造型却更生动形象，更有特色。

总体来看，燕国青铜器与中原地区比较，同一性占主导地位。如M53出土的攸簋，虽然立虎形三足比较罕见，但其盖、腹两侧均饰带翎的凤纹，却是王畿地区同时期同类器物上纹饰的重要特征，与西周中期时的邢季史卣、郭伯敢簋相同。M253出土的圈方鼎，器身作圆角长方形，附耳，有可却置的浅盘状盖，形制与扶风白家村西周墓所出的鼎接近②。另外觯地位上升，觚地位明显下降，鬲数量增多等，均与同期的王畿地区青铜器组合特征相同。燕国青铜器的成分配制与商周青铜器技术的发展趋势也是一致的，其青铜器加工工艺体现出较高水平，青铜器制作已形成一定规范，合金成分的配比及加工方式与器物的使用性能相适应，对合金成分的控制更趋严格③。

由上述情况可知，在整个西周早期，作为重要姬姓诸侯国的燕国其青铜文明与礼器制度，基本上保持着与王畿地区的一致性④。

四、西周应国的青铜文明

1. 应国青铜文明概况

西周应国是周初武王之子的分封地，《左传》僖公二十四年记载有"邗、晋、应、韩，武之穆也"可以为证。其地望所在，据《水经注》卷三十一《滍水》："滍水东迳应城南"，郦道元认为此应城即应乡，应侯之国，在滍水北。

自20世纪70年代以来，在今平顶山市西郊薛庄乡北滍村以西的滍阳岭，陆续发现和发掘出土一批应国或与应国有关的铜器。滍阳岭是一南北向，长约2000米、宽100米，高出地面10余米的土岗，又称"义学岗"，其位置在今沙河（古滍水）北。这一地点与上述《水经注》所言应城地望相合。近年已有学者指出，现已被白龟山水库西北角淹没的原滍阳岭应为应

---

① 王世民. 1997. 西周时代诸侯方国青铜器概述. 见：中国青铜器全集编辑委员会. 中国青铜器全集6，西周2. 北京：文物出版社. 3

② 王世民. 1997. 西周时代诸侯方国青铜器概述. 见：中国青铜器全集编辑委员会. 中国青铜器全集6，西周2. 北京：文物出版社. 3

③ 张利洁，孙淑云，殷玮璋等. 2005. 北京琉璃河燕国墓地出土铜器的成分和金相研究. 文物，(6)：89，90

④ 朱凤瀚. 1995. 古代中国青铜器. 天津：南开大学出版社. 792

国贵族墓地①。

滍阳岭及北滍村一带出土的青铜器情况可以概述如下：1979～1984年，三次出土4件铭文相同的邓公簋，均为邓国国君为其女"嫚酰"嫁至应国所作的媵器。同时出土的还有车饰和其他器物，年代均为西周晚期，应均出土于应国高级贵族墓葬中②。1982年，在滍阳岭一座中型墓葬中出土鼎、簋、爵、觯各1，并有斧、戈各1及车马器，容器均有同样的铭文，器主当是应国贵族③。1985年北滍村有4件铜容器出土于一残墓中，计鼎2，卣、簋各1④。1986年始，河南省考古工作者对滍阳岭应国墓地进行了较大规模的发掘，共清理出古代墓葬357座，其中两周时期的应国贵族墓葬近60座，出土了大批铜礼器及众多铜车马器和兵器、工具，并且许多铜礼器上铸有铭文⑤。迄今已发表的西周时期的墓葬资料有M95、M1、M84、M8等⑥。

M95是一座带有斜坡墓道的甲字形墓，随葬器物比较丰富，其中铜礼器包括实用器和明器，实用铜礼器组合为鼎3、鬲4、甗1、簋4、盨2、方壶2、匜1、盘1。明器组合为鼎2、簋2、尊1、匜1、盘1、盨1。乐器有甬钟7件、编钟（铃）9件，及4件石磬。车马器具的数量表明至少有6辆车。另有戈、镰、斧等兵器和工具。从其带墓道的墓葬形制和出土器物的种类、组合和数量来看，墓主可能是应侯⑦。

M1为一较小的长方形土坑竖穴墓，出土铜礼器的组合形式为鼎5、方甗1、簋6、方壶2、方彝1、盉1、盘1，其中除一件鼎与盘外，其他均为明器⑧。

M84为长方形竖穴土坑墓，出土了大量青铜器，随葬器物依用途分别放

---

① 河南省文物研究所，平顶山市文管所.1988.平顶山市北滍村两周墓地一号墓发掘简报.华夏考古，(1)：43

② 平顶山市文管会.1981.河南平顶山市发现西周铜簋.考古，(4)：370；张肇武.1983.河南平顶山市又出土一件邓公簋.考古与文物，(1)：109；张肇武.1985.平顶山市出土周代青铜器.考古，(3)：284

③ 张肇武.1984.河南平顶山市出土西周应国青铜器.文物，(12)：29

④ 平顶山市文管会.1988.平顶山市新出土西周青铜器.中原文物，(1)：21

⑤ 河南省文物考古研究所，平顶山市文物管理委员会.1998.平顶山应国墓地八十四号墓发掘简报.文物，(9)：4；河南省文物考古研究所，平顶山市文物管理委员会.2007.河南平顶山应国墓地八号墓发掘简报.华夏考古，(1)：21

⑥ 河南省文物研究所等.1992.平顶山应国墓地九十五墓的发掘.华夏考古，(3)：92；河南省文物研究所，平顶山市文管所.1988.平顶山市北滍村两周墓地一号墓发掘简报.华夏考古，(1)：30

⑦ 河南省文物研究所等.1992.平顶山应国墓地九十五墓的发掘.华夏考古，(3)：103；王龙正.1995.平顶山应国墓地九十五号墓年代、墓主及相关问题.华夏考古，(4)：71

⑧ 河南省文物研究所，平顶山市文管所.1988.平顶山市北滍村两周墓地一号墓发掘简报.华夏考古，(1)：31

在墓室内,共130余件组,质地分铜、玉、陶瓷、金、骨等,以铜器和玉器为多。铜器包括礼器10件,鼎2、盨1、盘1、盉1、甗1、尊1、卣1、爵1、觯1;车马器70余件(套);兵器戈1;工具斧、铲、刀等9件①,另外还有铜人面具8件,表面仿人面部,分有发和无发两类。M84出土的铜礼器,制作精致,都为实用器,其中酒器所占比例较大,盨代替了食器组合中的簋、水器盘、盉配套,这些特征与西周中期铜礼器的组合形式一致。从出土器物的形制特征看,该墓时代为西周中期。墓中出土的铜礼器种类齐全,制作精致,且多有铭文,而且有玉钺、铜人面具等标志身份等级的特殊意义器物,因此,发掘者认为此墓应是一座应侯墓②。

M8出土的铜器最多,有306件,可分为礼器、乐器、兵器、车马器、棺饰与杂器等几类。其中以礼器最多,兵器、车马器次之,乐器只有一件,另外还有许多棺饰。礼器分实用器和明器,各自都包括有食器、水器和酒器。实用器为鼎5、簋4、方壶2、盘1、匜1、方甗1、方彝1、尊1、爵1。明器为簋1、盘1、盉1、尊1、方彝1。乐器、兵器共43件,分兽面纹铃、戈、链、盾锡等四类。M8出土有一件铸铭鼎,铭文显示为应公之器,从其形制特征来看,应公鼎的时代要明显早于墓中的其他器物,制作年代应为周宣王晚期。除应公鼎外,M8中其他铜礼器的年代大约都相当于宣王末期、幽王时期乃至春秋早期。从实用器反映的礼制可以看出,该墓的主人享用5鼎(其中列鼎3件,陪鼎2件)4簋,另外还配有方壶、盘、匜、方甗、尊、爵等种类较多的酒器和水器,这和M95应侯墓随葬铜鼎与铜簋的情况一致,因此墓主人也应是国君一级的贵族——应侯③。

另外,1988年河南省平顶山公安局破获一起文物盗窃案,追回一大批珍贵的应国青铜器,有鼎、簋、鬲、盘、匜及车马器300多件。该批器物中有8件铜器带有铭文,包括鼎1、簋3、鬲2、盘1、匜1,铭文中涉及的做器者有"应侯"、"应姚"。均出自应国墓地的一座墓中,该墓位于土岭中段偏北,与M95距离较近,因其器物特征与M95器物相似,其时代应该也与其相当,在西周晚期偏早阶段④。1975年河南襄城县丁营乡霍庄的一座西周墓出土鼎、簋、觯、尊、卣各1件,爵2件,时代属西周早期偏早,从地望

---

① 河南省文物考古研究所,平顶山市文物管理委员会.1998.平顶山应国墓地八十四号墓.文物,(9):7

② 河南省文物考古研究所,平顶山市文物管理委员会.1998.平顶山应国墓地八十四号墓.文物,(9):16

③ 河南省文物考古研究所,平顶山市文物管理局.2007.河南平顶山应国墓地八号墓发掘简报.华夏考古,(1):23,45,46

④ 娄金山.2003.河南平顶山市出土的应国青铜器.考古.(3):92

看，有可能也属于应国铜器。①

2. 应国墓地出土青铜器的形制、纹饰、组合等特征

综合滍阳岭应国墓地出土的青铜器来看，所出青铜器种类较全，食器有鼎、簋、鬲、甗、盨；酒器有爵、觯、卣、方壶、方彝、尊；水器有匜、盘、盉。另外有成套的乐器甬钟、编钟，少量兵器戈、工具斧和车马器等。年代持续时间较长，从西周早期一直到晚期甚至延续到春秋时期。下面对应国墓地青铜器中的几种主要礼器的形制变化作简单介绍。

鼎：鼎的形制体现出明显的早晚期变化趋势。时代最早的当是1985年北滍村一残墓中出土的2件鼎，其中一鼎，形制为西周早期时的特征。另一鼎垂腹，口沿下饰夔纹，双耳残，为西周早期偏晚的特征。1982年在滍阳岭一座中型墓中出土的鼎极度垂腹，饰顾龙纹，属西周中期之中叶。1986年始发掘的滍阳岭应国墓地群中M9出土的鼎，稍垂腹，上腹部有一突棱，足近蹄足，根部带扉棱，为西周铜器中期偏晚的特征。明器中有一件鼎为半球形腹，蹄足，足内侧有凹槽，形制更晚。而同时发掘的M1中出土的鼎，腹已较浅，底已较平，已具有春秋早期特征。

簋：1985年北滍村残墓中出土的簋，腹部有倾垂之势，时代为西周铜器早期偏晚。1982年在滍阳岭中型墓葬中出土的簋，垂腹，有盖，圈足下尚无小足，口沿下饰有一周变形龙纹，是西周中期中叶时的器物特征。1986年始发掘的滍阳岭应国墓地群中M95出土的簋，垂腹，圈足下有三小足，腹部纹饰为波带纹，时代属于西周铜器中期偏晚。

爵：腹宽扁、底较平，无銴，两柱铸于口沿之外，其形制特殊，时代可能早到西周早期，仅在1982年滍阳岭一座中型墓葬中发现一件。

觯：体形细长。也仅见于1982年滍阳岭发现的中型墓葬中。

卣：出土于1985年北滍村残墓中，长颈圆壶形，为西周铜器早期形制，有铭文自名为壶。其形制与王畿地区所出无太大区别，但此卣满腹饰曲折雷纹，腹底圈足外饰有蟠龙纹，圈足边缘饰三角纹与雷纹，这种施加纹饰的形式比较独特。

鬲：口沿平折，短直颈，腹足上均饰有扉棱，腹部纹饰为波带纹，见于1986年发掘的滍阳岭应国墓地群中的M95。

匜：矮而宽扁，裆平，三扁足，见于滍阳岭应国墓地群中的M95，有实用器和明器之分。

---

① 河南省博物馆. 1977. 河南省襄县西周墓发掘简报. 文物，(8)：13

黄河流域的青铜文明

方壶：M95中的方壶为实用器，腹部饰十字形绳络纹，时代可能晚至西周青铜器晚期偏早。M1中的方壶为明器，腹虽仍倾垂，但不似西周晚期壶那样鼓张，时代更晚。

方甗：见于M1，体形更加宽扁，特别是鬲裆部矮而平宽，时代可能晚至春秋早期。

盉：形体扁圆，已是春秋早期的形制。

应国青铜器的组合关系，从资料稍详的这几处滍阳岭应国墓地和北滍村附近出土的应国青铜器来看，有以下几种：食器鼎、簋和酒器爵、觯并重；食器鼎、簋为主，配以酒器卣；以食器和水器为主，水器已经形成固定的匜、盘组合，并配以成套乐器；以食器鼎簋为主，配以水器组合。其组合形式与西周王畿地区一致，均以食器为主，早期还有一定的酒器，中晚期时已经是以食器和水器为礼器组合的核心。

应国青铜器上常见的纹饰主要有窃曲纹、S形窃曲纹、C形窃曲纹、垂鳞纹、重环纹、波曲纹、凸弦纹、兽面纹、雷纹、三角纹、龙纹等，还有一些为素面不施纹饰。其纹饰特征与王畿地区西周晚期青铜器一致。

除以上所举近年来出土的应国青铜器外，西周应国青铜器在平顶山以外的地区也有出土，并有较多著名的传世品，包括容器、乐器和兵器。对传世应国器物的情况，陈梦家曾有所介绍，包括有应公壶、方鼎、卣、簋、鼎、尊等器类①。周永珍1982年发表的《西周时期的应国、邓国铜器及地理位置》②，较详细地讨论了见到图像的应国诸器，并指出其年代，同时还附有传世应器的线图③。

传世金文资料中也有十多件西周早期的应公之器，有器物图形的有方鼎、簋、卣、觯等，但器物本身多已下落不明。1974年，陕西蓝田出土一件应侯钟，与早年流入日本的另一件钟形制、花纹及铭文风格等都完全一致，铭文上下连续、合为全铭，时代应为西周中期偏晚④。另有应公戈，三角形援，铭曰："王易应父兵，以征以卫，用毋妄。"还有铭16字的应公鼎一对，但未见器形图像，从字体看，时代应在西周早期偏晚。又有应叔方鼎一件，不见器形，由字体观之，应属于西周早期时器物⑤。

---

① 陈梦家. 1956. 西周铜器断代（三）. 考古学报，（1）：68

② 周永珍. 1982. 两周时期的应国、邓国铜器及地理位置. 考古，（1）：48

③ 朱凤瀚. 1995. 古代中国青铜器. 天津：南开大学出版社. 786

④ 牣松，樊维岳. 1975. 记陕西蓝田县新出土的应侯钟. 文物，（10）：68；牣松. 1977. 记陕西蓝田县新出土的应侯钟一文补正. 文物，（8）：27

⑤ 朱凤瀚. 1995. 古代中国青铜器. 天津：南开大学出版社. 786

3. 应国青铜文明与王畿地区的异同

整体观之，应国青铜器的形制特征、纹饰和组合均与西周王畿地区的青铜器基本一致。但也有一些独具特色的器型，例如，有个别簋敛口垂腹、盖却较小；爵无銴、双柱接于口外；再如传世品中的应公觯有銴。这些器物的细部特征与王畿地区常见的同类器不太相同。另外，应国青铜器有些纹饰的施加方式也与王畿地区有差异[①]。

迄今为止所见到的应国青铜器，其年代涵盖西周早期至春秋早期，有一个长期的发展演变过程。这说明终西周之世，应国一直存在[②]。应国作为西周王朝的同姓诸侯国，政治地位是比较尊崇的，其墓葬出土的青铜器和传世的铜器数量都比较多，器物的铸造也非常精致，并且有些青铜器铭文中还有反映周天子对应侯进行特别赏赐的内容，这说明应国当时的物质文化应该比较发达，与周王朝的关系是非常密切和融洽的。

[①] 王世民. 1997. 西周时代诸侯方国青铜器概述. 见：中国青铜器全集编辑委员会. 中国青铜器全集6, 西周2. 北京：文物出版社. 16；朱凤瀚. 1995. 古代中国青铜器. 天津：南开大学出版社. 786

[②] 朱凤瀚. 1995. 古代中国青铜器. 天津：南开大学出版社. 787

第五章

春秋战国时期黄河流域的青铜文明

春秋战国时期，黄河流域的青铜文明像鲜艳夺目的奇葩，放射着绚丽的光彩。这个时期，黄河流域的上、中、下游分布着许多诸侯国。频繁的战争和交流使他们所使用的青铜器有日趋融合的特点，但由于诸侯国所在的地域不同，所处的政治地位和经济地位又有很大的差别，因此他们所创造的青铜文明也有不同的内涵，表现出浓郁的地域文化特征。

第一节 春秋战国时期周王室的青铜文明

公元前771年，西周的最后一位王周幽王死后，周平王宜臼被迫东迁洛邑（今河南洛阳市一带），历史进入春秋战国时代。洛阳地区古称"天下之中"，系四方辐辏之地，伊、洛、瀍、涧四水流经此地。从周平王东迁至周赧王灭国，洛阳是王都所在地，洛阳地区遂成为全国交通和商业贸易的重要枢纽。春秋时期的周王室虽然在政治上衰微，但洛阳仍是全国唯一的政治统治中心，其地望与深厚的文化传统也使其成为整个东周时代的中心地区，特别是其青铜文明，根底雄厚，往往能开风气之先，重要性不可忽视。

一、春秋战国时期周王室的青铜文明及分期

春秋战国周王室的青铜文明，是在西周青铜生产工艺的基础上进一步发展起来的。西周时代周王室的青铜生产已经相当进步。周人的发祥地周原地区考古发掘出许多铜器窖藏，所出铜器式样新颖，精美庄重，这些为春秋战国时期周王室的青铜文明发展提供了条件。

春秋时期周王室考古发现的青铜文明，主要集中在洛阳地区。从20世纪50年代以来，洛阳地区的考古发掘即已开展，并取得了很大的收获。最早系统发掘的东周墓葬群，在洛阳旧城西北约1公里的烧沟。1953年，在该

地发掘了43座竖穴墓、16座洞室墓①，但出土器物以陶器为主，器物类型和特点与后来中州路所出基本一致。

1954年，因勘察王城中国科学院考古研究所在小屯南北、涧河两岸作了一系列调查与发掘，发现这一带都是东周时代的文化堆积，同时在洛河以北涧河入洛处找到了东周王城遗址。②在王城内的中部和东半部以及该城址的东西城墙外，发现了数量很多的东周墓葬。1954~1955年，在配合中州路修建工程的考古发掘中，仅西工段就发现有260座东周墓。③其中9座随葬了青铜礼器，有鼎、甗、簋、簠、豆、罍、铈、盘、匜等，28座随葬有青铜兵器。时代从春秋早期到战国初期。

1957年在小屯东北发现4座相毗连的甲字形大墓，其中M1被盗掘严重，铜器只剩下车马器及一些杂器，时代大致为战国时期。④M4虽也曾三次被盗掘破坏，但留存的遗物相对较多，青铜器有鬲、舟、斧、尊、镞、铃、衔镳等。⑤

1974年又在中州路以南，发掘了一座甲字形积石积炭墓，此墓也被盗掘过，残存铜器有剑、镞、尊、贝等。其中铜剑极为珍贵，是中原地区首次发现的楚国兵器，为研究东周时期周楚关系提供了最直接的第一手材料。⑥1975年在紧靠东周城北墙东段处，发掘了一座春秋晚期墓。⑦随葬有鼎5、簋4、豆1、壶1等青铜礼器，还出土有铜兵器、车马器等。铜壶上有铭文："申伯□多之行"，表明墓主人应与申伯氏有关。墓中所出铜簋为方形，是以往所出青铜器中少见之物。1981年，为配合洛阳市西工区的基建工程，在东周王城附件发掘清理出了两座随葬有成组铜器的墓葬。⑧其中，M4出土鼎1、簋1、舟1、盘1、匜1、戈1、镞10、铜轴头2、马衔2；M124出土鼎1、簋1、舟1、盘1、匜1。发掘简报称，从墓葬形制、铜器组合、器物作风等方面看两墓都基本接近，应属于同一时代——春秋中期。

1966年，在洛阳玻璃厂东南发掘了十余座东周墓，其中M439是一座春秋晚期墓，⑨出土青铜礼器鼎、豆、铈各一。铜鼎腹部内壁有铭文45字，是

---

① 王仲殊.1954.洛阳烧沟附件的战国墓葬.考古学报，第八册，130
② 中国科学院考古研究所洛阳发掘队.1959.洛阳涧滨东周城址发掘报告.考古学报，(2)：15
③ 中国科学院考古研究所.1959.洛阳中州路（西工段）.北京：科学出版社.60
④ 考古研究所洛阳发掘队.1959.洛阳西郊一号战国墓发掘记.考古，(12)：656~657
⑤ 洛阳市文物工作队.1985.洛阳西郊四号墓发掘简报.见：文物资料丛刊，(9)：141~150. 北京：文物出版社
⑥ 洛阳博物馆.1980.河南洛阳出土"繁阳之金"剑.考古，(6)：488~492
⑦ 洛阳博物馆.1981.河南洛阳春秋墓.考古，(1)：24
⑧ 洛阳市文物工作队.1983.洛阳两座东周铜器墓.中原文物，(4)：17，18
⑨ 洛阳博物馆.1981.洛阳哀成叔墓清理简报.文物，(7)：66

哀成叔所做的祭器，字数之多在东周铜器中是少见的，具有重要的史料价值。

1972年，考古学者在中州路南侧发掘了一座战国中期车马坑。① 坑中出土遗物有错银铜车马器和兵器吾、辖、环、箍、弩机、错金银铜泡、铜带钩等。错金银器均饰有以卷云纹为主体的几何纹图案，为新中国成立以来洛阳考古发现中少见，显示了战国时期青铜错金银工艺的高超技术。另在车舆附近出土有较多的铜镞。

1982年，在小屯东北甲字形大墓30米处，考古学者发现了一座战国陪葬坑。② 随葬品绝大多数为铜器，有鼎、敦、簠、豆、壶、缶、盆、甑、盘、匜、杯、钟等，最为珍贵的是10件一套的铜鼎和9件一套的铜编钟，显示了与此陪葬坑有关的墓主人的社会地位非同一般。一坑就出土如此多的青铜礼器和成套的乐器，在洛阳还是首次发现。1983年，在中州路北侧八一路与塘沽路交口处，考古学者发掘了一座战国墓。③ 随葬青铜器有鼎2、豆2、壶1、车器吾2、铜带钩等。从该墓铜鼎和陶鼎综合比对看，它们形制相同，大小相次，可以说明墓主人使用的是铜礼器与仿铜陶礼器相组合的五鼎墓，其社会地位相当于上大夫的等级。1983年，又在王城的东墙外发掘了18座中小型东周墓，其中一座春秋晚期墓随葬有青铜礼器，有鼎2、簠、舟、盘、匜各1④。1983年，在东城墙外考古学者发掘一座中型东周墓，随葬有鼎、簠、豆、罍、壶、舟等青铜礼器和18件一套的铜编钟。⑤ 1984年在东周王城东南部考古学者发现一处近6万平方米的墓葬群，其中仅东周墓就达500余座，⑥ 出土铜器50余件。

战国时期的重要发现，要数将近一个世纪前就已闻名的洛阳东的金村古墓。1928～1930年间在金村发掘到了东周古墓葬群，但因为盗掘严重，墓的葬式和出土器物种类、数量都没有准确记录。加拿大怀覆光当时曾去过金村，他的《洛阳故城古墓考》，是对当时情况记录的较可依据的材料。⑦ 对于金村墓葬群的国别和性质曾有过热烈的讨论，至今没有定论，这一点本文

---

① 洛阳博物馆. 1974. 洛阳中州路战国车马坑. 考古，(3)：171
② 洛阳电视台. 1982-09-22. 一批珍贵文物在本市出土. 洛阳日报，(A1版)
③ 洛阳市文物工作队. 1984. 洛阳市西工区203号战国墓清理简报. 中原文物，(3)：29~33
④ 中国社会科学院考古研究所洛阳唐城队. 1985. 1983年洛阳西工区墓葬发掘简报. 考古，(6)：515，516
⑤ 叶万松，余扶危. 1984. 洛阳市180号战国墓. 中国考古学年鉴·1984年. 北京：文物出版社. 134
⑥ 余扶危，叶万松. 1985. 洛阳市东周王城遗址. 中国考古学年鉴·1985年. 北京：文物出版社. 168
⑦ 李学勤. 1984. 东周与秦代文明. 北京：文物出版社. 25

不再考察。

从以上已经发表的考古成果可以看出，周王室青铜器物的出土相对而言是比较集中的，主要在东周王城及其附近地区，而又以中州路东周墓葬群出土的青铜器最具代表性。

周王室的青铜文明研究，将主要依据中州路西工段出土的青铜器物和其他地方出土的较为典型的青铜器。《洛阳中州路（西工段）》一书，根据东周墓出土的随葬陶器的发展序列，把这批墓葬划分为七期六段①：

一至三期为春秋早、中、晚三期。

四期为战国早期。五、六期为战国中期。七期为战国晚期。

其中，青铜器主要出于较大型墓，中小型墓仅出刀、剑、镞、带钩等，青铜器的出土集中在前四期，也即春秋时期和战国前期。不同时期的器物组合情况有所不同，春秋早期与中期铜器组合为鼎、簋、钫、盘；春秋中期组合为鼎、簋或簠、钫、罍、盘、匜；春秋晚期组合为鼎、豆、钫、罍、瓿；战国早期为鼎、瓿、豆、钫、壶、盘、匜。战国中、晚期出土铜器甚少，仅有兵器与车马器。

二、周王室青铜礼器的纹饰、铭文及器形演变

青铜器的纹饰、铭文及器形演变，是青铜器研究中的重要问题。

周王室青铜器的纹饰种类多，变化大，即使是同类纹饰，每器之间，也常大同小异。动物纹作为东周铜器的主要纹饰，在周王室青铜器上得以充分体现，有饕餮纹、兽面纹、蟠螭纹、贝纹等；绳索纹也分为涡形绳索纹、弦纹、绚纹等多种；几何纹有雷纹、勾连雷纹、三角纹、菱形纹、乳丁纹等。②

春秋战国时期周王室青铜器中有铭者很少见，这与西周时代周王室拥有较多的有铭铜器形成了鲜明的对比。周人灭商以后，为了巩固其统治地位，尽力加强礼制建设，作器铸铭也成了礼的体现。各级贵族利用大量的青铜礼器，铸长篇铭文来颂扬祖德，刻纪功烈，同时还要传遗子孙后代。"夫鼎有铭，铭者自名也。自名以称扬其先祖之美，而明著之后世者也"，这就是《礼记·祭统》所言的东周时期，周王朝的中央集权逐渐分散到列国诸侯手中，他们各霸一方，各自为政，冶铜铸器也各得其便，表现在青铜器铭文上就显现出了较强的随意性，内容与形式都与西周时期不同，一般多为政治联姻、夸耀祖先之类。所以，此期具铭的青铜器多出自各诸侯国，周王室的青

---

① 第五、六两期接近，合为一段
② 中国科学院考古研究所.1959.洛阳中州路（西工段）.北京：科学出版社.87

铜礼器具铭的很难见到。

周王室青铜器的器形随着时代的发展而有所变化。下面从几种典型礼器的器形演变情况，来分析东周时期周王室青铜器器形演变的规律。

鼎：春秋早期铜鼎大口，唇外折，浅腹，圜底；长方形有穿的双耳立在口缘上，直立或微外侈；腹底有三个细高的兽蹄形足，约有通高的二分之一；无盖。① 中期除了沿袭早期的形式外，两耳开始往腹侧移，也多是无盖。晚期出现了一种敛口鼎，直唇处为子母口，深腹，高足，双耳微外侈，立在腹侧。战国初期铜鼎与春秋中晚期相似，只是足部较矮，不及通高的二分之一；有盖，盖顶有环钮。总体来看其演变规律是：较早期的腹浅，无盖，耳在口上，高足；其次耳移至腹侧；以后又产生了盖，并向矮足的方向发展。②

簋：春秋早期铜簋多为敛口，唇外折，深腹，腹两侧有兽首形环耳；有盘形盖，盖顶有中心凹入周边外折的圆形捉手。中期在盖处与早期有所不同，盖上是三个环钮，两耳也由兽首形环耳变为简单的环耳；且有的簋腹底下出现了纤细的矮足。③

瓿：直到春秋晚期才出现，也是上甑下鬲式。甑大口，唇外折，腹底收缩成圈足，底为透孔的箅子，腹两侧有衔环铺首。鬲小口，直唇，与甑底相套，圆肩凸腹，下为三个分裆矮足，肩上两钮各衔一环。④

簠：口作规则矩形，唇外折成平缘，腹部垂直一段，然后斜向腹底收缩；底为向外张的矩形圈足，四边中间处各有一段缺口；两短边的腹部各有兽首形钮，焊接在腹部。器盖与器身完全相同，两两相合成一器。⑤

豆：出现较晚。春秋晚期的豆敛口，直唇作子母口，圆腹圜底，喇叭筒形的细高圈足；有盖，盖顶有圆形捉手。战国初期形式与春秋晚期的形式相似，只是圈足较矮，腹侧出现了两个环耳。⑥

罍：春秋中期的铜罍小口，唇外折，短颈，圆肩，腹底收缩，平底；肩部附两个兽形铺首衔环。春秋晚期铜罍与中期的相似，小口无盖，广肩低圈足，体甚矮，无耳无鼻。⑦

---

① 中国科学院考古研究所.1959.洛阳中州路（西工段）.北京：科学出版社.92
② 中国科学院考古研究所.1959.洛阳中州路（西工段）.北京：科学出版社.92
③ 中国科学院考古研究所.1959.洛阳中州路（西工段）.北京：科学出版社.93
④ 中国科学院考古研究所.1959.洛阳中州路（西工段）.北京：科学出版社.92，93
⑤ 中国科学院考古研究所.1959.洛阳中州路（西工段）.北京：科学出版社.93
⑥ 中国科学院考古研究所.1959.洛阳中州路（西工段）.北京：科学出版社.93
⑦ 中国科学院考古研究所.1959.洛阳中州路（西工段）.北京：科学出版社.93

壶：铜壶7件都是战国初期时器，出土于M2717。① 有三种形式。第一种，小口，直唇，长颈，中部略向内凹，肩腹无显著分界，腹部凸出，圈足较高；肩上一对衔环铺首；盖近平，顶部有三个环钮，缘下有子母口。第二种，形制与第一种相同，有提梁，圈足较矮，颈上多出四个衔环铺首，与盖上的四个衔环铺首相对；此壶铸作精美，壶周身有一带菱形涡纹，六带乳丁纹，圈足上一周绹纹，盖中央有圆形涡纹，周围一周菱形纹。第三种，形状较细小，小口，鼓腹，圈足高且细，盖近平无钮，缘下也是子母口。

舟：春秋早期铜舟，器身作椭圆形，口微敛，唇外侈，浅腹，平底，腹部的侧面附一环耳，两端附凸起的圆钮，腹部有两带雷纹。中期形制与早期相似，只是腹部两侧各有环耳，两端无凸钮。春秋晚期、战国初期的铜舟，口部外敞呈椭圆形，唇外折近平，两环耳，腹下附矮圈足。②

盘：春秋早期铜盘，大口，唇外折，浅腹，矮圈足，腹部两侧附有长方形有穿立耳；腹上有蟠螭纹及乳丁纹。春秋中晚期铜盘也是大口，唇外折，两耳在腹侧竖立外折，腹底附粗矮兽蹄形三足。战国初期铜盘，腹部较深，无耳，腹侧有两个衔环铺首。③

匜：春秋早期匜，器身椭圆形，浅腹，前端有流，尾端有兽形鋬，底部附有四兽蹄形矮足；腹上一带涡纹及三角涡纹。春秋中晚期铜匜与早期形制相似，只是流上有盖，鋬作兽形。战国初期铜匜，器身仍为椭圆，长侧伸出一流如瓢形，大口，直唇微向里折，腹底收缩，下附矮圈足，腹后侧附扁平鋬。④

以上是春秋战国时期周王室青铜礼器的分期、组合、纹饰、铭文、形制等方面的情况。除了这些之外，青铜礼器还有一个显著的制作特征，即器壁较薄，一般厚度在0.2厘米左右⑤。

三、周王室出土的青铜乐器、兵器、杂器

周王室出土的青铜器中除青铜礼器外，还有乐器、兵器、工具、车马器和杂器等。乐器有编镈、钮钟、编钟、铜铃等；兵器类有剑、戈、戟、镞等；工具类有锥、锛、刀等；车马器有轴头、马衔、马辔饰等。

周王室是两周时期礼乐制度的核心代表，其"礼乐文化"成为当时的主

---

① 中国科学院考古研究所. 1959. 洛阳中州路（西工段）. 北京：科学出版社. 95
② 中国科学院考古研究所. 1959. 洛阳中州路（西工段）. 北京：科学出版社. 95
③ 中国科学院考古研究所. 1959. 洛阳中州路（西工段）. 北京：科学出版社. 95
④ 中国科学院考古研究所. 1959. 洛阳中州路（西工段）. 北京：科学出版社. 95，96
⑤ 中国科学院考古研究所. 1959. 洛阳中州路（西工段）. 北京：科学出版社. 87

黄河流域的青铜文明

流文化，影响到整个华夏地区，并被各个诸侯国学习和效仿。与音乐发展相同步，其乐器的发展也应较为突出。青铜铸造工艺方面的领先，必定会促使其青铜乐器较其他诸侯国略胜一筹。但目前的考古发现并没有出土代表周王室最高水平的青铜乐器，根本无法与湖北随县曾侯乙墓和河南淅川下寺楚墓出土的大型编钟相比拟。何以如此，是受文物出土情况的局限，还是在更多更严格的等级制度束缚下未能像其他地区那样出现僭越，结果还不得而知。但周王室的青铜乐器也时有发现，如西工区战国墓 M3943 发现有铜铃；洛阳城东太仓古墓出土有战国鎛钟 14 件；解放路出土有一组 4 件的编镈，音质较好；西工区 M131 出土两组编钮钟分别为 7 件和 9 件；解放路战国墓也出土 18 件编钮钟，分别为 7 件有枚编钟和 11 件无枚编钟，这些钮钟形制已相当稳定和成熟，其编组序列的丰富和健全，使得乐器的音乐性能更加完善。期待考古发现能出土更多的代表周王室音乐水平的青铜乐器，以便我们能更好地了解和研究周王室的礼乐文化。

中州路西工段 M2415 出土了一把周王室的铜剑，时代为春秋早期，形制较为特殊，无剑首及腊，茎圆柱形，脊隆起作圆棱，末端已腐蚀，两刃向前聚成锋刃，向后作钝角转。长 28.5 厘米，宽 4 厘米，脊厚 1.4 厘米。① 此剑的柄、鞘都是用整块象牙雕刻而成，裂缝处嵌有细腰。柄圆柱形，一端剖面作菱形，柄首作椭圆形，雕有十字形凸棱，柄上还有四条凸棱，周柄遍刻极细的蟠螭纹。鞘的横剖面作菱形，中心挖空以纳剑身。此剑出现之早、形制之独特为中原地区所少见，但也不是仅见，"铜剑与辽宁旅顺官屯子、抚顺等地所发现的丁字形铜柄剑以及朝鲜、日本所发现的细形铜剑在型式上都有相当联系。"② 出现这种情况，值得对之进行进一步研究。东周时期周王室的铜戈，器型上有所变化。早期的铜戈，短胡、穿数少，援末作规则三角形，援上刃与内上缘平行，援下刃钝角转弯比较规则。晚期铜戈，胡加长，穿数增多，援末作弧形尖状，援本向上扬，与内上援线不平行，援下刃弧度有起伏的变化。③ 戟也是戈矛合体式，与河南辉县、河北唐山等地出土的戟相似。镞分为扁平双翼镞、三棱镞、圆柱形镞三种。④

周王室的青铜工具中锥呈棒状，尖端锐利，横剖面作矩形或方形。锛呈扁平长方形，有銎，宽刃，刃部有对称与不对称之分。刀作不规则长条形，刀片剖面作丁字形，与刀柄分界清楚，柄端呈环形，刃部似削。车马器没有

---

① 中国科学院考古研究所. 1959. 洛阳中州路（西工段）. 北京：科学出版社. 97
② 中国科学院考古研究所. 1959. 洛阳中州路（西工段）. 北京：科学出版社. 98
③ 中国科学院考古研究所. 1959. 洛阳中州路（西工段）. 北京：科学出版社. 100
④ 中国科学院考古研究所. 1959. 洛阳中州路（西工段）. 北京：科学出版社. 103

突出特色，与其他诸侯国出土车马器类同。

东周时期周王室的青铜文明虽然在某些方面仍处于领先地位，但也像其政治地位一样已经光辉不再。且洛阳地区的东周古墓多被盗掘，青铜器物大量流失，这也对研究东周时期周王室的青铜文明带来了不便。

第二节　春秋战国卫国的青铜文明

卫国是西周初年周武王母弟康叔的封国，受封时间较早，受封疆域较大。康叔初受封时，周王授之殷民七族和殷墟故地。卫境西北部重峦雄峙，东南部广袤无垠，淇水、卫河横贯，境内可以说是环境优越、物产丰美、交通便利。西周时期卫国相当强盛，为"诸侯之长"，政治地位较其他诸侯国如鲁、齐等重要，这种政治上的强大一直保持到春秋初年。进入春秋时代后不久，卫国就开始走下坡路，内外交困，国势日衰，在戎狄与齐、晋势力的交互胁迫下，国都一再迁徙。卫国原都于商朝末年所建的朝歌，春秋时受狄人压迫，于鲁僖公二年（公元前658年）迁至楚丘（今河南滑县东）。又于鲁僖公三十一年（公元前629）迁至帝丘（今河南濮阳）。战国时期，卫国处在列强的压迫下，实已失去了独立地位。最后被秦迁至今河南沁阳的野王。秦二世时，卫国最后一位国君角被贬为庶人，卫国最终灭国绝祀。卫是秦统一以后名义上仍存的唯一诸侯国。

作为西周强国之一，卫国在青铜冶铸业上本拥有先进的生产技术和众多精良的手工业工匠，但西周时期的卫国墓葬和青铜器的发现却不是太多。目前发现的只有两处。1961年，鹤壁市东南郊庞村南边的断崖上出土了一批青铜器，共31件，有礼器、兵器、车马器。其中礼器类15件，鼎3、甗1、鬲1、簋3、爵3、觯1、尊1、卣1、盉1；兵器2件，矛和戈；车马器14件，有车軎、当卢、锁形饰、圆形饰、泡形饰。"这批青铜器和辛村所出铜器具有同一风格，地理位置亦颇相近，也应属于西周早期卫国贵族墓葬遗物。"①1974年，武汉市文物商店在武汉钢材厂拣出一件残破的青铜尊，专家鉴定后认为是西周早期的卫尊。② 以上是西周时期卫国青铜器的发现情况。

入春秋后，卫国政治上的迅速衰败，导致其青铜工业的发展受到了很大的限制，青铜文明的发展同样是走下坡路。青铜艺术上，既不如春秋初期兴

---

① 周到，赵新来. 1980. 河南鹤壁庞村出土的青铜器. 见：文物资料丛刊，(3). 北京：文物出版社. 38

② 徐鉴梅. 1985. 西周卫尊. 江汉考古，(1)：103

盛一时的郑国，也不如后起的三晋。但对其进行研究同样是必要的，可以更有效地帮助我们了解卫国此期的历史，同时也是研究黄河流域青铜文明所不可缺少的。由于春秋战国时期卫国的青铜器发现较少，历史原因又造成很多器物在国内无法见到，并且没有发现可以用于断代的标准器。所以本文将不再对卫国青铜器的器形演变进行归纳总结，仅对浚县辛村和辉县琉璃阁卫国墓地出土的青铜器物作一介绍。

一、浚县辛村墓地出土的卫国青铜器

卫国作为西周时期的诸侯大国，其国力的强盛从其出土器物中也有所体现。1931年在浚县辛村发现了卫国的墓葬群。从1932年起，以郭宝钧先生为首的前中央研究院历史语言研究所的考古工作者前往发掘，先后进行四次，历时约8个月，共发现卫墓80余座，分布在6个区。郭宝钧先生对这次发掘的成果作了报道，详见考古学专刊《浚县辛村》①。浚县辛村墓葬出土的铜器分为礼器、兵器、工具、车马器、杂器五类，乐器比较少见。这批青铜器共有59种，2208件。②

礼器类共16件，出于7座墓中，都是自成组合。③

兵器类分为戈、矛、戟、钩戟、镞、甲泡、兽面、干盾等。④

工具类有斧、凿、削等。⑤

车马器在收藏品中不被看重，并且车马器上面的花纹少，铭文更是罕见，也为盗墓者所不取，所以车马器在此地保存的较丰富，车器各个部位的青铜器原件都能找到，如长毂、辀、轵、轴、辖、軎、轭首、轭足、马镳、兽面、铜管、马衔、当卢、马冠、马笼嘴、节约、铃等，非常全面。⑥

杂器类有椁顶饰、象首饰、人面柱头饰、腰带饰、銮管、铜鱼、小圆牌、合页、大铜构等。⑦

关于这个墓葬群的年代，郭宝钧先生总结为"辛村墓地……大致是西周时代到东周初年卫国贵族的埋葬地"。⑧

春秋战国时期卫国的青铜器物出土数量相当少，并且在断代方面存在着

---

① 郭宝钧. 1964. 浚县辛村. 北京：科学出版社
② 郭宝钧. 1964. 浚县辛村. 北京：科学出版社. 70
③ 郭宝钧. 1964. 浚县辛村. 北京：科学出版社. 34
④ 郭宝钧. 1964. 浚县辛村. 北京：科学出版社. 37
⑤ 郭宝钧. 1964. 浚县辛村. 北京：科学出版社. 37
⑥ 郭宝钧. 1964. 浚县辛村. 北京：科学出版社. 47~59
⑦ 郭宝钧. 1964. 浚县辛村. 北京：科学出版社. 59~61
⑧ 郭宝钧. 1964. 浚县辛村. 北京：科学出版社. 74

分歧。郭宝钧先生虽然将浚县辛村出土的卫墓年代，断到了东周初年，但仍认为它属于春秋时期墓葬的可能性较小。"因为上村岭的戈制、车制和器物的纹饰可以作为东周划时代的标尺，我们根据它衡量此墓地（浚县辛村墓地）的晚期，可以晚到幽、平时代（但并未跨入春秋期）"。①

李学勤先生也持此观点，但指出了一些具体墓葬应属于春秋时期，"（浚县辛村墓葬群）是周初以来的卫国墓地，曾有极重要的西周前期器物出土。这里的晚期墓，可举出M17、M5和M24……这两座墓（M17、M5）和车马坑，从出土青铜器观察，应属于春秋前期偏晚。"②

浚县辛村发现的M17、M5和M24，是春秋前期的卫墓。这三座墓都是大型墓，遭到过严重盗掘，③留下来的青铜器物很少。M17中出土有铜镞2、铜戈1，皆为男子用物，所以郭宝钧先生认为这座墓的主人是一贵族男子。④铜戈的上刃和内上缘成直线形，锋端成等斜边的圭头形；无上齿，以一个小方穿代上齿；内的比例较长，且有长方孔⑤。这件戈的形制与上村岭虢太子墓出土的戈形制相近，应都是春秋初年新出现的特殊形制。⑥此墓北墓道中还出有铜削1，其柄较小，直背凸刃，削尖后曲，柄直无环。⑦M5的规模与M17相同，填土方法和南墓道中腰扩出的形式也相同。⑧墓中出土有红玛瑙串饰和女子使用的发饰，应为一女子墓。郭宝钧先生认为此墓"与墓17应为一对夫妇的异穴合葬墓，合于《礼记·檀弓》'卫人之祔也离之'的习惯"。⑨出土的青铜礼器有彝1，较小，上有盖，四角有觚棱，底带圈足；盖作蟠云纹，脊上斜饰四兽；腹部饰以饕餮宽带纹，足部饰以重环纹。⑩李学勤先生识读铭文为"卫夫人□姜作其行鬲用"⑪。另外，此墓出土10余件车马器，有铜軎、軧、䡇、辖、马衔等，均饰有美丽的花纹。又有衡饰、軛饰、铜构、铃环、衔镳、小兽面、铜泡、铜环等小件青铜器，制作很精美。⑫

---

① 郭宝钧. 1964. 浚县辛村. 北京：科学出版社. 74
② 李学勤. 1984. 东周与秦代文明. 北京：文物出版社. 69, 70
③ 李学勤. 1984. 东周与秦代文明. 北京：文物出版社. 70
④ 郭宝钧. 1964. 浚县辛村. 北京：科学出版社. 17
⑤ 郭宝钧. 1964. 浚县辛村. 北京：科学出版社. 42
⑥ 郭宝钧. 1964. 浚县辛村. 北京：科学出版社. 17
⑦ 郭宝钧. 1964. 浚县辛村. 北京：科学出版社. 47
⑧ 郭宝钧. 1964. 浚县辛村. 北京：科学出版社. 18
⑨ 郭宝钧. 1964. 浚县辛村. 北京：科学出版社. 18
⑩ 郭宝钧. 1964. 浚县辛村. 北京：科学出版社. 36
⑪ 李学勤. 1984. 东周与秦代文明. 北京：文物出版社. 70
⑫ 郭宝钧. 1964. 浚县辛村. 北京：科学出版社. 18

M24 出土青铜器更少，有残器耳，可能是大器的残脱物，饰以粗线条花纹。① 此墓还出土有纯金所制的金泡，圆形，中凸边平，四穿对生；金兽头两个，一大一小，为铜底包金，铜底厚重，刻镂精细，包金薄而均匀，花纹细密。②

二、辉县琉璃阁发现的卫国墓葬

属于卫境的辉县地区，发现多处贵族墓葬，从殷商延续到东汉。但春秋时期的琉璃阁墓葬的所属问题，历来是考古学者们争论的焦点。目前，认定琉璃阁春秋大墓属卫的说法，赢得了更多的支持者。辉县琉璃阁地区是卫国迁都楚丘后开辟的，"根据历史地理和墓葬规模，肯定是卫国公室的墓地。"③ 其中属于春秋中期的墓葬——琉璃阁甲、乙墓，是前中央研究院历史语言研究所和河南博物馆 1935～1937 年在辉县琉璃阁地区发掘得到的，出土文物大部分运往台湾，河南博物馆所获的一部分现存河南博物馆。④ "甲、乙墓的情况，我们了解的较少……青铜器大部分出自甲墓，有些器形还保留春秋前期的型式，如圈足下有三小足的瓦纹簋、足上有镂空花纹的铺等；同时也出现了不少新的器形和纹饰。总的说来，我们认为应列为春秋中期。"⑤

琉璃阁墓葬群中的 M80 和 M55，都是七鼎墓，根据出土器物上的铭文以及与新郑李家楼、侯马上马村出土器物的器形、纹饰相比较，李学勤先生认为"这两座墓应为春秋晚期之初的卫国公子墓"。⑥ 而 M60 是九鼎墓，出土礼乐器达 90 件之多，"这座墓的青铜器上，已经出现了扁平绹纹和所谓的浪花纹，显然晚于 80、55 号两墓，应定为春秋晚期"。⑦（对于这些卫国墓葬，郭宝钧先生在《商周铜器群综合研究》一书中，列入了战国铜器群，属于魏墓。）

战国时期的卫国墓葬在琉璃阁地区也有发现。新中国成立前在此地西区发掘的几座墓，如 M1、M56、M59、M75、M76 等属于战国前期。⑧ 1950 年，中国科学院考古研究所又在此发掘到战国墓葬 27 座，车马坑一座。李学勤先生认为这些墓葬也是战国时期卫国的墓葬，"按辉县古代名共，春秋时为卫国所有，到战国改属于魏，不过何时归魏，载籍并无明文。琉璃阁墓葬群

---

① 郭宝钧. 1964. 浚县辛村. 北京：科学出版社. 61
② 郭宝钧. 1964. 浚县辛村. 北京：科学出版社. 61，62
③ 李学勤. 1984. 东周与秦代文明. 北京：文物出版社. 70
④ 李学勤. 1984. 东周与秦代文明. 北京：文物出版社. 70
⑤ 李学勤. 1984. 东周与秦代文明. 北京：文物出版社. 71
⑥ 李学勤. 1984. 东周与秦代文明. 北京：文物出版社. 71
⑦ 李学勤. 1984. 东周与秦代文明. 北京：文物出版社. 72
⑧ 李学勤. 1984. 东周与秦代文明. 北京：文物出版社. 70～72

既然是从春秋延至战国前期,就只能是卫国的,不能同辉县固围村的魏国大墓混为一谈"。① 这27座战国墓中有10座被盗掘,未破坏的只有17座,且都是陶器墓,铜器甚少。战国晚期,卫国已经名存实亡,土地大部分已归属于魏国,卫国的青铜器物更是少见。传世的战国晚期卫器有两件平安君鼎,其特点已同于魏器,反映了卫已从属于魏的史实。②

三、辉县琉璃阁地区出土的卫国青铜器

辉县琉璃阁地区发现的甲、乙墓是春秋中期的卫国墓葬③。甲墓随葬器物较为丰富,礼器、兵器、车马器、乐器等都有。礼器类有鼎15、鬲4、甑1、簋4、簠14、豆8、罍2、壶7、尊1、鉴3、盘1、匜(破为碎片)、舟1、匕1、炉1等,还有很多器物碎片。④ 甑的上器如盆,大口小底,两耳外附,箅为轮辐状;下器小口,鼓腹圜底,两环耳,三蹄足,口缘外有齿,与上器圈足相扣合。⑤ 豆有盖与耳,饰以蟠螭纹。方座簠有四棱,棱上有孔,座也有四孔。尊呈匏形,硕腹长颈,颈微偏斜,颈端有盖,盖弯有流,中有环,可开合,腹间有两环,长銎嵌铸在两环内,可左右转动。⑥ 兵器类有戈8、矛9、斧4、剑2、镞417、削2。戈的形制较为普通。矛为三棱式,中空,旁有倒钩,形制别异。斧为方銎式。剑制若匕首,颈首部均为金制,饰以蟠螭纹,中空。削为曲刃式。⑦ 车马器较多,共183件,䢖30、辖28、马衔105、环15、銮5。⑧ 乐器有编钟4、甬式编钟8、复钮编钟9、单钮编钟9。⑨ 乙墓出土青铜礼器有鼎10、鬲4、甑1组、簋4、簠4、豆1、鉴2、盘1、匜1、舟2。⑩ 甑的上器大口浅腹,两耳生于口沿,箅为轮状;下器为鬲状,小口,三款足,肩部有小耳,口颈处有深槽与上器错牙互衔。⑪ 车马兵工器只有铜辖、铜镞。

春秋晚期的卫国墓葬属于辉县琉璃阁地区的有M80、M55、M60等。M80、M55两墓并列,彼此间隔4.5米,都是坐东向西,长方竖穴式墓,且

---

① 李学勤. 1984. 东周与秦代文明. 北京:文物出版社. 72
② 李学勤. 1984. 东周与秦代文明. 北京:文物出版社. 72
③ 李学勤. 1984. 东周与秦代文明. 北京:文物出版社. 71
④ 郭宝钧. 1959. 山彪镇与琉璃阁. 北京:科学出版社. 70
⑤ 郭宝钧. 1959. 山彪镇与琉璃阁. 北京:科学出版社. 70
⑥ 郭宝钧. 1959. 山彪镇与琉璃阁. 北京:科学出版社. 71
⑦ 郭宝钧. 1959. 山彪镇与琉璃阁. 北京:科学出版社. 71
⑧ 郭宝钧. 1959. 山彪镇与琉璃阁. 北京:科学出版社. 71
⑨ 郭宝钧. 1959. 山彪镇与琉璃阁. 北京:科学出版社. 70
⑩ 郭宝钧. 1959. 山彪镇与琉璃阁. 北京:科学出版社. 71
⑪ 郭宝钧. 1959. 山彪镇与琉璃阁. 北京:科学出版社. 71,72

都是七鼎墓。"它们应是一对夫妇的异穴袝葬墓，M80 是男，在左；M55 是女，在右。"① M80 中出土的铜礼器有大鼎 1、有盖列鼎 5、无盖列鼎 7、鬲 6、甑 1 组、簠 4、簋 4、罍 2、盉 1、盘 1、匜 1、舟 1、壶 1 等；兵器有戈 6、矛 5、剑 3、镞若干；工具有斧 8、锯 1、凿 1；车马器有衔 26、铜镳 10 余件；乐器有铙 1、编钟 3。② M55 出土铜礼器为有盖列鼎 5、无盖列鼎 7、小鼎 2、鬲 6、簠 3、簋 4、豆 2、壶 2、鉴 2、盘 1、匜 1、舟 1；工具有削 1；车马器有害辖 2。③ M60 随葬器物极丰富，青铜礼乐器就达 90 件之多。礼器有大鼎 1、有盖列鼎 5、有盖列鼎 9、无盖列鼎 9、不成列的小鼎 5、鬲 6、甑鬴 1 组、簠 4、簋 6、豆 1、罍 2、盉 1、壶 3、鉴 3、盘 2、盆 1、舟 1、勺 1；乐器有镈 4、甬钟 8、复钮钟 8、单钮钟 9；兵器有戈 14、剑 3、斧 2、镞若干；工具有锯 1、削 1；车马器有害辖 32、衔镳 45。④

辉县琉璃阁春秋中晚期卫国墓葬出土的青铜器物，纹饰方面与新郑铜器有许多相似之处，都是以蟠螭纹、垂叶纹、瓦垅纹为主，花纹大多印制。在器物组合上，琉璃阁卫墓与春秋中晚期中原一带其他诸侯国的墓葬相似，都存在严重的僭越现象。王纲解纽，礼崩乐坏的情况在随葬器物组合方面有所反映，如这一时期的新郑郑公大墓、淅川下寺楚墓、寿县蔡侯墓、随县曾侯乙墓等，墓葬礼器组合逾制严重。甲墓也是如此，从其出土的鼎数看，不会低于诸侯一级。器物形制方面，琉璃阁卫墓与春秋中晚期的新郑郑公大墓相比有着异曲同工之妙，都是传统和创新相结合的产物。如甲、乙二墓的青铜器物中部分保留了西周末到春秋早期的风格，同时还具备春秋晚期到战国初期的新器形。以鼎为例，造型上仍有流行于西周末到春秋早期的附耳和沿耳蹄足敞口鼎，同时还出现了带盖环钮列鼎这样的新因素。簋、豆的组合与形制，保留了西周末年以窃曲纹和瓦垅纹为主的兽耳圈足簋、方座簋、环带纹豆，又出现了髹漆的蟠螭纹簠和盖豆与之并存。壶的形制出现了新型的匏壶和扁壶。乐器组合方面，更是与春秋前期传承下来的郑国乐器组合形式相一致。新郑墓中编钟组合是 4 件大镈与 20 件钮钟，甲、乙墓则是 4 件大型镈钟与中小型的甬钟 8、镈钟 9、钮钟 9 结合。两者在音乐使用中构成的中高音区和低音区是相得益彰的，为郑卫两地新颖的音乐风格的形成创造了载体，使郑卫之声成为春秋时期新音乐的代表。

战国时期卫国墓葬的代表是琉璃阁西区最大的一座墓 M1。考古工作者

---

① 郭宝钧. 1959. 山彪镇与琉璃阁. 北京：科学出版社. 55
② 郭宝钧. 1959. 山彪镇与琉璃阁. 北京：科学出版社. 56
③ 郭宝钧. 1959. 山彪镇与琉璃阁. 北京：科学出版社. 57
④ 郭宝钧. 1959. 山彪镇与琉璃阁. 北京：科学出版社. 59

发掘之前，此墓已被盗掘一空，只在石、炭中捡取了一些残余随葬物。铜器只有"大半个铜鼎，一个方壶"。① 另外，此墓中出土了一件有碎铜片拼合而成的舞乐狩猎纹奁。② 此奁盖纹分三层，每层间都有一道或两道绳纹为界，各层皆刻着多条纠绕的群龙。壁纹三层，分别为鸟树相间纹、复线垂花纹、乐舞狩猎纹。纹系用尖刀刻成，与赵固M1出土的铜鑑、长治分水岭M12的铜匜、陕县后川M2040的铜匜一样，纹路细如毛发，精雕细刻。③

第三节　春秋郑国的青铜文明

郑国是西周分封最晚的诸侯国。封君桓公名友，为周厉王少子、宣王庶弟，宣王二十二年（公元前806年）封于郑（今陕西华县），即郑桓公。郑桓公为了避祸乱，将财孥寄托在东虢、邻二国，今新郑一带。西周末年，郑桓公与幽王被犬戎所杀。郑桓公子武公带兵护送周平王东迁洛邑。郑趁势灭了东虢与邻国，在今河南新郑建立了新国，成为周都以南的重要诸侯国，一直到郑康公二十一年（公元前375年），郑国灭亡止，郑国始终位于今新郑一带。

新郑及郑州一带的商文化较为发达，这点可以从众多的商代遗物中得以印证，如郑州商城遗址发现的冶铜、制陶、制骨作坊，规模都很大，遗物也很丰富。西周时期，郑国作为周王室分封的一个姬姓贵族国家，政治、经济、文化等各方面的发展都得到周王室的照顾，周文化对郑国的影响很大。郑国还同国中的商人签订了相互支持的协议。《左传·昭公十六年》对此有记载，子产对韩宣子说："（桓公与商人）世有盟誓，以相信也，曰：'尔无我叛，我无强贾，毋或匄夺。尔有利市宝贿，我勿与知。'"古代士、农、工、商之间有着严格的等级界限，商人的社会地位相当低下。郑国的商人受到了如此的礼遇，他们肯定会对郑国的商业发展以及与其他诸侯国的交流产生积极的影响。春秋初年，郑国能小霸诸侯，除了政治上的因素外，也应与其经济的发展特别是商业的兴盛密切相关。

商代发达的青铜铸造技术和西周时期周王室对郑国的帮助，为春秋郑国青铜文明的发展提供了技术和物质方面的支持。在这样的基础上，春秋时期郑国的青铜铸造技术进一步提高。春秋早期，郑国青铜文明属中原青铜文明

---

① 郭宝钧. 1959. 山彪镇与琉璃阁. 北京：科学出版社. 62
② 郭宝钧. 1959. 山彪镇与琉璃阁. 北京：科学出版社. 65，图版伍陆
③ 郭宝钧. 1959. 山彪镇与琉璃阁. 北京：科学出版社. 65

圈，其文明的来源与主体是周文化，也有原土著民族青铜文明的影子。春秋中期以后，郑国国力下降，生存在诸侯争霸的缝隙中，左右摇摆的政治局势又为其吸取晋、楚等国青铜文明的精华提供了方便，使其青铜文明的发展进入成熟期。如郑器的华丽风格不同于周、晋为代表的中原地区青铜器；其完善的青铜礼器组合、规整的器形又与楚器不同。可以说，郑国青铜器在特定的历史条件下，形成了自己的青铜文明特色。

一、春秋郑国青铜器出土情况及研究成果

郑国青铜器物的出土从20世纪初已开始，当时郑国青铜器群的发现曾轰动一时。1923年，新郑李家楼的农民凿井时发现一座大墓，其位置在郑城内城东南部。虽然军阀靳云鹗派兵进行了非科学发掘，但仍出土了相当多的青铜器。其中礼乐器共有88件[①]。从其组合及铜器总体判断，该墓应为郑国国君墓[②]，时代为春秋中期偏晚一些。1953年郏县太仆乡农民在南寨门外挖出大小铜器一批，有90余件[③]。前辈学者的研究文章大都把该铜器群定为春秋早期，是郑国器物，但在一些具体观点上却有差异。如高明先生定为春秋早期前段[④]；朱凤瀚、杨文胜两位先生把它归入春秋早期偏晚[⑤]；贾洪波先生将其分为甲、乙两墓所出器物，甲墓为春秋早期早段，乙墓为春秋中期偏早[⑥]等等，各有不同。1965年和1975年在李家楼大墓附近，考古学者发现了春秋时期的长方形土坑竖穴墓[⑦]，时代与大墓近似。1971年尉氏县河东周村农民平整土地时发现一批春秋时期青铜器[⑧]，共28件。1976年新郑唐户发掘一处墓葬群，有墓39座，其中M1、M9等为春秋郑墓。[⑨] 1993年6月在河南新郑修筑金城路时发现多座青铜礼乐器坑和殉马坑，出土60多件青铜

---

① 郭宝钧.1981.商周铜器群综合研究.北京：文物出版社.80
② 孙海波.1937.新郑彝器.郑州：河南通志馆；高明.1981.中原地区东周时代青铜礼器研究.考古与文物，（2）：68～82；（3）：84～103；（4）：82～91；朱凤瀚.1995.古代中国青铜器.天津：南开大学出版社
③ 郭宝钧.1981.商周铜器群综合研究.北京：文物出版社.78
④ 高明.1981.中原地区东周时代青铜礼器研究（上）.考古与文物，（2）：70
⑤ 朱凤瀚.1995.古代中国青铜器.天津：南开大学出版社；杨文胜.2002.郏县太仆乡出土青铜器研究.考古与文物，（5）：46～48
⑥ 贾洪波.1994.中原地区东周时期青铜鼎形态学研究及相关问题.南开大学硕士学位论文
⑦ 河南省博物馆新郑工作站，新郑县文化馆.1980.河南新郑郑韩故城的钻探和试掘.见：文物资料丛刊，（3）.北京：文物出版社.63
⑧ 郑州市博物馆.1982.尉氏出土一批春秋时期青铜器.中原文物，（4）：32
⑨ 开封地区文管会，新郑县文管会，郑州大学历史系考古专业.1978.河南省新郑县唐户两周墓葬发掘简报.见：文物资料丛刊，（2）.北京：文物出版社.53

礼乐器①。1994~1995年新郑城市信用社基建工地发现6座青铜礼乐器坑，出土青铜礼乐器57件②。1996~1998年，为配合中国银行新郑支行的基建工程，河南省文物考古研究所在郑韩故城东城的西南部进行考古发掘，发现郑国的祭祀遗址，总面积22000平方米。包括春秋中期青铜礼器坑7座，出土礼器142件；乐器坑11座，出土编钟206件和一批钟架③。这些礼乐器的面世，对于研究周代的用鼎制度、中原地区青铜器的分期断代等，都具有重要价值，同时也为我国古代音乐史的研究提供了珍贵的实物资料。2004年河南省文物考古研究所在新郑市郑韩路发掘出土了春秋郑国墓M6，是一座随葬青铜礼器的中型墓葬④。新郑县李家村M1出土有组合较完整的青铜礼器⑤。2005年新郑市梨和镇蔡楼村发现两座春秋郑墓，出土蟠虺纹铜敦、牛首铜匜、素面双耳铜盘和铜剑各1件⑥。

从以上郑器发掘出土的总体情况看，青铜文明的发展很不平衡。春秋早、晚期发现较少，中期较多。但出土的青铜器物总数量较多，以青铜礼器和青铜乐器为主，两者占到很大的比重。礼器有鼎、鬲、甗、甑、簋、铁、簠、壶、罍、盘、匜、鉴、敦等。乐器为甬钟、镈、编钟等，编钟成套出土，大小不同，各成序列，钟架也出土了一大批。这些青铜乐器的大量出土，从侧面证明了春秋时期郑国音乐的兴盛。"郑卫之音、靡靡之音"，郑卫之音的流传千古，乐器的发达在其中起到了相当重要的作用。

对郑国的青铜器进行研究的著作和文章很多，如郭宝钧先生《商周铜器群综合研究》一书把郑器分在春秋中期的铜器群中，有郑县太仆乡铜器分群、新郑铜器分群。朱凤瀚先生《古代中国青铜器》一书把郑器分在了中原地区的春秋青铜器一节。杨文胜先生的硕士学位论文即是《春秋郑国青铜器研究》，可以说前辈学者对春秋郑国青铜文明的研究已相当深入。本文将在诸位先生对春秋郑国青铜器研究的基础上，把春秋郑国青铜器分为早、中、晚三期进行综合阐述。

二、郑国青铜礼器的组合、纹饰及器形演变情况

春秋初年，郑国由陕西东迁新郑。郑武公因护送周平王东迁有功，政治

---

① 蔡全法等. 1994-01-02. 新郑郑韩故城金城路考古重大成果. 中国文物报，(1版)
② 中国青铜器全集编辑委员会. 中国青铜器全集（7集）·东周1. 北京：文物出版社. 4
③ 河南省文物考古研究所. 2005. 河南新郑郑韩故城东周祭祀遗址. 文物，(10)：4~33
④ 河南省文物考古研究所新郑工作站. 2005. 新郑市郑韩路6号春秋墓. 文物，(8)：39
⑤ 河南省文物考古研究所新郑工作站. 1983. 河南新郑县李家村发现春秋墓. 考古，(8)：703，704
⑥ 吴保青. 2005-09-21. 新郑市发现两座春秋墓葬出土4件青铜器珍品. 郑州晚报，(A15版)

地位提高。郑庄公时国力最强,开始小霸中原。郑为姬姓诸侯,在承袭和发展西周青铜文明上占有优势。在此基础上,春秋早期时郑国青铜器已拥有一套完整的体系,器物组合为鼎、簋、壶、盘、匜相配,纹饰上以瓦纹、重环纹、鳞纹、窃曲纹、交龙纹为主,纹饰线条较粗犷,器形基本上是对西周晚期形式的继承和发展。①

春秋中期,郑国国内政局不稳,公室内乱、公子争立、斗争不止,这使其国力大减,势力渐弱;外部环境也对郑国不利,周边诸侯国竞相改革,实力大增,日益强盛,超过了郑国。这些在青铜文明上的反映就是郑器在原有体系上有所发展,期间开始主动或被动地吸收周围相邻地区铜器的一些特点。从组合上看,郑器本阶段多以鼎、敦、钚、盘、匜等器相配,形式和整个中原地区保持一致。中期晚段时,郑器受到了楚器的影响,器物组合中有时增加簠和盏,如尉氏春秋墓和新郑李家楼大墓的青铜礼器组合中有簠和盏。② 纹饰上,以蟠螭纹为主,特别是细小、密集的蟠螭纹是这时期郑器的代表性纹饰。

春秋晚期,郑国势力更加衰退,反映在青铜文明上,这一时期出土的青铜器数量与中期相比明显减少。目前发现的春秋晚期墓葬仅有1979年新郑李家村墓葬③。其青铜礼器组合为鼎、敦、钚、盘、匜,形制方面与中期相比没有太大变化。纹饰方面也以蟠虺纹为主,只不过纹路更为纤细,装饰上趋于华丽,显然是受到春秋后期楚器华丽风格的影响。

郑国青铜器的器物形制演变,能做出明确比较的是其早、中期的器物,晚期器物形制与中期相比无甚大的差异,不再区分。春秋郑国青铜礼器早、中、晚期的形制演变情况如下:

鼎:早期铜鼎有立耳、附耳两种。立耳鼎形制源于西周晚期,浅半球形腹,圜底,三长直柱足,里侧内凹;④ 而太仆乡出土的立耳鼎为束颈,下腹部圆转内收,圜底,三粗蹄足。⑤ 附耳鼎为沿耳平口,腹横宽,下腹稍敛,底近平,三蹄足。中晚期铜鼎有附耳无盖鼎,大口,口沿平折,束颈,深腹,圜底,双附耳安于颈部两侧,弯曲外侈,腹部半球形圆转内收,三粗蹄足;附耳有盖鼎,盖圆鼓,镂空圈足状握手,口微敛,两直附耳,腹部较深圆,蹄足细长,与腹部相比,耳足较小不成比例;立耳无盖鼎,鼎体横宽,

---

① 杨文胜. 2002. 郑国青铜器与楚国青铜器之比较研究. 中原文物,(3):42
② 杨文胜. 2002. 郑国青铜器与楚国青铜器之比较研究. 中原文物,(3):43
③ 河南省文物考古研究所新郑工作站. 1983. 河南新郑县李家村发现春秋墓. 考古,(8):706
④ 朱凤瀚. 1995. 古代中国青铜器. 天津:南开大学出版社. 868
⑤ 朱凤瀚. 1995. 古代中国青铜器. 天津:南开大学出版社. 872

腹部较浅，双耳外侈，底较平，三蹄足粗大。①

簠：早期铜簠，器、盖相接处的口沿部作直壁折边，直壁部分不长，与西周晚期簠的腹壁斜直不同，整个簠形如斗，有矩形圈足。中晚期铜簠，腹部直壁越来越深，腹容积越来越大。如孙海波先生的《新郑彝器》中著录了一件簠，器、盖交接处上下皆有一段直壁，其高度已到腹深的二分之一处，上盖两耳兽头向上，盖口下出六个小兽面，扣合器口，兽口向下；下器口无六兽面，两耳兽头亦向上。②

簋：早期铜簋，腹部低矮，有盖，盖顶有圈足状捉手，双兽首半环耳，耳下有的带小珥，圈足下多接三小足。③ 中晚期铜簋，圆鼓腹，敛口，口沿内缩，子母口承圈足状捉手，双半环耳，圈足下接三小足；还有一种簋，无双兽耳，无圈足，盖上多为四环钮。④

甗：早期铜甗，方形，甑底部为条形箅，圈足很浅，与鬲口相扣，鬲四粗蹄形足。出土时内底有水锈，质胎甚重，为实用器，与上村岭的方甗为明器者不同⑤。晚期铜甗，长方形，甑部侈口曲颈直壁，底有方格形箅，鬲部四足，高足跟，但款足甚浅，底凹近平。⑥

罍：早期铜罍，小口，口沿平折，短直颈，斜直肩，腹壁斜直内收成平底，肩上附双兽首半环耳，形状似罐。⑦ 中晚期铜罍，小口，短颈，鼓腹，小平底，肩上生四耳，皆作双龙绞绕，龙口衔环。⑧

壶：早期铜壶，太仆乡铜壶为椭方形，颈部有两兽耳，圈顶盖，盖上捉手作杯状，盖与器联铸，为明器；另还有一扁圆形壶，小口，短颈，两贯耳，鼓腹平底，下腹正面有一鼻。⑨ 中晚期铜壶形制多，有方、圆、瓠型三类。方壶有两型：一，短颈，垂腹，是传统方壶形制，但在工艺上进行了很多修饰，如著名的莲鹤方壶，下文将作具体说明；二，细长颈，腹圆鼓，颈两侧、耳外有龙形附兽，圈足下有双兽作足。圆壶，颈较短，体形略显低矮，腹部最大径较靠下。⑩

盘：早期铜盘，腹部较浅，壁直，圈足，两附耳直立。中晚期铜盘形制

---

① 朱凤瀚. 1995. 古代中国青铜器. 天津：南开大学出版社. 875
② 郭宝钧. 1981. 商周铜器群综合研究. 北京：文物出版社. 81
③ 朱凤瀚. 1995. 古代中国青铜器. 天津：南开大学出版社. 868
④ 郭宝钧. 1981. 商周铜器群综合研究. 北京：文物出版社. 81
⑤ 郭宝钧. 1981. 商周铜器群综合研究. 北京：文物出版社. 79
⑥ 郭宝钧. 1981. 商周铜器群综合研究. 北京：文物出版社. 81
⑦ 朱凤瀚. 1995. 古代中国青铜器. 天津：南开大学出版社. 872
⑧ 郭宝钧. 1981. 商周铜器群综合研究. 北京：文物出版社. 81
⑨ 郭宝钧. 1981. 商周铜器群综合研究. 北京：文物出版社. 79
⑩ 朱凤瀚. 1995. 古代中国青铜器. 天津：南开大学出版社. 876

发生较大变化，双附耳由直立状改为向外曲折，浅腹，有三扁蹄足。①

匜：早期铜匜，整体较西周晚期短且低，腹部更浅，足稍短。中晚期铜匜，形如瓢，后带一环形銴，平底无足，"此形制开了战国时期流行的瓢形匜之先河"②。另有一种有盖匜，流盖作兽面，生双角，如尉氏河东周村墓出土的匜，就是这种形制。③ 李家村墓葬出土的匜，较早期铜匜腹部更浅，器形低矮。

敦：春秋中晚期始见器，郑器敦在尉氏河东周村、李家村墓葬、李家楼墓等地均有出土。河东周村敦，腹较深，平底或微圆，束颈，略显折肩，上腹两侧生双环耳，盖顶拱起，近口边处略显斜直，柱圈形捉手，捉手饰以透雕状蟠螭纹。④ 李家村出土敦为器、盖同形的球形敦，这是中原地区新出现的敦形制。⑤ 李家楼墓出土的敦有两型：一，敛口，有盖，盖顶有圈足状镂空捉手，束颈，盆形腹，双环耳，平底。二，盖为圈足状镂空捉手，捉手外有三环状鼻，平口束颈，兽首半环耳一对，两耳间有环形鼻饰一对，三蹄足，盖顶与腹底均近平，整个器物侧视近方形。⑥

以上是春秋郑国青铜礼器中的几种典型器物的形制特征。其中不乏优秀的作品，如驰名中外的莲鹤方壶，为扁方体，整体结构严密，制作工艺采用了圆雕、浅浮雕、细刻、焊接等多种技法，修颈斜肩，腹垂鼓，双耳，圈足。壶盖铸作莲花形，立雕双层莲瓣，花瓣上布满小镂孔。莲花中央有一活动小盖，可以却置，上有一只亭亭玉立、昂首振翅、似鸣似舞的仙鹤，写实又生动。盖边饰以窃曲纹，两兽尾部相连，连接处插设一目。壶腹部遍饰蟠龙纹，龙角竖立，回首反顾，塌腰卷尾，身雕鳞纹。壶腹四隅各有一立体神兽，兽角弯曲，顶端分叉，肩生双翼，长尾上卷。圈足下压两只虎，抬首屈肢趴伏。整个方壶呈现出某种动态和旋律感，在神秘的氛围中又给人以清新的感觉。

李家楼还出土一对方壶。壶上部呈长方直颈，下部近于圆腹，劲腹以十字带为界，分壶体为三段。上为透空方形盖，口外侈，两耳作爬龙状，附环，圈足下有二兽相承托⑦，也是不可多得的珍品。

春秋郑国青铜器的铭文，内容上和其他诸侯国一样，多是夸耀祖先、流

---

① 朱凤瀚. 1995. 古代中国青铜器. 天津：南开大学出版社. 876
② 朱凤瀚. 1995. 古代中国青铜器. 天津：南开大学出版社. 876
③ 朱凤瀚. 1995. 古代中国青铜器. 天津：南开大学出版社. 876
④ 朱凤瀚. 1995. 古代中国青铜器. 天津：南开大学出版社. 876
⑤ 朱凤瀚. 1995. 古代中国青铜器. 天津：南开大学出版社. 878
⑥ 杨文胜. 2001. 新郑李家楼大墓出土青铜器研究. 华夏考古，(3)：75
⑦ 中国青铜器全集编辑委员会. 中国青铜器全集（7集）·东周1. 北京：文物出版社. 4

传后世、用作宝器等。铭文字体纤细，书写随便。李家楼大墓出土的青铜器中有一件鼎有长篇铭文，但锈蚀过甚，已经不能通读了。还有一件长方形提链炉，有铭文"王子婴次"。王国维先生认为此器"品质制作与同时所出他器不类"①，认为是楚国令尹子重所作。郭沫若先生则认为是郑子婴所作②。另外，郑器《与兵方壶上》也有铭文，器盖对铭，盖铭在盖内顶面，器铭在口沿内相邻两壁，行款相同③。

三、郑国的青铜乐器

郑国青铜器还出土有工具、兵器、乐器、车马器、杂器等。其中，最值得称道的是其大批乐器的出土。如，我们上文提到的郑韩故城东城发掘的11座乐器坑，出土编钟206件，有镈钟和钮钟两种，另外还有一批钟架。除了K11、K12早年被盗外，其余各坑都有青铜编钟出土。K17出土镈钟一套4件、钮钟一套10件；其余八坑各出土镈钟一套4件、钮钟两套20件。各坑中出土的钟都是形制近同，大小递减。以T615K16出土镈钟、钮钟为例。镈钟器形为：双龙首"凸"字形钮，龙首外侧面饰5个凸起的同心圆圈纹，平舞饰以细密的蟠虺纹；合瓦体、腔体两面各有36枚乳丁，呈螺旋状；篆部饰以细密窃曲纹，鼓部饰以对称的蟠龙纹；钲、篆部有凸起的阳纹边框；钟唇中间和两铣有微凹的调音槽，侧鼓部内壁有微凸的音梁。钮钟器形：梯形扁方体钮，钮两侧饰以云纹；平舞，舞面饰以密集的虺龙纹；合瓦体，腔体两面各有36枚乳丁，中部腰间有一周凹弦纹，枚顶有微小的凹陷；钲、篆部都有凸起的阳纹外框，内饰繁密的龙纹；侧鼓部内壁有4个长而微凸的音梁；于口微凹，且内唇经过锉磨调音，形成了3个大小、深浅不同的调音槽；两侧的唇沿上，各有1个浇冒口。

郑韩故城出土规模如此大的编钟，填补了我国中原地区没有大规模出土青铜乐器的记录。这206件编钟和一批钟架，件套之完整、数量之众多，远远超过了河南信阳长台关楚墓④、南阳淅川下寺楚墓⑤、湖北随州曾侯乙墓⑥等地的发现。这些编钟的出土，为春秋时代"郑卫之音"之"郑声"的研究提供了可靠的依据，也为研究我国古代音乐史提供了珍贵的实物资料。

春秋郑国地处中原，有利的地理位置为其与其他地区青铜文明交流提供

---

① 王国维. 1984. 观堂集林·王子婴次炉跋. 北京：中华书局
② 郭沫若. 1961. 新郑古器之一二考核. 金文丛考. 北京：科学出版社
③ 李学勤. 2001. 春秋郑器与兵方壶论释. 松辽学刊, (10)：1
④ 河南省文物研究所. 1986. 信阳楚墓. 北京：文物出版社
⑤ 河南省文物考古研究所. 1991. 淅川下寺楚墓. 北京：文物出版社
⑥ 湖北省博物馆. 1989. 曾侯乙墓. 北京：文物出版社

了方便。在宗周先进青铜文明的影响下，郑国的青铜文明在春秋中期后进入成熟期，青铜器中的精品之作大多是这一时期涌现的。通过对郑国青铜文明特色的认识，可以帮助我们进一步了解春秋时期郑国的历史文化。

第四节 春秋虢国的青铜文明

虢国本是文王母弟的封国，是西周时期重要的诸侯国。《左传·僖公五年》载："虢仲、虢叔，王季之穆也，为文王卿士，勋在王室。"公元前655年，虢国被晋国所灭。关于虢国的历史，由于文献记载的不同，史学界颇有分歧，不但有各个虢国的地望之争，也有虢国东迁时间的争论。所幸的是，从20世纪50年代至今，考古学者先后两次在河南省三门峡市上村岭南部考古发掘到大型的虢国墓地，出土了大量的文物，这些文物的出土不仅填补了两周之际考古学的空白，同时也为研究西周晚期至春秋时期虢国的历史提供了重要资料，具有重大意义。而其中出土的器类齐全、数量众多的青铜器，向我们展现了两周之际及春秋早中期虢国发达的青铜文明。

一、虢国墓地青铜器的出土概况

虢国墓地的年代问题在史学界和考古学界仍然是颇有争议的。主要有三种说法，西周晚期说、东周初年说、两周之际说。持第一种观点的有余伟超先生、马承源先生；① 春秋早期说主要是李学勤先生、郭宝钧先生、朱凤瀚先生；② 杜迺松先生在《谈虢国墓地新出铜器》一文中得出的结论是"这些器物的时代是确定墓葬年代的前提，依此，M2001大墓的时代以定在两周之际为宜。"③ 其实，正像邹衡先生所说："这些研究对于分清虢国墓葬的时代自然是有意义的。不过我们知道，如何区分西周晚期与东周初期的铜器，迄今尚无绝对的标准。因为西周晚期铜器可以沿用到东周初年，而东周初年究竟新出现哪些铜器，现在仍然是有待研究的问题，所以只用少数铜器来断定虢国墓葬的年代还是有一定的局限性。"④ 对此，本文主题虽然是春秋时期虢国的青铜文明，但在论述中也将涉及西周晚期虢国的青铜器物。

---

① 余伟超. 1991 – 02 – 03. 上村岭虢国墓地新发现所揭示的几个问题. 中国文物报3版；马承源. 1991 – 03 – 03. 虢国大墓参观记. 中国文物报3版

② 李学勤. 1991 – 02 – 03. 三门峡虢墓新发现与虢国史. 中国文物报3版；郭宝钧. 1995. 黄河周铜器群综合研究. 北京：文物出版社；朱凤瀚. 1995. 古代中国青铜器. 天津：南开大学出版社

③ 杜迺松. 1991 – 02 – 10. 谈虢国墓地新出铜器. 中国文物报3版

④ 邹衡. 1991 – 03 – 17. 新发现虢国大墓观后感. 中国文物报3版

1956 年冬至 1957 年春，为配合三门峡水库建设，中国科学院和文化部联合组成了黄河水库考古工作队，对位于三门峡市春秋路北、湖滨车站附近的虢国墓地进行了大规模的考古调查和发掘。共发掘古墓 234 座、车马坑 3 座、马坑 1 座，出土各类文物 9179 件。① 其中青铜器总数足有 5400 件②。1990 年，河南省文物研究所和三门峡市文物工作队对该墓地再次进行全面钻探和发掘，"抢救性清理发掘了四座虢国墓葬和一座车马坑，清理出各类文物 5500 多件，连同公安部门追缴的文物，共有 6500 多件。其中发掘出了青铜器 2400 余件（包括 40 余件带铭文青铜器）"。③

二、虢国墓地出土的青铜礼器

青铜器虽然在春秋时期大量出现，但仍然是礼器居多。青铜礼器作为权力与等级地位的象征，被赋予了更多的含义。对于这一点，在春秋时期虢国青铜文明中体现得较为充分。三门峡地区的虢国贵族把青铜礼器广泛地应用于朝聘、宴飨、祭祀、殉葬等活动中。虽然现在已经无法看到虢国贵族把青铜礼器与政治权力相结合的具体情况，但虢国墓地随葬的青铜礼器却能给我们以直观的显示。

20 世纪 50 年代和 90 年代三门峡虢国墓地的考古发掘表明，每座墓葬青铜礼器的多少或有无，与该墓的形制大小，其他随葬器物的多少完全一致。器物组合方面与西周、春秋通行的列鼎制度相吻合，表现出浓厚的崇礼性。如 M2001 出土青铜礼器的组合为 9 鼎、8 簋、8 鬲，显示了墓主人的尊贵和富有。该墓中还陪葬有大型车马，出土有铜、铁、金、玉、石、陶、竹木、皮革、麻布等各类文物 3200 多件，仅青铜器就有 1700 多件，带铭文的有 35 件，铭文最长者达 46 字。④ 从这些出土器物可推定，墓主人的身份为"虢国的一代国君"。⑤ 其他各墓葬出土青铜器物也都遵循着当时的礼制，如 M2011 是 7 鼎 6 簋、M1810 是 5 鼎 4 簋、M1820 被盗过仍存有 3 鼎 4 簋。这些鼎簋的配套使用反映出墓主人具有一定的等级身份。除了礼制中经常提到的这种列鼎制度外，其他礼器的组合也有比较严格的规定。如虢国墓出土的青铜礼器组合往往是以一套食器和一套水器为主体器物，食器以鼎、簋、鬲为主，鼎簋成列，鬲成对，壶只要有也是成对出现；水器是以盘、匜或者盘、盉

---

① 汤淑君. 1999. 虢国墓地. 中原文物，（2）：118
② 根据《上村岭虢国墓地》第 12 页至 28 页所做的合计
③ 虢国墓地再次出土大量珍贵文物. 中国文物报，1991-01-06.（1 版）
④ 汤淑君. 1999. 虢国墓地. 中原文物，（2）：118
⑤ 河南省文物考古研究所，三门峡文物工作队. 1999. 三门峡虢国墓（1 卷）. 北京：文物出版社. 224

配套。

　　春秋虢国虽然存在时间不长，但其青铜礼器拥有的器类却相当完备，有鼎、鬲、甗、簠、豆、簋、壶、罐、盉、盘、匜、盨、甫、方彝、尊、爵、觯、盆等。这些形制不同的青铜器物的发展时期有所变化。对虢国青铜礼器进行分期学研究的有朱凤瀚、李丰先生等。朱凤瀚先生在《古代中国青铜器》一书中有一小节"中原地区春秋时期青铜容器分期及各期器物之特征"，把中原地区的春秋青铜礼器按照组合形式与器型变化的不同分为了四期。而其中虢国墓地的青铜器主要在第一期，大致相当于春秋早期和春秋中期初。① 李丰先生的《虢国墓地铜器群的分期及其相关问题》一文，把虢国的青铜器分为了三期，西周晚期、春秋早期、春秋中期偏早。② 基于两位先生的分期研究成果，本文把虢国青铜礼器也分作前后两期，以此来看几种典型礼器的形制演变情况：

　　鼎：前期的青铜鼎大多是立耳，浅半球形腹，圜底，蹄足较短粗，里侧内凹。③ 与西周晚期流行的蹄足鼎相似，只是腹部有所变化，小于半球而使体形略显横宽。后期有立耳鼎和附耳鼎，附耳鼎从这时期开始盛行起来，并且逐渐成为鼎的定制，鼎腹较浅，上腹壁较直，下腹壁圜转内收成底，底稍平，三蹄足。④

　　簠：前期簠沿袭了西周晚期的旧制。鼓腹，有盖，盖顶有圈足形捉手，圈足且下有三小足，耳是双兽首半环耳，有的还带有小珥。⑤ 后期簠形体浑圆，双耳简化，腹部变得极低矮，形体逐渐变小。

　　鬲：前期的鬲承西周晚期鬲形制。口沿较宽而平折，束颈，平裆或者分裆，兽蹄形足，足跟较粗，且里侧内凹，体形略显横宽。⑥ 后期无甚大变，只是裆部变低、裆底趋平。

　　甗：春秋以降，分体甗开始流行。甑和鬲分开铸造，相互套合。⑦ 这种甗在春秋之前有但很少，从春秋始开始盛行。郭宝钧先生对此种甗有过很高的评价："比之晚殷西周之甗，分合方便，体质较轻，且易于炊时加水，故即取为甗制而长期代替之。这种青铜器，也是一种划时代的器类。"⑧ 前期甗

---

① 朱凤瀚. 1995. 古代中国青铜器. 天津：南开大学出版社. 873
② 李丰. 1988. 虢国墓地铜器群的分期及其相关问题. 考古，(11)：1041
③ 朱凤瀚. 1995. 古代中国青铜器. 天津：南开大学出版社. 867
④ 朱凤瀚. 1995. 古代中国青铜器. 天津：南开大学出版社. 872
⑤ 朱凤瀚. 1995. 古代中国青铜器. 天津：南开大学出版社. 868
⑥ 朱凤瀚. 1995. 古代中国青铜器. 天津：南开大学出版社. 868
⑦ 朱凤瀚. 1995. 古代中国青铜器. 天津：南开大学出版社. 868
⑧ 郭宝钧. 1981. 商周铜器群综合研究. 北京：文物出版社. 71，72

除上下分体外，是立耳深腹，鬲部外鼓，有分裆。后期为附耳，腹变浅，通体低矮而横宽，鬲足为粗蹄形。

豆：前期多为浅盘直壁，圈足中细且有凸棱。后期也是浅盘，圈足稍矮，凸棱有上移的趋势。

壶：前期壶较高，长颈，且颈部内收较明显，壶体较粗，下腹外鼓，近于垂腹。盖上捉手作方圈足状，双兽首半环耳套环。郭宝钧先生认为此双耳是壶体铸成后焊接上去的，"这已开春秋时铜器焊耳焊足的肇端"。① 后期壶颈部变粗，双耳在沿下，垂腹，整体更矮。

匜：前期匜与西周晚期匜的形态相同，都是长流，口沿微曲，深腹，四个兽蹄足高而粗。② 后期匜较前期明显变短且低平，流口宽大，向上翘，腹变浅，四足直而短。③

青铜礼器中器物的组合、种类、形制固然是最基本的构成要素，但纹饰的点缀也非常必要，它能促使青铜器物充满无限生机。粗略统计，三门峡虢国青铜器上的纹饰有20余种，普遍使用的有窃曲纹、垂鳞纹、重环纹、兽面纹、龙纹、虎纹、象首纹、鱼纹、波曲纹、连羽纹等。在纹饰的实际使用过程中，往往是多种纹饰交叉使用，同一件器物的不同位置会有不同的纹饰，同一器物的同一位置上衬地、主体纹饰、点缀纹饰也不尽相同。例如，出土于M2012（梁姬墓）的凤鸟纹方壶，"盖顶握手内饰S形凸目窃曲纹，握手周围饰波曲纹，盖表面四周与颈下部饰垂冠相对凤鸟纹，颈上部饰C形卷云纹，腹部以'十'字形宽带凸饰为界，将腹部分成八块，每块内饰垂冠大凤鸟纹。圈足、耳环上饰斜角C形云纹"。④ 出土于M2011的虢季方壶，"握手顶部饰以细雷纹衬地的S形凸目窃曲纹，握手与圈足部饰斜角C形无目窃曲纹，盖面与劲下部各饰二组以细雷纹衬地的两两相对的前垂冠回首凤鸟纹，颈上部饰一周连作山峰状的三角C形无目窃曲纹，龙首耳所衔扁环的正面饰简易无珠重环纹，上下腹部各饰二组以细雷纹作地纹的前垂冠凸目凤鸟纹，在上腹部者昂首相对，在下腹部者回首相背。在这四组凤鸟纹之间界以条带状凸栏线与菱形或三角形凸饰"。⑤ 这是虢国青铜器纹饰交叉使用中的两件典型器物，其他器物的纹饰也多是交叉配合使用，这就使本来就神秘的

---

① 郭宝钧.1981.商周铜器群综合研究.北京：文物出版社.74
② 朱凤瀚.1995.古代中国青铜器.天津：南开大学出版社.868
③ 朱凤瀚.1995.古代中国青铜器.天津：南开大学出版社.873
④ 河南省文物考古研究所，三门峡文物工作队.1999.三门峡虢国墓（1卷）.北京：文物出版社.252
⑤ 河南省文物考古研究所，三门峡文物工作队.1999.三门峡虢国墓（1卷）.北京：文物出版社.60

青铜纹饰又增添了玄虚莫测的气氛。

虢国青铜器纹饰的总体特征是主体纹突出，动物纹比重较大，并且动物纹饰很善于以夸张的手法表现动物的特征。青铜器纹饰的另一个特点是线条流畅，粗细兼用，粗线条浑厚圆润，细线条俊秀清新。纹饰的应用对器物的整体造型起到了画龙点睛的妙用，并赋予青铜器物以独特的神韵，展现了虢国青铜器铸造者们的审美情趣和宗教情感。

虢国青铜礼器有很多铸有铭文，成为西周、春秋时期虢国青铜文明的重要特征，同时也为进一步研究虢国的历史提供了具体依据。不管虢国何时迁到的三门峡地区，其在西周末年和春秋初期都与周王室关系密切，这一点却是不争的史实。《左传》记载，平王之世，郑国国君因有辅翼王室的功劳而为王卿士，但是平王却更加信任虢国的国君，屡次想分政于虢君。如《左传·隐公三年》载"王贰于虢"，谓王欲分政于虢。及平王崩，继任的周桓王仍想把政权分给虢君，《左传·隐公八年》记载，公元前715年，"虢公忌父始作卿士于周"，与郑伯共分王政，郑伯为王左卿士，虢君为王右卿士。虢国与周王室关系亲密由此可见。而虢国的青铜文明作为西周末期和春秋早期与周王室文化最密切的文化形态，也紧跟时代潮流，出现了很多带铭文的青铜器。

20世纪50年代虢国墓地就出土带铭文的青铜器14件；[①] 90年代，M2001出土带铭文的青铜器41件，占整座墓出土实用器总数的91%[②]；M2011出土带铭文的青铜器2件，M2012出土带铭文的青铜器1件，追缴的被盗青铜器带铭文者5件。[③] 这些铭文字数、内容多相重复，字数最多者达到51字。铭文的格式工整规范、行款有序，其书体波磔有度且又清秀流畅，笔画无波捺，两端平齐，流露出娴熟的书写技巧。铭文内容大多为祭祀或祈福，简明扼要，直陈其意。如M2001中出土铜器铭文多为，"季氏其万年子子孙孙永宝用享"、"季氏受福无疆"、"永用"、"永宝用"、"子子孙孙用享"[④] 等等。说明虢人不仅重视这些青铜器物，而且言明要传之于后世。文字是记录语言的符号，也是人类智慧的结晶。虢国的铜器铭文凝聚了数千万年以来人类的智慧，在其运用过程中对虢国的历史与文化

---

① 中国科学院考古研究所.1959.上村岭虢国墓地.北京：科学出版社.41
② 河南省文物考古研究所，三门峡文物工作队.1999.三门峡虢国墓（1卷）.北京：文物出版社.518
③ 河南省文物考古研究所，三门峡文物工作队.1999.三门峡虢国墓（1卷）.北京：文物出版社.522
④ 河南省文物考古研究所，三门峡文物工作队.1999.三门峡虢国墓（1卷）.北京：文物出版社.521

产生了多方面的影响。虢国墓地出土的青铜器铭文为虢国的青铜文明带来了恒久的生命力。

　　虢国统治集团还认真秉承了夏、商、周三代以来青铜与权力相结合的传统观念，使青铜器物以特殊的身份全面进入虢国的政治、经济、军事、文化等活动中。《左传·庄公二十一年》记载："王巡虢守，虢公为王宫于玤，王与之酒泉。郑伯之享王也，王以后之鞶鉴予之。虢公请器，王予之爵。郑伯由是始恶于王。冬，王归自虢。"虢国之君主动向周惠王请赐青铜礼器，虽然不合时宜，有违于礼法规范，但却透露出青铜器物在他们心目中的不寻常地位。而其铭文中习见的"子子孙孙永宝用"、"永宝用"、"子子孙孙永宝用享"、"子子孙孙永用享"、"用从永征"等，也反映出青铜礼器已经超越了实用的范畴，成为被神圣光环重重环绕起来的象征身份地位的宝器。对国君来说，拥有青铜礼器的多寡，象征着国家实力的强弱和权威的大小；对一个家族而言，它的得失、承传意味着等级地位的变化和家族的兴衰。因此，虢国的各级贵族不遗余力地铸造和占有青铜礼器，不仅生前要享用、占有，死后仍然要"永用享"。

三、虢国墓地出土的其他青铜器

　　虢国墓地出土的青铜器除青铜礼器外，还有工具、兵器、车马器、乐器、杂器等。工具类有斧、锛、钻、凿、刻刀、刮刀、锥、削等。兵器类有戈、矛、剑、镞、盾、钖。车马器有轴头、辖、銮、轭首饰、环、饕餮头、衔、镳、节约、铜泡、辔饰等。乐器类有铜钟、编钟、钲。另外还有杂器铃、双环、轮、双管形器、镜、甲泡、铜鱼、镂空球形器等。

　　虢国墓地出土的青铜工具硬度很高，具有其他质地的工具所无法比拟的优越性。普遍应用于农业和手工业生产的话，就会全面提高劳动效率，更有利于继续进行创造性的劳动。也正是在其创造性劳动不断发展的基础上，虢国人率先从冶铜技术中创造了早期的冶铁技术，不仅创制了发达的车马文化和晶莹温润的玉器文化，而且制造了被誉为"中华第一剑"的兵器——铜柄铁剑。此剑出土于M2011，经北京科技大学冶金史研究室鉴定，确认为人工冶铁制品，其中不含镍与钴，绝非陨铁。剑以固体还原法制作而成，铜柄外镶以美玉及绿松石。剑身与柄的结合处亦镶有绿松石片，剑身外先以一层丝织品包裹，然后装入用牛皮精心缝制而成的鞘内。这是目前我国得到确认的

最早的人工冶铁实物，它的出土将我国人工冶铁的年代又推前了一个多世纪。①

青铜乐器也在虢国墓地大量出土，如 M1052 出土有铜钟和铜编钟两种，其中铜钟 1 件，有甬；编钟 9 件，有长方形钮，最大的全高 23.5 厘米，口径 13.75 厘米×10.15 厘米，最小的全高 13.4 厘米，口径 7.95 厘米×5.8 厘米。② M2011 出土 17 件乐器，有编钟和钲两种，均为实用器。其中编钟 8 件，形制、纹样基本相同，大小依次递减。③ 以上这些器物也是虢国墓地出土的典型青铜器物，是虢国青铜文明中不可不提的经典之作。

西周、春秋时期的国家制度中有一条基本规则，"国之大事，在祀与戎"。三门峡虢国的统治集团对此有着深刻的理解，他们把青铜器以及由其负载的青铜文明灵活地运用到了宗教领域和军事活动中。

在军事活动中，春秋时期的虢国青铜文明则是以兵器、车马器的形式体现。虢国墓地出土有戈、矛、剑、镞等青铜武器和大量的车马器。戈、矛、剑、镞等青铜兵器硬度高，锋利，杀伤性能强，提高了军队的战斗力。青铜车马器的使用，增强了车的坚固性，提高了对马的驾驭能力，保证了军事行动中的机动性能。兵器、车马器作为有形的军事装备物资，对军事活动的作用是深刻的，军队编制、战争形式以及胜败的角逐都在不同程度上受到青铜文明的影响。这又为虢国的青铜文明注入了勇武的特征。

先秦时期的祭祀是一种宗教活动，但这种宗教活动从一开始就被纳入了国家政治活动范畴。《国语·楚语下》载："祀所以昭孝息民，抚国家，定百姓也，不可以已。" 虢国贵族尤其注重祭祀，这也使虢国的青铜文明有了尊鬼神的特点。《左传·庄公三十二年》载："神居莘六月。虢公使祝应、宗区、史嚚享也。" 享，不仅要用到牺牲、粢盛、玉帛等祭品，也要用到青铜礼乐器。而其墓中随葬的大量青铜礼器也是其尊鬼神的表现，因为随葬青铜礼器是以灵魂不灭、崇敬鬼神、迷信来世为基本前提的。

虢国青铜文明是物质文明与精神文明高度交融的产物。青铜器本身为物质文明，但又是精神文明的载体。虢国的青铜文明从物质文明到精神文明的提升，从一个特殊的角度展现了虢国的历史文化风貌。

---

① 虢国墓地再次出土大量珍贵文物. 中国文物报，1991-01-06.（1 版）
② 中国科学院考古研究所. 1959. 上村岭虢国墓地. 北京：科学出版社. 22
③ 河南省文物考古研究所，三门峡文物工作队. 1999. 三门峡虢国墓（1 卷）. 北京：文物出版社. 71

第五节　春秋宋国的青铜文明

宋，子姓国，殷人后裔微子启的封国。战国时期宋国日趋衰落，公元前286年，被齐所灭。郑宋两国同是春秋时期中原地带重要的诸侯国，国力相当，其青铜文明也应相差不大。但从考古发掘到的青铜器数量来看，两者却是截然不同的，造成这一现象最主要的原因是宋国受到了黄泛的影响。新郑一带从没有被黄河淹没过，2000多年过去了，郑韩故城至今仍城垣逶迤，巍巍壮观。虽然历史上盗掘很厉害，但近百年来，新郑地区出土的地下文物特别是青铜器闻名全国。著名的莲鹤方壶，以其精美的造型、生动的雕饰而享誉海内外。春秋时期宋国国力虽然不弱于郑国，立国时间也较郑国长，但其国都在历代黄泛的影响下已经深埋地下，考古工作较难开展，致使宋国的青铜器至今仍未见大规模的出土。美国著名华裔学者、哈佛大学终身教授张光直先生以研究先商文化闻名于世，他坚持认为先商、早商文化的中心在商丘地区。为此，他于1995年组织了新中国成立后的第一支中美联合考古队，在商丘一带进行考古发掘，当考古挖掘到地下10米左右时，由于大量出水而不得不中断。要想继续大面积发掘的话，需要大量的资金，花费太大，这个考古项目被迫搁浅。但这次发掘还是有收获的，考察出了宋故城的所在地，"商丘老南关以西到距阏伯台不远的郑庄一带"。[①] 鉴于此，对春秋宋国的青铜文明将不可能作出深入细致的研究，而只能对传世和近年各地出土的宋器作一介绍。

1985年，商丘永城县陈集乡出土一件青铜匜，器腹内底部有铭文："郑伯乍宋孟姬媵匜，其子子孙孙永宝用之。"该器应为郑国国君为出嫁到宋国的女儿所作嫁奁中的一件。这件铜匜与陕西扶风发现的《中友父匜》和传世的《史颂匜》形制、纹饰皆近似，当为西周末年的器物。[②] 其他出土于商丘地区的宋国青铜器还未见记载，但在现有的著录里，与商丘有关的宋国青铜器还是有若干例子的，大多为春秋时期的宋器。这些青铜器物多具有铭文，所以能明确知道是宋国的青铜器。陈公柔先生、李学勤先生都曾对这些器物作过研究。

春秋中期宋器趞亥鼎，铭文："宋庄公之孙趞亥自作朕鼎，子子孙孙永寿用之。"郭沫若先生在《两周金文辞大系图录考释》中认为，从铭文内容

[①] 张长寿，张光直．1997．河南商丘地区殷商文明调查发掘初步报告．考古，(4)：27
[②] 李俊山．1990．永城出土西周宋国铜匜．中原文物，(1)：104

看，此器是庄公的孙子宋襄公时的器物。研究者也多把这件器物作为断代的标准器，"又趠鼎为宋庄公之孙所作，亦为公元七世纪中叶以后器"。①

陈公柔先生对此另有看法，认为此鼎从整体形式花纹看应为春秋早期器，中腹以下饰鳞纹，口颈饰纠龙纹，是春秋早期的纹饰风格；器物形式则是西周晚期的延续；且"作器者自称'某某之孙'者，往往有晚于其第三代的"。②

春秋晚期宋器宋公戌编钟，铭文："宋公戌之谓钟"。戌是宋平公的名字，但在春秋三传中记载不同，《左传》、《谷梁》作"成"，《公羊》本作"戌"。清代学者已指出平公曾祖谥成公，他不应当名"成"③，而应是"戌"，以《公羊》所记为确。此器为传世品，《宣和博古图》记载："崇宁三年甲申岁孟冬月，应天府崇福院掘地得古钟六枚。以宋公钟又获于宋地、宜为朝廷符瑞，寻进上焉。"④

宋元公时制作的青铜器得以传世的三件都是青铜兵器——戈。1980年，北京铜厂工人在废铜中发现了一件带有铭文的戈，戈铭9字："宋公佐之所造□□戈。"有记载说，"包含此戈的废铜，据了解来自河南等地"。⑤ 宋元公名在文献中记载为"佐"，此器应为宋元公命近侍之臣所造的兵器。《三代吉金文存》19、52、2，《集成》11289及《小校》10、50、1等书中也收录有一件宋元公时戈，戈铭为"宋公佐之所造不阳族戈。"方濬益认为不阳族是邳阳族，是春秋宋国公族之一，"春秋时，宋之公族最为强盛……邳阳族传虽不见，然其为宋之公族则可知"。"邳近彭城，为南北孔道。晋之通吴，尝假道于宋，计其行，必当出此。彭城为宋地，则丕阳之即邳阳可无疑也"。还有一件戈，现藏上海博物馆，见于《集成》11204，铭为"宋公佐之造戈。⑥"

宋国青铜器中以宋景公时所铸器发现最多。宋景公是元公之子，公元前516年即位。景公之名，文献记载略有不同，《左传》作"栾"，《史记·宋微子世家》作"头曼"，《索隐》音"万"。《汉书·古今人表》则作"兜栾"。⑦ 梁玉绳曰："案人表作兜栾。""兜"、"头"两字古通，"栾"、"曼"

---

① 马承源.2003.中国青铜器.上海：上海古籍出版社.431
② 陈公柔.1996.《宋公䜌簠》与宋国青铜器.洛阳考古四十年.北京：科学出版社.239
③ 梁玉绳.1981.史记志疑.北京：中华书局
④ 陈公柔.1996.《宋公䜌簠》与宋国青铜器.洛阳考古四十年.北京：科学出版社.239
⑤ 程长新.1981.北京发现商龟鱼纹盘及春秋宋公差戈.文物，(8)：55
⑥ 陈公柔.1996.《宋公䜌簠》与宋国青铜器.洛阳考古四十年.北京：科学出版社.240
⑦ 李学勤.1985.论几件宋国青铜器.商丘师专学报，(1)：12

两字音近，"其所以或称兜栾或称栾者，呼之有单复耳"。①青铜器铭文都作"栾"，与《左传》所记相同。

传世品有宋公栾鼎，宋公栾戈。鼎著录在《宣和博古图》3、35，只录了盖的图像和盖铭。盖为素面，盖上三个半环形钮，附耳，三兽蹄形足②。与信阳楚墓出土的鼎形式相近，据楚墓的年代，此鼎年代可能为春秋晚期。盖铭为"宋公栾之饎鼎。"宋公栾戈，现藏中国历史博物馆，1936年在安徽寿县出土。铭文在胡上："宋公栾之造戈。"字体为错金鸟篆体。③

《宣和博古图》3、37还著录一件鼎盖，名《宋君夫人饎钘鼎》盖，释为"考诸款识有曰宋公栾之馋鼎者，而此谓之宋君夫人，其字划又切相类，殆同时所造也。"据所绘图像，盖上为圆形捉手，四个半环形钮，似为蟠虺纹。④

宋昭公时的青铜器流传下来的只有一件兵器戈，铭为"宋公得之造戈。"得字《左传》作"德"；《史记》作"特"。梁玉绳云："特乃得之误，《左传·哀公二十六年》疏引《世家》作得可证。"⑤戈铭作得，证实了梁氏的见解。此戈应为春秋晚期器。

1978年，河南固始侯古堆1号墓出土宋公栾簠两件。固始地处河南东南部，邻近安徽，"这里与固始北山口春秋战国古城址相毗邻"。属于宋国的文化遗存，很有价值。简报称，固始侯古堆1号墓中出土有镈钟8件、编钟9件、鼎9件、簠1对以及罍、豆、匜等。⑥简报认为镈钟不是墓主人之器，因为只有作器者的名字处看不清楚。编钟的情况与此类似，"铭中的原有人名均被铲掉，再刻上'鄱子成周'"。鼎、罍、匜和蔡侯墓中的盥缶、盥匜以及淅川一号墓所出的铜匜、鼎，二号墓中的浴缶从形制上看极为相似，年代也应是相近的。铜罍上用红铜镶嵌有鸟兽纹和鼓钉纹，与1966年潢川县所出蔡公子义盥缶同一形式。铜豆上对称的龙兽图案，纹样和处理手法，与长江以北广大地区的青铜器类似。而最值得称道的是那对具有铭文的簠，器表饰以云雷纹，两耳呈仰首卷尾兽形。盖、器同铭，铭为"有殷天乙唐孙宋公栾作其妹句吴夫人季子媵簠。"⑦铭文中景公自称"有殷天乙唐（汤）孙"，称其妹为"勾吴夫人季子"，这是宋公栾自述其先祖的世系，证明宋

---

① 梁玉绳.1981.史记志疑.北京：中华书局
② 陈公柔.1996.《宋公䜌簠》与宋国青铜器.洛阳考古四十年.北京：科学出版社.239
③ 陈公柔.1996.《宋公䜌簠》与宋国青铜器.洛阳考古四十年.北京：科学出版社.239
④ 陈公柔.1996.《宋公䜌簠》与宋国青铜器.洛阳考古四十年.北京：科学出版社.239
⑤ 梁玉绳.1981.史记志疑.北京：中华书局
⑥ 固始侯古堆一号墓发掘组.1981.河南固始侯古堆一号墓发掘简报.文物，(1)：4
⑦ 固始侯古堆一号墓发掘组.1981.河南固始侯古堆一号墓发掘简报.文物，(1)：7

君确为商王室后裔。簋为景公嫁妹的媵器,他的妹妹叫"季子",子是姓。《两周金文辞大系》记载有宋眉父鬲,铭文为"宋眉父作宝子媵鬲",郭沫若先生认为:"此宋人媵女之器。宝子其女字,宋乃子姓之国,故女称'某子'"。与此宋公栾簋铭相对。按古代伯仲叔季的排行,季子应是景公最小的妹妹,嫁给了吴王。这对簋对研究宋国历史以及宋国与吴国的关系极具价值,而且对研究淮河南北、信阳固始、光潢一带的青铜器也很重要。

20世纪50年代,寿县蔡侯墓葬群的发现,轰动一时。学者认为其对黄河、淮河南北地区所出春秋时期的若干青铜器群研究,起到了相互联系考虑的作用。而固始侯古堆墓所出青铜器,形制、花纹及镶嵌红铜的手法,都可与蔡侯墓所出青铜器联系比较,也是相当重要的。陈梦家先生对蔡侯墓所出青铜器研究后作出了这样的论断:"蔡器不但联系了新郑与寿县朱家集的楚器,也说明了蔡器与其他不同地方而同时期铜器的相同性。指出了嵌铜纹饰不仅是唐山等地燕赵铜器所特有,而且是流行于各地的。我们今后对于铜器的研究,应该着重于断代的分析,注意到不同国别铜器在同一时期的共同点,留心寻找不同时代不同地点的铜器的前后延续与彼此相仿的关系。这样才能避免割裂了在历史上、邦族间本相延续与本相关联的文化面貌。"[①] 我们期待不久的将来宋国青铜器能大规模出土,那时我们将能在陈先生这种结论的基础上,更好地研究宋国的青铜文明以及它与周边地区青铜文明的关系。

以上是春秋宋国传世和出土的青铜器,与同时代的其他诸侯国相比,不仅数量极少,而且形不成系统。以春秋宋国的国力看,宋国青铜文明方面的表现不应该如此,应像其他诸侯国那样有其辉煌灿烂的一面才对,但历代黄泛造成了现在的情况。要打破这种局面,需要我们的考古工作者作出更大的努力,使春秋宋国的青铜文明得以早日展现。

第六节　春秋战国鲁国的青铜文明

鲁国是西周初年周公长子伯禽的封国,国都曲阜。《史记·鲁周公世家》记载:"封周公旦于少昊之虚曲阜,是为鲁公。周公不就封,留佐成王……而使其子伯禽代就封于鲁。"伯禽受封时,周公赐给一批典章文物。西周时期鲁国是重要的诸侯国,但入春秋后,鲁国和宋、卫等国类似,渐归衰落。战国时期,更趋衰微,最终于公元前256年被楚伐灭,国存约800年。

---

① 陈梦家.1956.寿县蔡侯墓铜器.考古学报,(2):121

西周时期，鲁国在少昊之虚、商奄故地上积极推行周礼，《左传·定公四年》"启以商政，疆以周索"，并且"变其俗，革其礼"，发展很快。入春秋后，周王朝的礼乐制度不断崩溃，各个诸侯国僭越礼制的行为日益严重，而鲁国仍保存并遵从周礼，被誉为"周礼尽在鲁矣"。东周时期鲁国青铜文明的发展充分地体现了这一点，如曲阜鲁故城出土的青铜器，不像春秋战国时期其他的诸侯国那样常有僭越礼制的现象；且出土的青铜器总数量不多，工艺普遍粗疏不清，许多都沿袭商、西周的传统。但鲁国青铜文明的发展也有其独特之处，比如说，鲁器在鲁都曲阜发现的不是太多，却在鲁都外围的鲁地或者其他诸侯国发现不少，多是鲁人为嫁女所作的媵器。说明鲁国作为一个遵从周礼的方国，力量虽不强，但仍受到各个诸侯国的尊重，并多与之交往。

一、传世和出土的鲁国青铜器

曲阜是孔子的家乡，历代朝廷官府都注重对曲阜文物的保存。清代以来，曲阜曾零星发现一些青铜器。清末金文学家柯昌济先生的《金文分域编》卷九对此有记载。近百十年来，鲁都及其附件地区又陆续发现了一些青铜器。如1932年，曲阜孔林南的林前村，出土一批青铜器[1]，有铺、匜等。其中一件自名为铺的豆形器有铭文："鲁大司徒厚氏元作膳铺，其眉寿万年无疆，子子孙孙永宝用之。"[2] 这件铺腹较浅，柄较粗，微束腰，有盖，盖顶为莲瓣形，应是春秋中期偏晚至晚期的作品。[3] 1969年，今曲阜城外西北城角处的护城河北岸，发现青铜簠6、有盖豆2[4]，是春秋早期的器物，这两件铺盖上的装饰很别致，是以三鸟为钮的。1971~1978年，在鲁城开展了普探和试掘，收获相当丰富，报告有《曲阜鲁国故城》[5]、《曲阜古城勘探》[6]、《浅谈曲阜鲁城的年代和基本格局》[7] 等。这次发掘出甲、乙两组墓葬，它们的时代大致相同[8]，时间跨度从西周初年一直延续到春秋晚期。只不过两组墓葬出土器物的具体时间有所不同，两组墓葬都有西周时期的青铜器，但数量较东周时期为少。东周器物的出土也很有特点，比如说春秋器只在甲组

---

[1] 曾毅公.1940.山东金文集存（上册）.齐鲁大学国学研究所
[2] 杜迺松.1995.东周时代齐、鲁青铜器探索.南方文物，(2)：86
[3] 朱凤瀚.1995.古代中国青铜器.天津：南开大学出版社.883
[4] 齐文涛.1972.概述近年来山东出土的商周青铜器.文物，(5)：8
[5] 山东省文物考古研究所，山东省博物馆等.1982.曲阜鲁国故城.济南：齐鲁书社
[6] 田岸.1982.曲阜鲁城勘探.文物，(12)：1~12
[7] 张学海.1982.浅谈曲阜鲁城的年代和基本格局.文物，(12)：13~16
[8] 山东省文物考古研究所，山东省博物馆等.1982.曲阜鲁国故城.济南：齐鲁书社.214

墓中发现，乙组墓不见出土；战国器只在乙组墓出土，而甲组墓不见。两类不同的墓葬长期共存于一个都城之内，这在两周时期，还是第一次发现，值得格外注意。

鲁国曲阜故城发掘的甲组墓，有随葬铜器的共有8座，共出土礼器22件，器形有鼎、盆、盨、盘、匜、盖豆、舟等7种，还有少量兵器和车马器，都属于春秋时期。乙组墓中随葬铜器的共有12座，礼器46件，器形有鼎、甗、盨、簋、簠、壶、盘、匜、缶、罐、钵、鐎壶等12种，还有兵器、工具、车马器以及一些杂器。

在曲阜以外出土的鲁国青铜器，大多是鲁人嫁女的媵器。鲁女所嫁，可能是国境内的异姓男子，也可能是出嫁邻国，所以，不能仅以这类器物的发现地而论证当地曾属于鲁。1830年，滕县凤凰岭出土的鲁伯愈父鬲，是鲁人为嫁女到郳国而作的媵器①。1965年，山东邹县七家峪发现两座墓，出土有春秋早期的鲁伯驷父器。② 这个地点离今曲阜县境很近，当时很可能在鲁国境内。1970年秋，山东历城北草沟发掘出土了一批青铜器，有鼎1、簋1，簋有铭文，为鲁伯大父为女季姬所做媵器。③ 时间当是春秋早期，器物形制与中原地区春秋早期的器物类型一致，该器今藏北京故宫博物院。出土地在今济南附近，此地极可能不属于鲁国。

二、鲁国青铜器的特点

东周鲁国青铜器整体来看，数量虽不多，但是青铜器的一些主要器类都已具备。礼器类有鼎、甗、簋、簠、盨、带盖豆、铺、舟、壶、缶、盘、匜、罐、铄、盆、钵；兵器类有戈、镞、镈、镦、弩机；工具类有锛、铲、削、刀等；车马器为軎、銮、节约、辔饰、衔、镳等；乐器为钟④；此外还有错金银铜杖首、铜镜、铜器座、带钩等。其中礼器类所占比例较大，这应与地域或国别有关，相对来看，鲁国的乐器钟发现较少。

东周鲁国铜器的组合情况，从目前的考古资料还不能确知。下面仅列举几组鲁国铜器墓的器物组合：春秋早期的大型铜器墓出土有鼎、盘、舟、盆、匜等，如甲组墓中的M201、M202，其中M201还出土有戈、镞、軎、辔饰、铜衔、铜镳等；小型墓一般只有舟，如M203、M305；春秋晚期大型墓器物组合为鼎、盨、匜、盖豆等，如M116；小型墓只有舟和一些简单的

---

① 生克昭.1944.滕县金石志.北京法源寺刊本
② 杜迺松.1995.东周时代齐、鲁青铜器探索.南方文物，(2)：86
③ 杜迺松.1995.东周时代齐、鲁青铜器探索.南方文物，(2)：86
④ 郭沫若.1957.两周金文辞大系图录考释.北京：科学出版社.著录一件鲁原钟

武器，如 M103、M115 出有舟，M111、M115 出土武器戈；战国早期的铜器墓出土器物组合与当时的时代背景相一致，兵器、杂器类器物普遍增多，如 M52 出土礼器只有盘，其他有弩机、铜镈、铜镞、铲、削、铜器座、带钩等；M3 也是，礼器只有壶，另外出土了戈、弩机、镞、杖首、铜镜等；战国中期的墓葬 M58 出土礼器较多，有鼎、壶、铜镌壶、缶、罐、钵等，其他有铜镜、带钩等。

东周鲁国青铜礼器的形制特点，因资料所限，仅列举几种较典型器物的形制演变情况。

鼎：春秋早期的铜鼎，敞口，折沿，浅腹，立耳外撇，半筒形三蹄足，与齐国鼎的腹耳高出盖沿不同。[①] 春秋晚期鼎，子母口微敛，附耳，深腹，圜底，三足残损，盖有四环钮，这种有四环钮盖的鼎，也是很少见的。战国中期或稍晚鼎也是子母口微敛，附耳，但非圜底，而是平底，腹下部微鼓，三凿形高足微撇，盖饰三环钮。

豆：甲组墓 M116 出土两件铜豆，属于春秋晚期，浅盘，唇外斜，矮座，喇叭口形圈足较高，上端较细。1969 年曲阜北关也出土一件铜豆，浅盘，盖上有三禽钮，与此期有盖豆多是三环钮不同，比较罕见。以及上文提到的林前村出土的一件自名"铺"的豆，浅腹，有盖，盖顶饰以莲瓣。这种以华盖为饰的豆，应是东周鲁国铜器所独有的。[②]

盘：春秋早期 M202 出土两件铜盘。一件破碎，另一件为折沿，附耳，耳与沿之间有双梁，圈足里侧铸有八个楔状卯以加固圈足。战国早期 M52 出土铜盘，器形较大，折沿微翘，折腹，圈足，腹有四环钮，这与战国铜盘多为圜底且无耳相比，有一定的创新。[③]

盨：春秋晚期 M116 出土的铜盨，呈斗形，盖饰四环钮，器两侧有环耳，收腹，平底。与西周鲁国铜盨最显著的不同之处是器呈圆角长方形，两侧为兽首衔环式把手，而非环耳。

壶：泰安城前村所出春秋早期的铜壶，整体粗短，椭圆形口，扁圆腹，腹下有一半圆形鼻，腹上铸兽头形双耳[④]。战国早期 M3 出土的铜壶，小口，颈较高，环腹，圈足，有盖，有链式提梁，肩部有铺首衔环。这种有提梁的壶，普遍出现是在西汉时期[⑤]，鲁国这种提链壶应是较早的作品。战国中期

---

① 杜迺松.1995.东周时代齐、鲁青铜器探索.南方文物，(2)：85
② 杜迺松.1995.东周时代齐、鲁青铜器探索.南方文物，(2)：85
③ 杜迺松.1995.东周时代齐、鲁青铜器探索.南方文物，(2)：86
④ 杜迺松.1995.东周时代齐、鲁青铜器探索.南方文物，(2)：86
⑤ 杜迺松.1995.东周时代齐、鲁青铜器探索.南方文物，(2)：86

黄河流域的青铜文明

或稍晚 M58 出土的壶，小口，环腹，圈足，肩部两铺首衔环，盖饰三兽形环钮。

缶：战国中期或稍晚 M58 出土的青铜缶，直口，圆肩，圜底，六棱三蹄形矮足，口和腹部均有一道突棱，肩部两侧有铺首衔环，盖饰三环钮，盖的子口上有四个楔形突棱。而当时流行的缶是圆腹平底，无足①，这说明鲁国的青铜缶是比较特殊的。

舟：春秋早期 M201、203、305 出土的铜舟，器形多为椭圆形，敛口，小翻沿，平底，深腹，圆肩，无耳。继而又出现单耳，到了春秋中晚期全部都是双耳舟，器形也多为圆形。纹饰上也有变化，早中期的铜舟都有纹饰，晚期则素面无纹饰②。

东周尤其是春秋时期鲁国青铜器的纹饰，许多都显示出粗疏潦草的特点，这与当时青铜器的总体风格是一致的。春秋时期的鲁国铜器一方面沿袭了商和西周的龙纹、兽面纹、鸟纹、蝉纹、云雷纹、圆涡纹、蕉叶纹等；另一方面，则更多地继承了西周中晚期的垂鳞纹、窃曲纹、瓦纹、重环纹等。此外，其装饰图案也有一些发展变化。例如，曲阜林前村的铜簠，主体图案是二龙组成的兽面纹；鲁故城出土的铜盆上虽有蝉纹，但已趋简化，其蕉叶纹的三角呈外鼓状，有一定的变形。③ 铜钵腹上的三角卷云纹，则表现了新的特点。战国时期的鲁国青铜器，多发现在曲阜鲁故城乙组墓内，其装饰图案，除个别有简单的凸弦纹外，大部分素面无饰。④

鲁国还出土一些非常精美的青铜器物。例如，曲阜鲁故城 M3 出土的战国早期的错金银杖首和嵌金银带钩以及战国中期的鎏金镶玉带钩，装饰繁缛，花纹绚丽，都是技艺非凡的佳作。其中错金银杖首高 20.5 厘米，器下部为圆筒形銎，内有朽木，一龙形兽昂首曲腹修尾卧于銎上。兽睁目长颚，口衔一兽，兽蛇身鸟喙，回首张目作挣扎状。又有一蛇形兽，口咬一兽头，盘绕于龙形兽之上，兽头口衔鸟尾，附于蛇形兽上⑤。器物构思巧妙，造型优美，全身嵌以金银片，光辉夺目，铸造精良，是难得的精品之作。

鲁国出土的带铭器物，为研究鲁国的历史提供了实物资料。如 1982 年泰安城前村出土春秋早期的鼎和簠，1932 年曲阜林前村出土鲁大司徒厚氏元铺，1965 年山东邹县七家峪出土春秋早期的鲁伯驷父器⑥，1970 年山东历城

---

① 中国青铜器全集编辑委员会.1997. 中国青铜器全集（9集）·东周3. 北京：文物出版社. 11
② 山东省文物考古研究所，山东省博物馆等.1982. 曲阜鲁国故城. 济南：齐鲁书社. 190
③ 杜迺松.1995. 东周时代齐、鲁青铜器探索. 南方文物，(2)：86
④ 杜迺松.1995. 东周时代齐、鲁青铜器探索. 南方文物，(2)：86
⑤ 山东省文物考古研究所，山东省博物馆等.1982. 曲阜鲁国故城. 济南：齐鲁书社. 156
⑥ 王轩.1965. 山东邹县七家峪村出土的西周铜器. 考古，(11)：541

北草沟出土春秋早期的鲁伯大父簋，今藏北京故宫博物院的传世品春秋早期鲁伯厚父盘①，1830年山东滕县凤凰岭出土鲁伯愈父鬲②，今藏辽宁省旅顺博物馆的春秋时期鲁士商敊匜，以及《两周金文辞大系图录考释》著录的鲁士商敊簠等等。

这些器物的铭文，书体风格多样。有肥体的，如鲁士商敊匜；有长瘦体的，如鲁侯作姬媵鼎。与其相毗邻的齐器铭文相比较，缺少齐器铭文中工整而多垂笔的字体，但较多地保留了西周晚期铭文的风格，稳重而敦厚，是鲁国多保存周礼的表现。但个别字体笔画迂曲，布局较宽松，体现了时代的风格。铭文内容方面与中原地区相一致，多为祭祀，如鲁士商敊簠；另外还有表明器物用途的，如鲁大司徒铺；而更多的是记述为女儿所作的陪嫁器，如历城北草沟的鲁伯大父簋，邹县七家峪的鲁伯驷父为伦所作的媵器，鲁伯愈父鬲嫁女于邾所作的媵器。

春秋时期中原地区青铜媵器一般为盘、匜、盂等水器，而鲁国则多为鼎、簋、鬲等食器。这种情况的出现是表明鲁国比较看重远嫁的女儿，还是重视联姻的关系，现在还不得而知。不过，如果对各个方国出土的媵器作全面的研究，也许能得出合理的解释。

春秋战国时期，鲁国的青铜文明在周礼的约束下，与其他诸侯国相比，虽然显得有些呆板，但是其器物类型的完备，器物组合的规整，器物花纹、铭文的与时一致，表明鲁国的青铜文明是整个春秋战国时期青铜文明不可缺少的一部分。

第七节　春秋战国齐国的青铜文明

齐是太公望的封国，西周初年，周公东征平"三监"之乱后，封建诸侯，"于是封功臣谋士，而师尚父为首封，封师尚父于营丘曰齐"③。师尚父被封在今山东北部，此地是最早进入青铜时代的地区之一。齐立国后，凭借鱼盐之利，农工商并举，很快成为东方大国。但对于营丘的地望，由于史载不明，学界多有争论。历史上即有临淄和昌乐营陵二说④，而近年来，随着

---

① 该器已著录，见清·曹载奎．怀米山房吉金图（下）
② 郭沫若．1957．两周金文辞大系图录考释．北京：科学出版社．著录有鲁伯愈父所作的五件鬲铭文拓本
③ 司马迁．1982．史记·周本纪．北京：中华书局
④ 水经注．续史方舆纪要．元和郡县志等书主张临淄说；汉书．地理志．尔雅．路史．太平环宇记等主张昌乐营陵说

文物考古资料的日趋丰富，对营丘地理的考证又迭出新说，如昌乐河西说①、益都藏台说②、寿光窝宋台说③等等。这些说法都很有见地，但只凭现有的资料，恐怕还不能得出定论。

但就齐之初封时的历史环境来看，营丘应处在齐国的腹心地区。不过齐国都城有过迁徙，《史记·齐太公世家》载："献公元年，尽逐胡公子，因徙薄姑都，治临淄。"临淄一直都是齐的都城，是齐国的政治、经济、文化中心，直到公元前221年秦灭齐止。临淄齐国故城以及齐国疆域内的其他地方，考古发掘到众多的遗址、墓葬和大量的文物，其中青铜器为我们展示了齐国辉煌的青铜文明。

一、传世和出土的齐国青铜器

齐国的青铜器既有传世作品也有近年来考古发掘的新作品。郭沫若先生《两周金文辞大系图录考释》中收录齐国的青铜器17件④，占收录东周青铜器总数的十分之一，而其中又以战国时期的器物居多。如1857年山东胶县灵山卫出土田齐官定量器子禾子釜、陈纯釜、左关𫓧⑤。1892年河北易县出土齐国的四件媵器，鼎、敦、盘、匜；另外还有田齐桓公午敦、齐威王因齐敦、叔夷钟、洹子孟姜壶等，都是齐国传世青铜器中的经典之作。北京故宫博物院也藏有传世的东周齐国器，如龙耳簋和齐縈姬盘等。⑥这些具铭的传世品是研究齐国史实的重要材料，也是齐国青铜器中能进行断代的标准器物。

近年来，山东地区又进行了一系列的考古发掘，更多的齐器得以再现于世。其中以临淄故城内外发现的居多，主要集中在故城东北部的河崖头村和东古城村。如1956年尧王村国氏墓出土鼎8件、豆6件、壶2件⑦。1965年河崖头村东的一处窖藏出土了簋、盂、钟等铜礼器，其中铜盂高43.5厘米、口径62厘米，是近年来山东所出铜器中最大的一件。⑧1972年白兔丘村出土一件有"高子戈"铭的铜戈。⑨1964年商王庄发现一件错金银嵌绿松石大

---

① 李学训.1989.营丘地望推考.管子学刊，(1)：1；张建华，郑重华.1988.营丘临淄一地说质疑.东夷古国史研究（2辑）.西安：三秦出版社
② 夏名采.1986.营丘初探.东岳论丛，(2)：17，18
③ 张学海，罗勋章.1985.营丘地望考略.中国古都研究.浙江：浙江人民出版社.324~335
④ 郭沫若.1957.两周金文辞大系图录考释.北京：科学出版社
⑤ 上海博物馆.1959.齐量 上海：上海博物馆出版
⑥ 杜迺松.1995.东周时代齐、鲁青铜器探索.南方文物，(2)：83
⑦ 杨子范.1958.山东临淄出土的铜器.考古通讯，(6)：50
⑧ 齐文涛.1972.概述近年来山东出土的商周青铜器.文物，(5)：8
⑨ 杜迺松.1995.东周时代齐、鲁青铜器探索.南方文物，(2)：82

铜镜①。1982年商王庄出土错金银嵌绿松石牺尊。1983年故城东南角出土鹰嘴匜。1986年故城聂仙村出土盒形敦。② 1992年商王村发掘到一座战国墓葬③，编号M1，其中出土铜器100余件，主要有鼎、盒、壶、盘、匜、罍、蒜头壶、汲酒器、釜、钵、耳杯、炉、灯、带钩、玺印、璜等。

临淄以外，东周齐国青铜器也有许多重要的发现。如1957年河南省洛阳中州渠发现了一件春秋晚期的齐侯盉④。1963年山东临朐县扬善发现一批春秋晚期齐国的青铜器，出土有鼎、敦、壶、铍、编镈、编钟等⑤。1965年江苏省涟水县三里墩发现一座西汉墓，墓中有战国时期的齐国铜器⑥，错金银云纹鼎、错银立鸟盖壶和错金银嵌绿松石牺尊等。1975年长清县岗辛出土战国时期镶嵌绿松石勾连云纹豆和鸟首钮盖铍。⑦ 1976年山东蓬莱县辛旺集和刘格庄出土了一批春秋时期的青铜器，有鼎、壶、瓶、提链盒等。⑧ 1977年和1981年临朐县又出土了一批青铜器，有齐趫父鬲、齐侯子行匜以及龙纹鼎、云雷纹鼎、窃曲纹鼎、龙纹簋、立鸟龙纹罐等⑨。

二、齐国的青铜礼器

东周齐国青铜礼器的种类有鼎、鬲、簠、瓶、簋、敦、豆、壶、牺尊、盘、匜、鉴、罐、铍等。其中最具特色的是带环耳鼎形和球形的敦与铍，数量多，所占比例大，铸造时间早。临淄褚家庄出土的铜敦和临淄东古城出土的铜铍在同类器中时代都是较早的，推测铜敦和铜铍有可能源于齐国⑩。

东周齐国青铜礼器的组合情况，尚缺乏足够的考古资料来证明，仅能作大致概括。春秋早期齐国青铜礼器组合形式和器形都与中原地区较为接近，如礼器组合中有鼎、鬲、簠、盘、匜等，但缺少中原地区此期常见的簋、壶。也有个别器物是中原地区此期未曾发现的，如临朐泉头村出土的单环耳舟形器和鸟盖筒形器就不曾在中原地区出土。⑪

---

① 齐文涛.1972. 概述近年来山东出土的商周青铜器. 文物,（5）：15
② 中国青铜器全集编辑委员会.1997. 中国青铜器全集（9集）·东周3. 北京：文物出版社. 4
③ 临淄市博物馆.1997. 山东临淄商王村一号战国墓发掘简报. 文物,（6）：16～20
④ 张剑.1977. 齐侯鉴铭文的新发现. 文物,（3）：75
⑤ 杜迺松.1995. 东周时代齐、鲁青铜器探索. 南方文物,（2）：82
⑥ 南京博物馆.1973. 江苏涟水三里墩西汉墓. 考古,（2）：81，82
⑦ 山东省博物馆,长清县文化馆.1980. 山东长清岗辛战国墓. 考古,（4）：327
⑧ 山东省烟台地区文馆组.1980. 山东蓬莱县西周墓发掘简报. 文物资料丛刊,（3）：52
⑨ 临朐县文化馆等.1983. 山东临朐发现齐、郯、曾诸国铜器. 文物,（12）：1～6
⑩ 杜迺松.1995. 东周时代齐、鲁青铜器探索. 南方文物,（2）：84
⑪ 朱凤瀚.1995. 古代中国青铜器. 天津：南开大学出版社. 887

春秋晚期,齐国青铜礼器组合仍与中原地区相似,但往往不如中原地区器物组合完整。如1977年淄博淄川磁村发现的四座春秋墓,都出土有鼎、敦、铫,但缺少中原地区常见的盘、匜。临朐扬善出土铜器组合与之相似,此种情况中原地区很少见到。① 此期,齐国个别器物的形制具有明显的地方特色,如淄博淄川磁村M01出土的浅腹、平盖、高蹄足附耳鼎;M03出土的扁椭圆形敦,盖和器均有三蹄足,满身饰以乳丁纹;M01、M02、M03出土的铫,盖微隆而折沿;② 临朐出土的铜器中有一件短细颈、圆鼓腹、链状提梁,下有一鼻钮的壶;③ 这些器物均与中原地区同类器有别。

战国早中期齐国青铜器的组合形式是鼎、豆、敦、壶、铫、盘、匜;中期偏晚后以鼎、豆、壶为基本组合形式,敦、铫已不是必备之器。④ 与战国早中期中原地区的器物组合形式相近。不过仍有它的地方特点,如战国中期偏晚后,齐礼器中豆仍盛行而敦的地位下降,与中原地区豆地位下降,敦仍是主要器物的情况明显不同。器形上也有不同于中原地区的地方,如齐器中的有盖扁球形腹或浅盘无盖的长柄豆;球形环耳、环钮敦;有盖且盖口带直边的方椭圆形铫;折腹圈足盘等,都与中原器物同类器器形不同。⑤

以下是齐国青铜礼器的器形演变特征:

鼎:春秋时期齐国铜鼎多为扁圆腹,有三较高的蹄足,平盖,二腹耳呈竖折状高于盖面,如国子鼎、扬善出的鼎。有的鼎作长方立耳状,形似南方的越氏鼎。有的鼎足虽也做蹄足,但粗拙短矮,很有特点。⑥ 战国时期齐国铜鼎已多采用中原扁圆腹鼎的形制,浅腹,器与盖合成扁圆,蹄足粗矮。

簋:春秋早中期的铜簋器形仍是西周晚期流行的有盖、圈足下有三小足的形制。春秋晚期形制有所变化,附耳、圆拱盖,腹较深。齐国铜簋在造型方面很独特,如1965年临淄故城东北部河崖头村出土的龙耳簋,通体饰波曲纹,蛟龙状双耳,盖顶饰为莲瓣状。⑦ 战国时期的铜簋也具有上述特征。

敦:呈球体的铜敦,习称"西瓜敦",齐、楚、燕等国较为流行。春秋晚期敦多呈扁圆球状,有二环耳,器与盖各有三蹄钮或环钮。有的圆形平底

---

① 朱凤瀚.1995.古代中国青铜器.天津:南开大学出版社.887
② 朱凤瀚.1995.古代中国青铜器.天津:南开大学出版社.886
③ 朱凤瀚.1995.古代中国青铜器.天津:南开大学出版社.886
④ 朱凤瀚.1995.古代中国青铜器.天津:南开大学出版社.1004
⑤ 朱凤瀚.1995.古代中国青铜器.天津:南开大学出版社.1004
⑥ 杜迺松.1995.东周时代齐、鲁青铜器探索.南方文物,(2):84
⑦ 中国青铜器全集编辑委员会.1997.中国青铜器全集(9集)·东周3.北京:文物出版社.3

的敦，盖上有四环钮，如易燕出土的齐侯敦。① 齐国的球形敦与楚、燕的同类器在器形上稍有不同。楚国的敦体一般呈正圆球状，蹄足或鸟形足，盖上为三环钮或鸟形钮。燕国的敦体呈长圆球状，上、下各有三环，每环底部有一鸟嘴状凸起，以作敦足，支撑敦体②。总之，虽然都为球形敦，但由于国别不同，造型上又各有其艺术特色。③ 战国时期，齐国流行球形敦、环耳、环钮。另外，临淄聂仙村出土的一件敦形器，器形较为特殊，整个器物呈盒形，器盖、底均铸有三环钮或足。这种盒形敦，至今未见其他地方出土，值得重视。④

钘：器身一般近似长方形或椭方形。齐国钘很有特色，四角略圆，多为平底，两侧有二环耳，盖稍鼓，上铸有四环钮⑤。以往出土的钘最早属春秋时代，如洛阳地区出土哀成叔钘和湖北省文物商店收藏的蔡太史钘，但1984年齐国故城东北部的东古城村发现一座西周晚期铜器墓，墓中随葬青铜器9件，其中钘1件。杜迺松先生认为，"东古城出土的钘是目前发现的最早的一件铜钘"⑥，这对探索"钘"这种器物产生的渊源具有重大意义。战国时期齐国的铜钘仍是椭方形，盖口带直边，盖上的环形钮立鸟首，可能是受燕式器的影响，也可能是春秋以来山东地区流行的盖上饰鸟兽风格的承继，这种形制在中原地区非常少见。

壶：春秋早期齐青铜壶为宽颈，平底，断面作扁圆形。春秋中晚期的铜壶为细颈，圆鼓腹，有盖，盖顶隆起作四环钮；另外出现了链状提梁的壶，如一件铭文为"公孙灶立事岁"的铜壶，细颈较短，圆鼓腹，有链状提梁，下腹部有一鼻钮。⑦ 战国时期的铜壶，多为侈口，束颈，斜肩，鼓腹，肩部有一对铺首衔环，圜底或平底，圈足。还有杯形壶、高柄壶、蒜头壶等，富有地方特色。高柄壶，束颈，球形深腹，腹上部一对环钮，与双龙首链式提梁相连，圜底，高柄上粗下细，喇叭形圈足；蒜头壶，细长颈，溜肩，球形腹，平底，圈足，口沿下部凸起呈蒜头形，肩有一对铺首衔环，有弧形盖，中央是一个环钮。

春秋时期齐国青铜器组合中盘、匜多见。盘大多是圈足，但下无小足；

---

① 杜迺松.1995. 东周时代齐、鲁青铜器探索. 南方文物，(2)：84
② 河北省博物馆，文物管理处.1980. 河北省出土文物选集·第149图. 北京：文物出版社
③ 杜迺松.1995. 东周时代齐、鲁青铜器探索. 南方文物，(2)：84
④ 杜迺松.1995. 东周时代齐、鲁青铜器探索. 南方文物，(2)：84
⑤ 山东省博物馆等.1980. 山东长清岗辛战国墓. 考古，(4)：327；李剑，张龙海.1985. 临淄出土的几件青铜器. 考古，(4)：381
⑥ 中国青铜器全集编辑委员会.1997. 中国青铜器全集（9集）·东周3. 北京：文物出版社. 6
⑦ 朱凤瀚.1995. 古代中国青铜器. 天津：南开大学出版社. 886

匜多为浅腹短流。① 到了战国时期，齐国墓葬出土的器物组合中很少见到这两种器物了，豆成为常见物。早期豆盛行高柄，中期偏晚后，豆柄由细长渐变粗短，柄部常饰以三组凹弦纹。还有一种有盖的扁球形腹长柄豆，流行到战国中期，后又以浅盘无盖高柄豆作为豆的主要形式。②

齐国青铜礼器多素面无饰。有花纹的器物纹饰主要有云雷纹、弦纹、波曲纹、窃曲纹、勾连雷纹、蟠龙纹等，在宽弦纹带上再饰以方格纹是其富有地方特色之处。另外，还有一些工艺精细、造型优美的器物。如上文提到的河崖头村出土的龙耳簋。临淄商王庄出土的错金银嵌绿松石牺尊，长43厘米、高28.3厘米、重6.5公斤，仿牛形，站立状，昂首竖耳，背部有盖，口部为注酒口，全身错以金银丝，并镶嵌有绿松石，形象生动，设计新颖，颇具美感。③ 同样出土于此地的错金银嵌绿松石铜镜，直径达29.8厘米，背边缘均匀分布三钮，嵌有银乳钉九枚，饰以蟠龙纹，错以金丝，铸造的相当精细，构图很严谨，工艺繁缛。④ 1996年临淄象山大型战国墓中出土一件青铜鸭尊，口衔鱼，翅膀上刻镶绿松石，盖钮也是铸的鸟形，造型生动逼真。⑤ 1992年临淄张庄一座战国墓内出土一套铜餐具，盛在一铜壶内，有碗、盘、碟、盆、杯，共7类59件，此餐具种类齐全且完好无损，证明战国晚期齐国青铜铸造日趋生活化。⑥

三、齐国的兵器、乐器和量器

齐国自封齐建国始，就以尚武强兵立足于诸侯。太公也是以军功封于齐地的，齐国的国策除了要发展工商经济外，崇尚武功的传统从未改变。重视军事、尚武习俗使得齐国在春秋战国时期始终是东方的一大强国。齐国不但出现了姜太公、齐桓公、孙武、孙膑、司马穰苴等一大批军事家，也产生了《六韬》、《司马法》、《孙子兵法》、《孙膑兵法》等著名的军事著作。在此种情况下，齐国青铜兵器的生产非同一般，不但数量多，而且种类齐全，杀伤力强。考古发现了大量的齐国兵器，多出土于中型的士以上贵族墓葬或仅出土兵器的小型士兵墓葬中。

齐国的武器大致可分为三类：长兵器主要有戈、戟、矛、铍，其中戈出

---

① 朱凤瀚. 1995. 古代中国青铜器. 天津：南开大学出版社. 885
② 朱凤瀚. 1995. 古代中国青铜器. 天津：南开大学出版社. 1003
③ 张光明. 2004. 齐文化的考古发现与研究. 济南：齐鲁书社. 98
④ 齐文涛. 1972. 概述近年来山东出土的商周青铜器. 文物，(5)：15
⑤ 张龙海. 2001. 临淄重要文物珍品选要. 临淄拾贝. 山东：淄博市新闻出版局
⑥ 张光明. 2004. 齐文化的考古发现与研究. 济南：齐鲁书社. 98

土数量最多,铍则是战国时期一种颇具威力的兵器。① 短兵器主要是剑、匕首、削等,战国时期随着骑兵的出现,剑也成为一种出土较多的兵器。② 远兵器,主要有弩机和镞,齐墓出土的弩机形制较简单,应是新式武器。

春秋战国时期齐国音乐在诸侯国中颇有特色,它由夷乐发展而来,同时尊崇周朝的国乐。两者结合增强了齐地音乐的音乐性和艺术感染力。齐国国内从上到下都非常喜爱音乐,《韩非子·内储说上·七术》记载,齐宣王时宫廷里有300余人的专业乐队,由此可见齐国宫廷对音乐的重视。

齐地民间音乐也相当普及,如《战国策·齐策一》称"临淄甚富而实,其民无不吹竽、鼓瑟、击筑、弹琴、斗鸡、走犬、六博、蹋鞠者。"吹竽、鼓瑟、击筑、弹琴者,无所不有,民间音乐的普及可见一斑。齐地发现的青铜乐器大多出土于春秋战国时期的墓葬中。如章丘女郎山战国大墓出土铜钟12件,其中钮钟1套7件,镈钟1套5件,钟架2副③。临淄商王墓出土钟磬架构件2套8件;编钟2组14件,大者通高29厘米,小者通高11.4厘米,依次相序;经鉴定,此钟均属实用器,发音准确,音质优美④。阳信城关镇西北村战国墓出土钮钟一套9件,大者通高28厘米,小者通高15.3厘米,镈一套5件,大者通高32.5厘米,小者通高24厘米⑤;臧家庄战国墓出土编镈一套7件,编钟一套9件⑥,并且都有铭文,是战国齐莒城铸造的莒君所用器。

齐国青铜器中还有一些颇具地方特色的物品,如量器中的子禾子釜、左关𬭚、陈纯釜等,这些量器是战国时期齐国经济发展的体现。1857年出土于山东胶县灵山卫,是田氏代齐后齐国的铜制官定量器。子禾子釜,圆口,鼓腹,旁有两耳。高38.5厘米、口径22.3厘米、腹径31.8厘米,实测容量20460毫升。器外有铭文九行,标明这一称为"釜"的量器是放置在名为"丘关"的关卡上使用的,并对违反量制者规定了处罚办法。⑦ 这些量器反映出齐国已有明确、严格的度量衡制度,是研究我国度量衡史的重要资料。

---

① 张光明.2004.齐文化的考古发现与研究.济南:齐鲁书社.98,99
② 张光明.2004.齐文化的考古发现与研究.济南:齐鲁书社.101
③ 李日训.1993.章丘绣惠山女郎山一号战国大墓发掘报告.济青高级公路(间丘工段)考古发掘报告集.济南:齐鲁书社
④ 贾振国等.1997.临淄商王墓.济南:齐鲁书社
⑤ 徐其忠等.1990.山东阳信城关镇西北村战国墓器物陪葬坑清理简报.考古,(3):222
⑥ 任日新.1987.山东诸城臧家庄与葛布口村战国墓.文物,(12):49
⑦ 杜迺松.1980.中国古代青铜器小辞典.北京:文物出版社.72

四、齐国青铜器的铭文

东周齐国青铜器有很多具有铭文,这些具铭的青铜器物为我们研究齐国历史提供了实物资料。以往出土和传世青铜器的铭文不少被收入曾毅公的《山东金文集存》和郭沫若的《两周金文辞大系图录考释》中,近几十年来出土的具铭齐器,有些也已陆续公之于世。这些青铜器铭文保存了齐国的历史、世系、纪年、度量衡制等方面的情况,弥补了文献的不足。

从这些铭文资料中,可以看出齐国青铜器铭文的风格。春秋前期,齐器铭文字体与西周晚期无大的差别,如齐侯匜之一,文字作长方形,端庄凝重,布局整齐、规范。从春秋中期以后,齐铭文出现两种风格。一:字形瘦长而工整,笔画流畅,竖笔往往长垂而迂曲,显得庄重而又典雅。例如出土于易县的齐侯四器(鼎、敦、盘、匜)之铭文,即是这种风格。二:字形较方、笔画舒张,风格比较豪放。如国差𦉢、传世洹子孟姜壶的铭文即是如此。齐国铭文的这两种风格虽书法不同,但字形结构却是一致的。两种形式中,前者是着意加工的艺术字体,后者则是接近于平时流行的手写体。

战国早期齐国的铜器铭文除带有春秋中晚期的部分特征外,又有所改变。如陈曼簠铭文,保存着春秋中晚期齐铭文瘦长、工整的形式,但那种故意拖长、迂曲婉挺的笔画已很少见,且行笔多方折。战国中期后,齐铭文在书体上较春秋中晚期有较大的改观。字体作长方形,排列较规整,书体近于手写体,笔画厚重而简约,不少文字在字形上已带有浓厚的地方色彩。陈侯午敦的铭文是战国中晚期齐国铜礼器上的典型字体。陈纯釜、子禾子釜等的铭文也与此相近。

齐国出土的青铜兵器具铭的也很多,文字较粗犷。与其他诸侯国铸铭兵器不同的是,齐国青铜兵器的铭文内容不见"物勒工名"形式,不记监造者与工名,只记铸造兵器的地名和兵器所有者的名字。记地名的写为"某地戈",如"平险(阴)"、"琿"、"阿武"、"平阿"等。地名下也有注明里名的,如"平阳高马里戈"。还有的在地名下加"造戈"二字,如"高密造戈"。记兵器所有者的,多为使用兵器的军事统帅,以齐国君及诸卿大夫贵族为主,言"某某戈"、"某某造戈",戈名或称"徒戈"或"散戈"、"车戈"等。如"陈侯因咨戈",陈侯因咨即齐威王因齐,又如"陈子翼告(造)戈"、"陈子翼徒戈"。陈皆作堕,即史书中所记的齐田氏。齐国兵器铭文中"戈"常写成"钱","造"写成"锆"或"戬",为其特点。

由以上论述可知,春秋战国时期齐国的青铜文明是非常发达的。这一时期,齐国的青铜文明既有与中原地区青铜文明相一致的风格,也有其独具地方特色之处。

第八节　春秋战国秦国的青铜文明

秦国分布在今陕西、甘肃地区，其先世是居住在西戎之间的嬴姓部族。秦先祖非子初居西犬丘（今甘肃天水西南），是为周王室养马的部族。当西周覆亡时，秦襄公将兵救周，护送周平王东迁。周平王乃封襄公为诸侯，秦始建国，开始与各诸侯国通使聘享。据《史记·秦本纪》，周平王赐秦以岐、丰等地，曰："戎无道，侵夺我岐、丰之地，秦能攻逐戎，即有其地。"此后，秦国在周人故居的废墟上兴起，迅速强大。春秋中期，秦穆公独霸西戎，国势更强。战国初期，秦孝公任用商鞅推行变法，秦国力大盛，最终在列国兼并中取得了最后的胜利，完成了统一大业，建立了中国历史上第一个中央集权制的封建国家。

春秋战国时期，秦国的文化发展不像中原地区的其他诸侯国那样具有明显的连续性，而是有一个明显的突变过程。春秋时期，秦国长期偏居西陲，与戎狄相处，很少与东方诸国相交流，其文化与中原诸国相比是落后的。战国以降，秦国凭借军事实力，扫平东进的障碍，与东方各诸侯国的接触日益增多。在这样的背景下，其文化得以迅速发展。兼并六国后，秦文化更是成为统一的秦汉文化的一个主要渊源，其青铜文明的发展也是如此。春秋时期，秦国青铜文明比较守旧，重心在于吸收和因袭西周传统的青铜文明，发展本民族独有的青铜文明。战国时期，在中原先进青铜文明促动下，秦人主动推陈出新，使其青铜文明的发展获得了一次突变，有了一个全新的面貌。由此，本文在论述秦国的青铜文明时，将其分为两个大的时期，即春秋、战国时期。

朱凤瀚[①]、陈平[②]、韩伟[③]等诸位先生，已对秦器的器形演化规律、器物组合形式等做了深入的研究。本书将在诸位先生研究的基础上，对春秋、战国时期秦国的青铜文明作一概述。

一、春秋秦国青铜器概况

秦国青铜器传世品和征集品较少，主要是墓葬出土。出土情况与黄河流

[①] 朱凤瀚. 1995. 古代中国青铜器. 天津：南开大学出版社
[②] 陈平. 1984. 试论关中秦墓青铜容器的分期问题. 考古与文物，(3, 4)：58~73，63~73
[③] 韩伟. 1981. 略论陕西春秋战国秦墓. 考古与文物，(1)：83~93

域的其他诸侯国不同，如虢国、魏国、鲁国等诸侯国的青铜器要么集中在大的墓葬群中，要么集中在故城内。而秦国的青铜器墓则较为分散，至今还没有发现不同时期的青铜器墓集中分布的情况。虽然出土青铜器的秦墓分布较散，但出土的青铜器物总数量不少。20世纪50年代以来，秦国青铜器陆续发掘出土，为我们了解秦器的形制特征、组合情况等提供了宝贵的资料。

已经发表的春秋时期秦铜器墓有1955～1957年长安客省庄M202[1]、1959年宝鸡福临堡M1[2]、1963年宝鸡阳平镇秦家沟M1、M2[3]、1967年宝鸡渭滨区姜城堡墓[4]、1974年户县宋村M3[5]、1976年凤翔八旗屯M27[6]、1979年陇县边家庄M1[7]、1986年陇县边家庄M5[8]、1993年眉县营头乡铜峪村[9]、2004年宝鸡市陈仓区东南阳村秦墓[10]等。这些秦墓都或多或少出土有青铜器。

春秋秦墓出土的青铜器，种类主要有礼器、兵器、工具、生活用器、乐器、车马器等。礼器有鼎、簋、壶、甗、盘、舟、匜、盉、豆、釜、敦、盂、鉴等；兵器有戈、矛、剑、弩、矢等；工具有斧、锛、削；生活用器有铜镜、带钩、襟钩、杖头等；乐器为甬钟等。另外，还有一些车马器和杂器。总的来看，春秋时期秦器各个阶段的发展，其器物的器形演变、组合形式、纹饰变化等方面都有一定的规律。

春秋早期，秦器在使用青铜礼器方面受西周器影响较大，有时甚至是直接使用西周西部旧土上的周人遗物。如姜城堡墓出土的青铜器物与扶风、岐山一带出土的西周晚期小型铜器墓，不仅器物种类、组合相同，甚至是各种器物的具体数目也完全一样。由此，俞伟超、高明先生认为，秦墓青铜器"与西周中晚期流行的较为规则的铜器墓组合形式完全一致"。[11] 秦墓青铜器器物的纹饰也是以西周晚期的流行纹饰重环纹、窃曲纹为主。春秋中期，秦

---

[1] 中国科学院考古研究所. 1962. 沣西发掘报告. 北京：科学出版社
[2] 中国科学院考古研究所宝鸡发掘队. 1963. 陕西宝鸡福临堡东周墓葬发掘记. 考古，(10)：543
[3] 陕西省文物管理委员会. 1965. 陕西宝鸡阳平镇秦家沟秦墓发掘记. 考古，(7)：346
[4] 王光永. 1979. 宝鸡市渭滨区姜城堡东周墓. 考古，(6)：564
[5] 陕西省文管会秦墓发掘组. 1975. 陕西户县宋村春秋秦墓发掘简报. 文物，(10)：60
[6] 吴镇烽等. 1980. 陕西凤翔八旗屯秦国墓葬发掘简报. 文物资料丛刊，(3)：67~79
[7] 尹盛平，张天恩. 1986. 陕西陇县边家庄一号春秋秦墓. 考古与文物，(6)：21
[8] 陕西省考古研究所等. 1988. 陕西陇县边家庄五号春秋墓发掘简报. 文物，(11)：23
[9] 刘怀君，郝芝芹. 1993. 眉县水泥厂春秋秦墓及其相关问题. 文博，(6)：93
[10] 董卫剑. 2005. 陕西宝鸡市陈仓区南阳村春秋秦墓清理简报. 考古与文物，(4)：3
[11] 俞伟超，高明. 1978. 周代用鼎制度研究（上）. 北京大学学报. (1)：89；俞伟超，高明. 1979. 周代用鼎制度研究（下）. 北京大学学报，(1)：92

国青铜礼器的组合情况比较紊乱，鼎、簋、壶、盘、匜、甗同出的比例较大。铜盂自这一阶段始出现在秦墓中。① 但在鼎、簋配数上与传统不同，开创了此后的秦墓中以2鼎配4簋、4鼎配4簋、2鼎配2簋等鼎簋配数的新格局。② 形制方面与早期无大的差别。纹饰变化明显，窃曲纹和波浪纹相配使用，且窃曲纹比较繁化，成为几何形窃曲纹，也就是地道的秦式勾连蟠虺纹。春秋晚期，秦器组合中鼎、甗、壶、盘、匜占有很大比重，其他种类有以仿铜陶器作为组合器的。出现了自中原地区传去的新器类，如舟。③ 从形制上看，这一阶段的青铜礼器呈现出衰落的局面，形体大幅度缩小，胎薄体轻，简陋粗劣④，应是明器，只有少数器物是实用器。纹饰出现退化、衰落的迹象，过去那种以勾连蟠虺纹配波浪形环带纹的比较固定的组配格局不见了，代之而起的是简单陶索纹加波带纹的草率组配。

总的来看，春秋早期偏晚后秦礼器的组合形式开始固定，鼎、簋、甗、壶与盘、匜成为最常见的器类，鼎与簋的组合在不同时期各有一定数量的比例关系。与中原地区礼器组合形式相比，中原地区常见的某些器类，如鬲、簠等不见于秦墓。中原地区春秋中后期流行的铢、敦等，在个别秦墓中偶见，但始终不流行。这样独特的组合形式是秦国青铜礼器制度与众不同之处。⑤

二、春秋秦国青铜礼器的器形特征

春秋秦国青铜礼器的器形与战国时期秦器有很大的差别。

鼎：春秋早期秦鼎是承西周晚期遗制，浅腹横宽如盘，圜底趋平，三蹄足粗短，足跟外展，作外撇状。与西周晚期不同处是不再垂腹，而是浅圆腹；蹄足不像西周铜鼎那样接在靠近底部的边缘，而是上移，接于下腹部，足上部与鼎腹连接处向外隆起的特征有所显露。⑥ 春秋中期铜鼎多数在足中部有凸棱，其他与春秋早期同。晚期鼎腹部更浅，圜底近平，鼎足开始由腹外侧向腹底转移，三蹄足瘦高直立，整个鼎状如一平底高足浅盘。⑦ 整个春秋时期秦国铜鼎都是立耳的，而中原地区春秋中后期流行的附耳鼎始终未能

---

① 陈平.1984.试论关中秦墓青铜容器的分期问题（上）.考古与文物，(3)：66
② 陈平.1984.试论关中秦墓青铜容器的分期问题（上）.考古与文物，(3)：68
③ 陈平.1984.试论关中秦墓青铜容器的分期问题（上）.考古与文物，(3)：70
④ 陈平.1984.试论关中秦墓青铜容器的分期问题（上）.考古与文物，(3)：71
⑤ 朱凤瀚.1995.古代中国青铜器.天津：南开大学出版社.921，922
⑥ 陈平.1984.试论关中秦墓青铜容器的分期问题（上）.考古与文物，(3)：59
⑦ 陈平.1984.试论关中秦墓青铜容器的分期问题（上）.考古与文物，(3)：72

影响到秦。①

簋：春秋早期铜簋整体来看，浅腹低矮；盖顶部趋平，盖下沿的圆唇近直，腹较浅且上部内收近直，与盖的直唇相接；器口微敛；两耳小而无珥；圈足渐高，圈足下已无小足，通体侧视呈椭圆形。② 这种形制与中原器物已有较大的差别，是典型的秦器。中期铜簋无大的变化，只是圈足继续升高，盖腹口沿趋直，上下相扣如盒状。晚期簋腹更浅，两耳上部高出器口，圈足下接高阶。

甗：早期铜甗与西周晚期形制没有差别，如户县宋村 M3 出土的铜甗，甑部四条外侧棱边线笔直，而较之稍晚一点的灵台景家庄 M1 出土的甗，侧棱边线开始弯曲成弧线，呈内收状，这是向秦式甗迈进的一种表现。③ 中期铜甗与早期铜甗形制方面没有大的变化。晚期铜甗体形更加瘦长，甑部四条侧棱内曲程度进一步加大，上口越来越大，下口越来越小；甑部口沿是较宽的直边方唇；甑的附耳退化为单薄的片状立耳直至最后消失；鬲部的附耳则普遍消失，裆部变浅，四足由矮蹄足变为瘦高的半圆管状直立足。④

壶：早期铜壶在沿用西周形制的基础上，出现了附耳，且壶的下腹最大径较高。中期铜壶变化较明显处，圈足与壶盖中间束颈部分有加高趋势，盖顶加大。晚期铜壶下腹部最大径进一步上移，体形略显瘦长；盖更加高、加大、加重，盖顶远远宽出器口⑤；壶口外侈；下腹加宽；中间有很深的束腰；圈足下有高阶；兽耳退化为简单的半环耳。

匜：早期铜匜，短流，浅腹。中期无甚大变。晚期铜匜形似勺，小平底，深腹，长流，有流口，后置一环钮。

盘：早期铜盘浅腹，直腹壁，圈足下没有小足。中期也是浅腹，直壁。晚期铜盘多为长方形，浅腹，腹壁斜直，小平底，呈仰斗状。

秦器中富有特色的还有兵器类作品——秦式剑，朱凤瀚先生说："秦国青铜器墓中有几座墓出土的青铜短剑是颇有特色的，应称为秦式剑。"⑥ 早期的秦式剑无格，茎中空；早期偏晚后的剑均有格，茎的形制不同。秦式剑的共同特征是茎部都精心修饰，有镂空或半镂空的纹饰，格部有纹。其中景家庄 M1 出土的铜柄铁剑，是迄今发现的年代较早的铁器之一。⑦

---

① 朱凤瀚. 1995. 古代中国青铜器. 天津：南开大学出版社. 922
② 陈平. 1984. 试论关中秦墓青铜容器的分期问题（上）. 考古与文物，（3）：61
③ 陈平. 1984. 试论关中秦墓青铜容器的分期问题（上）. 考古与文物，（3）：60
④ 陈平. 1984. 试论关中秦墓青铜容器的分期问题（上）. 考古与文物，（3）：71
⑤ 中国青铜器全集编辑委员会. 1997. 中国青铜器全集（7集）·东周1. 北京：文物出版社. 7
⑥ 朱凤瀚. 1995. 古代中国青铜器. 天津：南开大学出版社. 922
⑦ 朱凤瀚. 1995. 古代中国青铜器. 天津：南开大学出版社. 922

春秋秦国青铜器中也有带铭文的器物，但不像中原地区诸侯国那样出土很多。春秋早期秦器铭文字体有着浓厚的宗周色彩。但其字化更加均细圆润，结体颀长，形态潇洒；中晚期铭文字体笔画加肥、结体转方，显得雍容大度。铭文内容也不外乎歌颂、祭祀祖先，作为宝器流传后世。如1978年宝鸡杨家沟太公庙发现的青铜器窖藏中，出土有镈、钟①，其铭文为"烈烈邵文公、静公、宪公不坠于上"，由此可知，作器者是武公或者出子，是为纪念先祖功绩而作。另外，秦人还在籀文的基础上创造了一种新字体，这种字体方正瘦劲，书写方便易就，既富有观赏性，又有实用价值。如，春秋早期的器物宗妇鼎、秦公鼎和秦公簋的铭文，都是这一书体的典型作品。

三、战国时期秦国的青铜器

战国时期的秦国青铜器多出于中、小型墓葬中，出土于大型墓的尚未发现，这就对全面了解战国时期秦器的器形演变和组合形式带来了困难。但是这些中小型墓葬多存在于墓葬群中，依据墓葬群中出土的陶器型式，有助于我们了解战国秦铜器的形制变化和器物组合情况。

战国时期秦国青铜器墓有1974年甘肃平凉县东四十里铺乡庙庄M6、M7②、1975～1977年咸阳黄家沟墓③、1976年凤翔八旗屯墓④、1977年凤翔高庄墓⑤、1978年河南泌阳东北官庄北岗M3⑥、1979年凤翔高庄野狐沟秦墓⑦、1979年陕西马栏农场出土战国石室墓⑧、1981年，凤翔八旗屯墓再次发现秦墓⑨、1982年宜城雷家坡发现战国墓葬⑩、1984年咸阳任家嘴墓⑪等。另外，还发现有青铜器窖藏，如凤翔县高王寺、凤尾村战国青铜器窖藏⑫，出土了一批青铜器。

战国中叶，秦国青铜礼器发生了一次全面性的突变，这与当时的时代背

---

① 卢连成，杨满仓.1978.陕西宝鸡县太公庙村发现秦公钟、秦公镈.文物，(11)：1
② 魏怀珩.1982.甘肃平凉庙庄的两座战国墓.考古与文物，(5)：21
③ 秦都咸阳考古队.1986.咸阳市黄家沟战国墓发掘简报.考古与文物，(2)：6~15
④ 吴镇烽等.1980.陕西凤翔八旗屯秦国墓葬发掘简报.文物资料丛刊，(3)：67~79
⑤ 吴镇烽.1981.陕西凤翔高庄秦墓地发掘简报.考古与文物，(1)：12
⑥ 驻马店地区文管会，泌阳县文教局.1980.河南泌阳秦墓.文物，(9)：15~24
⑦ 雍城考古队.1980.凤翔县高庄战国秦墓发掘简报.文物，(9)：10
⑧ 卢建国.1985.陕西铜川发现战国铜器.文物，(5)：44
⑨ 陕西省雍城考古队.1986.一九八一年凤翔八旗屯墓地发掘简报.考古与文物，(5)：23~30
⑩ 武汉大学历史系考古专业，宜城县博物馆.1986.宜城雷家坡秦墓发掘简报.江汉考古，(4)：1~7
⑪ 咸阳市博物馆.1986.咸阳任家嘴殉人秦墓清理简报.考古与文物，(6)：22
⑫ 韩伟，焦南峰.1988.秦都雍城考古综述.考古与文物，(5、6合刊)：117

景息息相关。战国早中期之际的献、孝两世，秦内乱平息。秦献公即位，励精图治，奋力东向。孝公时任用商鞅变法图强。秦国的封闭状态被打破，与山东诸国的交往空前增加。秦国的政治、经济有了飞速发展，成为当时的头号强国。但其青铜文明的发展与东方诸侯国相比仍是落后的。所以，秦国在往东进军，攻城略地的同时，也收罗了大批中原先进的青铜器物，俘虏了很多三晋地区熟练的铜工匠，为秦国青铜礼器的突变创造了必要的技术和物质条件。秦墓中出土的大批战国早、中期中原诸国的青铜礼器，表明秦国青铜文明对中原地区先进青铜文明的吸收和交流。

四、战国时期秦国青铜器形制的演变

战国中期，不再似春秋晚期、战国早期那样，青铜礼器中明器少见，代之而起的是形体较大的实用器，鼎、釜、壶、钟较为重要，并出现了新器类——盒。纹饰方面都是素面无纹饰。战国晚期，青铜礼器组合方式很多并不统一。各墓出土礼器器类和数量也各不相同，很随意，没有规律可循。多出实用器，明器几乎绝迹。新器类有鉴、蒜头壶、圆瓿等；中原地区流行的青铜礼器如锺、钫等也很常见。

鼎：战国早期的秦鼎立耳，盘形浅腹，三蹄足，与春秋晚期器形比无大变。战国中期以后，秦式鼎形制比较固定，开始出现附耳鼎，有三钮的隆盖，器盖以子母口相合，鼓腹，圜底，整体呈扁球形，器身侧视近椭圆形，矮蹄足。①

甗：战国早期甗均是联铸的明器，与春秋时期的套接式甗不同。方甗与春秋晚期的形近，只不过甗体更加细长。另外，还出现了圆甗，甗部为盆形，鬲为折肩、袋状足、尖足跟。② 战国中期以后甗已是非常见器类。

壶：早期壶与春秋晚期形制同。中期铜壶皆是圆壶，有长颈圆腹壶，颈部细长，有盖，腹部圆鼓，双铺首衔环，圈足高而斜直，口沿下有一条较窄的凸边，应是秦人在中原圆壶形制的基础上改造而来；还有短颈扁圆壶，颈部极短，矮圈足，腹径大于高，形制独特，是秦人自制圆壶中的特有形制。③ 战国晚期，秦壶中出现了新器类蒜头壶，圆鼓腹，圈足，壶口作蒜瓣形，颈部发展由短粗到细长④。

鍪：战国晚期新出的一种器类，作为炊器。发掘出土的鍪底部常有烟

---

① 陈平．1984．试论关中秦墓青铜容器的分期问题（下）．考古与文物，(4)：66
② 朱凤瀚．1995．古代中国青铜器．天津：南开大学出版社．1018
③ 朱凤瀚．1995．古代中国青铜器．天津：南开大学出版社．1020
④ 朱凤瀚．1995．古代中国青铜器．天津：南开大学出版社．1021

食，形似釜，侈口，束颈，鼓腹，圜底，肩部有单环耳或等大双环耳。①

釜：战国晚期秦墓中始见，也是炊食器，口沿外侈，深腹，腹壁自口沿下斜张，至下腹部圆曲内收成圜底。②

以上是战国时期秦墓中常见和特有的几种器物形制。其实，战国时期的秦墓中出土很多中原式铜器，甚至一些器物是直接取自中原诸国。李学勤先生认为："秦自昭王以后，连年东征，灭国破邑，必然虏获大量六国财物，所以战国晚年乃至秦代的秦人墓葬、窖藏里常有六国器物发现。"③ 这些器物部分是战争后直接从中原诸国所掠夺，战国晚期所得更多，还有一些是秦人的仿制品。

战国早期的秦国青铜器还没有发现带有铭文的。战国中、晚期铸铭的青铜器极少，刻铭铜器增多。这些刻铭的铜器，字体由籀书逐渐变成秦篆，如秦诏版和商鞅方升上的铭文，就是标准的秦篆，也就是秦始皇用以统一中国文字的标准小篆。1966年咸阳塔儿坡发现一处墓葬，出土青铜器20余件，其中不少见带有铭文④。器物绝大部分是秦的，但有魏国的一件安邑上官锺，上面带有秦国加刻上去的刻铭。这也从一个侧面向我们表明了战国时期秦国青铜器中应有一部分是从东方六国得到的，也有的器物铭文显示是秦器。

战国时期，由于连年征战的需要，秦国铸造的青铜兵器数量增多，不少带有铭文，铭文格式有着明显的地域性。由铭文考察，秦国兵器有中央制造的，也有地方制造的。中央制造的兵器多由秦相督造，地方兵器是以郡县为单位制造。秦国的兵器或者六国所造而被秦得到后加刻铭文的兵器，在很多地方都有发现。东北最远可到辽宁金县；东南可达广东广州和广西桂林等地，这说明秦军东下攻打的范围极大。另外，秦国还有与军事有关的虎符，如新郪虎符、杜虎符、阳陵虎符等。这三件虎符均为错金书，非常珍贵⑤。

春秋战国时期秦国青铜文明的发展很独特，春秋时期的相对落后、战国时期的突变，都与当时的时代大背景及秦国的发展相关。通过研究秦国的青铜文明，可以进一步帮助我们了解秦国的历史，从而对中国古代历史上第一个多民族的中央集权制封建帝国的建立有更为深刻的认识。

---

① 朱凤瀚.1995.古代中国青铜器.天津：南开大学出版社.1021，1022
② 朱凤瀚.1995.古代中国青铜器.天津：南开大学出版社.1022
③ 李学勤.1980.秦国文物的新认识.文物，(9)：29
④ 咸阳市博物馆.1975.陕西咸阳塔儿坡出土的铜器.文物，(6)：69
⑤ 李学勤.1984.东周与秦代文明.北京：文物出版社.184

第九节　春秋战国时期晋国的青铜文明

晋国是西周初年的封国。周成王时灭掉唐国,"封叔虞于唐",把此地封给了自己的弟弟叔虞,称为唐公。叔虞的儿子燮父因境内有晋水,改称晋侯,开创了晋国的历史。西周末年,王室衰微,周平王被迫东迁洛邑,晋国在平王东迁时给予了很大的帮助。平王东迁后,晋国以其助王有功,政治地位得以提升。如《国语·周语》记载周王室在春秋初年"晋、郑是依",晋国成为当时周王朝重要支柱之一。春秋初年的晋国发生过一次庶支代替正宗的"曲沃代翼"事件,结果是晋国施行了打击公族、任用军功的国策,军功大族迅速壮大,晋国也发展强大起来,成为春秋五霸之一,与南方的楚国相抗衡,形成南北分霸的局面。晋国中晚期已拥有了今山西中部、南部和河南、陕西、河北的大片河山,雄踞中原。

春秋晚期,社会发生大变革、大动荡。晋国世代相袭的军功贵族韩、赵、魏、知伯、范和中行,在相互兼并中各自扩张势力,一步步取代晋侯,最终是由韩、赵、魏三家瓜分了晋国。公元前403年,韩、赵、魏三家迫使周天子承认他们列为诸侯。晋君虽然仍保有名位,但已名存实亡。"直到周显王二十年(公元前349年),晋末代君悼公被韩人所杀,晋国才最后灭亡。"[①] 晋国虽然灭亡了,但代之而起的韩、赵、魏三国均出自晋,他们对晋君的取代不同于以往的王朝更替,文化方面是一脉相承的,和田氏代齐后齐地的文化仍称为齐文化一样,三晋的文化同属于晋文化的范畴。考古学上,春秋时期的晋文化,属于诸侯国的地域文化;春秋末年,韩、赵、魏三家分晋,至三晋为秦所统一。晋与三晋的文化前后共经历一千七、八百年,皆属于晋文化的范畴。

相对于考古学上的晋文化,晋国的青铜文明,同样不能止于晋国灭亡,韩、赵、魏三国的青铜文明也应属于晋青铜文明的范畴。但魏国的青铜文明下文将有专节讨论,本文将不再重复,韩、赵两国的青铜文明会有所涉及,但以晋国为主。

一、晋国青铜器的出土及考古发掘

晋国从分封始,就与周王室有着密切的关系。一方面是由于两者在地理位置上相邻近,再者就是上文已经提到的历史上的原因,晋侯曾拥立平王并

---

① 李学勤. 1984. 东周与秦代文明. 北京:文物出版社. 32

第五章　春秋战国时期黄河流域的青铜文明

助其东迁。另外，从两者青铜文明的相似方面也能看出两者关系的密切。李学勤先生就曾把两者划分到一个文化圈中，"以周为中心，北到晋国南部，南到郑国、卫国，也就是战国时周和三晋（不包括赵国北部）一带，地处黄河中游，可称为中原文化圈"。① 李伯谦先生有相似的观点，"西周后期至春秋末年形成中原文化区的六个亚区，秦、楚、吴越、周郑晋卫、齐、鲁"②，都把晋文化划分到中原文化系统之内。

位于中原地区的晋及韩、赵、魏出土的青铜器物十分丰富，不仅数量众多，而且工艺精湛，历来是人们瞩目的对象。关于晋青铜器发现的最早记载，可以上溯到西汉武帝时期，武帝元狩元年"得鼎于汾上"，认为此物是祥瑞之兆，遂改年号为"元鼎"，汾上即山西万荣后土祠。唐代开元年间又在此地发现铜鼎，唐玄宗将此地改名为宝鼎县。明清以来，晋国青铜器屡有发现，但器物大多流落到了国外。

新中国成立后，随着各地工农业生产基本建设的进行以及考古工作的深入开展，山西地区有关晋国的数十处东周遗址和墓地被发掘出来，许多珍贵的青铜器得以重见天日，为晋国青铜器的研究带来了极大的便利。迄今为止，"发掘春秋墓约1500余座，战国墓2000余座。"③ 重要的墓葬有芮城县岭底乡坛道村铜器墓④、闻喜县邱家庄铜器墓⑤、上郭村墓地⑥、万荣县庙前村铜器墓⑦、天马曲村晋侯墓地⑧、侯马晋侯遗址⑨、交口县东周墓⑩、沁水

---

① 李学勤.1984.东周与秦代文明.北京：文物出版社.11
② 李伯谦.1998.中国青铜文明的发展阶段与分区系统.中国青铜文明结构体系研究.北京：科学出版社.9
③ 中国青铜器全集编辑委员会.1997.中国青铜器全集（8集）·东周2.北京：文物出版社.3
④ 邓林秀.1987.山西芮城东周墓.文物，(12)：38~46
⑤ 运城行署文化局，运城地区博物馆.1983.山西闻喜邱家庄战国墓葬发掘简报.考古与文物，(1)：5~11
⑥ 朱华.1994.闻喜上郭村古墓群试掘；山西省考古研究所.1994.1976年闻喜上郭村周代墓葬清理记，闻喜上郭村1989年发掘简报.三晋考古（1辑）.太原：山西人民出版社
⑦ 杨富斗.1958.山西万荣县庙前村的战国墓.文物参考资料，(12)：34~37
⑧ 北京大学考古系，山西省考古研究所.1993.1992年春天马—曲村遗址墓葬发掘报告.文物，(3)：11~30；北京大学考古系，山西省考古研究所.1993.天马—曲村北赵晋侯墓地第二次发掘.文物，(3)：4~28；北京大学考古系，山西省考古研究所.1994.天马—曲村北赵晋侯墓地第三次发掘.文物，(1)：22~33；北京大学考古系，山西省考古研究所.1994.天马—曲村北赵晋侯墓地第四次发掘.文物，(8)：4~21；北京大学考古系，山西省考古研究所.1995.天马—曲村北赵晋侯墓地第五次发掘.文物，(7)：4~39；北京大学考古系，山西省考古研究所.2001.天马—曲村北赵晋侯墓地第六次发掘.文物，(8)：4~21
⑨ 山西省考古研究所侯马工作站.1996.侯马牛村古城南墓葬发掘报告.晋都新川.太原：山西人民出版社；山西省考古研究所.1994.上马墓地.北京：文物出版社
⑩ 张礳生.1994.交口县东周墓葬清理简报.三晋考古（1）.太原：山西人民出版社

县河西村墓①、长子的青铜器墓②、长治小山头墓地③、长治分水岭墓地④、金胜村铜器墓⑤、原平峙峪青铜器墓⑥等。这些墓葬出土了大批晋国及三晋的精美青铜器，如侯马上马村 M13 随葬器物多达 360 余件，出土青铜器有鼎、甗、簠、壶、簋、舟、鉴、盘、匜、小尊和甬钟⑦等；长治分水岭墓地经三次发掘，出土文物千余件，仅青铜礼乐器就有 200 余件，其中犠背立人擎盘、错金豆、错金匜和一组 9 件夔凤纹编钟等最为精彩。⑧ 为研究晋及韩、赵、魏的青铜文明提供了极为重要的实物资料。

二、晋国出土的青铜礼器及其形制演变

西周时期，地处黄河中游的晋国作为周朝一个重要的诸侯国，其青铜文明继承了西周的传统。进入春秋后，随着国力的增强，晋国的青铜艺术有了飞速的发展，器物造型、纹饰方面都有所改进，以清新秀逸为主题，制造了大量不同凡响的作品。春秋中期至战国，晋及韩、赵、魏的青铜器风格由传统型转变为富有区域性和地方性，并逐步形成以晋及韩、赵、魏为中心，包含邻近地区的中原地区青铜文明类型。⑨

晋国出土的青铜礼器主要有鼎、簠、敦、甗、簋、盨、壶、盘、盆、鬲、杯、匜、尊等。器物组合情况各期有所不同，但与中原地区的器物组合发展相同步，没有太大的差异，不再重述。器物形制方面有一定的区别，具体情况如下：

鼎：鼎在发展中器形变化较大。春秋早期鼎形多是西周鼎形的延续，立耳，平唇，腹较深呈长方或扁形，口小底大，足柱状。但附耳鼎也已出现，且增长迅速，足呈蹄状。标准器有晋姜鼎，"是一件附耳鼎，浅腹，折沿，

---

① 李继红．2000．沁水县出土的春秋战国铜器．山西省考古学会论文集（3）．太原：山西古籍出版社
② 山西省考古研究所．1984．山西长子县东周墓．考古学报．（4）：503～529
③ 长治市博物馆．1985．山西省长治市小山头春秋战国墓发掘简报．考古，（4）：353～359
④ 山西省文物管理委员会．1957．山西长治分水岭古墓的清理．考古学报，（1）：103～118；山西省文物管理委员会．1964．山西长治分水岭战国墓第二次发掘．考古，（3）：111～137；边成修．1972．山西长治分水岭 126 号墓发掘简报．文物，（4）：38～46
⑤ 山西省考古研究所等．1996．太原晋国赵卿墓．北京：文物出版社；山西省考古研究所等．1989．太原金胜村 251 号春秋大墓及车马坑发掘简报．文物，（9）：59～86；山西省考古研究所．1994．中国考古文物之美——山西太原赵卿墓．北京：文物出版社
⑥ 戴遵德．1972．原平峙峪出土的东周铜器．文物，（4）：69～71
⑦ 中国青铜器全集编辑委员会．1997．中国青铜器全集（8集）·东周2．北京：文物出版社．4
⑧ 中国青铜器全集编辑委员会．1997．中国青铜器全集（8集）·东周2．北京：文物出版社．4
⑨ 中国青铜器全集编辑委员会．1997．中国青铜器全集（8集）·东周2．北京：文物出版社．6

腹部饰波带纹，代表了东周初青铜器的典型风格"。① 春秋中期以后，鼎多加盖，附耳，足为兽蹄形，鼎腹有加深趋势，足部不断增高。春秋晚期鼎腹变浅，呈扁圆形，盖顶有三钮，矮足。战国早期多为圆盖连裆鼎，腹部呈扁球形，裆离地越来越近。中期以后，鼎形趋于肥硕，足矮粗，裆低。②

簋：春秋早期常见簋形为敞口、双耳或四耳方座簋，有盖，圈足下常加三个扁形小足。春秋中期后直至战国时期，簋的形制简化，多为素面。如侯马M5出土的簋，隆盖，喇叭形捉手，盖沿下作三小齿，折沿，束颈，鼓腹，圜底，双环耳。③

鬲：春秋中期鬲开始增多，以上马村M13出土的鬲为代表，形制为宽折沿，束颈，弧裆，高兽蹄形足，特别是"仍有在足上方之腹部生弧形翼的特征"④。春秋晚期鬲裆向低矮发展，如太原金胜村赵卿墓出土的鬲，折沿，厚唇，微上翘，敛口，束颈，微鼓腹，平底，三空心蹄足，肩部有三条龙形扉棱。⑤

敦：春秋中期开始出现，以上马村M13的敦为代表，浅腹，圜底，盖顶圆鼓，腹盖合成扁椭圆体，盖顶多作三环钮，器腹两侧有双环耳，底接三短蹄足。⑥ 战国早期出现双合式敦，长治分水岭M25出土的敦是其代表，器盖相同，扣合，深腹，矮圈足，双环耳，圆捉手，圜底，三蹄足。⑦

甗：和中原地区一样，春秋早期晋国青铜甗也是甑、鬲分体式，方形，四蹄足。以闻喜县上郭村出土的董矩方甗为代表。⑧ 春秋中期以后，开始流行圆形分体甗。如上马村M13出土的甗，上为大口甑，唇外卷，腹深呈弧形壁，甑底有长条形箅孔。下为鬲，直唇套入甑底，圆肩，鼓腹，平裆，足较高，肩部有铺首衔环。⑨ 春秋晚期至战国早期仍流行圆形分体甗，但箅孔呈圆形辐射状，甑圈足外撇。鬲直口，宽肩，鼓腹，肩部有环耳，蹄足较矮，如太原金胜村赵卿墓出土的甗。⑩ 战国中晚期甗已不多见。

簠：春秋早期晋国铜簠由西周中后期的斜壁式变为折壁式，如长治分水岭M26出土的簠即为折壁折沿式。此期还出现了折壁直口式簠，如侯马上马

---

① 李学勤.1984.东周与秦代文明.北京：文物出版社.34
② 中国青铜器全集编辑委员会.1997.中国青铜器全集（8集）·东周2.北京：文物出版社.8
③ 中国青铜器全集编辑委员会.1997.中国青铜器全集（8集）·东周2.北京：文物出版社.9
④ 朱凤瀚.1995.古代中国青铜器.天津：南开大学出版社.875
⑤ 山西省考古研究所等.1996.太原晋国赵卿墓.北京：文物出版社.34
⑥ 朱凤瀚.1995.古代中国青铜器.天津：南开大学出版社.875
⑦ 山西省文物管理委员会.1964.山西长治分水岭战国墓第二次发掘.考古，(3)：126
⑧ 中国青铜器全集编辑委员会.1997.中国青铜器全集（8集）·东周2.北京：文物出版社.9
⑨ 高明.1981.中原地区东周时代青铜礼器研究（中）.考古与文物，(3)：88
⑩ 山西省考古研究所等.1996.太原晋国赵卿墓.北京：文物出版社.34

村M5218出土的折壁直口簠，矩形圈足，四边各有一段缺口，腹部短边处有一对环形耳，短壁口沿处设一对卡牙。① 春秋晚期至战国时期的簠由方体变为长方体，长径加长，腹部变浅。②

壶：晋国青铜酒器壶有以下几种形制，方壶、圆壶、扁壶等。方壶从西周中晚期开始流行，春秋中晚期有减少趋势，战国中期消失。春秋中期方壶代表是侯马上马村M13出土，腹、盖四角均有龙形附兽，颈两侧以兽耳衔环，盖沿作透雕状蟠螭纹。③ 春秋晚期方壶代表在太原赵卿墓出土，浅盖作莲花状，外侈，细长颈，溜肩，矮圆腹，腹部最下径下移，矮圈足，颈部两侧有兽形耳。④ 此墓还出土了一种非常精致的高柄小方壶，壶盖呈四面坡式，每坡均有一环形钮；壶身平沿小方口，颈微束，溜肩，鼓腹，平底，高柄，上粗下细，喇叭线圈足。⑤ 圆壶在春秋中期后数量增加，有代替方壶的趋势。器盖多作华盖或隆盖，兽形耳或铺首衔环，矮圈足。如上马村M15出土的莲瓣式华盖圆壶，壶口外侈，粗长颈，溜肩，圆腹，最大径在下腹部，兽形耳。⑥ 扁壶器形为扁圆角状，直口，直颈，溜肩，圆腹，平底，肩部多有环形耳，下腹部的一侧正中也设有一环耳。⑦

盘：春秋早期盘多为附耳浅腹圈足形，有的还在圈足下加三个小蹄足，是西周传统形制的沿用。春秋中期以后，盘的式样增多，有圈足盘、三足盘、折腹平底盘、长方形盘等。圈足盘多为侈口，宽折沿，斜弧形壁，附耳，平底，高或矮圈足。三足盘春秋中期以后大量使用，典型器物为上马村M13出土的盘，折沿，浅腹，方形附耳，平底，三兽蹄足。⑧ 折腹平底盘战国时期出现，器形为折沿，直壁，平底，环耳。长方形盘出土极少，但均为精品，如潞城潞河M7（属韩国）出土的犠牲足大长方形盘，折沿，方唇，平底，兽面铺首衔环，盘四角下接四个柱形怪兽头。⑨

匜：作为水器之一的匜，春秋时期获得广泛使用。春秋早中期匜的器形

---

① 山西省考古研究所.1989.山西侯马上马墓地发掘简报.文物，(6)：8
② 中国青铜器全集编辑委员会.1997.中国青铜器全集（8集）·东周2.北京：文物出版社.10
③ 朱凤瀚.1995.古代中国青铜器.天津：南开大学出版社.876
④ 山西省考古研究所，太原市文物管理委员会.1989.太原金胜村251号春秋大墓及车马坑发掘简报.文物，(9)：68
⑤ 山西省考古研究所，太原市文物管理委员会.1989.太原金胜村251号春秋大墓及车马坑发掘简报.文物，(9)：68
⑥ 中国青铜器全集编辑委员会.1997.中国青铜器全集（8集）·东周2.北京：文物出版社.11
⑦ 中国青铜器全集编辑委员会.1997.中国青铜器全集（8集）·东周2.北京：文物出版社.12
⑧ 山西省文管会侯马工作站.1963.山西侯马上马村东周墓葬.考古，(5)：242
⑨ 山西省考古研究所，山西省晋东南地区文化局.1986.山西省潞城县潞河战国墓.文物，(6)：7

多呈长方形,晚期则以瓢形居多,敞口,半环兽头形鋬,四足。春秋中期后,匜流由敞口改为合口,多作成虎或兽头状;椭圆形体,深腹,兽形鋬,下为三个低矮的兽蹄足。① 战国时期多为瓢形匜。如潞城潞河 M8 出土的匜,敞口流,环形足,匜体内外都刻有精美纹饰,流上刻鱼,底刻海蛇,腹壁为人物宴享图案。② 战国中晚期的匜腹横长,流短宽,平口,圜底,下接三个环形足。③

三、晋国出土的其他青铜器

以上是晋国青铜礼器的几种主要器物的器形演变情况。除了青铜礼器外,晋国出土的青铜器还有如下种类:兵器类有戈、矛、戟、剑、匕首、刺等;工具类斧、锛、钺、刀、凿、削等;车马器类有车軎、马衔、当卢、銮铃、弓帽、节约、铰链、辕、轭等;乐器类有编钟、甬钟、钮钟、镈钟等。

晋及韩、赵、魏出土的青铜兵器数量多、品种全、特征明显、发展序列比较清楚。④ 其中戈是出土最多的兵器,几乎每墓必有。春秋早期戈的形制为三角形锋,长援,中脊明显,长胡,阑侧有三穿,内呈长方形,右下角内收,有一长条形穿。春秋中期的戈,尖锋弧刃,长援,脊隆起,断面呈菱形,胡较短,阑侧有四穿,内一穿。春秋晚期戈多为短援,方内,短胡,上有三穿。⑤ 战国时期多沿用春秋晚期戈形制,变化很小。矛,战国早期多作长箭,叶部常作扁平的柳叶形。战国晚期出现三棱形叶矛,叶部生出三面刃,彼此间隔120度。⑥ 戟是戈和矛的结合体,战国时期常见,太原赵卿墓、潞城潞河 M7、长子 M7 等均有出土。

东周时期晋及三晋地区出土的青铜工具,形制变化不大,多为素面。青铜车马器多出土于大型墓附葬的车马坑中,小型墓则是直接安放在墓室内。晋及三晋地区的青铜乐器在春秋早期就开始成组出现,每组 8~9 件。如闻喜县上郭村出土有两组甬钟,每组 8 件。春秋中期,成套编钟发展很快,到春秋晚期不仅有甬钟,更多的为钮钟,还新添有镈钟。⑦ 另外,出土的一些杂器,灶、炭盆、带钩等,也都颇具特色。如太原金胜村赵卿墓出土的灶,

---

① 中国青铜器全集编辑委员会.1997. 中国青铜器全集(8集)·东周2. 北京:文物出版社. 15
② 山西省考古研究所,山西省晋东南地区文化局.1986. 山西省潞城县潞河战国墓. 文物,(6):16
③ 朱凤瀚.1995. 古代中国青铜器. 天津:南开大学出版社. 985
④ 中国青铜器全集编辑委员会.1997. 中国青铜器全集(8集)·东周2. 北京:文物出版社. 17
⑤ 中国青铜器全集编辑委员会.1997. 中国青铜器全集(8集)·东周2. 北京:文物出版社. 18
⑥ 朱凤瀚.1995. 古代中国青铜器. 天津:南开大学出版社. 991
⑦ 中国青铜器全集编辑委员会.1997. 中国青铜器全集(8集)·东周2. 北京:文物出版社. 19

"由灶体、釜、甑和四节烟囱组成，既可组合又能分开。灶体作虎形，张着大口，背上设灶眼，顶端设烟道口，灶膛内壁有挂泥的小刺，用于炉体搪泥"①。

四、晋国青铜器的纹饰

春秋战国时期，随着社会的变革、生产的进步，人们的思想观念也发生了变化，逐渐从巫术、宗教的束缚中摆脱出来。这一点反映在青铜文明上，一方面是器物器类上趋于实用，器形上趋于轻盈、灵巧；另一方面是器物纹饰追求新颖、细腻、繁缛多变。庄严具有威慑力的兽面纹和单调沉闷的窃曲纹、垂鳞纹、重环纹等退居次要位置，代之而起的是精心雕琢的由龙、凤、蛇、牛等动物形象演绎而来的蟠龙纹、蟠蛇纹等清新秀逸的形象。② 这一变化使得晋及韩、赵、魏的青铜器进入了一个辉煌灿烂的时代。

春秋早期晋国青铜器纹饰花纹简朴、种类较少，构图整齐、匀称，线条粗犷，镂刻较深，保留着西周晚期的风格。春秋晚期时花纹繁复，构图新颖、线条流畅，浅细，使用最广泛、最普遍的纹饰是蟠螭纹、蟠虺纹、龙纹和凤纹，其中夔龙吞螭纹和绚索纹是东周时期晋国的特色纹饰。③ 夔龙吞螭纹是以一兽头为中心，卷体龙和交龙从兽口中穿衔而过，龙躯干上饰有细密的圆形和三角形的雷纹。卷龙和交龙躯干的蜿蜒交缠，形成复杂多变的纹样，大约是希冀或显示龙族类的繁衍。

第十节　魏国的青铜文明

公元前453年，韩、赵、魏三家分晋，形成三个独立的诸侯国。公元前403年，周王正式承认了三家的诸侯地位。司马光在《资治通鉴》中认为这一事件预示着一个新时代的到来，把这一年定为战国的开始。魏国初都安邑（今山西夏邑），于公元前361年东迁大梁，公元前225年被秦所灭。

魏国在战国时期的辉煌，为后世留下了极其丰富的青铜文明。其青铜器大多制作精良，风格清新，为后世人们所珍爱。魏国青铜器的制作，既继承了晋国青铜器铸造时善于利用动物作装饰的特性，又有所创新。

---

① 中国青铜器全集编辑委员会．1997．中国青铜器全集（8集）·东周2．北京：文物出版社．16
② 中国青铜器全集编辑委员会．1997．中国青铜器全集（8集）·东周2．北京：文物出版社．21
③ 陶正刚．1998．晋国青铜器铸造工艺中的两个问题．文物，(11)：73

一、魏国出土的青铜器

出土地主要集中在汲县、辉县、淇县、陕县,以及郑州的二里岗、冈杜等地。魏国青铜器多为墓葬出土,如辉县固围村、琉璃阁、赵固、褚邱四地,共发掘50多座[①];陕县后川、李家窑等地,发掘100多座[②];郑州二里岗、冈杜等地,也发掘了很多座中小型墓葬。这些墓葬所出的青铜器多数属于魏国,其中,重要的青铜器墓有陕县后川M2040、汲县山彪镇M1、辉县赵固M1、辉县琉璃阁西部墓葬等。

汲县在公元3世纪晋武帝时就发现过魏国墓葬,出土有大量竹简及钟磬、玉律、铜剑等物[③]。汲县山彪镇墓葬群是1928年发现的,曾被盗掘。1935年,中央研究院历史语言研究所在此发掘出大墓1座、小墓7座、车马坑1处。[④] 大墓编号M1,出土器物很多,仅青铜器一项,即有1447件,[⑤] 占此墓器物总和的90%以上,包括5件一组的大小相次铜鼎和簋、鬲、甗、簠、豆、壶等以及成组的编钟、编镈和兵器。器物形制类似洛阳中州路M2717出土之物。其中一件著名的水路攻战纹鉴,是将红铜嵌于预先铸就的器身凹槽内,以上中下三层图案表现中原将士与周边部族鏖战的场景,徒卒对射、舟师交攻、长枪短兵、滚石檑木、云梯旌旗等等,场面恢宏大气,是青铜制作艺术高超的最好表现。

山彪镇魏墓的年代,考古学界虽有不同看法,但大多数认为应是战国时期的墓葬。如郭宝钧先生《山彪镇与琉璃阁》一书中就把其划为战国时代,朱凤瀚先生赞同这种观点。1936年,前河南省博物馆也在山彪镇发掘到甲、乙墓两座。新中国成立后,科学院考古所又在此发掘过两次,得陶器较多。两墓出土青铜器物有鼎、鬲、甑鬴、簠、敦、簋、豆、瓿、壶、盘、匜、钟镈等。郭宝钧先生由甲、乙二墓位居琉璃阁的最东部,认为是这一墓地中最早的墓,"约当春秋战国之交,器形已具有战国时期的特征,但犹带有春秋遗风"[⑥]。李学勤先生认为"甲墓当属卫君,乙墓可能属其夫人"[⑦]。

1950年末,辉县固围村发掘到一组魏国墓,其中编号为M1、M2、M3

---

① 中国社会科学院考古研究所.1984.新中国的考古发现和研究.北京:文物出版社.292
② 黄河水库考古工作队.1958.1957年河南陕县发掘简报.考古通讯,(11):67~79;王世民.1959.陕县后川2040号墓的年代问题.考古,(5):262,263
③ 朱希祖.1960.汲冢书考.北京:中华书局
④ 郭宝钧.1959.山彪镇与琉璃阁.北京:科学出版社.3
⑤ 郭宝钧.1959.山彪镇与琉璃阁.北京:科学出版社.6
⑥ 郭宝钧.1981.商周铜器群综合研究.北京:文物出版社.101
⑦ 李学勤.1984.东周与秦代文明.北京:文物出版社.71

的应是已知魏国墓葬中规格最高的王室异穴合葬墓。但被盗掘严重，随葬器物大部分不存在了，仅留下一些小件的青铜器，多为精美的错金银器。如M1仅出土了一些小件钉钮，即使是精制品中的错金银车马饰，形制也不大，说明此期用铜风气的转变①；M2出土有钱币、镞、残器盖钮和两件铜铺首②；M3出土铜器较多，但多是残破的碎片，有铜扣、铜泡、铜铺首等10余件③；M5盗掘后仅剩陶器和铁器④；M6遗留铜器15件，其中一件小铜鼎，较为罕见，附耳蹄足有盖，盖上三钮，颈部刻有俯仰连续环纹，一耳有纹，一耳是焊接后未刻纹，耳足皆为铸成后接上去的，通耳才高6.9厘米，这件鼎从形制来说，比较普通，但尺度特小，花纹特精，是很少见的。⑤虽然固围村魏墓出土的青铜器不是很多，但铁器的发现却不少，其中铜镞铁茎86件，铲、锄、犁、䦆、斧、削等93件⑥，多是生产工具，标志着生产力的极大提高及铁器时代的诞生。

琉璃阁地区魏墓的发掘是在新中国成立前，共进行了两次，分别在1935年和1937年，收获颇丰，但出土器物已被运往台湾。郭宝钧先生根据自己发掘的零星笔记和一批图案拓片，作出了一些概括性的研究和报道，详见《山彪镇与琉璃阁》。铜器类包括礼器、兵器、工具、车马器等。其中，礼器类有鼎、鬲、甗、簠、簋、豆、罍、壶、鉴、盘、匜、盉、舟、勺等；兵器有戈、矛、剑、戟等；工具类有斧、镞、锯、凿、削等；车马器有辖、衔、镳等。⑦王伯洪先生把琉璃阁地区的魏墓分为早晚两期，早期墓与"新郑器"有若干相似之处，如器物种类、器物形态等，"因此，早期各墓所能达到的最早的年代，或是在战国时期之内，或是略早一些，这在目前还是一个不能立即解决的问题"⑧。晚期墓最晚的年代要比固围村大墓早。

1951年辉县赵固地区发现魏墓7座，其中编号M1的随葬物品，虽小有毁损，但十之八九尚保存在原来的位置，未经扰动，颇为难得。⑨青铜礼器成组出现，较为齐备。分为礼器、兵器、车器、杂器四类⑩。礼器有鼎、鬲、甗、簠、壶、鉴等；兵器、车器、工具与琉璃阁地区出土基本相同。礼器中

---

① 中国科学院考古研究所.1956.辉县发掘报告.北京：科学出版社.75
② 中国科学院考古研究所.1956.辉县发掘报告.北京：科学出版社.91
③ 中国科学院考古研究所.1956.辉县发掘报告.北京：科学出版社.103
④ 中国科学院考古研究所.1956.辉县发掘报告.北京：科学出版社.104，105
⑤ 中国科学院考古研究所.1956.辉县发掘报告.北京：科学出版社.106
⑥ 中国科学院考古研究所.1956.辉县发掘报告.北京：科学出版社.108
⑦ 郭宝钧.1959.山彪镇与琉璃阁.北京：科学出版社.54，55
⑧ 中国科学院考古研究所.1956.辉县发掘报告.北京：科学出版社.46
⑨ 中国科学院考古研究所.1956.辉县发掘报告.北京：科学出版社.110
⑩ 中国科学院考古研究所.1956.辉县发掘报告.北京：科学出版社.113

的一件宴乐狩猎刻纹铜鉴,图案内容十分丰富,如屋宇的结构,高度的比例,板瓦、筒瓦的组合,斗拱楹柱的排列,编钟、编磬的悬挂,笙竽的形制,人物舞动的姿态,冠髻的样式,衣服的装饰,以及鼎豆的使用,狩猎的姿势,牧马驱驰的神情,池沼鸟兽林木的分布,旌旗的飘扬等,都是采用的写实手法,生动形象。①

褚邱地区的发掘是在1952年,发现战国墓15个,按墓葬分布的情形看,可能是当时的一个墓葬区。② 出土的铜器较少,并且没有礼器,仅见兵器、车马器和一些杂器。兵器也仅有戈3件。车马器有辖、𫐓、衔、盖弓帽四类。另外就是带钩、环等③。年代上应为战国晚期。④

陕县后川魏墓的发掘在1957年,是为配合黄河水库工程进行的。墓葬大部分属于战国,其中M2040是一座大型墓,出土青铜器580余件,有完整的铜器组合。⑤ 如无盖大鼎5件,带盖的七鼎和五鼎各1套,带座和无座的盖豆各4,敦、簠、铺、方壶和圆壶各2,又有鬲、甗、舟、盘、匜、鉴,以及编钟、编镈、编磬和较多的玉石饰物。此地另外的几座铜器墓,基本组合是鼎3、豆2、壶2、盘1、匜1、舟1,车軎1对。这些器物的形制多与洛阳中州路M2717、山彪镇M1近似,应为同一时期的器物。李家窑和郑州地区的魏墓多为中小型,随葬器物多为陶器,青铜器少见,本文不再论述。

魏国迁都大梁后魏器的发现较少,主要是历代黄泛的冲积,使得勘察工作很难开展。现只有两件传世铜器大梁司寇鼎,素面,有铭文,且字体很有特点,为魏惠王时器,可以作为战国中期魏的标准器。

二、魏国青铜礼器的器形演变及组合形式

魏国青铜礼器典型器物的形制演变,可分为前后两期。

鼎:战国前期魏国的铜鼎,从耳部特征看,可以分为附耳鼎和立耳鼎。附耳鼎又有有盖和无盖两种。附耳有盖鼎,深腹圜底,腹部附有三环或无三环,盖上都有三环钮,底上有圆形铸痕,花纹在颈部和腹部,且颈部的花纹宽于腹部。附耳无盖鼎,腹部有六扉棱,三足皆为兽面,下为马蹄形。立耳无盖鼎,器腹较浅,半圆形,两耳联铸,立于口沿上,微外侈,下为三兽蹄形足,嵌铸,器壁有花纹三道。⑥ 早期鼎制,少数为春秋形制,但多数已形

---

① 中国科学院考古研究所.1956.辉县发掘报告.北京:科学出版社.122
② 中国科学院考古研究所.1956.辉县发掘报告.北京:科学出版社.125
③ 中国科学院考古研究所.1956.辉县发掘报告.北京:科学出版社.131,132
④ 中国科学院考古研究所.1956.辉县发掘报告.北京:科学出版社.133
⑤ 黄河水库考古工作队.1958.1957年河南陕县发掘简报.考古通讯,(11):74
⑥ 郭宝钧.1981.商周铜器群综合研究.北京:文物出版社.97,98

成战国时代的鼎式。晚期铜鼎，附耳有盖，附耳呈弯曲形向外伸展；盖上四兽钮，兽卷尾屈卧，前后各显一足，足有蹄；器盖同铸；足为焊接，蹄形。另一种有盖鼎，深腹，半环耳，环耳内套环；盖上三环钮，与盖同铸；三足极小呈蹄形，焊接；素面，器壁表面有打磨的光泽。①

鬲：前期鬲都是平沿，束颈，袋足较浅，腹部也较浅，扁圆足跟较高。② 后期鬲，唇厚，颈微敛，深腹，款足较低矮；两附耳为钮状，套一大环；有盖，盖中心处有一钮，上套小环；器身中部有凸带一周。③

簋：前期簋有无足无座式簋，此种簋有盖，盖上有圈足形大捉手；器身上有两小环耳；平底无圈足，也无支点、无方座，就像陶器中的盒。无耳方座簋，器腹很深，圈足与方座联铸，无双耳，有浅碗形盖。双耳圈三足簋，有两兽形耳，无小珥，盖与器身呈子母口扣合，盖上有圈足形捉手，器腹较浅，下为圈足，又另接三支点小足。④ 后期簋，深鼓腹，圜底，两环耳，三个较小的马蹄形足，耳足和器联铸。⑤

敦：前期敦，器、盖合为扁球形，器有二环耳，三兽蹄形短足或三环钮做足，盖上三环钮，皆印细密的蟠虺纹。⑥ 后期敦变化不明显，只是以器盖相合后呈长椭圆或圆形的居多。⑦

簠：前期的簠，与中原地区其他诸侯国的簠形制相同，近口部有直壁一段，直壁部为三角形漩涡纹，斜壁部为疏朗的蟠虺纹。⑧ 后期的簠，形长方，口部直壁，至腹下折而敛，平底，四蹼形足，口沿处有六齿束盖，两端两耳，无纹饰，全体混铸，惟两耳焊接。⑨

豆：前期铜豆，分为两式。双耳有盖式，器腹较深，口径大，足矮小，盖为浅盘式，六柱镂空式盖顶，二附耳向外微侈，器身印制蟠虺纹，颈带宽于腹带，短粗柄，下为圈足，足器联铸；另一式为浅盘平底，是西周后半期以来的传统豆制，上村岭虢国墓出土了很多这样的铜豆。⑩ 后期豆分为三种形式，其一，有盖豆，深腹，矮足，两耳，盖上有圆形捉手，捉手中心饰蟠螭纹，其余盖、腹、足皆为疏朗的蟠虺纹；其二，浅盘式，盘甚小，高柄，

---

① 中国科学院考古研究所．1956．辉县发掘报告．北京：科学出版社．113，114
② 郭宝钧．1981．商周铜器群综合研究．北京：文物出版社．98
③ 中国科学院考古研究所．1956．辉县发掘报告．北京：科学出版社．114
④ 郭宝钧．1981．商周铜器群综合研究．北京：文物出版社．98
⑤ 中国科学院考古研究所．1956．辉县发掘报告．北京：科学出版社．114
⑥ 郭宝钧．1981．商周铜器群综合研究．北京：文物出版社．98
⑦ 朱凤瀚．1995．古代中国青铜器．天津：南开大学出版社．988
⑧ 郭宝钧．1981．商周铜器群综合研究．北京：文物出版社．98
⑨ 郭宝钧．1959．山彪镇与琉璃阁．北京：科学出版社．14
⑩ 郭宝钧．1981．商周铜器群综合研究．北京：文物出版社．98

无盖,似乎不适于饮食之用;其三,浅盘而甚大的豆,短柄较粗,无盖,柄盘分铸。①

壶:前期铜壶分为三种,椭方形壶,颈长,下腹鼓,圈足高,颈部两耳套环,杯形盖,颈饰波浪纹,填鸟纹,腹饰对鸟纹,是上村岭虢国墓出土铜壶的通行式;扁圆形壶,平底平盖,直口,体扁圆,最大径在中腹,两侧及下腹共有四环钮对生,皆嵌铸,颈部铸对象、对鸟纹,腹部嵌红铜龙纹三层,龙纹下,象纹上,又各嵌镶红铜菱形界纹一道;匏瓜形壶,鼓腹,歪颈像瓠瓜,口加流,底加足,背加錾,可能是为了便于背带提注。② 后期铜壶多为圆形壶,盖处有所不同。如盖作莲花状的,直口长颈,鼓腹,最大径在中部微下,低圈足,两铺首衔环;莲花状盖为环周八瓣形,外侈,中口洞空,洞空处另置以圆形铜板,板心独立一鸟,猫耳,钩喙,昂首张翅作欲飞状,形象生动,颇有技巧性。③ 还有一种提梁壶,直口鼓腹,肩部有对生耳,作饕餮面,鼻上拱为钮以套梁环;身较高,圈足低;盖周有四个饕餮头钮,套四环;中央还有一钮接二环,与提梁相套,提梁横直,两端下曲。器体纹饰六层,以五宽带为界,第一层为绳纹,其余为三联 S 形云雷纹。④

鉴:前期铜鉴,大口,鼓腹,平底,四兽耳,腹壁花纹四层,颈部横鳞纹,界以三角形涡纹,上腹下腹皆是疏朗的蟠虺纹,有突目,中腹龙纹。⑤后期铜鉴,器形与前期无甚大的变化,大多是以燕乐射猎为图案的刻纹铜鉴,如我们上文提到赵固出土的一件铜鉴,纹饰相当繁缛,不似商代的庄严、西周的简质、春秋的畅达,而且一改以往的呆板对称的风格,变为了轻松流畅的格局。另外,嵌镶有色金属,增添了绚丽色彩。以刚劲的线条、素描的手法,描写当时燕乐射猎的实况,内容充沛,风格轻快,实属青铜器中的精品之作。

匜:前期铜匜,形椭方而大,流在长边中部,四环钮足,两端有直方提梁。郭宝钧先生称此种匜,"若作注水之匜用,不应若是之大,看形状好像是《周礼·凌人》'祭祀共冰鉴,宾客共冰'的冰盘,故形方而中腰生流,备出冰化之水"⑥。后期铜匜,形纵椭,宽流口,底趋平,无柄也无錾,质薄而脆,似只作为明器。

---

① 郭宝钧.1959.山彪镇与琉璃阁.北京:科学出版社.13
② 郭宝钧.1981.商周铜器群综合研究.北京:文物出版社.98~101
③ 郭宝钧.1959.山彪镇与琉璃阁.北京:科学出版社.14
④ 郭宝钧.1959.山彪镇与琉璃阁.北京:科学出版社.16
⑤ 郭宝钧.1981.商周铜器群综合研究.北京:文物出版社.101
⑥ 郭宝钧.1981.商周铜器群综合研究.北京:文物出版社.101

盘：前期铜盘，大口浅腹，两环耳，以绳饰盘，旋而为圈足，器面光素。① 后期铜盘形制也是大口浅腹，两附生耳，足部非圈足，而是三马蹄形足，焊接而成，也无纹饰。②

魏国青铜器在墓葬中的组合情况，前后两期有所不同。前期常见的器类组合为鼎、豆、甗、壶、盘、匜；后期器类以鼎、敦、壶为基本器物，豆在战国长期风行的情况已告结束。纹饰方面，前后期无大的变化，都是以粗体的蟠螭纹为主，多饰于器物的腹部作为主体纹，中间又填以云纹、雷纹等几何纹饰，人物画像纹自此期开始盛行。如山彪镇 M1 出土的著名的水陆攻战纹鉴，为针刻人物画像。其中一鉴，图案为上中下三层，共 9 种 41 组，286 人。③ 这些人物画像线细如发、刚劲婀娜、姿态逼真、含义丰富，使这件青铜器成为艺术珍品。后期出现的植物纹，应是战国末期纹饰的一种新气象。

由于历史的原因，国内现存的魏国青铜礼器带铭文的器物不是太多。从现有的资料看，魏器铭文在字形和书写风格上与晋器铭文具有较多的相似性。铭文多为铸成，字形较规整，节体长方匀称，笔画圆转、细劲，整体来看端庄而疏朗，与齐国铭文的凝重风格有一定的差异。洛阳金村墓出土的器物中有魏器令瓜（狐）君嗣子壶，其铸铭与韩器骉羌钟相近，近于手写体，只是不太规整。但在铜川、咸阳塔儿坡、泌阳三地发掘的秦墓中，发现了许多带有铭文的魏国器物。黄盛璋先生考证这些秦墓是魏人的墓葬，魏国被秦灭后，魏人成为秦国的子民，死后埋葬在这些地方，"出土遗物既有秦器，也有魏器。墓虽为秦，但出土遗物不得尽视为秦器物，其中有一些为墓主生前所享用原来魏国之物"④。铜川秦墓出土了一件素面铜鼎盖，铭文为"□立下官"四字。"凡战国铜器有上官、下官者，大抵皆是三晋魏器。"⑤ 咸阳塔儿坡出土有安邑下官钟、私官鼎、修武府铜耳杯等带铭文的魏器。泌阳秦墓出土的平安君铜鼎也是魏器，从其铭文字体及内容看，皆与战国晚期魏国的度量衡制相符，必为魏器。

战国时期，魏国虽然只有短暂的辉煌，但仍然留下了丰富的青铜器物。非常遗憾的是，历史因素使得这些青铜器在国内很少能看到。考古学专家郭宝钧先生撰写的考古学专刊《山彪镇与琉璃阁》，弥补了一些缺憾，为我们了解魏国的青铜文明提供了极其重要的资料，书中不但有魏墓随葬器物的器

---

① 郭宝钧．1981．商周铜器群综合研究．北京：文物出版社．101
② 郭宝钧．1959．山彪镇与琉璃阁．北京：科学出版社．23
③ 郭宝钧．1959．山彪镇与琉璃阁．北京：科学出版社．19
④ 黄盛璋．1990．论出土魏国铜器之秦墓与墓主及遗物．人文杂志，(1)：103
⑤ 黄盛璋．1990．论出土魏国铜器之秦墓与墓主及遗物．人文杂志，(1)：100

类与数量,也有这些器物的一些拓文、照片等。要全面掌握魏国青铜文明的内容,还需要考古发掘更多的实物资料才行。同时,还要对台湾地区保存的青铜器物进行研究与交流。

第十一节 中山国的青铜文明

中山是东周历史上一个重要的诸侯国,由中国北方少数民族狄族鲜虞部在今河北中南部建立,始建于春秋末年,称鲜虞。当时,黄河流域少数民族中的戎、狄,多数融入华夏族,少许迁到大漠南北,剩下的仍散居于原地(今河北省境内)。与鲜虞并列的由狄族建立的小国还有肥、鼓,肥、鼓后被晋国所灭,只有鲜虞屹然独存。战国时期改名为中山,因其都邑"城中有山,故曰中山"。中山国在战国中期达到鼎盛,成为唯一能与中原诸夏相抗的戎狄族建立的国家。它修建长城,周旋于诸华夏国家之间,参加五国相王的会盟,与其他中原国家并称王,是战国列强之一。

关于中山国的历史,史书记载总体来说很少,除《史记·赵世家》、《战国策·中山策》中记载稍多外,其他先秦典籍如《国语》、《左传》、《吕氏春秋》、《韩非子》、《竹书纪年》等文献,只有零星记载。西晋张曜曾著《中山记》(见于《后汉书·光武纪》唐李贤《注》引),是我国最早的一部记述中山国历史的专著,但此书不久就因战乱散佚,只能通过《水经注》中有关中山地名的考证略窥一二。而现存的古代研究中山历史最好的著作,是清代学者王先谦所著《鲜虞中山国事表》,其书对文献中有关中山国的资料进行了综合排比,为我们了解中山国的历史和文化提供了重要的参考资料。

一、中山王陵的发掘

20世纪50年代以来,河北省平山县陆续发现了一些有关中山国的考古资料,如平山中山王陵、中山国都灵寿城址及其附近的墓葬群,都为中山国的历史研究提供了丰富的考古资料,同时使湮没已久的中山文化得以重现。

中山国文化遗存最重要的发现,众所皆知的是1974~1978年期间,河北省考古工作者在平山县三汲公社一带,发掘了一处战国时期的古城址[①],城址东西宽2000米,南北长4000米,墓葬及遗址共出土各类文物达19000多件。其中,M1主室的东、西两库未经盗掘,保存了丰富的遗存,成组的

---

① 河北省文物管理处.1979.河北省平山县战国时期中山国墓葬发掘简报.文物,(1):1

青铜容器近 70 件，仅西库所出青铜器就有礼器 39 件、钮钟 14 件以及多件精妙绝伦的错金银铜器具①。从城址内涵看，应是中山国都城古灵寿城。1977～1982 年，考古学者又对中山都邑灵寿城址作了全面的勘察②，除居住址和墓葬外，还发现了铸铜、制陶的作坊。已经发掘的编号为 M1 和 M6 的墓葬，可以确定为中山王的陵墓③。特别需要提到的是，M1 出土的青铜器中 90 件带有铭文，具有长篇铭文的重器有 469 字的中山王铁足铜鼎、448 字的中山王方壶、182 字的䎽蚉圆壶以及长方形铜图板"兆域图"等④，这些铭文内容不同，对中山的世系和事迹有较详细的叙述，可以补充史籍的缺佚，纠正有关中山的某些误解。⑤ 两墓出土的青铜器数量多、质量高，对研究中山国史和中山国的青铜文明具有重要的学术价值。除中山王墓的发掘外，平山县中小型墓也有被发现，如 1970 年平山上三汲乡访驾庄北清理出的石椁墓⑥，也出有成组的青铜器。

从中山王墓及中山国中小型墓葬出土的青铜器，可以较清楚地认识到，战国时期中山国已经掌握了较高的青铜铸造技术，不仅融合吸收了深远博大的华夏青铜文明的精髓，还保留有北方民族的文化特点，创造出了很多独具特色、精美绝伦的青铜器物。

二、中山国青铜礼器的特点

中山国墓地出土的青铜礼器既表现出与中原华夏民族相融合的风格，又具有北方青铜文明的特点。器类主要有礼器、工具、兵器、车马器、乐器等。礼器类有鼎、甗、豆、匜、壶、盘、敦、盆、勺等；工具类有斧、凿、锥、锛等；兵器类有戈、剑、镞、削等；车马器有衔、铜铃、辖、镳等；乐器为编钟等；还有一些杂器，如带钩、合页、当卢、盖弓帽、管状铜鼻等。战国时期，中山国青铜礼器的基本组合形式为鼎、甗、豆、壶、盘、匜，与周、三晋地区相差无几。这表明中山青铜器自战国早期始即与周、三晋地区有相似之处，同时也有不同之处，如中山器中不见鬲、簋、簠、鉴，敦也少见，但有立耳镬之类具有北方青铜文化特征的器物。⑦ 下面列举几种典型器物的形制情况。

---

① 河北省文物管理处. 1979. 河北省平山县战国时期中山国墓葬发掘简报. 文物, (1)：8
② 河北省文物研究所. 1987. 河北平山三汲古城调查与墓葬发掘. 考古学集刊, (5)：157
③ 李学勤. 1984. 东周与秦代文明. 北京：文物出版社. 78
④ 李学勤. 1984. 东周与秦代文明. 北京：文物出版社. 79
⑤ 李学勤, 李零. 1979. 平山三器与中山国史的若干问题. 考古学报, (2)：147
⑥ 唐云明, 王玉文. 1978. 河北平山县访驾庄发现战国前期青铜器. 文物, (2)：96
⑦ 朱凤瀚. 1995. 古代中国青铜器. 天津：南开大学出版社. 993

鼎：与此期周、三晋铜鼎形制基本相同。大多是附耳扁圆腹，圜底，三只粗短的马蹄足，三环钮的隆盖。与河南辉县赵固战国中期一号墓出土的铜鼎相若。但也有一些鼎兼有本民族和华夏族的特点。如，两座中山王墓均出土有平底。而非圜底的圆鼎。中山墓出土的带流鼎与西周中期以后其他地区出现的带流鼎区别不大，有盖，平顶，顶面上有三个环形钮，两侧有对称长环形附耳一对，三蹄形足。但其大平底和流口部分比较特殊，流在腹上部，流口作实体封闭式，前端似莲蓬，有 10 个圆形细孔，构思非常巧妙，倾倒汁液时不至于使渣滓倾出。①

甗：中山王墓 M1 出土 1 件甗，高 62 厘米、口径 44 厘米，这么大的甗出土不多见，也由甑和鬲两部分组成。与中原地区甗不同处是，甑部附耳不接在束颈部位，而是接在颈下，甑、鬲扣合处的口不作直口而作斜折状。而且这件铜甗的下半部已经很像釜了，仔细观察会发现，"釜"的下半部还保留有三只小足，应还是鬲，可以看作是从鬲到釜的过渡形式。②

豆：中山王墓出土的豆有平盘豆和方座盖豆两种，都是长柄，这点与周、三晋地区的形制不同，但与燕国的豆形制相同，说明中山国的青铜豆器形上要么与燕器同具北方地区青铜文明因素，要么是受到了燕器的影响。平盘豆有盖，浅盘，平底，细长柄。方座豆，有盖，盖的两侧各有一环形耳，鼓腹，平底，圆长柄束腰，与中原地区的形制相同，但其方形座，却是独具特色的。③

壶：中山王墓出土的青铜壶有圆壶、方壶、扁壶、瓠壶、提梁壶五种。圆壶，腹的横截面作圆形，上腹部有双铺首衔环，圆顶盖，盖上三环作角状，矮圈足，下部外撇。④ M1 出土的一件圆壶，出土时壶内还有液体，呈墨绿色，经北京发酵研究所取样化验知为乙醇，证明壶内装的是酒。⑤ 方壶，腹部横截面作正方形，鼓腹，四隅有棱，腹壁呈弧形，双兽面形铺首衔环，盖上有四环钮，钮顶有歧角，肩部伏四夔龙，龙作曲身上攀状，两侧作双兽面铺首衔环，高圈足，底部外撇成高阶状。⑥ 扁壶，腹部侧视为椭圆形，腹壁正、背两面扁平，两侧圆曲，有盖，器盖面等距离立置 3 个环形钮，圆短颈，弧肩，长方形矮圈足。⑦ 瓠壶，腹身细长，长颈向一侧弯曲，下腹部圆

---

① 中国青铜器全集编辑委员会.1997.中国青铜器全集（9集）·东周3.北京：文物出版社.28
② 中国青铜器全集编辑委员会.1997.中国青铜器全集（9集）·东周3.北京：文物出版社.28
③ 张金茹.2002.鲜虞中山国青铜器的造型艺术.文物春秋，(5)：45
④ 张金茹.2002.鲜虞中山国青铜器的造型艺术.文物春秋，(5)：43
⑤ 河北省文物研究所.1996.错墓.北京：文物出版社
⑥ 张金茹.2002.鲜虞中山国青铜器的造型艺术.文物春秋，(5)：44
⑦ 张金茹.2002.鲜虞中山国青铜器的造型艺术.文物春秋，(5)：44

鼓,通体似瓠。提梁壶,M1东库出有2件,器口外侈,溜肩,圆鼓腹,平底,圈足。有盖,盖子口圆鼓顶,顶中间有一环鼻连接两节铜链和一圆环。肩部两侧各有兽面衔环,每环连接铜链五节,两侧铜链连接中间的龙首璜形提手,构成提链。葫芦似的壶腹仿自葫芦形,是北方民族便于携带的一种造型。①

盉:中山王墓出土盉3件,有弓形提梁,直口窄折唇,宽肩,前有一流,扁圆形鼓腹,平底,底外部有圈足状凸环,三蹄形足,有盖。提梁两端为龙首,流为凤首,嘴作流口,位于两足间的上方。盖子口圆鼓顶,顶中间有环连接铜链,另一端套在提梁上。②

盆:中山王墓出土鸟柱盆1件,直立壁,壁至下部折角向内成平底,底下有束腰圆柱承托,柱下有圆形圈座。盆内底部伏有一鳖,背驼圆柱,柱顶有一鸟,似雄鹰,双爪紧抓双蛇头部,做展翅欲飞状。③

三、中山国民族特点的青铜器及其纹饰

除了这些常见的青铜礼器外,中山国还出土了一些独具本民族特点的青铜器。最引人注目的是两座王墓出土的大型"山"字形器,其中M1出5件,M6出6件,④这是其他地方所未见到的。这些器物下部有銎内,并存有木质,当是插在殿堂内作为仪仗工具的。杜廼松先生由此认为,这种器物可能是典礼时用的仪仗,它犹如商周铜器上的族徽,应是中山国国家的标志,在一定意义上也是王权的一种象征⑤。

其他如十五连盏灯、四龙四凤方案等,也都具有中山国的文化特色。十五连盏灯是战国中期的艺术造型灯,出土于中山王墓,全形如树,灯柱由大小八节组成,各以卯榫连接,十五分枝上各托一盏灯盘,枝干上群猴相戏,栖鸟啼鸣,座上有两个男子抛食逗猴,树上群猴则作伸手接食状,场面生动活泼,下承三虎座。⑥青铜灯在秦汉时期才广为流行,注重造型美,如河北满城汉墓出土的长信宫灯,设计精巧,而中山国的这件十五连盏灯却是战国中期的器物。由此可见,中山国的青铜制作技术已经相当成熟。错金银四龙四凤方案,底座下四卧鹿为足,底座上四龙四凤相互纠结,龙张口,凤昂首,每一龙头顶一斗拱,上承方案。造型美、技术高,令人叹为观止。另

---

① 张金茹.2002.鲜虞中山国青铜器的造型艺术.文物春秋,(5):44
② 张金茹.2002.鲜虞中山国青铜器的造型艺术.文物春秋,(5):44
③ 张金茹.2002.鲜虞中山国青铜器的造型艺术.文物春秋,(5):46
④ 中国青铜器全集编辑委员会.1997.中国青铜器全集(9集)·东周3.北京:文物出版社.28
⑤ 中国青铜器全集编辑委员会.1997.中国青铜器全集(9集)·东周3.北京:文物出版社.28
⑥ 中国青铜器全集编辑委员会.1997.中国青铜器全集(9集)·东周3.北京:文物出版社.31

外，还有虎噬鹿插座，凶猛的老虎和挣扎的小鹿被雕刻得活灵活现，甚至有学者认为，这件文物可以与甘肃出土的马踏飞燕相媲美。其他的青铜器物如帐具、扁壶，以及器物上雕刻的虎鹿猴等动物形象则反映了中山国仍保留着北方游牧民族的诸多习俗。

中山国青铜器物的形制与中原地区的已相差无几，只是个别器物具有北方游牧民族的特色，纹饰方面也是如此，既有春秋后期到战国时期最流行的各种雷纹、蟠螭纹、蟠虺纹、夔龙纹、窃曲纹等，也有突显民族特色的纹饰，如蟠蛇纹，以及各种各样的动物纹和镶嵌绘画纹。

中山国早期墓葬出土的青铜鼎、甗的纹饰，以雷纹、勾连雷纹、蟠虺纹为主，而中山王墓出土的青铜纹饰中，蟠蛇纹的使用逐渐增多。中山古城址M8105出土的青铜罍，颈部、肩部、腹部分别饰有蟠蛇勾连纹①；蟠蛇纠结纹青铜剑②，除在中山鲜虞族活动区内有发现外，其他地区不见出土。蟠螭纹一般是一种形体较大、结构较复杂、形状更接近真实鸟兽局部特征的龙、蛇一类的纹饰。以上文提到的中山王墓出土的鸟柱盆为例，其底座所饰的镂空蟠螭纹，鳞皮蛇身，有爪，分为4组，每组两螭纠结，口衔圈足，尾连束腰圆柱，两螭间出一小螭，后连双螭，口衔圈足。在两组蟠螭间连有一个卷曲的虺，相邻两螭以爪抓虺，构图和谐自然。而蟠虺纹则是一种由很多个体很小但密集排列的小蛇形组成的纹饰，如中山王墓出土的筒形器上通体饰变形蟠虺纹，并衬以细雷纹。夔龙纹的使用也很多，十五连盏灯器座面饰有3条镂空卷曲成S形的龙，龙头有螺纹长角，龙口咬着柱下圈座，背上有翼，下有四肢，每肢三爪，形象生动。③

中山国青铜器的动物纹饰既有现实生活中存在的动物，也有神话传说里的动物。纹饰即能突出各类动物的个体特征，也能对之加以艺术夸张，使其神态生动，具有较强的艺术感染力，造型和表现形式均富有浓郁的民族风格。镶嵌绘画纹主要是用红铜、金银的丝或片嵌入器物内构成的纹饰。中山王墓出土的镶嵌红铜绿松石方壶，是在模铸好的花纹沟槽中镶嵌红铜和绿松石，并填以蓝漆，花纹因部位不同而有着不同的形式。器盖的纹饰同样是镶嵌红铜丝和填蓝漆，顶部用三角构成方格状云纹，四坡面饰变形云纹。器身部分则以模铸阳纹为主体，阴沟填红铜和绿松石作衬地。肩、腹部的花纹突出，图案纹线宽大，纹地窄密，窄细处嵌以绿松石，纹线之上嵌以红铜丝作为隔线，整个图案的主体纹路是斜状雷纹，上下左右相连接，雷纹线出头处

---

① 河北省文物研究所. 1987. 河北平山三汲古城调查与墓葬发掘. 考古学集刊，(5)：179
② 河北省文物研究所. 1987. 河北平山三汲古城调查与墓葬发掘. 考古学集刊，(5)：182
③ 张金茹. 2002. 鲜虞中山国青铜器的造型艺术. 文物春秋，(5)：46

成卷云纹,雍容华贵。①

中山国青铜纹饰的题材与整个战国青铜器的装饰纹饰渐趋于绘画风格相一致,也多取自现实生活中的宴饮、歌舞、攻战、采桑、狩猎等活动。如中山王墓出土的狩猎纹铜豆,器盖上饰两组相同的狩猎宴乐图,一座两层楼台内有吹笙、弋射的人。腹部是两组相同的狩猎图,猎人多为半裸男性,其中有戴鸟形帽的,有身着羽形衣的,都伪装成动物追赶野兽。豆柄座也有相同的两组采集狩猎图案。这件狩猎纹铜豆在造型、纹饰及加工工艺方面都达到了很高的水平。② 还有一件狩猎纹铜鉴,内腹壁有两组纹饰,一组为楼台和庄院建筑,一组为狩猎图,以繁缛的画面、灵动的线条反映了中山鲜虞族举行重大活动的一些场景,是一幅生动的写实画卷。

战国时期青铜器有的简单粗陋,有的华美精致。中山王墓的铜器也具有上述特点。简陋者如 M1、M6 出土的列鼎、圆壶、豆等,一般都是素面。精美者如 M1 出土的错金银龙凤方案,错金银虎噬鹿插座,嵌绿松石、嵌红铜勾连雷纹方壶,错金银框架以及 M6 出土的银首人俑灯等,都有着极高的艺术价值。

中山国青铜器上的铭文大多是刻铭,只有一件圆壶圈足上是铸铭,这也与战国铜器铭文的时代特点相一致。如中山王墓出土的 90 件有铭器物,文字都是契刻的,内容各不相同③。从"平山三器"刻铭看,其字形修长,细劲而潇洒,点画之间多具有修饰性的点缀,堪称战国铜礼器铭文中最具艺术性的美术体。其中的铁足铜鼎,从盖以下至足上端均刻有文字。好蚉圆壶铭文每行三字,首尾相连,文字排列均匀整齐,布局非常严谨,字体接近汉简,竖道引长下垂,尾端尖锐,书法俊秀,刀法娴熟,是战国时期书法艺术中的不可多得的佳作。④ 其内容记载了中山乘燕国内乱、齐国进军占领燕都之机,举兵伐燕,取得了大片土地的历史事实,补充了文献的不足。

总而言之,中山国青铜器的铸造精美华丽,是研究古代青铜艺术的珍贵资料,而其铭文内容的丰富,又可补历史文献的缺佚。从这些青铜器物,也可看出中山国是逐步融入华夏族的,中山的文化应视为战国时期各民族文化交汇融合潮流的一部分。而把中山国的青铜器称为"富丽的中山国铜器",是丝毫不夸张的。

---

① 张金茹. 2002. 鲜虞中山国青铜器的造型艺术. 文物春秋,(5):46
② 河北省文物研究所. 1987. 河北平山三汲古城调查与墓葬发掘. 考古学集刊,(5):177
③ 李学勤. 1984. 东周与秦代文明. 北京:文物出版社. 79
④ 中国青铜器全集编辑委员会. 1997. 中国青铜器全集(9) ·东周3. 北京:文物出版社. 32

第六章

春秋战国时期的货币与兵器

货币和兵器是青铜文明的重要内容。春秋战国时期,中国已经从物物交换进入到商品。换言之,货币产生了。中国货币是从生产工具转化而来的。春秋战国时期,我国货币分为四个系统:布币系统、刀币系统、圆钱系统、楚币系统。秦统一中国后,秦始皇统一度量衡,圆钱系统成为中国的主要货币形式。青铜一直是中国古代钱币的主要材料,直至明清。此外,兵器在春秋战国时期呈现出其辉煌。为了更系统地研究春秋战国时期的兵器,本书将同一时期的吴越文化兵器、巴蜀文化兵器、滇文化兵器,楚币系统的钱币,与黄河流域的货币和兵器一起进行综合研究。

第一节 春秋战国时期的货币文化

《史记·平准书》云:"太史公曰:农工商交易之路通,而龟贝金钱刀布之币兴焉。所从来久远,自高辛氏之前尚矣,靡得而记云。"高辛氏即五帝中的帝喾。五帝时代相当于考古学上的仰韶文化中晚期和龙山文化时期,这时已进入邦国文明时代。① 司马迁认为,这个时期已出现商品交换和货币。在河南等地的新石器时代晚期遗址中已经发现了天然贝,被认为是最早的货币,即贝币。贝币即货贝,属于宝贝科,为热带和亚热带生活的种类,完全海产。贝壳多为卵圆形,表面有光泽。壳口窄,在腹面近中部两唇缘有长短不同的齿,可能在五帝时代从装饰品开始成为货币,随着商品交换的逐步扩大,在夏代已成为主要货币。中原地区出土的货贝背部,多有人工凿磨的穿孔,以便贯穿携带。根据穿孔的大小,将货贝分为小孔式、大孔式和磨背式3类。殷墟遗址出土贝币极多,商周金文中常见有易(锡)贝的记载。夏商西周时期,除使用具有自然形态的货贝之外,还制成许多人工仿制贝。有的是作为货币流通,有的是装饰品。依其质地不同,可分为陶贝、石贝、玉

---

① 许顺湛.2008.史海荡舟.郑州:中州古籍出版社.26,27

贝、骨贝、蚌贝、铜贝 6 类。西周中晚期金文中有关易贝的记载已极少见，可能是交通发达、采集较多而引起了贝币的贬值，贝币从而退出了流通领域。

青铜工具出现得很早，在偃师二里头文化遗址中，已出土了刀、锛等青铜生产工具。在商代、西周，如同铲的"銎"。空首布从重量上可分大、小两种，大的重 37 克左右，小的重 12 克左右。春秋、战国时期雒邑流通的空首布，近年洛阳、新安、孟津等地先后有多批出土，计有 5000 余枚，布上铸有十多个周王畿的地名，大型和小型平肩布铸有"王"字的，当是周王城所铸。《国语·周语》载，周景王二十一年（公元前 524 年），周王室铸"大钱"，有"母平子、子权母"，子母相权，钱有二品之说。说明空首布的形制、大小不同，其币制也不同，在周文化遗址中，青铜工具也有大量出现。但相对而言，青铜工具比礼器要少得多。

春秋战国时期，随着铁器的出现，青铜工具因为铸量少更显得珍贵，从作为商品交换的等价物，逐渐成为仿其形而无实际使用价值的青铜铸币。

一、东周王畿的货币系统

平王东迁后，西周时期雒邑与镐京东西二都之间连绵千里的王畿缩小到以都城雒邑为中心的河洛地区。河洛地区有悠久的货币文化传统。早在西周时期，雒邑已设有"泉府"作为中央金融管理机构。到东周时，雒邑的金融管理体系和制度已很完备，金属铸币已普遍流通。开始的法定货币是"钱"，是从称为"钱"（即铲）的农具转变来的。这种铜币又称为"布"，又是"镈"（即锄）的假借字。十分清楚，它是模仿"钱"和"镈"等青铜农具形式铸造的。这种"钱"，古钱币学家称为"空首布"，或称"铲币"。所谓"空首"，指首部有装柄的圆孔，有严格的主币、辅币之分。这是最早的主、辅币货币制度。

发源于雒邑的空首布货币文化对战国各国的货币文化影响深远。从空首布蜕变而来的布币，主要流行于三晋（即魏、赵、韩三国），有圆肩、方足、圆跨的，有方肩、方足、圆跨的，有方肩、尖足、圆跨的，有方肩、方足、方跨的。燕国的铜币，有一种平肩方足的半襄布，铸有地名襄平（今辽宁辽阳），曾出土于辽东半岛和朝鲜北部，当为战国晚期受布币影响后所铸造的。

圜钱也称圜金、环钱，主要流通于战国时的周王畿，以及秦国和魏国。圆形，中央有一个圆孔。钱上铸有文字。这是由青铜纺轮演变而来的。纺轮是纺织工具，纺轮中的圆孔是插缚杆用的。纺轮一般为陶制，青铜纺轮比较珍贵，因此可以作为一种等价物，演化为货币。

战国时期，雒邑除流通空首布外，还铸有圜钱，这种钱圆孔有郭，铸有"东周"、"西周"、"安藏"字样。同时，雒邑作为商业都会，还流通其他诸侯国的货币，近年出土的不少方裆方足空首布，钱面文字有"京一釿"、"梁一釿"、"安邑一釿"等字样，还有铸有"垣"、"共"等字样的圜钱。"京一釿"是韩国所铸，"梁一釿"、"安邑一釿"为魏国货币。"垣"、"共"为魏国地名，铸有"垣"、"共"等字样的圜钱为魏国货币。1955年洛阳王城遗址出土"文信"圜钱石范，传世古钱有"文信"圜钱，形制类似"半两"，当是秦相文信侯吕不韦被封于洛阳时所铸。

春秋战国时期，随着商品经济的发展，在王都雒邑不但铜币广泛流通，而且黄金作为贵重的货币，其流通领域也日益广泛。这个时代使用黄金，用斤、镒等重量单位来计算。雒邑之南的汝水、汉水流域多产黄金，即《管子·国蓄篇》所说"金起于汝、汉"。这时黄金是各诸侯国的通用货币。如《战国策》载，洛阳人苏秦西入秦，欲游说秦王，其所带的路资为"黄金百镒"，当"黄金百镒尽，资用乏绝，去秦而归"。当时周王室的租税收入，也是用黄金来计算的，例如《战国策·西周策》载："温囿之利，岁八十金。"至于国君赏赐臣下，官僚间送礼或贿赂，也多用黄金，如《战国策·西周策》载，西周国大臣昌他叛逃到东周国，西周君给冯且黄金三十斤，请其策划杀掉叛臣昌他。而苏秦说赵成功后，封为"武安君"，赠"黄金万镒"。

二、春秋战国时期三晋的货币系统

晋国与周王室关系密切，平王东迁主要是靠晋、郑两国。春秋时期，晋国多次出兵平定王室内乱，周王畿的城邑也不断通过赏赐成为晋国领土。春秋末年，晋国公室衰微，韩、赵、魏三家最终瓜分晋国，形成韩、赵、魏三个诸侯国，合称"三晋"。

铲币（亦称布币）以其形似农具铜铲而得名。它的铸行和流通区域主要在中原的周、晋地区。铲币可分为原始布、空首布和平首布3个发展阶段。原始布是铲币的最早形态。商代中晚期，在农业经济发达的黄河中游地区，开始使用一种青铜铲形农具钱。因其形体轻小，用途广泛，在长期的商品交换过程中逐渐演化为货币。原始布根据銎部有无系鼻，可分为有鼻铲和无鼻铲两类，无鼻铲又有纵长型和宽博型之分。

三晋的货币系统直接受周王室影响，首先出现的金属铸币是布币。1959年，山西侯马"牛村古城"南东周遗址的春秋晚期地层中，出土12枚耸肩尖足空首布和大量的空首布内范、范芯。出土的空首布和内范特征：耸肩，

平直裆，尖足。一般通长13厘米，多为素面，面背各有三条垂纴纹饰。① 这一地区是春秋晚期晋国遗址，为晋景公十五年（公元前585年）迁都新田处，这批耸肩平直裆型尖足空首布应是迁都以后铸造的。一般认为，这是根据考古发掘判定的年代最早的布币。侯马空首布铸造工场的发现，证明了空首布的铸造是采用一范一布的工艺，布成毁范取钱，范的制作不可能没有误差，这造成了耸肩尖足空首布外形尺寸和重量上的差别。但是能把其尺寸和重量控制在一定的范围之内，可见当时的铸造工艺之精。

韩、赵、魏三家分晋后，布币更是得到强势推广。1935年，河南汲县山彪镇战国墓地一号大墓出土约808枚空首布，属耸肩平直裆型尖足空首布。币面没有文字，一般通长11.7厘米、币身长8厘米、肩宽4.9厘米、足宽5.5厘米、币身厚0.05厘米、柄长4.7厘米、銎口1.6厘米×1.3厘米，重约14.7克。从地层关系确定为战国晚期魏国贵族墓地。② 赵国辖境发现钱币窖藏地点主要集中在山西。20世纪50～60年代在赵地阳高、原平、太原、忻县、交城等地以及内蒙凉城，共出土约2万枚布币。特别是1963年4月，山西阳高县天桥村发现战国布币13000余枚，重达102公斤。其中属于赵国的布币24种，共计7000余枚；韩国的布币3种，魏国的布币6种，东周君的布币1种。③ 韩国辖境发现钱币窖藏地点主要集中在洛阳市的宜阳、洛宁等地。宜阳为韩国早期都城，宜阳故城及周围出土布币众多，1986年8月，王瑶村农民在村东砖瓦窑取土时发现一批斜肩空首布，重9公斤，计377枚，分"武"字布、"三川"布和"卢氏"布三种类型。"三川"和"卢氏"指韩国的重镇宜阳、卢氏，因此这批布币是韩币无疑。

三晋布币和周王畿布币属一个系统，有共同特点。主要分空首布和平首布。空首布由原始布演变而来。因柄上有一较长的楔形銎，中空可以插柄，故称为空首布。主要有平肩弧足空首布、斜肩弧足空首布、耸肩尖足空首布三种类型。平首布是战国时期铸行于周和三晋，以及燕、中山等国，形制源于空首布，因布首扁平，故称平首布。平首布，主要有弧裆方足布、锐角方足布和平裆方足布3种。弧裆方足布为战国早中期魏国铸币。锐角方足布是战国早中期韩国铸币。平裆方足布依铸行国别不同，可分为三晋平裆方足布和周王室平裆方足布。

虽然布币形制不同，但从布币的重量看，空首布有一定的规律性。年代越早空首布越重，如侯马出土的耸肩空首布和伊川出土的平肩空首布，均重

---

① 山西省文管会侯马工作站.1960.1959年侯马牛村古城南东周遗址发掘简报.文物，(8,9)：12
② 郭宝钧.1959.山彪镇与琉璃阁.北京：科学出版社
③ 山西省文物管理委员会.1965.山西阳高天桥出土的战国货币.考古，(4)：169

约 30 克。新安出土的小型平肩空首布，一般重 15.3 克，恰为大型的一半。春秋晚期到战国早中期的布币，分为半釿、一釿、二釿三个重量，也是三个币制。因此，布币流通是按其重量确定其币制的。

战国晚期，魏、韩两国也铸行圜钱，赵国铸行刀币，圜钱的铸造是受周王畿圜钱的影响，刀币则是受燕国刀币的影响，但数量较少。大体而言，春秋战国时期三晋的货币系统是受了周布币系统的影响。

三、春秋战国时期燕齐的货币系统

燕国、齐国位于北方和东方，与周王畿相对较远，与三晋不同，它们形成独特的刀币文化。但是齐国也铸造圜钱，燕国仿铸布币，同时铸圜钱。布币和圜钱不是其货币文化的主流。

刀币由生产工具的青铜刀演变而成。流通于春秋战国时期的齐、燕、赵等国。种类很多，有齐刀、即墨刀、安阳刀、针首刀、尖首刀、圆首刀和明刀等。

刀币，仿刀之形，由刀首、刀身、刀柄和刀环四个部分组成。刀之缘以外廓，刃不向外，向左而不向右，所说凹背凸刃，刀首近于三角形，刀身和刀柄是大小相近的两个长方形，刀环呈圆形，这几种几何形体巧妙地组合在一起形成了一种平稳周正、丰满、圆润的刀币，是形象美与和谐美的集合体。刀币主要分燕刀、齐刀和赵刀。赵刀是仿燕刀而做，在其国不是主币。燕刀、齐刀则是两国的主要流通货币。

燕国铸有"尖首刀"、"针首刀"和"明刀"等。"针首刀"（刀首呈尖刺状）、"尖首刀"（刀首呈锐角）是燕国早期刀币，刀身通长 15～18 厘米，宽约 1.8～2.6 厘米，重约 15～16 克。文字简单或无文。明刀是战国时期燕国的主要货币，其得名于每个刀币上都有一个字，这个字是"偃（燕）"字的省文，前人误读为"明"，故称"明刀"。明刀通高约 13～14 厘米。早期的形体较大，刀背略弯，刀身上宽下窄，通高约 14 厘米，重 13 克左右；中期的形体比早期的略小，形状变化不大；晚期的刀身上下等宽，刀背较直，柄向内曲明显，刀重减轻到 10 克左右。中期、晚期的背文一般字数较多，常在"左"、"中"或"右"之下系以数目字。

燕国明刀币出土很多。在河北省易县燕下都遗址中，考古学者发现有铸钱作坊的遗迹，除出土明刀外，还有不少的泥范，范为长方形，一范之上并列五模。河北省承德还发现有石质铸范，可知当时铸范质地不止一种，铸地也不止燕下都一处。燕下都、北京呼家楼、石家庄东古城村、承德八家子、绵州大泥洼等地发现了大量的燕国刀币，甚至有的窖藏多达数百斤。特别是

河北沧县肖家楼一处战国遗址一次出土明刀 10399 枚，出土时叠置坑中，捆扎成束，排列整齐。①

齐国铸造的钱币在山东各地多有发现，大约三分之一的县（市）曾先后出土。齐刀比较厚重，以厚大精美著称，基本形制是尖首、弧背、凹刃，刀的末端有圆环，面、背有文字或饰纹。齐刀分为"三字刀"、"四字刀"、"五字刀"和"六字刀"，目前已经发现并著录的齐刀有"齐法化"、"齐之法化"、"安阳之法化"、"节墨之法化"、"簟邦法化"、"齐建（造）邦长法化"等数种。其中"节墨"、"安阳"、"齐"均为地名。这几种齐刀，一般长 18 厘米左右，宽 2.8 厘米左右，重 42~50 克。

战国晚期，在齐国刀币通行的同时，还铸造了圜钱。例如，济南五里牌坊出土钱币 759 枚，圜钱占 92%。钱文有赈六化、赈化、赈四化等。形制大体相同，大小轻重各有差异。② 赈四化钱直径一般 2.9 厘米左右，重 4.7~6.7 克。赈六化直径 3.5 厘米左右，重 7.4~10.7 克。赈化直径一般 2.2 厘米，重 1.4 克左右。三者之间有一定的比例换算关系。

四、春秋战国时期楚国的货币系统

蚁鼻钱流行于战国时期的楚国，像人面，俗称"鬼脸钱"。钱上的文字普通释作"各六朱"或"各一朱"，三字连写，笔画像一只蚂蚁。又因两"口"像鼻孔，故通称为"蚁鼻钱"。其形亦有上狭下广者之分。这是一种从青铜面具发展而来的货币。

春秋战国时期楚国的货币文化非常发达。楚国的货币为铜币、金币、银币三个系列。

楚国的铜币主要为蚁鼻钱，又称鬼脸钱。在湖北、湖南、河南、安徽、江苏、山东等省的许多地方都有发现。1963 年湖北孝感野猪湖一次出土 5000 枚，平均约重 4.37 克。③ 1972 年，仅山东曲阜一次就发现了 15000 枚之多，这批蚁鼻钱分大、中、小三种，最大的重 4.2 克，最小的重 0.6 克。④ 楚国的铜币还有布币，体型狭长，平肩方足，首有较大的圆孔，大型的一般通长 11 厘米，宽 4 厘米。这种布币在丹阳、杭州都有发现。⑤ 楚国布币是受周王畿和三晋布币文化影响下在战国晚期铸造的。

---

① 天津市文物管理处 . 1973. 河北沧县肖家楼出土的刀币 . 考古，(1)：35
② 刘心健，杨深赴 . 1980. 日照县出土两批齐国货币 . 文物，(2)：74
③ 程欣人 . 1956. 孝感县发现的楚贝整理完毕 . 文物，(12)：62
④ 朱活 . 1982. 中国考古学会第二次年会论文集·蚁鼻新解——兼谈建国以来山东出土的楚贝 . 北京：文物出版社
⑤ 汪庆正 . 1965. 十五年以来古代货币资料的发现和研究中的若干问题 . 文物，(1)：30

楚国金币文化发达。根据出土的情况看，已知的先秦金银币都是楚国的。楚国金币是爰金。爰金的形状有版、饼两类，是先将黄金做成版或饼状，再用印戳打上文字，也有无字的。使用时需切割成小块，称量。成色为93%~99%。目前发现有郢爰、陈爰、鄟爰等不同铭文。前者是地名，后者是重量单位，表示黄金的重量。郢爰是楚国建都于郢时所铸的，是目前发现最多的一种金币。河南、浙江、山东、陕西、湖北、安徽、江苏等都有出土。陈爰的出土量仅次于郢爰，在河南扶沟、陕西咸阳、安徽寿县等地都有出土。1982年江苏盱眙南窑庄出土的窖藏金版中，有一块"郢爰"呈长方形，重610克，正面钤印54个，加上6个上半印，钤印总数有60个，是迄今发现的最大的"郢爰"金版。①

除金、铜币外，楚国还有银币。1974年8月在河南扶沟古城村出土了18块银布币，银布币可分为短、中、长三种型，最短8.4厘米、宽5.8厘米，最长15.7厘米、宽5.8厘米，18块银布币中空首布1块，重量约为134克，其余皆为实首布、平肩，最重约为180克。② 布币与周晋原始布相似，显然是在周王畿布币影响下铸造的，年代最早可至春秋晚期。

五、春秋战国时期秦国的货币系统

秦国在商鞅变法以前，国力薄弱，铸钱的可能性较小，至今仍未发现史料记载与实物证据。秦孝公时商鞅去魏入秦，进行变法改革，但他采取打击商业的严厉措施，秦国仍未铸币。《史记·始皇本纪》载："惠文王生十九年而立，立二年初行钱。"也就是公元前336年，秦国才开始铸钱。这个记载被四川青川郝家坪M50出土的半两钱所证明。秦国货币文化落后，传世秦币极少，出土数量也不多。秦国圜钱与周王畿和韩、魏等国不同的特征是以"两"为货币单位，币面只记货币单位，不记地名。秦圜钱，最初是圆形圆孔无郭，背面平素无文，大致有一两圜钱、半圜钱、两甾钱、十二铢钱、半两钱。战国晚期圆形方孔的"半两"钱由于适合当时流通的需要，得到迅速发展，后来成为全国统一的货币。

秦币是据钱文计算币值，而不是据其实际重量。如半两钱是据其上的"半两"文字计算币值，并非都是重半两。如陕西凤翔高庄秦墓出土半两钱580枚，最大的径3.2厘米，重6.75克，小的径仅1.15厘米，重0.2克。③

---

① 姚迁.1983.江苏盱眙南窑庄楚汉金币窖藏.中国钱币，(2)：35
② 河南省博物馆，扶沟县文化馆.1980.河南扶沟古城村出土的楚国银币.文物，(10)：61，62
③ 吴镇烽.1981.陕西凤翔高庄秦墓地发掘简报.考古与文物，(1)：35

这就是《史记·平准书》所说的秦钱"各随时而轻重无常"。

第二节　春秋战国时期的青铜兵器

青铜器是中华民族祖先对人类物质文明的巨大贡献,从青铜器的使用规模之广泛、造型艺术之瑰丽、铸造工艺之精良及品种繁多等方面看,世界上其他任何一个地方的青铜器都不能与之相媲美。这就使中国古代青铜器在世界文化史上占有独特的地位,从而引起了人们的广泛重视。

《左传·成公十三年》:"国之大事,在祀与戎"。如果说青铜礼器是商周时期"祀"的代表器物,那么作为另一项国事的"戎",其物质表现就是各种青铜兵器了。中国的青铜兵器和其他青铜器一样,无论在种类、数量,还是使用规模上,在全世界古代文化史上都是独一无二的。它们是中国古代灿烂的青铜文明的一部分,又是我们研究战争史、军事史必不可缺的考古实物资料,其铸造技术和装饰工艺,在我国科学技术史上放射出绚丽的光彩。

一、中国铜兵器的发展

原始社会晚期,我国已经发明了冶铜术。约公元前 21 世纪,从夏代开始,我国进入青铜时代。夏是我国第一个奴隶制国家。据史籍记载,夏代建有军队,并且能用铜铸造器物。考古证实,河南、甘肃等地在相当夏代纪年的文化遗址中,出土有青铜冶铸遗存,和矛、镞、刀、匕等铜兵器,说明夏代的军队在装备大量石兵器的同时,开始装备少量青铜兵器。公元前 16 世纪商朝建立后,军队人数增加,车兵渐兴,这就对兵器的发展提出了相应的要求。商代青铜冶铸技术的进步,为青铜兵器的发展提供了物质技术条件。商代青铜冶铸技术从选矿、混炼到熔炼、制范、铸造等各个程序都是较为进步的,从而制造出了种类比较齐全的青铜兵器,有戈、矛、钺、镞等。

西周于公元前 11 世纪建立,为了镇压殷民反抗和扩充疆域,以及战争的需要,周王朝组建了更大规模的军队,形成了适合战车作战特点的完整的青铜兵器系统。这一时期青铜兵器在制造技术、种类、形制、性能上,都有很大的提高。在技术上,浑铸工艺、器物表面的镶嵌工艺、铸件缺陷的修补工艺等发展起来。由于周人对青铜的合金组分、性能和用途之间的关系有了进一步的认识,青铜的冶铸规模和分布地区也在继续扩大。在种类上,增加了青铜戟、青铜剑和青铜殳。形制上有较大改进,构造比商代更趋成熟。如矛的长度加长,刃长而骹短;便于缚柲的短胡戈成为戈的基本形制,这些更

第六章 春秋战国时期的货币与兵器

能提高它们的作战能力。

春秋战国时期大国诸侯争霸，战争频繁。这些战争总是朝中国统一的方向发展，而争霸和统一又是生产力发展要求的间接反映。因此，整个春秋战国时期，青铜兵器业的发展是空前的，青铜兵器的使用达到全盛时期。现考古发现的青铜兵器遗存数量不少，但在经年不断的战争消耗后，这些存留恐怕只是当时实际使用兵器中的小部分。

这一时期青铜兵器业的发展体现在以下几个方面。

在形制上，各种青铜兵器都达到其成熟阶段。如戈由短胡进一步发展到长胡，由一穿发展到三穿或四穿，使缚柲的效果更佳，戈内则做成三边有刃，使其勾杀功能进一步提高。矛的锋部更加厚实，出现血槽，刺杀力大增。剑长度加长，带格圆茎剑使用起来易于把握，劈刺自如。戟由一戈一矛的组合，发展到二戈或三戈的组合，木柲的长度更长，车战能力大大提高。青铜弩机使弓箭由以手拉力发展到机械发力，弓箭的远射能力和瞄准性能大为增加。

在数量上，春秋战国时期青铜兵器的考古发现不可计数。如1971年在河南省新郑白庙范村发现了一批战国铜兵器，① 经初步缀合，计有铜戈、铜矛和铜剑180多件。齐国作为春秋战国时期的一个军事强国，拥有兵器的数量相当可观，齐地出土兵器证明了这一点。仅潍坊地区发现收集的齐青铜剑就多达500余件，青铜戈也达500余件。② 一些小的诸侯国也铸造有种类齐全的青铜兵器，如湖北随县（今湖北随州）的曾侯乙墓就出土了各种各样的青铜兵器。③ 青铜兵器的制造范围和规模扩大，已不限于中央王室，各诸侯国都在制造兵器，且都设有严格的监造兵器的官员和相应制度，另从生产过程的管理到产成品的检验存储，一般也建立了较严格的制度。如戈戟等兵器的内部常铸刻铭文，记载铸造的年月、地点、各监造职官和人名。春秋战国之际，越国是铸剑的名邦，越王者旨于赐剑，铸作锋利精湛，剑格上有用美术篆字书写的越王之名。越王名字用绿松石镶嵌，极其优美，这类剑是剑类中最为豪华的铸作。把王名铸在剑格上是越国王室用剑的一种制度，目前自越王勾践以下，发现了连续四个铸有越王名的剑。④ 另外，从战国的水路攻战纹鉴图案上，我们可以看到每个士兵的装备已不仅是一件兵器，最起码的装备是一件短兵，如剑，和一件长兵，如戈或戟。兵器装备的增加，无疑使兵器生产数量激增。

---

① 郝本性.1972.新郑"郑韩故城"发现一批战国铜兵器.文物，(10)：32~37
② 闻人军.1988.考工记导读.成都：巴蜀书社.32, 33
③ 随县擂鼓墩一号墓考古发掘队.1979.湖北随县曾侯乙墓发掘简报.文物，(7)：1~24
④ 李学勤.1984.东周与秦代文明.北京：文物出版社.155

在质量上,各种兵器的合金比例更趋合理,并能充分利用合金比例不同的物理性能,提高兵器的使用性能。如铜剑的脊、刃分别采用不同配比的青铜合金嵌铸而成,使其脊韧刃利,既不易折断,又保持锋利。吴越地区是天下铸剑的名地,长江流域出土的吴越青铜剑,前锋狭,两刃较宽,剑格宽厚,铸纹饰或铭文,茎圆有箍,剑首有同心圆,剑刃磨制精厉,锋芒逼人。如吴王光剑、吴王夫差剑、越王勾践剑、越王者旨于赐剑、越王州勾剑等都是当时最高水平的铸品。它们不但用料考究、铸作精湛、装饰华丽,而且锋尖韧利。尤其是其工艺造型的表面处理技术,如浅层填充金属、镶嵌绿松石和金银等,天下莫可伦比。但不得不提到一点,这些剑炫耀身份地位的作用恐怕要大于其实战性能。这也就使得残存数量极少的这些兵器,其收藏研究价值远胜于一般形态的其他青铜兵器。它们是青铜兵器中的精品,是青铜铸造技术、装饰工艺、美术及科技等方面的结晶。在青铜兵器的铸造上,中原地区以外的周边少数民族,也发展了具有本民族特色的铸造技术。如楚国和巴族地区,对青铜兵器的表面处理相当独特,用一种高锡合金做成几何块状熔铸在兵器的基体上,形成各种几何纹样的亮斑,增强了兵器的外观装饰,效果很好。蒙古草原的马上民族匈奴、鲜卑、东胡等制造的各种短剑,以实用为主,剑柄上有羊、鹿、马等简单的动物或人形装饰。纯粹属于艺术装饰的是所谓鄂尔多斯式的各种动物搏斗牌饰,纹饰粗犷生动,为草原艺术的本色。

总的来说,春秋战国时期青铜兵器业持续发展,青铜兵器的制造技术已相当成熟。一是能够综合运用分铸、浑铸、锡焊、铜焊、复合金属铸造、表面纹饰的再处理、熔铸等技术。二是熟练掌握了青铜合金配比技术。能够根据器物不同性能的要求,按比例配制青铜合金。借助于制陶发展起来的高温技术而发展了成熟的铜合金技术。三是出现了铸造工艺技术专著——《周礼·考工记》。它是我国现存最早的一部手工业技术著作。书中对兵器制造技术进行了较全面系统的总结,对于制车、制弓、制箭、制甲、制器柄等,从选取材料、尺寸比例、制作工艺、产品检验等方面提出了明确的技术标准,成为指导兵器生产的规范。

春秋战国时期青铜兵器发展到高峰阶段,而冶铁技术也开始兴起,并被马上运用到兵器生产的领域,铁质兵器以其更良好的金属性能而发展迅速,取代青铜兵器已是大势所趋。但当时冶铁水平的限制使得铁质兵器仍旧不能完全取代青铜兵器,青铜兵器仍然是军队中的主要装备。陕西临潼秦始皇陵东侧秦俑坑中出土的兵器,绝大多数是青铜兵器。[①] 直到西汉武帝时期,冶

---

① 始皇陵秦俑坑考古发掘队.1975.临潼县秦俑坑试掘第一号简报.文物,(11):12

铁业有了进一步的发展,铸造兵器的材料几乎都用了铁,青铜兵器才最终退出了中国古代的战争舞台。

二、春秋战国时期青铜兵器的形制特点

春秋战国时期使用的青铜兵器主要有格斗、卫体、远射三大类。格斗兵器有戈、矛、戟、钺等;卫体兵器有剑、匕首等;远射兵器是镞和弩。青铜兵器的形制有着鲜明的特点。

戈:一种用于钩杀的兵器,由戈头、柲、柲冒和镦四部分组成①,是商和西周时期的主要兵器之一。春秋时期戈以中胡二穿的式样居多,普遍在戈援的上刃末端与阑的连接处再加一个小穿,便于戈头更牢固地缚在柲上。春秋中晚期,戈的援部从前锋呈三角形改变为上下刃弧线前聚。战国时期,戈的援部和内部都发生了很大的变化,援身上扬与内成一定角度,背微拱起,呈长弧状,具有明显的时代特点。② 从整体上看,戈体已比较狭长,使用起来轻便灵巧。

矛:用于刺杀的长兵器,矛头包括"身"、"骹"两部分。身有锋刃,中线称脊;骹中空,略呈圆锥形,用来插柲。③ 商代晚期开始大量使用。西周以后,矛叶渐向窄长发展,呈柳叶形,春秋早期后骹两侧的系消失。④ 春秋晚期时,窄体矛逐渐定型。战国时期,矛形体更加细长,刃部多在前端内聚成尖锋,矛体厚重,有的在中脊上突出一至二道刃口,与两侧锋刃形成较深的血槽,具有很强的杀伤力。后来,矛的作用逐渐被戟所替代,成为戟的附件之一。

戟:一种合戈与矛两种兵器功能为一体的兵器,柲顶为矛,其下有戈,既可前刺,也可横击与勾杀。⑤ 商代戟是戈矛分铸,西周时则多将戈矛合铸成一体。⑥ 春秋战国时期,由于战争频繁,兵器消耗加大,使得西周盛行的戈矛合铸的戟不能适应战争的需要,而又改回分铸式。这样即使损坏了其中的一部分,可以用新的替换,而不必更换整件兵器,经济实用。春秋时期的戟,援部平直,戟刺较长;战国时期,戟援细长而上扬,前刃与锋部略下弯,多长胡二穿,多有下阑而无上阑,内末斜刃上翘。⑦

---

① 杜迺松.1980.中国古代青铜器小辞典.北京:文物出版社.59
② 朱凤瀚.1995.古代中国青铜器.天津:南开大学出版社.257,258
③ 杜迺松.1980.中国古代青铜器小辞典.北京:文物出版社.62
④ 朱凤瀚.1995.古代中国青铜器.天津:南开大学出版社.262
⑤ 朱凤瀚.1995.古代中国青铜器.天津:南开大学出版社.265
⑥ 杜迺松.1980.中国古代青铜器小辞典.北京:文物出版社.62
⑦ 朱凤瀚.1995.古代中国青铜器.天津:南开大学出版社.266

钺：用于砍杀的兵器或刑具，形状像后来的大斧①，只不过钺身一般比斧宽且扁。钺的形制一般呈长方形或梯形、弧刃，肩部有穿，用来安装长柄。内通常较短，有的有穿孔。有些钺雕镂的非常精致，可作为仪仗用具。商代晚期青铜钺较为鼎盛，西周以后的就发现较少了。春秋战国时期的铜钺，中原地区发现极少，目前所见只有 1974 年河北平山县中山王墓出土的一件。② 钺身近扁，刃的弧度较大，呈半圆形，通体饰以几何纹。

剑：短兵器，可以手持或佩带。作为兵器主要是近体护身，可斩可刺。商、西周时期的剑，大多是贵族阶级身份地位的标志，实战性能小。春秋战国时期，战争中车战的作用逐渐减弱，骑兵和步兵的配合作战逐步兴起，青铜剑因适合短兵相接的战斗而成为军队的必备武器。春秋早中期剑多为圆茎，剑身短小。春秋晚期到战国时期是青铜剑最为盛行的时期，剑的形制已经成熟，各部位都有专名，前端为"锋"，中间凸起的棱为"脊"，脊两边称为"从"，刃称为"锷"，剑柄为茎，茎与剑身相接处起护手作用的部位称为"格"，茎末端为"首"，绕在茎上的绳称为"缑"。③ 此期的剑身普遍加长，横截面作菱形；多为单脊，少数作凹脊。④ 春秋晚期以降，南方的吴越是铸剑较为发达的两国。上文我们已经提到，传世和出土的吴越铜剑非常精美，且往往铸有吴王或越王的名字，表明是自己所用之剑。吴越剑盛名天下，流传广泛，中原地区也常有出土。如 1964 年山西原平就出土有吴王光剑。⑤ 一般而言，中原地区的剑多是扁茎剑；空心圆茎剑则散见于南北各地；实心圆茎剑常见于南方吴越地区。

匕首：是一种短剑，近身杀伤武器，短小锋利，与剑的形制相似，缩小版的剑。《史记·吴太伯世家》载："使专诸置匕首于炙鱼之中以进食，手匕首刺王僚。"司马贞索隐："刘氏曰：'匕首，短剑也。'《通俗文》云：'其头类匕、故曰匕首。短刃可袖者。'"匕首出土甚少见，大多是战国时期器。

弩：是由弓发展而成的兵器，一件完整的弩是由弩臂、弩机和弓构成。其中弩机是弩的关键部件，包括牙、望山、悬刀、机塞、枢轴五部分。⑥ 两牙在望山前，下部与望山连为一体；机塞置于牙前，其后分为两齿，上齿顶

---

① 杜迺松. 1980. 中国古代青铜器小辞典. 北京：文物出版社. 60
② 河北省文物管理处. 1979. 河北省平山县战国时期中山国墓葬发掘简报. 文物，(1)：11
③ 朱凤瀚. 1995. 古代中国青铜器. 天津：南开大学出版社. 271
④ 朱凤瀚. 1995. 古代中国青铜器. 天津：南开大学出版社. 272
⑤ 戴遵德. 1972. 原平峙峪出土的东周铜器. 文物，(4)：70
⑥ 对于弩机部件的名称，可以参看《释名·释兵》："弩，怒也，有势怒也。其柄曰臂，似人臂也；钩弦曰牙，似人齿牙也；牙外曰郭，为牙之规廓也；下曰悬刀，其形然也。合名之曰机，言如机之功也，亦言如门户枢机，开合有节也。"

住两牙下部连接处，下齿钳在悬刀刻口内，使用时，先拉弦触动望山，牙上升，钩住弓弦，同时带起机塞，钳住其下齿，遂使弩机关锁，然后将箭矢放于牙前凹槽内以望山瞄准后，扳动悬刀，机塞滑下，牙亦随之缩下，被牙所钩住的弦即弹出，将矢发射出去。① 这种装置增加了箭矢的射程，较之弓箭有更高的命中率与杀伤力，从而成为战国时期最具威力的兵器之一。考古发现迄今最早的铜质弩机是战国早期的，出土于山东曲阜鲁故城乙组墓 M3、M52 中。两件弩机皆铜质，基本构件俱全，只是没有铜郭，当时以铜弩机直接安装于木臂掏空形成的郭内。秦陵弩俑坑中的弩弓盛于麻布制成的韬内，弓干和弩臂均为木质，弩臂长约 70 厘米，弓长 133 厘米，弓干上原缠有革条，表面髹漆。木、革、漆均已腐朽，唯有青铜制作的弩机构件和箭镞仍完好保存。② 弩机的形制，由勾弦的"牙"、瞄准的"望山"和作为扳机的"悬刀"几部分用枢钉连接，其中悬刀呈长方形，望山加大加高，有利于增强机件的灵活性和瞄准的准确度。

镞：即箭头，箭铤前端的锋刃，由尖锐的锋、张开的翼以及脊和铤组成。形式有双翼、三翼、三棱等多种。③ 最早见于夏代晚期，二里头文化时期即已出现，其形制随着时代的发展而有所变化。春秋时期的镞多是三棱式或圆锥式；战国时期以三棱式为主。春秋战国时期的双翼镞，镞身瘦长，双翼后伸部分成长条状或与脊相平行。如上村岭虢国墓 M1747 出土的镞就是双翼后伸成长条状，通长 6.8 厘米。④ 洛阳中州路 M4 出土的镞则是双翼后锋平齐，与脊近平行。⑤ 长治分水岭 M35：11 出土的镞属于战国晚期，双翼后伸部分甚长且成细条状，镞身断面近菱形。⑥ 三翼镞形制，镞身圆脊上附三翼，间距 120 度角，成为三刃，其间有血槽；还有一种三翼较宽，刃斜直。⑦ 此种镞始见于春秋中期偏早，盛行于春秋晚期至战国时期。三棱镞的镞身断面成三角形，无外伸之翼，脊三条棱成刃，脊下透出本。

三、春秋战国时期边远地区少数民族的青铜兵器文化

春秋战国时期，边远地区少数民族的青铜文明也得到了迅速发展，它们吸收华夏民族青铜文明的优秀基因，在各自的民族文化背景下形成了颇具民

---

① 朱凤瀚.1995. 古代中国青铜器. 天津：南开大学出版社. 273
② 山东省文物考古研究所等.1982. 曲阜鲁故城. 济南：齐鲁书社. 154，155
③ 朱凤瀚.1995. 古代中国青铜器. 天津：南开大学出版社. 275
④ 中国科学院考古研究所.1959. 上村岭虢国墓地. 图一三零：6. 北京：科学出版社. 20
⑤ 中国科学院考古研究所.1959. 洛阳中州路. 图七零：2. 北京：科学出版社. 102
⑥ 山西省文物管理委员会.1964. 山西长治分水岭战国墓第二次发掘. 考古，(3)：131
⑦ 朱凤瀚.1995. 古代中国青铜器. 天津：南开大学出版社. 277

族风格的青铜艺术，尤其是他们制作的青铜兵器，是我们研究和探讨中国古代青铜兵器所不能忽视的元素。能够自成体系的少数民族青铜兵器包括北方草原民族的鄂尔多斯青铜兵器、西南地区的滇族青铜兵器、长江上游地区的巴蜀青铜兵器等。这些地区的青铜兵器有着自身独特的艺术风格，与华夏族的青铜文明有着千丝万缕的联系，同时也对中原地区的青铜工艺产生了一定的影响。下面我们简要了解一下这些地区春秋战国时期的青铜兵器。

鄂尔多斯青铜兵器：鄂尔多斯草原是我国北方的一个大草原，商周时期，这里生活着的游牧民族，制作了独具民族特色的青铜器。在今长城以北沿线，曾出土大量以动物纹装饰器物的青铜艺术品，由于这类青铜器主要出土于鄂尔多斯草原，人们就富有诗意地称之为"鄂尔多斯青铜器"，丰富多彩、淳朴自然、抽象夸张是其器物的总特征。其中，青铜兵器主要有短剑、短刀、鹤嘴斧等，它们是鄂尔多斯青铜兵器中最具有民族特色的器类。至今在我国大草原上的游牧民族，仍保留随身佩带短剑或短刀的习俗。春秋战国时期，他们的短剑或短刀以直柄直刃式居多，西周至春秋早期的那种以兽首为首的形式不见，代之而起的首部是两个回顾式的鸟头，构思非常巧妙，造型也很别致。①

滇族青铜兵器：滇族是我国云南地区的一个古老民族。1955 至 1960 年间，云南晋宁石寨山发掘到一批古墓葬，出土器物证实此墓葬就是古滇族的墓葬。② 随葬品特别丰富，有青铜器、铁器、金银器、玉石器等。青铜兵器又是青铜器中发现数量最多的器类，有戈、矛、钺、啄、剑、镞、弩机等。这些兵器的种类虽然源自中原，但形制、纹饰上则表现出浓郁的民族特征。剑是出土较多的一种兵器，有圆茎宽平格和三叉式剑格两种。前者剑格较薄，剑身无血槽，多饰以人兽搏斗纹，剑茎多饰云纹、几何纹或人物纹。后者剑身中脊突出，形成血槽，剑茎常作螺旋状无纹饰。③ 矛，形体一般较狭长，骹部较深，锋刃部有柳叶圆肩式、直刃形斜肩式或直刃形倒刺式三种。也有少数矛形体阔短，其骹部作成蛙形或骹侧饰以兽形钮，前锋不尖锐，似乎不是实用兵器，可能是仪仗用具。④ 戈形制较多，有内安柲和銎安柲两种形式。援部有斜勾援宽本式和狭条援宽本式两种，前者援部前锋向下倾斜，下刃部凹弧，戈本较宽；后者上下援较平直，接近戈本处急剧加宽。一般都

---

① 王振华．1993．商周青铜兵器·中国商周青铜兵器概述．古越阁藏，57
② 云南省博物馆．1959．云南晋宁石寨山古墓群发掘报告．北京：文物出版社
③ 王振华．1993．商周青铜兵器·中国商周青铜兵器概述．古越阁藏，57，58
④ 王振华．1993．商周青铜兵器·中国商周青铜兵器概述．古越阁藏，58

无胡，多饰人形纹或几何纹，装饰绚丽精致。① 啄是滇族特有的青铜兵器，形制一般作长銎细长刃，前锋呈平刃形，主要起啄击作用，銎多饰动物纹。

巴蜀青铜兵器：巴蜀是商周时期活动在今四川地区的两个方国。两国的文化面貌比较接近，从现今的考古发现看，对二者还很难作区分，所以一般统称为巴蜀文化。1986年四川广汉三星堆发现了祭祀遗址出土大批青铜器。② 其中兵器为典型的巴蜀文化遗存，形式多样。兵器的主要种类有柳叶形剑、各种形制的戈、弓形钮的矛和圆刃钺。剑有长短之分，短剑，形狭而短，剑茎与剑身无明显分界，剑茎上有穿，剑身近茎处多用浮雕的装饰方法饰兽纹；长剑是由短剑发展而来，剑茎较长，剑身的前锋狭而尖锐，中脊隆起，形成血槽；两种剑的剑身处多有银白色亮斑，这是巴蜀文化的特征。戈在巴蜀兵器中发现较多，形制变化也较大，但形制上多是中原地区商周时期戈的遗风，只是纹饰方面独具本民族特色，否则很难与中原地区的铜戈相区分。矛的形制较为统一，变化只在骹的长短。锋刃部均作柳叶形，骹部两侧有弓形钮，这种钮的形式是青铜文明的青铜矛所没有的。③

---

① 王振华.1993.商周青铜兵器·中国商周青铜兵器概述.古越阁藏,58
② 四川省文物管理委员会.1989.广汉三星堆遗址二号祭祀坑发掘简报.文物,(5)：1~20
③ 王振华.1993.商周青铜兵器·中国商周青铜兵器概述.古越阁藏,59

第七章

青铜礼乐器组合及其思想意识

殷、周、春秋及战国前期，是我国青铜文明的鼎盛时期，黄河流域出现大量的青铜器皿。特别是青铜礼乐器，代表着青铜文明的顶峰，充分地表现出我国古代青铜文明的辉煌。从我国古代文献的记载以及近年来考古的发现来看，青铜礼乐器是有一定的组合形式，而且这种组合形式表现出中华民族古代的思想意识。但是古代文献的记载与考古发掘的实物资料有时又出现不相符合的情况。本书就文献记载及考古出土的青铜礼器和乐器研究黄河流域青铜礼乐器组合形式及其表现出来的思想意识。

第一节 青铜礼器的组合形式及思想意识

远古时期，鼎、簋、簠、甑、甗、盆、壶、鬲、罐、碗、豆、笾皆是人们用来炊煮和盛食的器皿。酿酒业发明以后，人们在宴享或祭祀中又发明了作为酒器的爵、觚等，鼎、簋、鬲、尊等器皿，这些器皿逐渐被赋予神圣的含义，成为礼器。

在礼器的使用中，鼎、俎是盛放牲肉之类的器皿。鼎又分为镬鼎、升鼎、羞鼎。镬鼎是煮牲肉之器。升鼎，亦称正鼎，是盛牲之器。羞鼎，是一种备调味品的陪鼎。俎，载牲体之器，似几。簋、簠是盛放黍稷稻粱之器。豆，木制容器，盛放的是以酱调和的菜。笾，以竹编制而成，盛放的主要是枣、粟、糗、果脯之类的干物。铏，是盛羹之器。铏盛羊、牛、豕之羹，并和以菜者，羹曰铏羹，又称铏芼。壶、甒、缶、尊是盛酒器。

贵族们在宴享中，为了表现自己的高贵的身份，把盛食器皿分为不同的规格和等级。殷周时期的礼器组合的制度是不相同的，并反映出不同的思想意识。

黄河流域古代的礼器组合形式分为殷、周两大文化系统。殷商文化系统的礼器组合形式是鼎、簋、豆、笾等的组合，皆呈偶数形式，表现出殷人追求对称美以及对女性的尊重。而周文化系统的礼器组合形式是鼎呈奇数，簋、豆、笾等皆呈偶数。奇数组合可以突出一个"居中"、"中央"、"太极"的地位，然后再形成对称形式，表现了周天子至高地位的形成。周文化系统的鼎与簋、豆、笾等礼器组合呈奇、偶组合形式，反映了周人的阴阳思想意识。

一、商文化类型的礼器组合形式

商代贵族在礼器的使用方面有独立的文化系统。先秦时期，我国的东部、南部地区是指东夷、南淮夷、南方楚国，以及西部的秦国受商文化的影响与商的文化系统相同。商部族以及影响所及的地区方国，皆具有偶数崇拜的意识。

商朝前期，殷人使用礼器尚无一定的规格形式；商朝后期，逐渐形成了自己的礼器使用形式。商朝的大型王室墓葬妇好墓随葬的铜礼器集中地反映了商代的礼器的使用制度。

妇好墓铜礼器的组合有一个非常显著的特点，即每一类型的铜礼器成双或呈偶数组合的形式成套出现。如后母亲辛大方鼎2件，成对；妇好长方扁足鼎、Ⅵ式妇好细高柱足鼎、Ⅵ式妇好小型柱足鼎、妇好小型簋、妇好有盖方彝、大方尊、大圆尊、子束泉圆尊、妇好鸮尊、后母辛四足觥、方壶、扁圆壶、妇好瓿、妇好方罍、大圆斝、妇好封口盉皆是2件，成对。另外，Ⅱ式妇好中型圆鼎，6件，一套；Ⅲ式妇好中型圆鼎，6件，一套；妇好联体甗4件，一套，妇好分体甗4件，二套；妇好高体觚4件，一套；妇好镂空爵6件，一套，妇好四棱觚6件，一套，Ⅰ式妇好平底爵10件，一套。另外，妇好墓中亦有一些样式的鼎，如妇好小方鼎等仅1件，但偶数的或成对出现的铜礼器占总数的一半以上，故妇好墓铜礼器的偶数组合形式是主流。

铜器的偶数组合形式还见于其他殷代墓葬。北京平谷区发现的商代中期墓葬，出土饕餮纹鼎2件，形制完全相同；小方鼎2件，形制大体相同；另外还有弦纹鼎、鬲、甗、爵、斝、卣各1件。① 安徽阜南米寨区常庙乡发现铜斝1对，铜觚1对，铜爵1对。② 安阳大司空村M51出土铜鼎2件，铜卣2件。

东夷地区、淮夷、楚国以及西方秦国皆是殷文化所及地区，这些地区礼器的使用形式与商王朝有一致性。1979年山东日照崮河崖发掘一座墓葬，编为一号墓。这个墓共出土随葬品14件。其中大鼎2件，成对；小鼎1对，

---

① 1977. 北京平谷发现的商代墓葬. 文物, (11)：1
② 葛介屏. 1959. 安徽阜南发现殷商时代的青铜器. 文物, (1)：2

壶1对，盆1对，鬲4件，其大小形制花纹相同。

淮河流域，即古代所谓"南淮夷"地区发掘的先秦时期的墓葬中所见的礼器亦呈偶数的组合形式。如河南光山县发现的黄君孟夫妇墓。黄君与夫人墓各随葬有鼎、簠、壶等礼器，皆成对出现。河南固始白狮子墓地 M1 出土鼎2，壶2，皆成对。

楚墓中随葬礼器的组合形式方面表现出商文化的特点。西周时期的楚墓发掘数量不多，特点也不太明显。目前发掘的主要是东周时期的楚墓。江陵雨台山的楚墓中随葬礼器，无论鼎、簠、壶或鼎、敦、壶组合，这两种组合同出一墓时，大都每种器物出相同的2件。一墓同出两种礼器组合的形式，即鼎4，簠2、敦2、壶4 的情况。

长沙地区共发掘楚墓1800多座，随葬器物多为陶器鼎、敦、壶或鼎、簠、盒、壶，亦常出相同的两件。有些墓出土陶礼器的基本组合是每套4件、6件或8件。①

河南淅川下寺共发掘 9 座大型的春秋时期的楚墓。M1 出土礼器 36 件，其中有4对鼎，簠1对；缶1对。龙耳虎足方壶1对。M3 出土鼎2对，饮鼎1件，铜簠四件1套，形制相同，缶2对，铜提链壶1件。M10 出土鼎4件1套；簠1对；缶2对。M11 出土铜鼎1对，饮鼎1件，缶1对。M7 鼎1对，簠1对，缶1对。M2 即"令尹子庚"墓，出土"王子午"鼎7件，形制相同，大小相次；簠、铜俎、铜禁各1件、簠2件等。令尹子庚墓出土的列鼎七的形式，一般被认为是吸收了周文化的结果。楚墓中礼器的主要形式是成对出现。荆门包山 M2 出土升鼎2、镬鼎2、簠2、敦2、壶6、缶2对等。

秦国当是对中国后代影响较大的诸侯国。秦是嬴姓部族建立的诸侯国，据《史记·殷本纪》记载，秦的先祖恶来、蜚廉皆曾臣事商；大约武王灭商后，从东方迁到西方，以善于养马服侍周王室。秦因臣事商族，故受殷文化的强烈影响，在礼器组合形式上与商部族有一致性。四川成都羊子山 M172 是战国末的秦国墓葬。墓中出土大铜鼎1，当为镬鼎；2 个秦式小铜鼎，当为升鼎，成对。另外，河南三门峡市后川 M2001 是一座战国后期的秦国中型木椁墓。墓中以铜鼎1对随葬。有学者认为，"把成都羊子山 M172 和后川 M2001 联系在一起考虑，就可以认为至迟在战国晚期秦人已往往把五鼎以上的规格，改为用铜二鼎"，"战国末的鼎制，尤其是秦国鼎制，同周初相比已是面目全非了"②。

笔者认为，成都羊子 M172 和后川 M2001 两墓的铜二鼎制，当是秦国鼎

---

① 中国科学院考古研究所．1984．新中国的考古发现和研究．北京：文物出版社
② 俞伟超．1985．先秦两汉考古学论·周代用鼎制度研究．北京：文物出版社

制受商文化的影响，与商人的礼器组合制度有一致性，而绝非秦人对周制的改变。

商人与其文化影响所及的东夷、南淮夷、楚国、秦国等地区使用礼器的组合制度基本是鼎与簋、敦、簠、壶、缶等器物一样皆成对或呈偶数组合的形式出现。

二、周文化类型的礼器组合制度

周代以后，周天子至尊的观念更加突出，阴阳学说亦已出现。人们又用阴阳学说的思想意识去附会礼器的组合形式。古代礼器的组合形式还体现了人们对大自然的理解和对美学的追求。西周以降，典籍记载较详，结合考古发掘，更清晰地表现出周文化类型的礼器组合制度。

《仪礼》中的《士丧礼》、《既夕礼》、《士虞礼》记载了士在各种礼仪中使用的礼器组合形式。

《士丧礼》记载："陈三鼎于门外。"又云："东方之馔；两瓦甒，其实醴酒；角觯，木柶。髀豆两，其实葵菹芋蠃醢；两笾无縢，布巾，其实栗不择，脯四脡。"士的丧礼用的礼器组合是三鼎、两豆、两笾、两甒。

《既夕礼》记载："陈五鼎于门外"，"东方之馔，四豆、脾析、蜱醢、葵菹、蠃醢；四笾、枣、糗、栗、脯。"郑玄注曰："鼎五，羊、豕、鱼、腊、鲜兽各一鼎也。士礼，特牲三鼎；盛葬，奠加一等，用五鼎，即少牢也。"也就是说，士礼当用三鼎，但因这是葬前之盛奠，故加一等，用少牢之礼。

《少牢馈食礼》记载大夫（或诸侯）的祭祖之礼："雍人陈鼎五，三鼎在羊镬之西，二鼎在豕镬之西。"又云："佐食，上利执羊俎，下利执豕俎，司士三人执鱼、腊、肤俎。序升自西阶，相从入设俎。羊在豆东，豕亚其北，鱼在羊东，腊在豕东，特肤当俎北端。"这里提到镬，即煮牲之鼎；在少牢馈食礼中用五鼎、五俎。还记载有四敦，用以盛黍稷稻粱。

《公食大夫礼》记载的是国君宴请下大夫的小聘之礼，云："甸人陈鼎七。""宰夫自东房荐豆六"，"设黍稷六簋"，"设铏四"。也就是说，诸侯国君宴请下大夫之礼的礼器组合为七鼎、六簋、六豆、四铏。

国君宴请上大夫之礼为"上大夫八豆、八簋，六铏，九俎。"俞伟超先生认为："礼食之时，鼎有一俎，九俎即有九鼎。此'公食上大夫礼'亦礼加一等。"① 则公食上大夫之礼，当用九鼎，八簋，八豆，六铏。

---

① 俞伟超.1985.先秦两汉考古学论·周代用鼎制度研究.北京：文物出版社

《仪礼·聘礼》记载了诸侯国之间相互聘问宴享的礼节。宴享时所用的礼器组合是"饪一牢在西，鼎九，羞鼎三；腥一牢在东，鼎七。堂上之馔八，西夹六"。这里记载的是两套礼仪。贾公彦疏云："是堂上与门外之馔也。……云鼎西九东七者，九谓正鼎九，牛、羊、豕、鱼、腊、肠、胃、鲜鱼、鲜腊；东七者腥鼎，无鲜鱼鲜腊，故七。"郑玄注："八、六者，豆数也。凡馔以豆为本。堂上八豆、八簋、六铏、两簠、八壶。西夹六豆、六簋、四铏、两簠、六壶。"

由此可见，使用两套礼器组合，九鼎与"馔八"是招待上卿之礼，而七鼎与"馔六"是招待上介（即副手）之礼。

《周礼·掌客》记载，天子接待上公之礼：簠十，豆四十，铏四十有二，鼎、簋十二，牲三十有六，皆陈。飧饔九牢。

天子接待侯伯之礼：簠八，豆三十有二，铏二十有八，壶三十有二，鼎、簋十有二，腥二十有七，皆陈。飧饔七牢。

天子宴享子男之礼：簠六，豆二十有四，铏十有八，壶二十有四，鼎、簋十有二，牲（牲或腥）鼎十有八，皆陈。飧饔五牢。

天子宴请诸侯之礼器组合形式规模大，因这是宴请诸侯国君及随行者的大型宴会。天子宴请国君在正堂，两夹是宴请随从的地方。郑玄注曰："公十簠，堂上六，西夹东夹各二也。侯伯八簠，堂上四，西夹东夹各二。子男六簠，堂上二，西夹东西各二。公豆四十，堂上十六，西夹东夹各十二。侯伯三十二豆，堂上十二，西夹东夹各十。子男二十四豆，堂上十二，西夹东夹各六。"壶的陈列形式与数目如同豆。

关于铏的数目，不成等差，郑玄认为记载有误，此处不再赘述。

《掌客》记载天子宴请各级诸侯之堂上皆"鼎、簋十二"。郑玄注："鼎十二者，饪一牢，正鼎九，与陪鼎三，皆设于西阶前。簋十二者，堂上八，西夹、东夹各二。合言鼎簋者，牲与黍稷俱食主也。"鼎、簋，这是国君宴享天子所用的主要的礼器。

天子宴请公、侯、伯夫人之礼是八豆、八笾、八壶；宴请子、男夫人之礼是六豆、六笾、六壶、皆有大牢。

西周至春秋时期，各级贵族宴请、祭祀所使用的礼器组合形式大体情况如下：

天子接待诸侯之礼用九鼎（另有羞鼎三）、八簋、六簠、十六豆、十六壶。

诸侯国君宴请他国使臣的上卿礼为九鼎、八簋、八豆、八笾、六铏、八壶；宴请卿的副手之礼为七鼎、六簋、六豆、六笾、四铏、六壶。

少牢馈食之礼是五鼎、四簋、四豆、四笾、二铏、四壶。

士礼所使的礼器组合为三鼎、二簋、二豆、二笾、二壶（或两甒）。

近年来考古发现的材料与以上文献记载的礼器组合具有一致性，但又不完全相同。如河南三门峡市上村岭发现虢国墓地。其中 M1052 是虢国太子墓。墓中出土的礼器组合是七鼎六簋六鬲。M1706、M1810 两墓出土的礼器组合是五鼎四簋四鬲。M1705、M1721、M1820 三墓出土的礼器是三鼎、四簋、二鬲。

河南辉县琉璃阁 M8 出土有盖列鼎五、无盖列鼎七、鬲六、簋四、罍二等；M55 出土的有盖列鼎五，无盖列鼎七，小鼎、簋四、鬲六、簠四、豆二、壶二等；M60 出土大鼎一，有盖列鼎五，有盖列鼎九，无盖列鼎九，不成列小鼎五、簋六、簠四、豆一、罍二、壶三等。

以上出土材料与古代文献所记的礼器组合形式基本相符，但也不完全与文献所载相同。文献典籍记载的是规范化的礼器组合形式，而在实际使用中又比较灵活。但综以上论述可知，周代礼器的组合是有一定规律的。鼎，俎是按奇数组合，即一、三、五、七、九的等差形式递增（或递减）；簋、簠、豆、铏、壶是接二、四、六、八的等差形式递增（或递减）。

三、古代礼器组合制度形成的原因探析

商文化系统包括商王朝及东夷、南淮夷、楚国、秦国等地区，在礼器使用中，鼎与簋、簠、敦、壶一样呈偶数的组合。

周文化系统包括周王朝及其所臣属的诸侯国，在礼器使用中鼎、俎呈奇数；簠、簋、壶、敦、豆、笾呈偶数；而身份等级不同的贵族使用不同的礼器组合。

商周两大文化系统使用礼器组合形式的不同，不仅表现了商周文化的背景不同，也表现了他们对自然、社会、人生的思想意识的不同。

商文化系统的礼器组合形式与周文化系统的差别是鼎与簋、簠、敦、壶一样皆呈偶数组合形式，没有阴阳思想意识。

商人的偶数崇拜当是其礼器偶数组合形式的重要原因之一。商王朝遗存的文化表现了偶数崇拜意识。商代有十天干：甲、乙、丙、丁、戊、己、庚、辛、壬、癸；十二地支：子、丑、寅、卯、辰、巳、午、未、申、酉、戌、亥。商人以十天干、十二地支相配合来纪日，如甲子、乙丑、丙寅……。把一年分为十二个月，每月三旬，每旬十天；又将一天分为八个时辰：明（旦）、大采、大食、中日、昃、小食、小采、夕等。商人十天干、十二地支之数的形成，每年十二月份的划定，每天八个时辰的划分都表现商

人对偶数的崇尚。

商人对偶数的崇尚还表现在其墓葬文化中。如安阳武官村大墓南北两端各有一条墓道。该墓曾经盗掘，现底部仍可看出有 30 根圆木铺垫，自椁顶至墓口共有 30 层夯土，北墓道杀殉 16 匹马，4 犬，2 人。南墓道杀埋 12 匹马。墓室有二层台。东侧二层台有殉人 17 人（当缺一）西侧二层台有殉人 24 人。墓室上部的填土中有人头 34 个。从这座经过盗掘的墓葬来看，墓中椁完铺垫的圆木、夯土、殉人、殉马、殉犬皆呈偶数组合。安阳小屯西北发掘的妇好墓，有殉人 16 个，殉犬 6 只。这些都表现商人崇尚偶数的意识。

商人为什么崇尚偶数并喜爱使用偶数组合的礼器呢？这也是近年国内学术界很感兴趣的问题。笔者认为主要有以下原因：

（1）殷商时期，人们虽然有晴、雨、阴天的概念，但还不具有阴阳学说中所理解附会的内容。当时的人们还未把天、君、父、男附会成阳性，以奇数代表；把地、臣、母、女附会成阴性，以偶数代表。

（2）在商人的心目中，虽然亦以男性为尊，但对女性的尊重也是殷商社会的特征。《史记·梁孝王世家》云："殷道亲亲，周道尊尊。"《礼记·表记》又云："母亲而不尊，父尊而不亲。""亲亲"表示商代对母系的尊重。商代祭祀先公先王的同时，必以先妣相配，这在甲骨卜辞中是不乏其例的。商人祀典中，虽然只有其子为殷王的先妣可以入祀。但祭祀先妣时，必须在先妣所名之日致祭。如祭妣辛时，即"大甲奭妣辛"，必在辛日，不是在先祖太甲的祭日—甲日举行；突出的是先妣，而不是先祖，表现了商人尊重女性和两极平衡的意识。

商代妇女有很大的权力。如殷高宗武丁的妻子妇好就是一个可以统兵上万的女将。卜辞记载"辛巳卜，贞，登妇好三千，登旅万，乎伐。"① 从甲骨卜辞的记载来看，妇好是武丁信任的将领，在对夷方、土方、羌方的战役中，她统兵上万，具有很高的军事才能。妇好还有主祭权，如"贞，乎妇好㞢侑升于父□"②，"贞勿乎妇好往赍"③。㞢、赍是祭名。妇好生前拥有大量的财富。1976 年安阳殷墟发现了她的墓葬，该墓共出土随葬器物 1928 件，包括青铜器 468 件，玉器 700 多件，宝石制品 40 多件。许多青铜器上镌有"妇好"和"母辛"的子样。"母辛"是子辈对母辈的称呼，"妇好"与"母辛"当为同一个人。

不仅妇好，商王朝的许多妇女都受到尊敬，并拥有财富。如新中国成立

---

① 李学勤等. 1992. 英国所藏甲骨集. 北京：中华书局. 150
② 郭沫若. 1982. 甲骨文合集. 北京：中华书局. 2609
③ 郭沫若. 1982. 甲骨文合集. 北京：中华书局. 2641，2609

前发现的举世闻名的"司母戊"大方鼎，是迄今所见到的体积最大、最重的青铜器，但这是属于祭祀女性的祭器。

在商代，王妃设有专门的宗庙，称为"后室"①或"后母大室"②，而且在很多卜辞皆见有"后室"这类的记载。卜辞中还经常见到"设后室"，于省吾先生《甲骨文字释林》一书之《释设》中认为它是将物品陈列在诸妃之宗庙的祭祀。

商代妇女的这种礼遇和地位，是周代妇女享受不到的。商代妇女地位是较高的，因商时期，男子独尊的意识尚未形成。商代对偶数的崇尚，以及使用偶数组合形式的礼器，都表现了一种对称和平衡，表现了商人的两极意识。

对称美是美学的重要内容。在人类社会中，男女之对称；在物质文化方面，只有偶数的事或物才能形成对称形式。商人要求平衡，而且认为只有平衡才能达到美的标准，这是他们崇尚偶数及使用偶数的礼器组合形式的重要原因。

周人使用礼器的组合制度表现出阴阳思想意识和等级意识。西周时期，阴阳的概念是指太阳而言，向阳处为阳，不向阳处为阴。如《诗·大雅·公刘》云："相其阴阳，观其流泉。"就是说，人们在选择居处时要选向阳的地方。我国把山南水北称为"阳"，也正是这个意思。

西周时期，阴阳协调，天地万物才能生长繁荣的概念已经产生。《国语·周语上》记载，周幽王二年，岐山一带发生也震。史官伯阳父说："周将亡矣。夫天地之气，不失其序；若过其序，民乱之也。阳伏不能出，阳迫不能烝，于是有地震。今三川实震，是阳失其所镇阴也。阳失而在阴，川源必塞；源塞，国必亡。"韦昭注曰："烝，升也。阳气在下，阴气迫之，使不能升也。"即地震的原因是阴气压迫阳气，阳气不能上升，即阴阳不能协调造成的。伯阳父解释得尽管不十分准确，但西周时期的人们已经以阴阳观念解释自然现象，认为阴阳调和才能使天地和谐。

阴阳学说在认识上是符合哲理的。天下任何事物都是由相对立的两个方面，缺少任何一个方面，都不能使事物得以和谐地发展。

古人称太阳为阳，月亮为阴；又进而称天为阳，地为阴；男为阳，女为阴；认为阴阳必须协调，才能生长万物，使万物繁荣。人们这种阴阳观是富于哲理的，是正确的。然而古代社会充满着巫术思想，在人们对大自然认识

---

① 郭沫若.1983.卜辞通纂.北京：科学出版社.764；董作宾.1956.殷墟书契外编.台北：台北艺文印书馆.347

② 郭沫若.1937.殷契粹编.日本东京：日本文求堂.251

的同时，也开始把这种阴阳思想附会到社会人事政治之中。

人类的一切现象都离不开数字。有人认为，数字构成了人类社会。在对数字的使用中和万物有灵思想的支配下，人们对数字有了神秘感，赋予数字以灵性。他们认为某些数字主吉，某些数字主凶。人们把"一"当作万物之始，把最早出现的事物称为"一"。"二"则是成双的意思；"三"为众多之意。中国最早产生的数字是一、二、三、四、五、六、七、八、九、十。这十个数正是人们两只手的手指之数。为了对这些数字进行区分，人们又把这些数字分为奇数和偶数。1、3、5、7、9 是不对称的，被称为奇数；2、4、6、8、10 是对称的，被称为偶数。

人们把数字与阴阳学说相结合，对数字赋予阴阳学说的内容，并开始用奇数、偶数解释天地万物。人们把奇数当做阳数，象征天、君、父、男；把偶数当做阴数，象征地、臣、母、女等。《易·系辞上》云："天一地二，天三地四，天五地六，天七地八，天九地十。"《京房易传》卷下云："奇偶之数，取之于乾坤。乾坤，阴阳之根本。"又云："初为阳，二为阴；三为阳，四为阴；五为阳，六为阴；一、三、五、七、九，阳之数；二、四、六、八、十，阴之数。"奇数和偶数被附会成阳阴之数。

周人以奇数为阳，象征天、君、父、男；以偶数为阴，象征地、臣、母、女，很明显地有崇尚奇数的意识。周人崇尚奇数的原因是"周道尊尊"。西周时期，至高王权已经出现。奇数可以突出一个"居中"、"中央"、"太极"的地位，然后再形成对称形式，从而表现出周天子的至高地位。《礼记·王制》云："天子七庙，三昭三穆，与太祖之庙而七。"太祖的至尊地位确定以后，三昭三穆表现出一种对称与平衡。周天子与诸侯国君自称"孤"、"寡人"，正是为了表现其至高无上的地位。

这种以奇偶数字表示阴阳的巫术思想意识被周人运用在礼器的组合方面。《礼记·郊特牲》云："鼎、俎奇而笾、豆偶，阴阳之义也。"孔颖达疏曰："鼎、俎奇者，以其盛牲体；牲体、动物。动物属阳，故其数奇。笾、豆偶者，其实兼有植物；植物为阴，故其数偶。故云阴阳之义。"又疏曰："鼎、俎奇者，案《聘礼》牛一、羊二、豕三、鱼四、腊五、肠胃六、肤七、鲜鱼八、腊九也，是鼎九，其数奇也。""《少牢》陈五鼎，羊一、豕二、肤三、鱼四、腊五，其肠胃从羊，五鼎也。五俎，又昕俎一，非正俎不在数。《特牲》三鼎，牲鼎一、鱼鼎二、腊鼎三；亦有三俎，昕俎一，非正俎不在数，是皆鼎俎奇也……笾豆偶数者，案《掌客》云：'上公豆四十，侯伯三十二，子男二十四。'"又《礼器》云："天子之豆二十有六，诸公十有六，诸侯十有二，上大夫八，下大夫六。案礼，笾与豆同，则是笾、豆偶也。"也就是说，在晏享或祭祀之礼中用的礼器，鼎、俎用奇数，因鼎中所盛、俎上所载的是羊、牛、豕、鱼等牲肉。牲为天之所生，属阳，盛器用奇数形式。豆、笾以及簋、簠、敦中所盛放的是粟、枣、黍、稷、谷物，这些农产品皆地之所产，属阴。壶中所盛放的是酒，酒为粮食和水酿成，亦为阴，故豆、笾、簋、簠、敦、壶的组合皆为偶数形式。

周人及其所臣属的诸侯国在宴享、祭祀及各种社交礼仪上，对礼器的使用与组合形式皆附以阴阳之义，盛放天之所生的动物食品的鼎，用奇数组合形式，象征阳；盛放地之所产的植物食品的豆、笾、簋、敦、簠、壶用偶数组合形式，象征阴。《郊特牲》云："阴阳和而万物得。"只有阴阳相和谐，万物才能滋生繁荣。

周文化系统的礼器组合形式，不仅反映了周人的阴阳思想意识，还反映出其等级意识。《公羊传·桓公二年》何休注："礼祭，天子九鼎；诸侯七，卿大夫五，元士三也。"《周礼·秋官·掌客》所记的堂上九鼎、八簋、十六豆、十八铏，皆上公招待周天子所用的礼器之数。《仪礼·少牢馈食礼》所记的是五鼎当是大夫一级使用的礼器组合。《仪特牲馈食礼》记的"三鼎"是士一级贵族使用的礼器组合。这种礼器组合的等级形式并不是自西周建立以来就有的，而是在使用中逐渐形成的。

周文化系统的礼器组合形式反映了周人的阴阳思想意识和等级观念。

由以上论述可知，周人使用奇数组合鼎、俎与偶数组合的豆、笾、簋、簠，表现其阴阳思想意识和等级意识。商人使用偶数的礼器组合形式表现其对女性的尊重，以及对平衡美、对称美的追求。

第二节　青铜编钟组合的礼制研究

一、编钟的出现与形成

远古时期，人们进行劳动、狩猎，特别是在战争中，总是发出一些声音以提精神，或者助威。久而久之，这些声音就有一定节奏，从而形成最早的音乐。随着音乐的出现，也逐渐出现了乐器，如钟、鼓等。

先秦时期的学校实际是教习战争的场所。古代战争，必有军乐相配。因此学习战争，必须学习音乐和乐器，因此先秦时期的学校就有了关于乐器钟、鼓的记载。

关于西周的学校，古籍文献中的记载更详细。《礼记·王制》曰："天子命之教，然后为学。小学在公宫南之左，大学在郊。天子曰辟雍，诸侯曰

泮宫。"西周的小学，在公宫之南，大学在国之郊。

西周有学宫、大池。穆王时器《静簋》铭曰："王命静嗣射学宫，小子及服，及小臣，及尸仆学射……射于大池。"学宫、大池是贵族子弟习射的地方。周代习射的地方还叫"射庐"。恭王时器《师汤父鼎》铭曰："王在周新宫，在射庐。"又懿王时器《匡卣》铭曰："懿王在射庐，作象舞。匡甫象乐二，王曰休。"看来，射庐不仅是习射之地，还是跳舞的地方。先秦时期的舞蹈也是一种军事训练的形式。

诸侯国中有"泮宫"。《诗·鲁颂·泮水》云："明明鲁侯，克明其德。既作泮宫，淮夷攸服。矫矫虎臣，在泮献馘。淑问如皋陶，在泮献囚。"泮宫前有泮水。诗意为鲁侯明德以作泮宫，在这里培养出了勇武的虎臣，所以降服淮夷，在泮宫献上敌人的左耳（古人在战争中杀死对方后，割掉左耳以向上司报功请赏）以及生擒的俘虏。

周天子的学校又叫辟雍，诸侯国的学校叫泮宫，西周还有小学，康王时器大盂鼎铭文，"余佳即朕小学"，都是贵族子弟学习射箭、战争的场所，当然在教习战争时要有音乐相配合。康王时器《师簋》铭曰："王若曰：'师，在昔先王小学、汝敏可使……令汝嗣乃祖旧官小辅及鼓钟。'"这里记载的当是宫廷小学，是贵族子弟学习的地方。西周的大学叫辟雍。康王时期《麦尊》铭曰："才（在）辟雍。"《诗·大雅·灵台》曰："篯业维枞，贲鼓维镛。於论鼓钟，于乐辟雍。於论鼓钟，於论辟雍，鼍鼓逢逢，矇瞍奏公。"在辟雍内鼓钟排列有序，鼓声蓬蓬，矇瞍（盲人）演奏各种乐器。《诗·周颂·振鹭》云："振鹭于飞，于彼西雍。"辟雍可能在国都的西郊。

《礼记·射义》云："是故古者天子以射选诸侯、卿、大夫、士。射者，男子之事也。因而饰之以礼乐也。故事之尽礼乐，而可数为以立德行者，莫若射，故圣王务焉……是故古者天子之制，诸侯岁贡士于天子，天子试之于射宫，其容体比于礼，其节比于乐，而中多者，得与于祭。其容体不比于礼，其节不比于乐，而中少者，不得与于祭。数与于祭而君有庆，数不与于祭而君有让，数有庆而益地，数有让而削地，故曰：'射者，射为诸侯也。'是以诸侯君臣尽志于射，以习礼乐。"

周天子选取诸侯、卿、大夫、士的办法是试射。诸侯每年贡士于天子，天子让他们试之于射宫，射得好的可以参加祭典，多得封地；射不好的不能参加祭典，并且要削地。

由此可见，这些参加比射的人都是贵族，并可以推知，在射宫学习的人也都是贵族。西周学校学习的主要内容就是射御和礼乐。当时显然有选择贤能的用意。这种选择贤能的活动只在贵族中进行。

从以上记载可知,西周的学校名称主要有小学、辟雍、学宫、射庐、泮宫等,在学校教授的有乐、舞、射等。祭祀、射御和礼乐是联系在一起的。周代的学校为王室所垄断,即后世所说的"学在官府"。学校的教师,也是国家的官吏,负有教育贵族子弟的重任。这也说明周天子对教习战争和文化知识的重视。只有士以上才有资格进学校学习。士是周部族的成员,也就是国人,只有他们才有执干戈以卫社稷的权力。音乐,包括钟鼓之乐,起源于劳动和战争。

二、文献记载中编钟的等级规格和编钟编制

随着社会文明的进步,音乐不仅应用于战争,而且融进了人们生活的各个方面,如祭祀、会盟、宴享、喜庆、婚丧嫁娶等社会生活的一切领域中。《周礼·春官》云:"磬师掌教击磬、击编钟,教缦乐、燕乐之钟磬。凡祭祀奏缦乐,钟师掌金奏,凡乐事以钟鼓,奏九夏,王夏、肆夏、昭夏、纳夏、章夏、齐夏、族夏、祴夏、骜夏。"乐器也更广泛地被人们所使用。人们在乐器的使用中,根据节奏和音节,出现了一定的规格。乐器有了一定的组合形式。

根据文献的记载,人们的社会地位不同,使用乐器的规格也不相同。特别是在钟的使用方面开始刻意地讲究,有了规范的使用规格和等级制度。

根据音节而采取悬挂钟、磬的数目。因为这些钟、磬是要编成列悬挂在簨虡之上的,即"钟磬皆编县之在簨虡"为列,故这些钟磬,又称为编钟、编磬。

《周礼·春官·小胥》云:"凡县锺磬,半为堵,全为肆。"郑玄注云:"钟磬者,编县之二八十六枚,而在一虡,谓之堵。钟一堵,磬一堵,谓之肆;半之者,谓诸侯之卿大夫、士也,诸侯之卿大夫半天子之卿大夫。西县钟,东县磬,士亦半天子之士。县磬而已。"

也就是说,在使用中,钟和磬,各16枚为一组而挂在一虡,即一架横梁之上。16枚钟挂在一虡,为一堵;16枚磬挂在一虡,为一堵。西县钟,东县磬,这两堵为一肆。

《左传·襄公十一年》云,郑人赂晋侯"歌钟二肆及其镈磬"。杜预注云:"肆,列也,县钟十六为一肆。二肆,三十二枚,磬亦如之。镈磬皆乐器。"孔颖达《疏》引《正义》曰:"以肆为列者,钟磬皆编县之在簨虡,而各有行列也。"

(宋)陈旸《乐书》卷一百十载:"古者编钟、编磬,登歌用之以节歌句;故堂上击黄钟、特钟,而堂下编钟应之;击黄钟、特磬,而堂下编磬应之;上下唱和之道也。"也就是说,黄钟、特钟(即编镈)在堂上,而编钟

黄河流域的青铜文明

在堂下；黄钟、特磬（大磬）在堂上，而编磬在堂下；互相唱和。这就是古代的礼乐。

《周礼·春官·小胥》记载："正乐县之位，王宫县，诸侯轩县，卿大夫判县，士特县。"郑玄注曰："乐县，谓钟磬之属县于筍簴者。"郑司农又云："宫县，四面县；轩县，去其一面；判县，又去其一面；特县，又去其一面。四而像宫室四面有墙，故谓之宫县。轩县三面，其形曲。……轩县去南面，辟王也。判县左右之合，又空北面。特县于东方，或于阶间而已。"

根据《周礼》的记载，天子之乐，即周王之乐，可以悬挂四面"钟磬之属"的乐器，以像宫墙的形状。诸侯之乐，用"轩县"，即去其南面，以"辟王也"，从而成曲形，故又称为"曲县"。卿大夫之乐，用"判县"，即去南北两面，只东西两面，左右相合。士之乐，用"特县"，"县于东方，或于阶间而已"。

是时，这种悬挂乐器的方式是有严格等级的。如《左传·成公二年》记载，齐人侵鲁，过卫，与卫孙良夫相遇，与之战。卫人大败。"新筑人仲叔于奚救孙桓子，桓子是以免。既，卫人赏之以邑；辞，请曲县、繁缨以朝，许之。"杜预注曰："轩县也。周礼天子乐，宫县四面。诸侯轩县，阙南方。繁缨，马饰，皆诸侯之服。"在这里，新筑人仅是一个大夫，但要僭越用诸侯之乐。所以孔子说："惜也，不如多与之邑。唯器与名，不可以假人，君之所司也。"

天子、诸侯、卿大夫、士，所用之乐，悬挂的方式及所用的编钟、编磬的数目也是不同的，有一定的规格和等级。

三、考古发掘所见到的编钟的等级规格与编制

青铜器出现以后，就出现了辉煌灿烂的乐器文化。商代没有编钟，但是已经有了编铙。如殷墟妇好墓中出土的编铙，是3件1组的乐器。西周以后，编钟开始流行于世。西周时期的编钟也是3件1组，如宝鸡茹家庄西周墓M1乙室出土编钟3件。① 平顶山魏庄的窖藏中出土3件甬钟，大小相次。② 长安普度村出土编钟3件。西周墓中出土的编钟就是3件一组。春秋以后，编钟的组合规制逐渐地复杂，音调更加婉转悠扬。当然随着音律的复杂，每组编钟的件数增加。每组编钟8件、9件、10件不等，表现出编钟的组合规制的变化。

近年来在考古发掘中发现的许多有关编钟的材料，为学术研究提供了实

---

① 宝鸡茹家庄西周墓发掘队.1976.陕西省宝鸡市茹家庄西周墓发掘简报.文物，（4）：40
② 孙清远，廖佳行.1988.河南平顶山发现西周甬钟.考古，（5）：66

254

物资料。考古材料中所见的编钟材料基本是春秋以后的资料。但考古材料也有一定的局限性，因是埋在地下，其悬挂形式是很难看出的，而如《周礼·春官·小胥》记载的"正乐县之位，王宫县，诸侯轩县，卿大夫判县，士特县"的悬挂形式和编钟编列情况，也只能通过文献记载于考古发掘所见到的编钟数目来推定，从而研究编钟的规制。根据考古发掘的材料，各个墓葬所出土的编钟规制是不一样的，而且与文献记载也不相同。

下面我们可以按地区、时代，研究先秦青铜编钟的组合与编制。考古发掘所出的编钟，有甬钟和钮钟两类，与文献记载略同，即前面所说的"钟、磬皆编县之在簨虡"为列，这些甬钟和钮钟，皆是编列在一起挂在钟架上。钟架称为"簨虡"，所以又称为编钟。

考古材料所见陕西地区编钟规制：陕西宝鸡太公庙村窖藏春秋早期的编钟5件，编镈3件。5件编钟的形制、花纹是一致的，唯大小有所差别。三件编镈的形制、花纹也是一致的，只是大小有所差别。研究者认为做器者是春秋初年的秦武公。① 眉县春秋中期编钟钮钟1套5件。②

陕西出土的是春秋早期的编钟，大多是秦国器物。由于时代较早，春秋早期的秦国器物是比较粗糙的，所以这个时期的编钟规格也较简单，每列编钟5件，编镈3件。

考古材料所见山西地区编钟规制：天马—曲村遗址北赵晋侯墓地春秋初期M93出土"编钟1种，均为甬钟，共16枚，可分为大、小两套，每套各8枚"。研究者认为该墓是春秋初年的晋文侯仇之墓。③ 晋文侯仇的墓葬中的编钟可以看出是大小两套，很明显是一套"曲县"的组合形式。墓侯马M13春秋中叶编钮钟1组9件；伴随出土石磬10件。④ 潞城潞河M7墓出土战国初期编钟3种4组，共28件。其中甬钟可分为相同的2组，每组8件，共16件；编镈钟1组4件；钮钟1组8件；伴随出土编磬1组10件。研究者认为，M7"属战国初期，墓主为韩国的下大夫"，"身份当为下大夫"。⑤ 潞城潞河M7的编钟、编磬、编镈的组合形式，如按堂上击编镈、编钟，编磬在堂下应之的演奏形式；那么编镈应在堂上，编钟、编磬在堂下，这是一套"轩县"的组合形式。长治分水岭M14战国中期编钟1套，其中有甬钟2件，

---

① 卢连成，杨满仓.1978.陕西宝鸡县太公庙发现秦公钟、秦公镈.文物，(11)：1
② 刘怀君，郝志芹.1993.陕西眉县图书馆收藏的春秋青铜器——钮钟.交响，(8)：封二
③ 北京大学考古系，山西省考古研究所.1995.天马—曲村遗址北赵晋侯墓地第五次发掘.文物，(7)：26
④ 山西省文物管理委员会侯马工作站.1963.山西侯马上马村东周墓葬.考古，(5)：229
⑤ 山西省考古研究所，山西省晋东南地区文化局.1986.山西省潞城县潞河战国墓.文物，(6)：9，19

钮钟1套8件。当是曲县的组合形式。① 长治分水岭 M25 出土战国中期乐器有铜编镈、编钟、石编磬三种。编镈1组4件，大小相次；编钟包括甬钟1组5件，大小相次；钮钟1组9件，大小渐次；钮钟出土时套立于3件编镈内，每镈内3件。石磬一组10件，大小相次。这也是一套"轩县"的组合形式。②

山西地区出土的编钟规制是，每列编钟8件或者9件，编镈3件或者4件。时代越晚，编钟件数就越多，音阶越细。

考古材料所见山东地区编钟规制：蓬莱柳格庄 M6 北侧二层台出土春秋早期编钟9件，由大到小、自东而西、大小依次排列，挂于木质钟架上。柳格庄 M6 具有浓厚的胶东地方特征。③ 莒南大店 M1 春秋晚期镈钟1件；有编钮钟1套9件，性质相同，大小相次。④ 莒南大店 M2 春秋中期编钟1套，即编钮钟9件。钮钟性质相同，大小相次。另有残编磬12枚。⑤ 沂水刘家店子一号墓是春秋中期墓葬。该墓出土38件乐器，其中编钟20件，19件甬钟，分3组。各组形制相同，大小相次。甲组9件，乙组7件，丙组3件。还有一件钟，作泡形。铃钟1套9件，形制相同，大小相次。编镈1组6件，形制相同，大小相次，钲1件。编钟当是"轩县"的组合形式。沂水刘家店子一号墓出土的礼乐器有9鼎8簋（缺1簋），研究者认为该墓是莒国国君或者是密邑封君之墓。⑥ 阳信城关镇陪葬坑出土战国早期铜编钟，即编钮钟1套9枚，单钮。9枚编钟造型一致，大小有序。铜编镈5枚，造型相同。风格统一。另有，石编磬13面，大小有序。若把编镈、编钟、磬，排列在一起，是"轩县"的组合形式。⑦ 诸城臧家庄墓出土战国中期编钟9件，编镈7件，编磬13件。黄盛璋先生认为，这是东夷地区的一个小国莒国贵族的墓葬。⑧

山东地区所见的铜编钟大多是每列9件，编钟也从1套到3套，编镈从1件到7件不等。当然，编钟的数量与时代有关系，也与墓葬的级别有关。如沂水刘家店子 M1 被认为是莒国国君或者是密邑封君之墓，所出土的4套

---

① 山西省文物管理委员会.1957.山西长治市分水岭古墓的清理.考古学报，（1）：113
② 山西省文物管理委员会，山西省考古研究所.1964.山西长治分水岭战国墓第二次发掘.考古，（3）：128
③ 烟台市文物管理委员会.1990.山东蓬莱县柳格庄墓群发掘简报.考古，（9）：804
④ 山东省博物馆.1978.莒南大店春秋时期莒殉人墓.考古学报，（3）：322
⑤ 山东省博物馆.1978.莒南大店春秋时期莒殉人墓.考古学报，（3）：332
⑥ 山东省文物考古研究所，沂水县文物管理站.1984.山东沂水刘家店子春秋墓发掘简报.文物，（9）：5，10
⑦ 惠民地区文物普查队，1990.阳信县文化馆.山东阳信城关镇西北村战国墓器物陪葬坑清理简报.考古，（3）：221，222
⑧ 黄盛璋.1992.山东出土莒之铜器及其相关问题综考.华夏考古，（4）：63，70

编钟，当是诸侯所用的"轩县"的形式。

考古材料所见河南地区编钟规制：先秦时期，黄河中游郑国的音乐比较发达，有"郑卫之音"的说法，郑国地区出土编钟也比较多，而且在编钟的编制方面有独到之处，所以这里把郑国地区的编钟情况单独列出。建国之前，新郑出土春秋早期编钟一套。有甬钟19件，分为两组，一组9件、另一组10件，今仅存6件，镈4件。①

1996年9月至1998年10月，为配合中国银行新郑支行的基建工程，河南省文物考古研究所在郑韩故城东城的西南部进行考古发掘。这是一处郑国祭祀遗址，总面积22000平方米，发掘出青铜乐器坑有11座，共出土编钟206件。206件编钟和一批钟架的发现，也为研究我国古代音乐史提供了珍贵的实物资料。在这些乐器坑中，青铜礼器坑共7座，其中K13、K18早年被盗。K2、K3、K6、K15均出土青铜礼器9鼎、8簋、9鬲、2方壶、1圆壶、1鉴、1豆等，计31件；K10出土青铜礼器9鼎、9鬲，共18件。（这5坑共出青铜礼器142件。）青铜乐器坑有11座，共出土编钟206件。除K11、K12早年被盗外，K17出土镈钟1套4件、钮钟1套10件，共14件。其余八坑（K1、K4、K5、K7、K8、K9、K14、K16）各出土一架编钟，每架都是由钟1套4件、钮钟2套20件（每套10件）组成。坑中多发现木质钟架痕迹，同出的还有陶埙6件。乐器坑的分布多为三坑一组。个别坑为单独存在，大多数乐器坑附近都有1或2个礼器坑相配置，两者有明显的组合关系。②

新郑故城的1·1号乐器坑（K1）为长方形竖穴土坑。坑内放置编钟一组24枚，其中钟1套4件，放在坑中部偏南侧。钮钟20件，分为A、B两组，每组10件。编钟按组南北排列，东西向放，其中A组钮钟在坑内北部，B组钮钟在坑内中部。编钟上下多残留有席编痕迹。在B组2号钮钟下部还发现1件陶埙，附着在钟体上。两组钮钟皆大小递减，形制、纹饰近同。③

新郑故城的2·16号乐器坑（K16）为长方形竖穴土坑。坑的北部清理出横梁木灰痕迹5根，其中3根都挂有编钟。自北向南第3、4根各悬钮钟10件。A组钮钟10件（T615K16：A1~A10）。形制近同，大小递减。B组钮钟10件（T615K16：B1~B10）。形制近同，大小递减。④

新郑故城出土的多为9鼎8簋，出土的编钟也较多，"其中有三组都是3

---

① 许敬参.1937.编钟编磬说.见：河南省博物馆刊.第九集
② 河南省文物考古研究所.2005.河南新郑郑韩故城东周祭祀遗址.文物，(10)：5、15
③ 河南省文物考古研究所.2005.河南新郑郑韩故城东周祭祀遗址.文物，(10)：15~19
④ 河南省文物考古研究所.2005.河南新郑郑韩故城东周祭祀遗址.文物，(10)：19~22

架钟为一组群,每一架钟有镈钟1套4件,钮钟2套20件。三架钟共72件,这应是'轩县'之制,也是目前考古所见乐器中的最高级别"①。

春秋时期的郑国是一个灯红酒绿的世界。郑国的音乐具有当时第一流的水平。《礼记·乐记》云:"魏文侯问于子夏曰:'吾端冕而听古乐,则唯恐卧;听郑卫之音,则不知倦,敢问古乐之如彼,何也?新乐之如此,何也?'……子夏对曰:'郑音好,滥淫志;宋音燕,女溺志;卫音趋,数烦志;齐音敖,辟乔志。此四者,皆淫于色,而害于德,是以祭祀弗用也。'"《论语·卫灵公》记载,孔子曾说:"放郑声,远佞人;郑声淫,佞人殆。"《论语·阳货》又说:"恶紫之夺朱也,恶郑声之乱雅乐也。"春秋时期的"郑声"代表当时的最高水平,春秋时期的"郑声"是代表当时的最高水平。

考古材料所见豫北地区的编钟规制:豫北是西周、春秋时期的卫国之地,亦是"郑卫之音"发展的地区,故考古发掘在这里也发现了大量的乐器。汲县山彪镇 M1 春秋晚期编钟1套,即钮钟1组9件;伴随出土编1组5件。② 辉县琉璃阁甲墓春秋晚期编钟1套。分甬钟和钮钟两种,其中有甬钟1组8件,钮钟2组,每组9件,共18件;伴随出土镈钟1组共4件。③

考古材料所见战国早期的编钟规制:辉县琉璃阁 M75 战国早期编钟1套。分甬钟和钮钟两种,其中有甬钟1组8件,钮钟1组9件;伴随出土编1组4件。④ 辉县琉璃阁 M60 战国早期编钟1套。分甬钟和钮钟两种,其中有甬钟1组8件,钮钟2组,1组8件,1组9件,共17件;伴随出土大4件。⑤ 辉县琉璃阁甲墓、M75、M6 出土的编钟,当是"轩县"的组合形式。

考古材料所见豫北地区的编钟规制一般是每列8件或者9件,编镈4件或者5件。

考古材料所见豫西地区的编钟规制:三门峡上村岭春秋早期 M1052 编钟1套。分甬钟和钮钟两种,其中有甬钟组1件,钮钟一组9件。⑥ 陕县后川 M2040 战国早期编钟1套。有甬钟20件,分为4、10、6件3组;另有编镈1组9件,编磬1组10件。⑦ 洛阳西工区 M131 战国中、晚期铜编钟16件,出土时分两组排列,每组8件。形制基本相同,大小依次递减。石编磬6

---

① 蔡全法.2005.郑国祭祀遗址与青铜礼器研究.文物,(10):77
② 郭宝钧.1959.山彪镇与琉璃阁.北京:科学出版社
③ 郭宝钧.1959.山彪镇与琉璃阁.北京:科学出版社
④ 郭宝钧.1959.山彪镇与琉璃阁.北京:科学出版社
⑤ 郭宝钧.1959.山彪镇与琉璃阁.北京:科学出版社
⑥ 中国科学院考古研究所.1959.上村岭虢国墓地.北京:科学出版社.22
⑦ 中国社会科学院考古研究所.1994.陕县东周秦汉墓.黄河水库考古报告之五.67~71

件，出土时由大到小南北向依次叠放。研究者认为，"墓主人的身份是周王室卿大夫一级的贵族"。陕县后川 M2040 与洛阳西工区 M131，当是"轩县"的组合形式。①

豫西地区的编钟规制一般是每列编钟 4 件、6 件、8 件、9 件、10 件不等。

先秦时期的楚国地区可以说不属于黄河流域，但自西周以来，特别是战国以后，楚国接受了中原礼制的影响，形成了极具中原文化特色、又有地方因素的楚文化。楚国地区出土数目较多的春秋以后的青铜乐器，在这里有必要把楚文化类型的编钟与黄河流域的编钟进行比较研究。

考古材料所见楚国的编钟规制：淅川和尚岭 M2 春秋中期墓，出土有编钟和编镈。出土时，钮钟和镈钟均悬挂在木架上。钮钟在上，镈钟在下。有编钮钟 1 组 9 件，钟体大小相次。编镈钟 1 组 8 件，形制相同，大小依次递减。石磬 12 件。此墓墓主为楚庄王箴尹克黄的夫人。② 随县城郊季氏梁春秋中期编铜一套，即钮钟 5 件，大小有序。研究者认为，该墓为曾国墓葬。③

淅川下寺 M2 春秋晚期王孙诰甬钟 1 套 26 枚，甬钟形制相同，大小依次递减。钮钟两套，每套九件，形制相同，大小依次递减。镈钟一套 8 件，形制相同，大小依次递减。石磬 3 套，每套 13 件。根据该墓出土的器物铭文有"王子午"和"令尹子庚"的字样，知该墓是春秋楚国的令尹子庚之墓。④ 上蔡战国中、晚期编钮钟 1 套 13 件。⑤ 曾侯乙墓出土的编钟最受世人的关注。曾侯乙墓编钟出土时，悬挂在一个曲尺形的钟架上。钟架分三层，上层挂钮钟，分三组：右边一组 7 件，中间与左边各挂 6 件；共计 19 件。中下层均为甬钟。中层甬钟较小，亦分三组，右边一组 10 件，中间 12 件，左边一组 11 件，共 33 件。下层甬钟较大，也分三组，右边一组 4 件，中间一组 6 件，左边一组 3 件，共 13 件。⑥ 楚国地区所出土的编钟大多是中原礼制中的"轩县"组合形式。

从以上各地考古出土的编钟规制来看，春秋时期出土的编钟组合规制基本上是每组 5 件至 11 件不等。陕西的编钟表现得比较古朴，每组 5 件；其他除曾侯乙墓出土一组 11 件之外，基本上是 8 件或 9 件；郑国地区出土的编钟基本上是每组 10 件。各地出土编钟规制的情况大抵如此。

---

① 蔡运章．梁晓景．张长森．1994．洛阳西工 131 号战国墓．文物，(7)：11
② 河南省文物研究所．1992．淅川县和尚岭春秋楚墓的发掘．华夏考古，(3)：124
③ 随县博物馆．1980．湖北随县城郊发现春秋墓葬和铜器．文物，(1)：35
④ 河南省丹江库区文物发掘．1980．淅川下寺春秋墓．文物，(10)：17
⑤ 李芳芝．1990．上蔡发现一座楚墓．中原文物，(2)：94
⑥ 赵世纲．2002．曾侯乙钟磬与中原钟磬之比较．华夏考古，(4)：70

四、考古出土的编钟规格与文献不相符合原因探析

编钟编列规制也是与文献材料不相符合的。如同在前面论述所提到的，西周时期的编钟组合多为每组 3 件，春秋以后每组编钟的组合多为 8 件以上，甚至出现了每组编钟 9 件、10 件、11 件、12 件的组合。而郑玄在为《周礼》作注所记载的却是，"钟磬者，编县之二八十六枚，而在一虡，谓之堵"。考古出土的编钟等级规格规制与文献记载并不相符合。

这种情况早在宋代就有人注意到了。如宋人陈旸《乐书》卷一百十二："周官磬师掌教击磬、击编钟，言编钟于磬师则知有编磬矣。《尔雅》言大以见小，磬师言钟以见磬，大则特县，小则编县。《仪礼》鏖倚于颂磬西纮，则所谓纮者其编磬之绳欤。《小胥》凡县钟磬，半为堵，全为肆。郑康成释之谓编县之十六枚，同在一簴谓之堵。钟磬各一堵谓之肆。《礼图》取其倍八音之数而因之，是不知钟磬特八音之二者尔，谓之取其数可乎。典同凡为乐器以十有二律为之数度，以十有二声为之齐量，则编钟编磬不过十二尔；谓之十六可乎？尝读汉书成帝时于犍水滨得石磬十六，未必非成帝之前，工师附益四清而为之非古制也。康成之说得非因此而遂误欤。古有大架二十四枚同一簴簨，通十二律正倍之声，亦庶乎古也。圣朝元丰中施用李照编钟、阮逸编磬仍下王朴乐二律，以写中和之声，可谓近古矣。然补注四声以足十六律，非先王之制也。"陈旸认为，郑玄所说的编钟十六之制并不符合古代的实际情况。

清人秦惠田对陈旸进行了反驳。他在《五礼通考》卷七十五云："编磬之数，经虽无文，据疏以十六枚释之，其言固有所本。聂氏乃谓数起于八音，倍而设之。夫磬乃八音之一，何得以八音起数。陈氏非之当矣。但陈氏又泥十二律之数；以为十二枚是，又不知旋宫均调之有变半声者亦未的也。"

宋代的陈旸认为古代的"乐器以十有二律为之数度，以十有二声为之齐量，则编钟编磬不过十二尔"。清代的秦惠田又认为，因为音节中还存在半音，因此郑玄所注释的编钟十六枚之制是对的。

陈旸与秦惠田都没有见过考古出土的编钟编制，他们的结论都是从文献中推论的。从近年出土的编钟规制来看，春秋以后每组编钟的组合多为 8 件以上，甚至出现了每组编钟 9 件、10 件、11 件、12 件的组合。二者所论述都不是太符合实际情况的。这种现象出现的原因是，随着时代的发展，音乐是不断进步的。中国古代的编钟是奏乐的，婉转动听的音调是需要更多更复杂的音符才能奏出。因此我国古代的编钟组合出现了一个从少到多、从简单到复杂的过程。而且出现了许多半音的音阶，因此编钟组合的编列也变得

复杂。

有学者认为，春秋中期中原新郑地区出现的十编列乐钟的音列具有独特之处：

（1）新郑地区出现的十编列乐钟，出现带"清角"音的六声音列。编钟从八编列乐钟的四正声音列到九编列乐钟"变宫"、"变徵"齐全的七声音列，似乎已跨越了五声、六声音列阶段。新郑十编列乐钟的带"清角"六音列，是编钟历史上首次出现"清角"音，其出现时间虽然较"变徵"稍晚，但在编钟的中高音区出现两次"清角"音，说明它在音乐活动中的使用已十分频繁，这种音列的调定方式十分少见，不知与当时此地音乐演奏的旋宫转调有无关系。

（2）新郑地区出现的十编列乐钟，乐钟的正侧鼓双音调制更加自由。西周时期一钟双音基本以小三度调定。进入春秋阶段，编钟的双音已是小三度、大三度兼备。新郑十编列乐钟的双音调制则富有自身特色，它将宫音钟和徵音钟的双音调定为大二度，而将商、角和羽音钟调定为小三度，所组成音列在低中音区完全由正声组成，且乐时相互重叠，中高音区则以小三度调定为主，音级密集，可演奏旋律性强的乐曲。这种大二度的双音调制方式在乐钟发展初期出现过，当时可能只是无意识所为，新郑十编列乐钟的大二度则已是有意识的编列需要。①

由此可见，编钟编列越多，那么奏出的声音就越婉转、悠扬、动听。音级密集，可演奏旋律性强的乐曲，这是编钟编列从少到多发展的最重要的原因。

两汉时期，编钟编制发展到16枚。郑玄在《周礼》注所说的"钟磬者，编县之二八十六枚，而在一虡，谓之堵"这当是汉代以后的编钟规制。如陈旸《乐书》卷一百十四云："汉晋宋齐乐县，汉史旧仪，高庙撞千石之钟十枚，司马相如所谓千石之钟、万石之簴者也。古者以钟磬十二为县，未闻用其十者矣。岂汉兴之始，未知用宫县。至孝武、光武，然后用之邪。自两汉而下晋及宋齐钟磬之县，皆不过十六。"

随着时代的发展，编钟编制也不断地增多。秦蕙田在《五礼通考·吉礼》卷七十云："《乐府杂录》曰，雅部十二钟，每架各编钟十二，各依律吕，然则州鸠安节之所述皆与礼合。是古者凡县钟磬不过十二，而旋宫备矣。后世增之以至十四、十六、十九、二十一、二十四，唐兼用之，以二十四为大调，而其下至于七枚而已，盖皆惑于清倍之法然也。"

从以上各地考古出土的编钟等级规格与规制情况，与古文献《周礼·春

---

① 陈荃有.2001.繁盛期青铜乐钟的编列研究（上）.音乐研究，（2）：34

官·小胥》记载,"正乐县之位,王宫县,诸侯轩县,卿大夫判县,士特县"的规格也是不相符合的;而且编钟的编列的数目也与《周礼·春官·小胥》"凡县锺磬,半为堵,全为肆"的记载,以及郑玄所注的"钟磬者,编县之二八十六枚,而在一虡,谓之堵。钟一堵,磬一堵,谓之肆;半之者,谓诸侯之卿大夫、士也,诸侯之卿大夫半天子之卿大夫。西县钟,东县磬,士亦半天子之士,县磬而已"情况有所不同。

首先,在编钟的等级规格方面,笔者认为,《周礼·春官·小胥》记载,"正乐县之位,王宫县,诸侯轩县,卿大夫判县,士特县"的规格是不存在的。考古材料中从来没有见过"宫县"的实物和例证。当然没有见过不等于没有,但是如新郑发现的祭祀坑,研究者认为是郑国国君的祭祀遗存。坑中既有9鼎8簋的礼器,又有"轩县"的编钟,郑国国君在用鼎制度方面就可以"僭越",用天子才能用的九鼎八簋的礼器;编钟制度的规格绝没有鼎簋制度的意义更大,那么郑国国君为什么没有在编钟制度方面"僭越"等级呢?那是"宫县"的形式本来就没有。因为《周礼》所记载的是一种理想化的模式。

记载周代编钟制度和用鼎制度的古籍主要是"三礼"(即《周礼》、《仪礼》、《礼记》)和东汉经学家的注释。"三礼"成书较晚是产生差异的第一个主要原因。

"三礼"之中,学术界一般认为《仪礼》成书较早。《礼记·杂记下》云:"恤由之丧,哀公使孺悲之孔子学士丧礼,《士丧礼》于是乎书。"说明《士丧礼》此时才成书。《仪礼》的成书年代是在春秋晚期至战国早期。另外,在《论语》记述礼的文字中,孔子并没有引用《仪礼》的原文,也是《仪礼》成书在孔子之后,即春秋晚期的一个旁证。

《礼记》是《仪礼》的传记,是解释《仪礼》的。沈文倬先生认为,《礼记》成书应在战国中期周慎靓王时代,即公元前320年前后。①

《周礼》相传是西汉河间献王刘德收集来的一部先秦旧书,献给皇室,后来王莽居摄,想模仿周公的行为和制度。国师刘歆在皇家书库发现这本书,献给王莽。这本书开始为世人所重视。东汉经学家郑玄为之作注释,从此《周礼》、《仪礼》与《礼记》并称"三礼",成为儒家经典。

"三礼"是春秋晚期至战国时期的礼学家对当时社会上所流行的礼加以整理而成的著作。成书较晚的《礼记》和《周礼》,为了战国时期统一和战争的需要,又刻意突出了等级的内容,其中有不少理想化的成分。"三礼"所反映的正是春秋以后这种礼制的模式,而不是西周的古制。西周时期,等

---

① 沈文倬.汉简"服传"考(上,下).见:文史.第24、25集.北京:中华书局

级制度刚刚萌芽，因此我们所见西周时期的文献材料，如《诗经》、《尚书》，以及考古材料中所见的，如编钟制度、棺椁制度、用鼎制度等都没有出现明显的等级制度的记录。这是西周的编钟制度、用鼎制度与"三礼"记载不完全符合的一个重要因素。

　　战国以后，青铜文明处于衰落的状态。原因有二：一是木、石乐器的兴起。木、石乐器的材料简便，制作容易，而且音质很好，也可以说是物美价廉；因此战国以后，如信阳长台关楚墓出现了许多木、石乐器，就是例证。二是战国中期以后，激烈的兼并战争使关东六国疲于战争，而青铜编钟的铸造，需要大批的人力、物力，这使当时的各个诸侯国都难于支撑，这也是青铜编钟衰落的一个重要原因。

后　记

　　青铜器是文明产生的三大标志之一。黄河流域是青铜文明的发源地，是最早出现青铜器的地区。黄河文明的形成肇始了华夏文明，青铜文明的研究是黄河文明研究的重要内容。本书对黄河流域青铜文明的产生、发展、鼎盛以及衰颓进行全面研究，包括黄河流域青铜文明的铸造工艺、装饰工艺、焊接工艺等，把黄河流域的青铜文明与长江流域、巴蜀地区的青铜文明进行比较研究，研究了黄河流域青铜礼器、青铜乐器的礼制和组合形式以及其所反映的思想意识。

　　在写作过程中，作者本着实事求是的精神，尽量用丰富翔实的史籍文献和考古材料来证实自己的观点。但是由于水平有限，本书也许会出现缺点和谬误，敬请学术界的前辈和同仁批评指正。

　　本书的分工如下：

　　绪论、第七章　李玉洁（河南大学黄河文明与可持续发展研究中心教授）

　　第一、二、三、四章　李玲玲（河南省社会科学院历史研究所助理研究员）

　　第五章　郭霞（郑州商业专科高等学校博士）

　　第六章之第一节　郑贞富（洛阳历史考古研究所副研究员）

　　第六章之第二节　郭霞

作　者

2008 年 6 月于汴